广视角·全方位·多品种

权威·前沿·原创

皮书系列为
“十二五”国家重点图书出版规划项目

天津金融蓝皮书

BLUE BOOK OF FINANCE IN TIANJIN

天津金融发展报告
（2014）

ANNUAL REPORT ON THE DEVELOPMENT OF FINANCE IN TIANJIN (2014)

主　编／王爱俭　杜　强

社会科学文献出版社
SOCIAL SCIENCES ACADEMIC PRESS (CHINA)

图书在版编目（CIP）数据

天津金融发展报告.2014/王爱俭，杜强主编. —北京：社会科学文献出版社，2014.9
（天津金融蓝皮书）
ISBN 978-7-5097-6507-4

Ⅰ.①天… Ⅱ.①王… ②杜… Ⅲ.①地方金融事业-经济发展-研究报告-天津市-2014 Ⅳ.①F832.721

中国版本图书馆CIP数据核字（2014）第214415号

天津金融蓝皮书
天津金融发展报告（2014）

主　　编／王爱俭　杜　强

出 版 人／谢寿光
项目统筹／恽　薇
责任编辑／许秀江　王婧怡

出　　版／社会科学文献出版社·经济与管理出版中心（010）59367226
地址：北京市北三环中路甲29号院华龙大厦　邮编：100029
网址：www.ssap.com.cn
发　　行／市场营销中心（010）59367081　59367090
读者服务中心（010）59367028
印　　装／北京季蜂印刷有限公司

规　　格／开　本：787mm×1092mm　1/16
印　张：24.75　字　数：398千字
版　　次／2014年9月第1版　2014年9月第1次印刷
书　　号／ISBN 978-7-5097-6507-4
定　　价／89.00元

皮书序列号／B-2014-387

中国滨海金融协同创新中心
《天津金融发展报告（2014）》
学术指导委员会、编委会名单

副 主 编 林文浩 刘通午 李向前 马亚明 庞 镭

参编人员 （按姓氏笔画排序）

王学龙 王璟怡 王 侃 王 镇 邓黎桥
刘 瑒 刘安琪 刘晓依 孙 强 杜 强
吴 敬 李宗圆 杨 帆 张霄卿 林 远
林章悦 郑 铭 孟 昊 孟 洁 徐文琪
高晓燕 鲍兰兰 郭 强

摘　要

《天津金融发展报告（2014）》是中国滨海金融协同创新中心推出的系列年度报告的第三期。报告旨在系统分析天津金融改革创新总体状况，客观描述天津金融业的发展轨迹和景气程度，并且深入挖掘天津金融机构、市场、创新、人才、生态等方面的发展情况和前景。本报告从天津和区域两个层面，从理论、实践与政策多个角度，对天津金融发展各个领域的相关问题进行“点”“面”穿插的研究。本报告由总报告、分报告和专题报告三个部分组成。总报告为“天津金融发展指数（2013）”，该报告按照可比口径指标与数据，经过全面统计和分析，度量了2006～2013年天津金融的发展速度和景气程度，具体包括“指数编制目的和意义”、“指数核心观点”、“指数编制说明”、“指数整体分析”和“指数分项分析”五部分。分报告包括上下两篇，其中上篇为“天津金融业的发展”，主要从金融机构、市场、产品创新、人才和生态环境等方面分析了2013年天津金融发展状况和前景，具体包括“2013年的天津金融机构”、“2013年的天津金融市场”、“2013年的天津金融产品创新”、“2013年的天津金融人才”和“2013年的天津金融生态环境”五个分报告。下篇为“天津金融业的分析与展望”，主要进行天津金融发展的比较分析和环境分析，提出近期天津金融发展的对策建议，具体包括“2013年的天津金融发展比较”、“2013年的天津金融发展环境”和“2014年天津金融发展对策”。专题报告为“天津金融发展研究”，深入探讨天津经济金融发展的热点问题，介绍中国滨海金融协同创新中心发展历程，具体包括“天津建设北方金融创新运营中心研究”、“新世纪环渤海港口群发展综述”和“中国滨海金融协同创新中心纪实”三个报告。本报告保持了研究框架的稳定性和可持续性，在此基础上也有所创新和突破，如增加了天津金融发展指数的分析。

关键词： 金融发展　金融创新　天津

Abstract

Annual Report on the Development of Finance in Tianjin (*2014*) is the 3rd issue of a series of annual reports published by Coordinated Innovation Center for Binhai Finance in China. The Report aims to give a systematic analysis of the general situation of Tianjin's financial reform and innovation, and give an objective description of the development history and boom degree of Tianjin's financial sector, on the basis of which to dig deeper the development and prospects of Tianjin's financial institutions, markets, talents, innovation and ecology. The Report, by integrating point and sphere in its study, explores from different level and different angle the issues related to various fields in financial development. The Reports consists of three parts, namely, The General Report, The Sub Reports and The Special Reports. The General Report, titled "The Financial Development Index of Tianjin, 2013", measures after comprehensive statistics and analysis the speed and boom degree of Tianjin's financial development from 2006 to 2013 on the basis of comparable indicators and data. It includes 5 chapters, i. e. "Index's Purpose and Meaning", "Index Core Viewpoints", "Index Compilation Interpretation", "Index Global Analysis" and "Index Segment Analysis." The Sub Reports is composed of two sections. The first section, titled "The Development of Tianjin's Financial Sector", analyses the status quo and prospects of Tianjin's development in 2013 from the aspects of financial institutions, markets, talents, innovation and ecology. It includes 5 chapters, i. e. "The Financial Institutions of Tianjin in 2013", "The Financial Markets of Tianjin in 2013", "The Financial Product Innovation of Tianjin in 2013", "The Financial Talents of Tianjin in 2013" and "The Financial Ecology of Tianjin in 2013". The second section, titled "The Analysis and Prospects of Tianjin's Financial Sector", makes a comparative and environmental analysis of Tianjin's financial development, advancing some suggestions and countermeasures on the current financial development of Tianjin. It includes 3 chapters, i. e. "A Comparison of Tianjin's Financial Development in 2013", "The Environment of

Tianjin's Financial Development in 2013" and "The Countermeasures for Tianjin's Financial Development in 2014". The Special Reports, entitled "A Study of Tianjin's Financial Development", investigates deeply the hot issues arising in the financial development of Tianjin and introduces the growth of Coordinated Innovation Center for Binhai Finance in China. It includes 3 chapters, i. e. "A Study of the Construction of Operation Center of North Financial Innovation in Tianjin", "A Review of the Development of Bohai Port Group in the New Century" and "A Record of Coordinated Innovation Center for Binhai Finance in China". While retaining the original research structure to ensure its stability and sustainability, the Report also makes some innovations and breakthroughs. For example, the analysis of Tianjin's financial development index is added to the study.

Keywords: Financial Development; Financial Innovation; Tianjin

前　言

《天津金融发展报告 2014》系中国滨海金融协同创新中心推出的系列年度报告的第三期。报告旨在系统分析天津金融改革创新总体状况，客观描述天津金融业发展轨迹和景气程度，并且深入挖掘天津金融机构、市场、创新、人才、生态等方面的发展潜力和前景。报告致力于为政府相关部门、金融监管机构、行业自律组织及其他金融主管部门提供重要的决策参考，为金融机构、实体企业和专业服务业的相关决策提供基础材料，为金融改革创新和区域金融发展领域的研究人员提供文献素材。

推出本报告的大背景，是天津金融改革创新不断深化、发展和变革的蓬勃趋势。近一段时期以来，天津迎来京津冀协同发展、自由贸易区申报、服务经济体系建设和多领域深化改革的政策叠加机遇，为天津积蓄实力再发展创造难得条件。2014 年 5 月，天津市委书记孙春兰同志在全市加快现代服务业发展工作会议上前瞻性地提出了“构建与北方经济中心和滨海新区开发开放相适应的现代金融服务体系和金融创新运营中心”的思路。2014 年 7 月，市委书记孙春兰同志在中共天津市委十届五次全会上提出，“按照中央统一部署，积极参与顶层设计，完善我市功能定位，突出北方经济中心、现代制造中心、国际航运中心、金融创新运营中心等功能”。现代金融服务体系和金融创新运营中心建设是当前天津下力量推进京津冀协同发展、加快城市功能转型升级的重要抓手，是新阶段天津金融深化改革、扩大开放的历史必然，也是天津金融发展过程中应对各种挑战的重要举措，它们的建设将开启我国区域金融创新发展的新局面。

作为在国家战略指导下，服务京津冀、辐射中国北方、面向海内外，在金融创新和运营服务上呈现交融开放特征，并处于集聚辐射中枢地位的城市，天津金融改革创新与金融功能建设目标蕴涵着四大主题词。第一个主题词是“金融创新”。伴随天津滨海新区金融先行先试不断向纵深推进，天津金融改革创新在开展金融工具、市场、机构或业务流程创新，尤其是促进创新在市场中的扩散上在全国处于前列，金融创新成为天津金融业的一项重要功能。第二个主题词是“运营服务”。随着天津滨海新区开发开放和京津冀协同发展，中国经济第三增长极使本地区实体经济快速崛起，为金融运营服务提供了广阔的市场潜力，同时，天津发挥政策与服务优势，培育国际化、便利化的营商环境、交通环境和教育环境，为金融企业的投资、运营和创新活动提供“保姆式”服务，使以租赁、基金、结算、交易为代表的一大批金融运营中心拔地而起。“运营服务”成为天津金融业的又一项重要功能。第三个主题词是“交融开放”。立足国内外新形势、新任务，天津金融创新和运营服务功能建设将呈现出交融开放的新特征、新优势。其中，交融是指金融创新运营中心的内外部因素相互作用，共同促进中心发展；开放是指金融创新运营中心以开放、竞争激发金融创新活力，以更高标准的开放促进京津冀与自贸区接轨。第四个主题词是“集聚辐射”。新形势下天津将继续加快金融创新步伐，力争在一个较大区域内成为金融创新和运营服务活动集聚辐射的中枢城市。其中，集聚是指对于大型金融机构、跨国公司、创新型机构的总部（或地区总部、功能总部），证券、外汇、货币、衍生品等市场业务，以及金融业、专业服务业高端人才的聚集，形成一个金融集聚服务区；辐射是指凭借金融总部、业务和人才的中枢地位，向周边市场扩散金融业务、组织、知识、标准和人才，推动京津冀乃至中国北方的金融协同发展。能够立足天津城市定位、金融定位要求，结合我国金融改革方向和天津市情特征，持续跟踪并深入研究天津金融发展和改革创新最新状况无疑是一个前景广阔、令人兴奋的研究领域。

《天津金融发展报告 2014》继续从天津和区域两个层面，从理论、实践与政策多个角度，对天津金融发展各个领域相关问题进行“点”“面”穿插的研究。本报告由总报告、分报告和专题报告三个部分组成。总报告为“天津金融发展指数 2013”，该报告按照可比口径指标与数据，经过全面统计和分析，度量了 2006 年至 2013 年天津金融发展速度和景气程度，具体包括“指数核心观点”“指数编制说明”“指数整体分析”和“指数分项分析”四部分。分报告包括上下两篇，其中上篇为“天津金融业的发展”，主要从金融机构、市场、产品创新、人才和生态环境等方面分析2013年天津金融发展状况和前景，具体包括“2013年的天津金融机构”“2013年的天津金融市场”“2013年的天津金融产品创新”“2013年的天津金融人才”“2013年的天津金融生态环境”五个分报告。下篇为“天津金融业的分析与展望”，主要进行天津金融发展的比较分析和环境分析，提出近期天津金融发展对策建议，具体包括“2013年的天津金融发展比较”“2013年的天津金融发展环境”“2014年天津金融发展对策”三个分报告。专题报告为“天津金融发展研究”，深入探讨天津经济金融发展热点问题，介绍中国滨海金融协同创新中心发展历程，具体包括“天津建设北方金融创新运营中心研究”“新世纪环渤海港口群发展综述”“中国滨海金融协同创新中心纪实”三个专题报告。

与2012年推出的首期报告相比，《天津金融发展报告2014》保持了研究框架的稳定性和可持续性，在此基础上也有所创新和突破，如增加了天津金融发展指数的分析。当然，由于天津金融发展和改革创新也是一个实务性较强的领域，受到研究储备和数据可得性的限制，报告中可能存在有待完善之处。我们期盼各界同人的批评和建议，并希望长期坚持这项研究，以此促使学术界更加重视天津金融发展研究，促进科研工作者与金融业界人士深度交流，推动跨学科、跨领域的协同创新，从而共同为天津金融改革创新和我国区域金融发展服务。

王爱俭

2014年7月31日于中国滨海金融协同创新中心

目录

𝔹 Ⅰ 总报告

𝔹 Ⅱ 分报告 上篇

天津金融业的发展

BⅢ　分报告　下篇

天津金融业的分析与展望

BⅣ 专题篇

BⅤ 附录

CONTENTS

𝔹 I General Report

𝔹 II Sub-reports Part I

The Development of Tianjin's Financial Sector

Ⅲ Sub-reports Part Ⅱ

The Analysis and Prospects of Tianjin's Financial Sector

Ⅳ Special Reports

A Study of Tianjin's Financial Development

BV Appendix

总 报 告

General Report

B.1 总报告

天津金融发展指数（2013）

摘 要:

天津金融发展指数客观描述天津金融业发展状况和改革方向，度量天津金融发展速度和景气程度，促进天津尽快实现金融业定位目标。该指数设计了以客观评价为主、主观评价为辅的指标体系，从金融市场、金融机构、金融人才、金融创新和金融生态环境五个维度全面测度和客观评价天津金融业的发展现状、趋势和能力，具有反映金融发展速度和景气程度的双重内涵。其中，发展速度记录金融业发展轨迹；景气程度刻画金融业行情冷暖。通过释放发展和景气信号，预判金融业发展前景。报告显示，2013年天津金融业稳步发展，金融市场成为亮点并领跑各指数，推动天津金融业发展。金融创新快速发展，各类金融机构与金融人才不断聚集，金融生态环境持续优化。

关键词：

金融业　金融发展指数　指标体系　景气　天津

一　天津金融发展指数核心观点

课题组按照可比口径指标与数据，经过全面统计和分析，测度 2006～2013 年天津金融发展程度，推出天津金融发展指数（见图 1）。

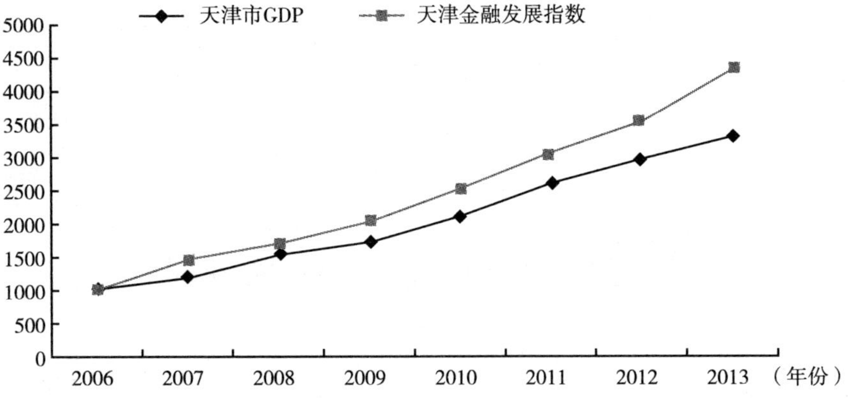

图 1　2006～2013 年天津金融发展指数与天津 GDP 指数

资料来源：作者制作。

从发展速度看，以 2006 年作为基期（1000 点），2013 年这一指数达到 4311 点，7 年平均增速达 23.2%，同比增速达 21.4%，是全国 GDP 平均增速的 1.6 倍，是天津 GDP 平均增速的 1.2 倍。以上年为基期能够更加清晰地识别景气情况。其中，2007 年景气程度达到高点，较 2006 年增长 47.0%，2008 年增速有所下降，比上年增长 15.1%，此后 5 年增速维持在 20% 左右，见表 1。

从指数发展结构看，金融市场领衔增长（2013 年达 12056 点，年均增速 42.7%），创新水平不断提升（2013 年达 3439 点，年均增速 19.3%）；金融机构较快发展（2013 年达 2728 点，年均增速 15.4%）；金融人才和金融生态环境平稳发展（2013 年分别达到 1605 点和 1552 点，年均增速分别为 7.0% 和 6.4%），如图 3 所示。

表 1 选取不同基期的天津金融发展指数

年份	以 2006 年为基期指数	以上年为基期指数	年份	以 2006 年为基期指数	以上年为基期指数
2006	1000	1000	2010	2524	1233
2007	1470	1470	2011	3053	1210
2008	1693	1151	2012	3552	1163
2009	2047	1210	2013	4311	1214

资料来源：作者制作。

从 2013 年景气程度看，金融业增长稳健，相对往年平均增速呈现一定的趋缓态势（见图 2）。2013 年同比增速为 21.4%，比 2006 ~ 2012 年 23.5% 的年均增速下降 2.1 个百分点。金融市场保持快速增长，2013 年同比增速为 48.4%，比2006 ~ 2012 年 41.8% 的平均增速上升 6.6 个百分点。金融创新保持较快增长，2013 年同比增速为 15.6%，比 2006 ~ 2012 年 19.9% 的年均增速降低 4.3 个百分点。金融机构同比增速为 7.2%，较 2006 ~ 2012 年 16.8% 的年均增速下降 9.6 个百分点。金融人才和金融生态环境同比增速分别为 5.2% 和 4.5%，比 2006 ~ 2012 年的年均增速分别下降 2.1、2.3 个百分点。

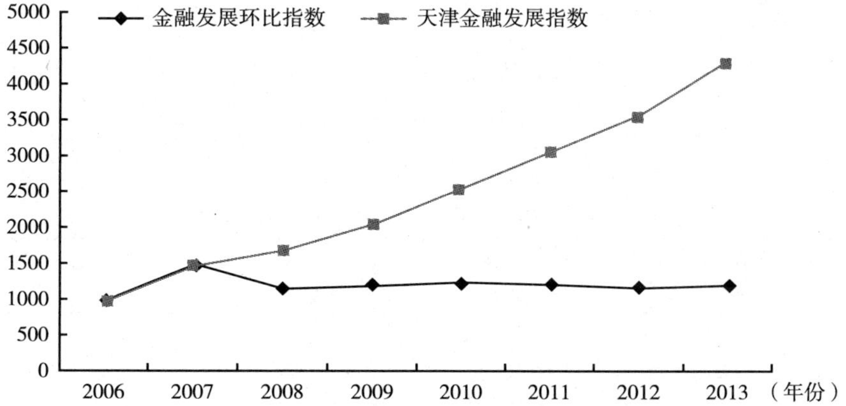

图 2 2006 ~ 2013 年天津金融发展指数及其增速曲线

资料来源：作者制作。

总之，自“十一五”时期以来，天津金融业整体发展势头强劲，在经历了2007年快速发展和2008年略有放缓后，金融业连续5年保持平稳增长。2013年，天津金融业稳步发展，金融市场成为亮点领跑各指数，推动天津金融业发展。金融创新快速发展，各类金融机构与金融人才不断聚集，金融生态环境持续优化。

（一）五大分项指数核心观点

1. 金融市场发展指数

金融市场发展指数由金融子市场（10种）、金融市场总量、金融开放等13个要素子指数构成。从发展速度看，以2006年为基期（1000点），2013年金融市场发展指数为12056点，当年增速达48.4%，7年平均增速为42.7%，是天津金融发展指数平均增速的1.84倍。其中，2007年景气程度达到高点，较2006年大幅增长101.6%，其后2008年有所放缓，但仍比上年增长13.3%，2009年和2010年增速分别为40.9%和48.0%，2011年和2012年增速分别为35.6%和25.8%，2013年增速达到48.4%（见表2）。

从指数发展结构看，债券市场、信托市场、期货市场和基金市场是过去7年时间中年均增速最快的市场，指数7年年均增速均超过43%，高于平均水平（42.7%）。银行卡市场、外汇市场、货币市场、股票市场、黄金市场、保险市场指数较为平稳，指数7年年均增速分别为39.2%、28.6%、23.1%、21.3%、18.1%、3.2%，低于平均水平（42.7%）。与此同时，市场总量和金融开放的年均增速分别为25.7%和29.8%。

表2　选取不同基期的天津金融市场发展指数

年份	以2006年为基期指数	以上年为基期指数	年份	以2006年为基期指数	以上年为基期指数
2006	1000	1000	2010	4762	1480
2007	2016	2016	2011	6455	1356
2008	2284	1133	2012	8123	1258
2009	3218	1409	2013	12056	1484

资料来源：作者制作。

从2013年景气程度看，金融市场增长稳健，相对往年平均增速略有上升。2013年同比增速为48.4%，比2006～2012年41.8%的年均增速上升6.6个百分点。债券市场、基金市场、信托市场、期货市场、外汇市场保持快速增长，同比增速在46.9%以上，景气程度高；股票市场增速较快，同比增速为28.2%，景气程度较高；货币市场同比增速为16.2%，比2006～2012年24.3%的平均增速降低8.1个百分点。保险市场、黄金市场、银行卡市场同比增速分别为8.6%、0、0。金融市场总量和金融开放同比增速分别为34.0%和30.2%，分别比2012年增速提升了18.5个和12.3个百分点。

2. 金融机构发展指数

金融机构发展指数由机构总量和各种机构（6种）等7个要素子指数构成。

从发展速度看，以2006年为基期（1000点），2013年金融机构发展指数为2728点，增速达7.2%，7年平均增速为15.4%，是天津金融发展指数平均增速的0.66倍。其中，2007年景气程度达到高点，较2006年大幅增长33.5%，其后2008年有所放缓，但仍比上年增长12.2%，2009年和2010年增速分别为22.3%和17.1%，2011年和2012年增速分别为6.2%和11.8%，2013年增速为7.2%（见表3）。

表3　选取不同基期的天津金融机构发展指数

年份	以2006年为基期指数	以上年为基期指数	年份	以2006年为基期指数	以上年为基期指数
2006	1000	1000	2010	2145	1171
2007	1335	1335	2011	2277	1062
2008	1498	1122	2012	2545	1118
2009	1832	1223	2013	2728	1072

资料来源：作者制作。

从指数发展结构看，银行机构、保险机构和期货公司是过去7年时间中年均增速最快的机构，指数7年年均增速超过15.8%，高于平均水平

(15.4%)。证券公司、共同基金、信托公司发展较为平稳，指数7年年均增速分别为10.0%、7.4%、0，低于平均水平（15.4%）。与此同时，机构总量的年均增速为2.5%。

从2013年景气程度看，金融机构增长平稳，相比往年平均增速略有放缓。2013年同比增速为7.2%，比2006~2012年16.8%的年均增速下降9.6个百分点。期货公司、证券公司保持较快增长，同比增速在10%以上，景气程度高；银行机构、保险机构，同比增速在5%~10%，景气程度较高；信托公司同比增速为0，与2012年同比增速持平。金融机构总量同比增速为0，比2012年增速降低了1.5个百分点。

3. 金融人才发展指数

金融人才发展指数由人才总量、人才质量和人才引力等3个要素子指数构成。

从发展速度看，以2006年为基期（1000点），2013年金融人才发展指数为1605点，增速达5.2%，7年平均增速为7.0%，是天津金融发展指数平均增速的0.3倍。其中，2007年和2010年景气程度达到高点，分别同比增长19.6%和14.2%，2008、2009年、2011年、2012年、2013年增速分别为0.5%、1.7%、4.8%、4.3%和5.2%（见表4）。

表4　选取不同基期的天津金融人才发展指数

年份	以2006年为基期指数	以上年为基期指数	年份	以2006年为基期指数	以上年为基期指数
2006	1000	1000	2010	1396	1142
2007	1196	1196	2011	1463	1048
2008	1202	1005	2012	1526	1043
2009	1223	1017	2013	1605	1052

资料来源：作者制作。

从指数发展结构看，人才引力和人才质量过去7年间年均增速最快，指数7年年均增速超过7.8%，高于平均水平（7.0%）。人才总量增长较为平稳，指数7年年均增速为4.9%，低于平均水平（7.0%）。

从2013年景气程度看，金融人才稳健发展，相对往年平均增速略有放缓。

2013年同比增速为5.2%，比2006~2012年7.3%的年均增速下降2.1个百分点。人才总量保持较快增长，同比增速在8.6%以上，景气程度高；人才质量、人才引力，同比增速分别为3.9%和1.5%。

4. 金融创新发展指数

金融创新发展指数由整体创新、机构创新、市场创新、产品创新、创新内部要素和创新外部要素等6个要素子指数构成。

从发展速度看，以2006年为基期（1000点），2013年金融创新发展指数为3439点，增速达15.6%，7年平均增速为19.3%，是天津金融发展指数平均增速的0.83倍。其中，2008年、2011年景气程度达到两个高点，分别较上年大幅增长45.7%和49.3%，2007年、2009年、2012年、2013年同比增速分别为8.5%、4.8%、25.2%和15.6%，此外，2010年增速首次出现了负值，为-3.9%（见表5）。

表5　选取不同基期的天津金融创新发展指数

年份	以2006年为基期指数	以上年为基期指数	年份	以2006年为基期指数	以上年为基期指数
2006	1000	1000	2010	1591	961
2007	1085	1085	2011	2376	1493
2008	1581	1457	2012	2975	1252
2009	1657	1048	2013	3439	1156

资料来源：作者制作。

从指数发展结构看，产品创新、机构创新是过去7年时间中年均增速较快的创新类型，指数7年年均增速分别为26.9%、25.5%，全部高于平均水平（19.3%）。市场创新、整体创新、创新内部要素、创新外部要素指数较为平稳，指数7年年均增速分别为16.7%、13.1%、5.6%、5.2%，低于平均水平（19.3%）。

从2013年景气程度看，金融创新发展较快，相对往年平均增速略有放缓。2013年同比增速为15.6%，比2006~2012年19.9%的年均增速下降4.3个百分点。市场创新、机构创新、产品创新保持快速增长，同比增速分别在35.8%、20.7%和13.8%，景气程度高；创新内部要素、创新外部要素和整体创新增速较快，同比增速分别在5.3%、5.2%和3.9%。

5. 金融生态环境发展指数

金融生态环境发展指数由金融中介、信用环境、产业支撑、物价水平、宜居城市、政府服务、法律环境等7个要素子指数构成。

从发展速度看，以2006年为基期（1000点），2013年金融生态环境发展指数为1552点，当年增速达4.5%，7年平均增速为6.5%，是天津金融发展指数平均增速的0.28倍。其中，2008年、2010年景气程度达到高点，分别较上年增长8.1%和8.7%，其余各年同比增速维持在4%～8%，较为平稳（见表6）。

表6　选取不同基期的天津金融生态环境发展指数

年份	以2006年为基期指数	以上年为基期指数	年份	以2006年为基期指数	以上年为基期指数
2006	1000	1000	2010	1302	1087
2007	1058	1058	2011	1402	1077
2008	1144	1081	2012	1485	1059
2009	1198	1047	2013	1552	1045

资料来源：作者制作。

从指数发展结构看，产业支撑是过去7年时间中年均增速最快的要素，指数7年年均增速为11.9%，高于平均水平（6.5%）。政府服务、法律环境、宜居城市、信用环境、金融中介指数较为平稳，指数7年年均增速分别为5.3%、5.2%、2.7%、2.6%、2.2%，低于平均水平（6.5%）。此外，物价水平指数7年平均增速为－2.2%①。

从2013年景气程度看，金融生态环境稳健发展，相对往年平均增速略有放缓。2013年同比增速为4.5%，比2006～2012年6.5%的年均增速下降2.0个百分点。产业支撑、信用环境、政府服务、法律环境、金融中介、物价水平保持增长，同比增速分别在7.5%、6.2%、5.3%、5.2%、2.8%、0.5%，景气程度高；宜居城市增速下滑，同比增幅为－10.4%。

① 本研究中物价水平指数为负，是源于物价水平为逆指标，物价上涨则物价指数为负。

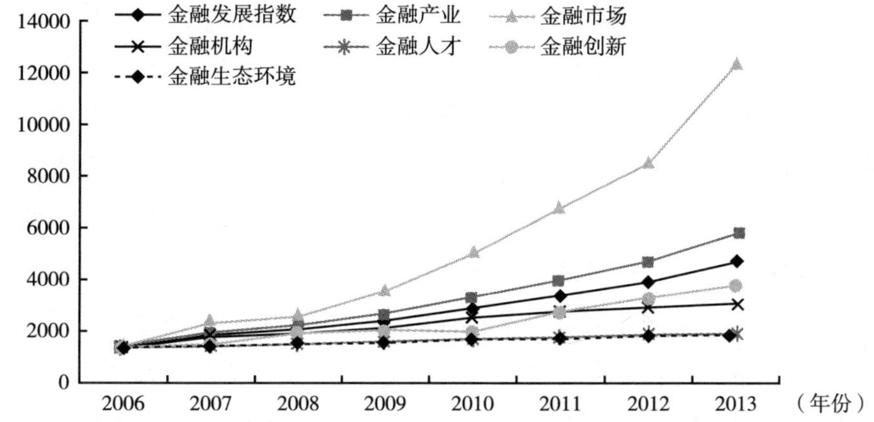

图 3 天津金融发展指数及其一级指标的发展度曲线

资料来源：作者制作。

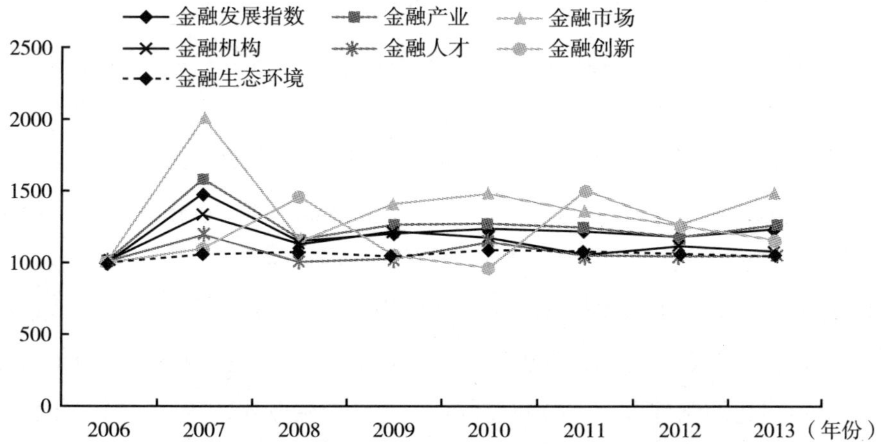

图 4 天津金融发展指数及其一级指标的增速曲线

资料来源：作者制作。

（二）指数编制方法

2012 年，天津确立“一个体系、一个基地和一个集聚服务区”的金融业定位目标。为尽快实现天津金融业定位目标，建立符合天津金融发展的考核评价机制，构建可度量、可预测、可考核的金融业奋斗目标，需要编制和发布反映天津金融业发展状态和景气程度的“天津金融发展指数”。为此，中国滨海金融协同创新中心在2013年初成立课题组开展“天津金融发展指数”课题专项研究。研究的目的是：①依据国务院关于鼓励天津滨海新区金融先行先试的意见精神和天津金融改革创新规划，客观描述天津金融业发展状况和改革方向；②推出科学、全面、精准、动态的金融发展指数，度量天津金融发展速度和景气程度，提高决策的综合效率；③通过本市金融业实力纵向比较，明确问题和差距，增强决策的针对性和前瞻性。

研究立足天津金融业定位，包括以下内容。①设计以客观评价为主、主观评价为辅的指标体系，涵盖金融市场、机构、人才、创新、生态等内容，按照指标的客观重要性以及天津金融业定位的战略导向，使用专家打分法设置权重。②赋予该指数反映金融发展速度和景气程度的两种内涵，其中发展速度记录金融业发展轨迹，突出指数的连续性；景气程度刻画金融业行情冷暖，突出指数的前瞻性。通过释放发展和景气信号，预判金融业发展前景。③通过权威机构、公开渠道、调查问卷等途径，获得原始数据及评价，利用逐级加权平均法构建指数计算模型，获得金融发展指数。

在指标体系设计思路和方法上，主要采用系统而全面的客观指标评价体系，同时金融创新、金融生态环境、金融人才等部分难以量化的领域采用主观调查问卷评价的方式。在指标选取上，遵循全面性、战略导向、开放性、数量精简的原则，所有三级客观指标均由权威机构发布，可以由公开渠道获取的原始数据，或由其简单合成得到，并由专业团队定期更新和维护数据。针对金融创新等部分难以量化的领域进行主观问卷调查，组织金融业界、政府、科研机构、中介机构等部门领导、专家，通过网络以及通信的方式发放并回收调查问卷，覆盖天津金融业的各个组成领域，具有较强的代表性。具体而言，天津金融发展指数下辖金融市场、金融机构、金融人才、金融创新和金融生态5个一级指标（其中，金融市场、金融机构、金融人才、金融创新4个一级指标属于金融产业）。在一级指标之下，下辖35个二级指标，以及103个三级指标（见图5）。

在完成评价指标体系设计后，研究选取2006年末为基期（1000点），计算全部第三级指标2007～2012年的相对数值（即点数），同时也针对各个指标计算其连续6年的各年增速。然后，以逐级加权平均法构建指数计算模型，获得各级指数的计算结果。除了获得天津金融发展指数及其子指数的整体走势

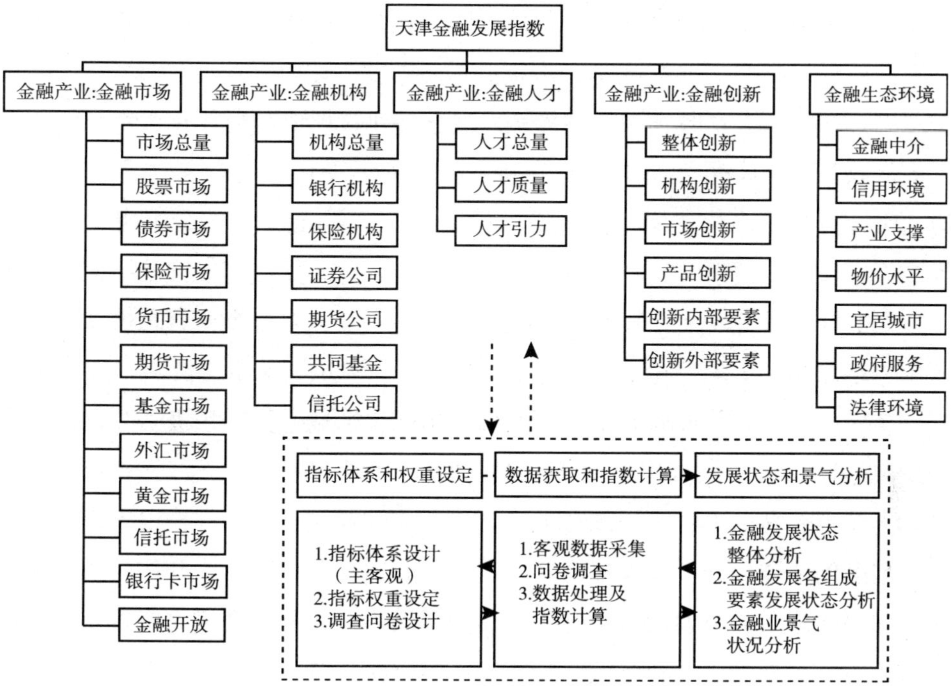

图5 天津金融发展指数指标体系框架

资料来源：作者制作。

外，通过5个一级指标要素的发展结构分析以及2012年当年通过历史增速比较判断的金融信号预警分析，可以获取金融发展指数及其子指数的发展趋势、增长动力和景气状况，并利用相应的子领域做横向和纵向比较分析，揭示金融业发展运行中存在的关键问题，这是本研究的一个亮点。发展水平、速度的高低，景气状况的变动，将成为影响天津金融业定位目标实现的重要因素。

二 天津金融发展指数编制说明

（一）天津金融发展指数编制目的和意义

1. 天津金融发展指数编制的背景

2006年5月，国务院发布《关于推进天津滨海新区开发开放有关问题的意见》，“鼓励天津滨海新区进行金融改革和创新”。2009 年国务院批复《天津滨海新区综合配套改革试验金融创新专项方案》。2013 年 5 月 14 日，习近平总书记在天津考察时强调，要加快发展服务业，形成与现代化大都市地位相适应的服务经济体系。天津要充分利用滨海新区平台，先行先试重大改革措施，努力为全国改革发展积累经验。2013 年，天津金融工作会议指出，要深入推进金融改革创新，积极推进外汇改革试点，着力优化信贷投放结构，充分发挥保险社会管理职能，加快多层次资本市场建设，完善产业金融体系、社会信用体系，加快于家堡金融区建设。2013 年天津市委常委会指出，积极推动深化各项改革，充分释放改革红利，进一步深化区域合作，积极参与京津冀合作发展进程，继续借重用好首都资源，打造京津“双城记”。2014 年 5 月 9 日，天津市委书记孙春兰同志在天津加快现代服务业发展工作会议上提出继续加快金融创新步伐，……构建与北方经济中心和滨海新区开发开放相适应的现代金融服务体系和金融创新运营中心。加快天津金融业发展成为市委市政府贯彻落实中央部署、实现天津城市功能定位的重大举措。

作为全国金融改革创新基地，天津金融业的崛起离不开足够体量的经济腹地、富于活力的金融创新、开放自由的金融环境和服务健全的配套设施，这早已被全球众多新兴金融中心的成长经验所证明。从支撑金融发展的经济腹地看，自 2006 年滨海新区被纳入国家发展战略以来，这一地区成为中国经济的第三增长极，带动周边地区实体经济快速崛起，为天津金融业提供了广阔的市场潜力。伴随经济结构调整和产业升级，对直接融资、融资租赁、要素交易、风险管理、外汇改革等创新金融需求日趋旺盛。实体经济结构调整直接引致金融结构变化，助推天津实现“增量式”的金融改革创新和“内生性”的金融深化发展。一系列因素表明，天津具备建成“现代金融服务体系、全国金融改革创新基地和金融集聚服务区”的机遇和实力，科学规划、严格管理和高效落实将保障天津高质量实现金融业定位目标。

近年来，科学管理和量化评价方法在城市开发运营中应用日益广泛。2013 年 4 月，天津率先发布《天津城市定位指标体系》，开启国内量化、监测、考核城市奋斗目标之新风。编制城市金融发展指数将有助于依据中央决策部署和地区金融改革创新规划，客观反映地区金融业发展状况和改革方向；有助于度量地区金融发展状况和景气程度，提高决策的综合效率；有助于通过地区金融业实力纵向比较，明确问题和差距，增强决策针对性和前瞻性。最终，使之成为指导地区金融业发展的支撑体系。目前，国内外现有金融中心指数，如全球金融中心指数（GFCI）、新华－道琼斯国际金融中心发展指数（IFCD Index）等主要应用于测度和评价相对比较成熟的金融中心城市间的竞争力，不能完全适用于处在快速成长期，秉承特定发展思路和要求，突出金融改革创新基地核心功能的天津金融业的测度和评价。因此，需要紧密围绕天津金融业定位目标和发展特征，编制一个开放全面、代表性强、操作性好的金融发展指数，为评价天津金融发展状态并为政府部门、市场参与者决策提供依据。

2. 天津金融发展指数编制的目标

天津金融发展指数是科学、全面、精准、动态度量天津金融发展状态和景气程度的评估体系，该研究的起点和归宿是观测、记录和评估天津金融业的发展状况和景气程度。

（1）明确、集成、深化天津金融业的定位目标内涵

天津确立了“建立符合实体经济需求和金融发展趋势的现代金融服务体系，符合国家战略定位和先行先试要求的金融改革创新基地，符合绿色城市理念和集中集聚集约要求的金融服务区”的金融业发展定位目标。考虑到实现定位目标过程具有长期性、复杂性和系统性的特征，需要制定一个明确、集成、深化天津金融业定位目标内涵的评价标准，从根本上避免天津金融业奋斗目标不清晰、不具体、不可量化的问题，使金融业发展始终沿着定位目标的正确轨道不断前行，确保高水平实现天津金融业的定位目标。

（2）科学、客观、全面测度金融业发展和景气状况

综合运用包括统计分析、专家打分、问卷调查在内的一系列定量定性研究工具，在深度解释现象，把握科学规律方面作用十分显著，可以大大提升应对各种问题的效率。在实现天津金融业定位目标过程中，建立科学、全面、精准、动态的金融发展指数，可为制定发展规划、促进行业成长和金融景气提供信息支持，使政府决策和管理部门较为准确、直观地掌握金融业发展状态和景气程度，提高决策效率。同时，该指数将搭建政府官员、专家学者和社会公众认识天津金融业发展的桥梁，明确天津金融业的远景目标和努力方向，为推动

金融业发展提供监测工具。

（3）逐层解构金融发展景气状况，促进行业协调发展

金融业的健康快速发展离不开金融市场、机构、人才、创新和生态环境等要素的协调统一发展。在实现金融业定位的过程中，政府部门重视金融各行业各要素的协调发展，力求将行业、要素发展不平衡、不同步的情况调控至一个相对合理的范围，这需要逐层解构金融业的行业与要素，准确评价各行业各要素的发展态势以及景气程度，这是编制本指数的一个重要目的。同样，关于金融业内部结构的具体信息，将有助于金融市场参与主体进行合理决策，为金融企业投资和各类人才就业提供决策参考，提升金融市场的有效性。

（4）为观测督导天津金融业定位实现水平提供标准

天津金融业定位目标结构清晰，内涵丰富，天津金融发展指数力争从多个角度、多个层次客观描述天津金融发展状况和改革方向，各个层级的指数都是记录金融业发展轨迹、刻画金融业行情冷暖的有益工具。作为政府部门、金融企业、各类人才沟通交流的重要媒介，天津金融发展指数将通过释放金融发展和景气信号，预判金融业发展前景，为衡量天津金融业定位目标的实现水平提供标准和依据，并为推动天津金融业持续健康发展提供科学评估工具。

3. 天津金融发展指数编制的意义

天津金融发展指数以金融中心指数研究相关理论方法和应用经验为基础，针对天津金融业各个领域开展深入调查研究，在获得大量第一手资料的情况下，课题组综合运用跨学科交叉分析方法，实现天津金融业定位、现代金融体系发展状况、金融改革创新成果和现有理论技术的紧密结合，编制出具有鲜明针对性兼具普适性的金融发展指数，应用于评价天津金融业发展状态和景气程度，服务于政府部门、市场参与主体决策。

（1）功能作用明确

天津金融发展指数研究在本质上属于新兴金融中心纵向发展速度和景气状况的研究，具有显著的创新性和挑战性。为了确保研究的科学和缜密，课题组深入研究和借鉴了以上海金融景气指数为代表的纵向发展类指数和以全球金融中心指数（GFCI）、新华－道琼斯国际金融中心发展指数（IFCD INDEX）、CDI中国金融中心指数（CDI CFCI）为代表的横向竞争力比较类指数的编制

方法和应用经验，获得丰富的研究思路和指标样本。在与天津金融监管部门、金融专业人士、统计工作者深入沟通、交流的基础上，结合天津金融业定位、现代金融体系发展经验和金融改革创新成果，演绎并凝练出天津金融业发展的核心要素和关键目标。通过选取代表性强、可操作性好的指标，降低评价对象（天津金融发展态势和景气程度）的复杂性，实现了天津金融业定位内涵核心、金融发展状态景气程度与各级指数一一对应式的可度量化，较为科学地实现研究初衷。

（2）研究方法创新

与发端于20世纪80年代的传统金融中心指数不同，本指数应用于处在快速成长期，秉承特定发展思路和要求，突出金融改革创新基地核心功能的天津金融业的量化评价，弥补了传统金融指数侧重于评价成熟型金融中心导致的研究空白，发展了金融发展指数研究方法和应用经验。在编制本指数过程中，选取纵向比较的综合评价指数方法，运用基于相邻年份数据对比的数据标准化方法，和专家评分指标权重设定方法，与使用SUV（支持向量机）方法的“全球金融中心指数”，选用横向比较的综合评价指数的“新华－道琼斯国际金融中心发展指数”“CDI中国金融中心指数”不同。同时，课题组采用数据来源稳定、连续规范、口径统一、易于采集的数据，确保该成果功能的实现。为了确保天津金融发展指数研究的科学合理，本研究还将开展金融中心发展指数、国内外新兴金融中心形成演化等基础性研究，夯实研究基础。

（3）实用价值突出

本研究将天津金融业发展状态、景气程度作为评价导向和重点，兼顾反映天津金融业实现定位过程中“创新引领”“规模集约”“快速发展”“服务实体经济”等特征因素，实现了天津金融发展与定位目标内涵的集成和融合。作为一个开放、包容的系统，该指数伴随应用领域和新兴金融中心发展阶段变化，不断瞄准金融专业人士优先考虑的因素，适时、适度地对金融发展指数指标体系进行修订、调整，确保及时、客观反映天津金融业发展速度、景气程度及支撑地区金融业持续成长的基础性因素。作为金融业的晴雨表和风向标，金融发展指数指标体系中每个指标都是跟踪天津金融业发展状态的有益工具，同时也是金融监管部门、金融机构内部交流以及对外交流的重要媒介，为推动天津金融业持续快速发展提供监测工具。

（4）应用前景广泛

作为一项具有前瞻性的研究，本研究通过深入调研和严谨分析，发展了金融中心，尤其是处于快速发展期、定位内涵丰富、突出金融改革创新核心功能的新兴金融中心发展指数的研究，为此后观测和评价其他地区新兴金融中心发展状况和景气程度制定了一定的标准或参照。基于数据收集的完善以及基于实践检验下的持续优化，课题组将定期连续发布天津金融发展指数。这不仅可以进行天津金融业定位实现程度、金融业发展速度与景气状况的纵向对比，还为实现多个新兴金融区竞争力的横向比较埋下伏笔。课题组相信，伴随着天津金融发展指数的逐步应用和优化，它将有望成为在国内外具有一定影响力和知名度的金融发展指数，为评估更多城市金融业的发展景气状况提供标准和依据。

（二）天津金融发展指数编制原理和思路

1. 天津金融发展指数编制的原理

为实现上述目标，课题组充分借鉴了全球金融中心指数（GFCI）、新华－道琼斯国际金融中心发展指数（IFCD INDEX）、中国金融中心指数（CDI CFCI）、上海金融景气指数等国内外知名指数的原理方法，包括指标体系和计算方法，最终确定采用纵向比较的综合评价指数方法构建天津金融发展指数。综合评价指数是将普通综合评价法与普通加权算术平均指数相结合的方法。原理如下。

第一，金融发展本身是个包含诸多要素的复杂概念，并不能直接测量，需要用到综合评价法的原理。即首先设计出能够反映天津金融发展的指标体系，该指标体系将天津金融发展按照组成要素进行层层分解，最后一级指标能够直接测量，最后反方向加总各指标得分实现对天津金融发展态势的综合评价。

第二，反方向自下向上逐级加总各指标得分的加权算术平均指数原理。即首先将各方面各要素的子要素指标单独计算各指标指数，然后利用加权算术平均指数方法逐级加总各子指数得到金融发展指数，从而综合评价天津金融发展状况和景气程度。

2. 天津金融发展指数编制的思路

天津金融发展指数的设计思路共分 6 个步骤。

第 1 步，确定指数编制的目标、原理和基本原则。课题组及专家组在课题开始阶段首先草拟指数编制的目标、原理和基本原则等初步方案，然后提交外部专家讨论，最后定稿。

第 2 步，构建指标体系和权重的初步方案。在指数编制的目标、原理和基本原则终稿基础上，课题组和专家组确定指标体系和权重的几个备选方案。其中指标体系初步方案包括相对多的指标，并要体现天津金融业的特色战略导向以及前瞻性。

第 3 步，收集数据。课题组及专家组根据指标体系初步方案收集数据，在收集数据过程中需要注意数据可获得性以及连续性。

第 4 步，课题组利用收集的数据试算指标体系和权重备选方案的指数，包括各要素子指数和总指数。

第 5 步，确定最终指标体系和权重。课题组及专家组根据数据的可获得性、天津金融业的特色战略导向以及前瞻性，经过多次试算，确定最终指标体系和权重。

第 6 步，课题组根据最终指标体系、权重计算各要素指数和发展指数，并根据指数得分分析天津金融发展状况以及根据指数的增速分析天津金融业的景气状况。

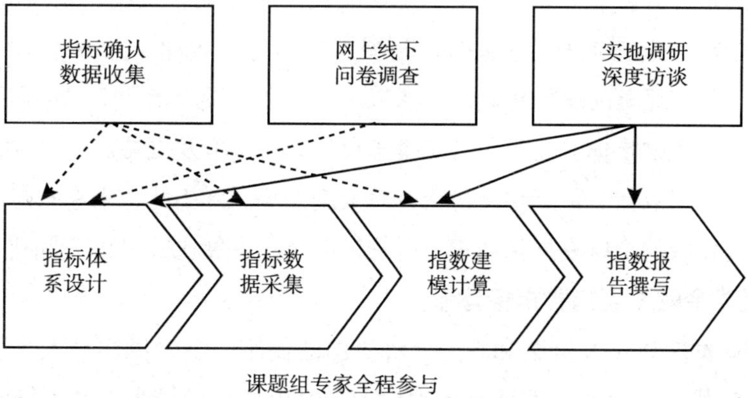

图 6　天津金融发展指数的研究流程

资料来源：作者整理。

（三）天津金融发展指数指标体系和计算方法

金融中心是资金融通、集散和交易的中心城市，是一个金融总量巨大、金融市场深化、金融机构聚集、金融人才云集、金融资讯丰富，并进行各种金融活动的场所。天津金融发展指数利用客观、真实、合理的评价指标体系，从多个角度全面反映天津金融业的发展状况，并按照指标的客观重要性以及天津金融业定位的战略导向，使用专家打分法设置权重，使用加权算术平均数计算得到反映整个金融业发展状态和景气程度的综合性指数。

值得注意的是，天津金融发展指数与全球金融中心指数、新华－道琼斯国际金融中心发展指数、中国金融中心指数等金融中心竞争力（发展）指数的根本目的不同，前者的目的是评价天津金融业发展状态和景气程度，并为政府部门和市场参与主体提供决策服务，后者的目的比较不同金融中心的竞争力。目的差异导致指标体系设计和权重设置的不同。例如，金融中心竞争力指数需要选择各金融中心都能获取数据的指标，并选取与各金融中心总体表现一致的重要性作为权重，为了保证评价的公正性，往往需要由第三方独立编制；而天津金融发展指数定位于全面客观反映天津金融发展状态和景气程度，因此除了选取与金融中心竞争力指数相一致的指标外，还要选取能够反映天津特定战略定位、金融发展特征的指标，以更为充分的信息全面反映天津金融业发展。在权重设置上，既要考虑指标在金融业中的重要性，还要考虑指标在天津金融战略定位中的地位，因此，具有显著的属地化倾向。所以，天津金融发展指数不仅包含了若干能够用于空间比较的指标，而且包含了突出反映天津金融发展特点的指标，如金融重大先行先试试点数、创新型交易市场总成交额等。基于此，未来只能选取部分指标编制简化版的金融发展指数进行跨地区的金融发展比较（即空间比较）。

1. 天津金融发展指数指标体系

金融业发展离不开资金和人力两种资源的使用，金融机构是人才、资金和产品的主要载体。金融业发展直接表现为金融市场总量扩张以及市场深度和广度的延展，而金融改革创新将为金融业发展注入活力。金融业发展同样离不开良好的金融生态环境，后者包括中介服务、信用环境、产业支撑、物价水平、宜居环境，以及政府服务等。大量新兴市场经济内部金融业的发展经验业已表明，区域金融发展除了内生动力之外，也需要有政府部门的积极推动。地区金融业与政府战略相一致时，往往将为这一地区金融业的发展创造更加优越的条件。因此，天津金融发展指数所对应的指标体系应该包含上述几个方面。

（1）指标体系的设计原则

指标体系的设计遵循全面性原则、开放性原则、指标数量精炼原则和战略导向原则。

第一，全面性原则。该原则是指指标体系不仅要包括金融业相关的金融市场（含金融国际化）、金融机构、金融人才和金融创新等方面的内容，还要包括作为金融发展基础的金融生态环境。同时，既要包括金融业总体情况又要包括金融业各个市场、行业和要素的情况，比如银行业、证券业、基金业等。

第二，战略导向原则。该原则是指指标体系要充分体现天津金融发展的战略导向和特征。由于天津金融业与其他地区相比具有自身特色，且与本市金融规划密切相关，因此，在设计指标体系时要有明确体现相应特色和战略的指标。具体来说，天津特色战略导向是金融业定位目标，乃至中央对于天津城市的定位。

第三，开放性原则。该原则是指指标体系内的各级指标具有一定的弹性和变动空间，不是一成不变的。一方面，由于天津金融业发展相关要素会改变，会出现一些新的成长要素，要反映这些新的变化，与时俱进，自然会引发指标体系的变化；另一方面，由于数据的可获得性问题，一些数据在当前无法获得，但当将来能够获得的时候，该方面的指标将得到补充。

第四，数量精炼原则。该原则是指指标体系在满足理论合理性和全面性、战略导向的前提下，为了避免各个指标之间信息的过多重复交叠，选择尽可能少的指标，达到指标精炼的目的，同时也降低了数据获得性和指数编制、更新的难度。

（2）指标体系的指标构成

基于上述原则，课题组将指标体系设定为三级指标体系。其中一级指标分成金融市场、金融机构、金融人才、金融创新和金融生态环境等5大要素（维度）。

①一级指标的构成

第一，金融市场。金融市场是金融工具交易的场所，也是金融创新的场所，主要包括股票市场、债券市场、货币市场、保险市场、期货市场、基金市场、外汇市场、黄金市场、信托市场、银行卡市场等。金融市场是金融发展最直接的体现，可从金融市场规模、发展质量、市场参与者和国际化程度等方面进行衡量。稳步有序地提升开放金融市场是缩短国内金融业与发达经济体金融业差距的一个有效途径。通过开展国际金融保险业务，引进国际金融机构、金融人才、金融技术和管理模式，将提升本地区金融业的发展水平，因此，它成为衡量一个地区金融市场发展状况的重要要素。

第二，金融机构。金融机构是从事金融服务业有关的金融中介机构，是现代金融服务体系的重要组成部分，包括银行机构、保险机构、证券公司、期货公司、共同基金、信托公司等，这些金融体系中的“岛屿”，构成金融产业的主体。金融机构的发展状况是金融业发展的重要方面，可以通过机构数量、资产规模、收入水平和盈利能力等加以衡量。

第三，金融人才。金融人才是金融发展的重要人力资源要素。金融业是高素质人才聚集的行业，人才要素自然是影响金融产业发展的重要因素。现代金融业的发展创新了众多的金融工具和相关产品，这些金融工具及其产品无论是开发、销售都需要掌握现代金融理论以及相关行业知识的高素质的人才。因此，人才要素从人才需求和供给、人才规模和人才质量等方面进行测量。

第四，金融创新。金融创新既是金融业增强自身竞争力的重要手段，也是政府推动金融业发展的一个重要途径。既有金融业自身主导的金融创新，如机构创新和产品创新；也有政府主导的金融改革创新，如重大创新试点、市场创新。此外，还要考虑影响金融创新的内部和外部要素。

第五，金融生态环境。金融发展离不开与之紧密相关的金融生态环境，诸如金融中介、信用环境、产业支撑、物价水平、宜居环境、政府服务和制度环境等，这些方面或者直接影响金融业发展或者通过影响金融业的人力、资金、信息等因素间接影响金融业发展。作为金融业的外部环境，金融生态环境无疑是金融业发展的基础。

②二级指标的构成

二级指标是一级指标的子要素，主要体现了金融业五大要素（或维度）内部的结构、层次。例如，金融市场包括 10 个子市场和市场总量、金融开放等12个二级指标；金融机构包括6个子行业和机构总量等7个二级指标，金融人才包括人才总量、人才质量、人才引力等3个二级指标，金融创新包括整体创新、3类具体创新、2类创新要素等6个二级指标，金融生态环境包括金融中介、信用环境、产业支撑等7个二级指标。

③三级指标的构成

三级指标是具体的控制指标，可以从不同方面反映二级指标（即一级指标的子要素）。三级指标具有明确的定义和数据可获得性。例如，银行机构二级指标下包括法人商业银行数（中资）、商业银行机构数、资产总额、本外部存贷款余额、不良贷款率等多个三级指标，它们分别从机构数量、资产规模、资产质量等多方面反映银行机构的发展状况。

三级指标既要与国际接轨，又要符合国内行政体制和现行统计制度。本研究将全球金融中心指数、新华－道琼斯国际金融中心发展指数、上海金融景气指数等指标体系作为第三级指标的主要来源，保证了三级指标的普遍性、适用性和科学性。与此同时，紧密结合天津金融业战略导向和发展特征，选取若干针对性强的指标，作为有效补充，这有助于达成指标体系的设计初衷，也为将来编制简化版金融发展指数进行跨地区金融业横向比较创造了条件。

④主观指标的构成

天津金融发展指数指标体系是以客观评价为主、主观评价为辅的指标体系。为了全面反映天津金融业发展状态和景气程度，除利用客观指标描述金融市场、金融机构、金融人才、金融创新和金融生态环境发展状况外，还引入了若干主观评价作为补充。由于受到客观数据难以获得、个别方面不易量化评价等因素的制约，单纯依靠客观数据不能全面、准确、合理地反映金融人才、金融创新和金融生态环境方面的发展状况，所以在金融发展的上述三大要素中，补充了若干主观评价指标。具体包括如下内容。

第一，金融人才包括金融人才质量、人才充裕度、人才引进力度等3个三级主观指标。

第二，金融创新包括整体创新能力、金融创新人才充裕度、创新产品数量、金融机构创新能力、监管部门推动创新力度等10个三级主观指标。

第三，金融生态环境涉及中介环境、信用环境、政府服务、法律环境等4

个子要素。其中，中介环境包括信用评级服务、资产评估服务、融资担保服务等7个三级主观指标；信用环境包括公民信用意识、企业信用状况、信用文化建设、信用数据库建设等4个三级主观指标；政府服务包括税收优惠相关政策、政府补贴政策、金融人才奖励政策等8个三级主观指标；法律环境包括全国金融法律规章、天津金融法规规章、依照金融法律法规规章执法情况、金融诉讼仲裁环境等4个三级主观指标。

（3）指标体系的框架结构

天津金融发展指数采用系统全面、主客观结合的指标体系。本期指数采取的指标体系包括金融市场、金融机构、金融人才、金融创新和金融生态环境等5个一级指标（其中，金融市场、金融机构、金融人才、金融创新等4个一级指标属于金融产业）。在一级指标之下，包括35个二级指标及103个三级指标，指标体系覆盖天津金融业的各个领域，具有突出的代表性。具体见图7、图8。

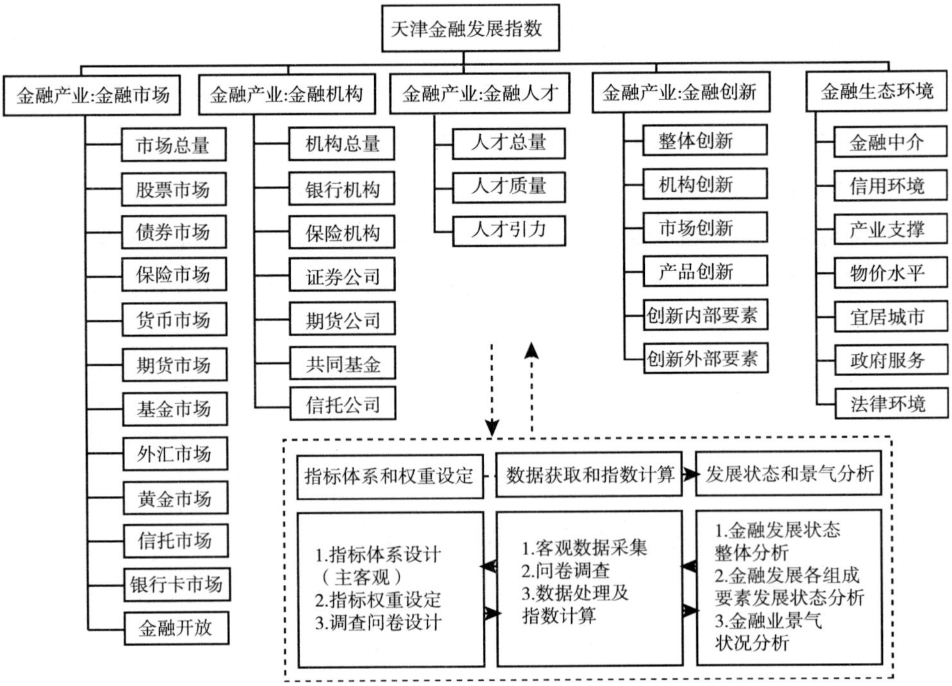

图7 天津金融发展指数指标体系框架

资料来源：作者制作。

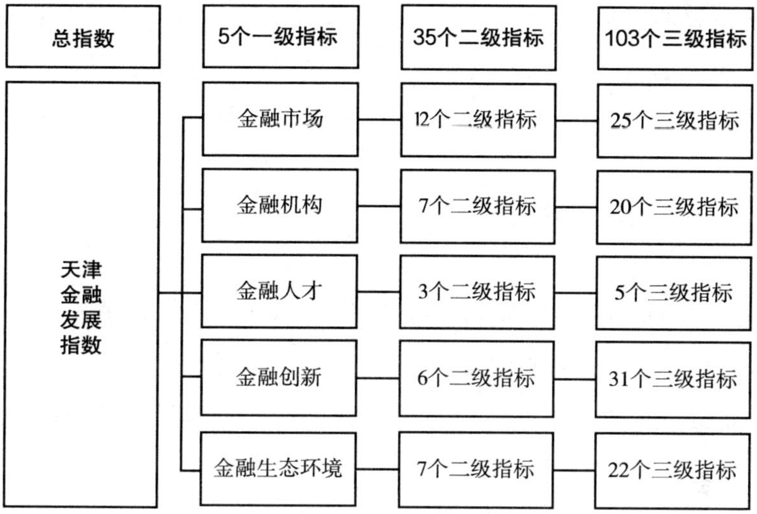

图 8　天津金融发展指数评价指标体系的结构

资料来源：作者制作。

2. 指数权重设定以及计算方法

天津金融发展指数通过逐级加权平均的方式计算得到。在指标体系部分，课题组充分借鉴诸如全球金融中心指数（GFCI）、新华－道琼斯国际金融中心发展指数（IFCD Index）、中国金融中心指数（CDI CFCI）、上海金融景气指数等国内外现有指数的指标体系；权重设定上则根据指标客观重要性以及中央和天津对于金融业发展的战略定位，参照课题组的评估意见以及问卷调查结果，由专家组确定最终的权重系数。在完成评价指标体系设计后，本研究选取2006 年①末为基期（1000 点），计算全部第三级指标2007～2013 年的相对数值（即点数），同时也针对各个指标计算其连续7 年的各年增速。此后，以逐级加权平均法构建指数计算模型，获得各级指数的计算结果。作为本研究的一个亮点，除了获得天津金融发展指数及其子指数的整体走势外，通过5 个一级指标要素的发展结构分析以及2013 年当年通过历史增速比较判断的金融信号预警分析，可以获取金融发展指

① 天津滨海新区开发开放和金融先行先试始于2006 年，课题组经过讨论，将该年作为本研究的基期。

数及其子指数的发展趋势、增长动力和景气状况，并利用相应的子领域做横向和纵向比较分析，揭示金融业发展运行中存在的关键问题。发展水平、速度、景气状况的变动，将成为影响天津金融业定位实现的重要因素。

（1）指标体系的权重设定

①权重设定方法

课题组按照指标的客观重要性以及天津金融业定位的战略导向，使用专家打分法设置权重。首先，本课题组专家成员结合各指标的客观重要性、天津金融业战略定位和发展方向对三个级别的指标分别赋予权重。具体实施步骤是：课题组专家首先制定权重设置的初步方案，然后邀请更多专家人士进行充分讨论确定指标权重。在设置指标权重时，总体按照各个指标的客观重要程度予以赋值（即通过评判指标度量天津金融发展状态、景气程度的重要程度，赋予相应的权重）。对于能够更好地反映天津金融业定位目标和发展特征的指标，赋予相对更高的权重；对于能够更好地反映实际情况的主观指标，赋予相对更高的权重。此外，调查问卷中设置了评价指标权重的项目，指标权重将结合主观评价结果进行适度修订和调整。

本课题专家组成员包括天津金融服务办公室、中国人民银行天津分行、银监局、保监局、证监局等政府监管部门的专家，天津银行业、基金业、证券业的业界专家，南开大学、天津财经大学、中国滨海金融协同创新中心等科研院所的学者。具体包括：

第一，政府部门：天津金融服务办公室、中国人民银行天津分行、天津银监局、保监局、证监局中层以上人员各 1 人，这些专家长期从事金融市场发展和金融改革创新管理和研究工作。

第二，科研机构：中国滨海金融协同创新中心院长，南开大学金融系、天津大学金融系、天津财经大学金融系、统计系等系主任。

第三，金融同业：银行机构 4 人、证券公司 2 人、保险机构 2 人、私募基金 2 人、股权交易所 1 人，专家担任中层以上职务或研究部门负责人。

第四，中介部门：资信评级公司、会计师事务所、律师事务所等 2 名高级管理人员。

②指标体系权重（见表7）

表7　天津金融发展指数指标体系各级指标权重

<table>
<tr><td colspan="4">金融产业</td><td colspan="4">80%</td><td>金融生态</td><td>20%</td></tr>
<tr><td>1 金融市场</td><td>80%</td><td>2 金融机构</td><td>33%</td><td>3 金融人才</td><td>10%</td><td>4 金融创新</td><td>15%</td><td>1. 金融中介</td><td>12%</td></tr>
<tr><td>1. 市场总量</td><td>20%</td><td>1. 机构总量</td><td>5%</td><td rowspan="3">1. 人才总量</td><td rowspan="3">40%</td><td>1. 整体创新</td><td>10%</td><td>2. 信用环境</td><td>8%</td></tr>
<tr><td>2. 股票市场</td><td>10%</td><td rowspan="2">2. 银行机构</td><td rowspan="2">40%</td><td rowspan="2">2. 机构创新</td><td rowspan="2">20%</td><td rowspan="5">3. 产业支撑</td><td rowspan="5">35%</td></tr>
<tr><td>3. 债券市场</td><td>13%</td></tr>
<tr><td>4. 保险市场</td><td>5%</td><td rowspan="4">3. 保险机构</td><td rowspan="4">20%</td><td rowspan="7">2. 人才质量</td><td rowspan="7">35%</td><td rowspan="3">3. 市场创新</td><td rowspan="3">20%</td></tr>
<tr><td>5. 货币市场</td><td>10%</td></tr>
<tr><td>6. 期货市场</td><td>6%</td></tr>
<tr><td>7. 基金市场</td><td>4%</td><td rowspan="3">4. 产品创新</td><td rowspan="3">15%</td><td rowspan="2">4. 物价水平</td><td rowspan="2">10%</td></tr>
<tr><td>8. 外汇市场</td><td>3%</td><td rowspan="3">4. 证券公司</td><td rowspan="3">15%</td></tr>
<tr><td>9. 黄金市场</td><td>3%</td><td rowspan="2">5. 宜居城市</td><td rowspan="2">5%</td></tr>
<tr><td>10. 信托市场</td><td>9%</td><td rowspan="2">5. 创新内部</td><td rowspan="2">25%</td></tr>
<tr><td>11. 银行卡市场</td><td>5%</td><td>5. 期货公司</td><td>6%</td><td rowspan="3">3. 人才引力</td><td rowspan="3">25%</td><td>6. 政府服务</td><td>20%</td></tr>
<tr><td rowspan="2">12. 金融开放</td><td rowspan="2">12%</td><td>6. 共同基金</td><td>4%</td><td rowspan="2">6. 创新外部要素</td><td rowspan="2">10%</td><td rowspan="2">7. 法律环境</td><td rowspan="2">10%</td></tr>
<tr><td>7. 信托公司</td><td>10%</td></tr>
</table>

资料来源：作者制作。

（2）指数的计算方法

天津金融发展指数采用自下而上逐级加权算术平均指数计算方法。具体步骤如下。

第一步，计算三级指标各指标指数。

天津金融发展指数采用加权算术平均指数法，第一步是计算每个三级指标的指数。三级指标包含主观和客观指标，两种指标指数计算方法迥异。

一方面，对于客观指标，三级指标包括规模、质量、比率、排名等多种类型指标，单位、含义各不相同，但各三级指标指数与上年数据做对比实现了去量纲，使指标数据标准化、可比化。三级指标计算指数，还要注意区分正向指标、逆向指标和适度指标。对于正向指标，其值越大，表明天津金融业发展水平越高（或对天津金融业发展越有利），其值较小则说明天津金融业发展水平越低（或对天津金融业发展越不利）；对于逆向指标则正好相反，其值越大，表明天津金融业发展水平越低（或对天津金融业发展越不利），其值较小则说明天津金融业发展水平越高（或对天津金融业发展越有利）；适度指标则不同，对适度指标而言，存在一个理论上的最优值，该指标处于该数值时天津金融业发展水平处于最佳状态。在天津金融发展指数的三级指标指数计算过程中，只采用正向指标、逆向指标计算公式。具体公式如下：

正向指标（高优指标）：

三级指标指数是当年指标原值与上年指标原值的比值，即 $y_{ijk} = \frac{x_{ijk(t-1)}}{x_{ijk(t)}}$，其中 x_{ijk} 是第 i 个一级指标的第 j 个二级指标的第 k 个三级指标。

逆向指标（低优指标）：

三级指标指数是上年指标原值与当年指标原值的比值，即 $y_{ijk} = \frac{x_{ijk(t)}}{x_{ijk(t-1)}}$

另一方面，对于主观指标，每个指标都是基于天津金融业某个要素（或方面）相对于上一年的表现进行打分，共分成严重恶化、较为恶化、无变化、较为改善、显著改善等五档。在计算指数时，这五档对应的分值分别取 80%、90%、100%、110%、120%，将所有专家该年度打分计算算术平均值就得到该指标该年度的指数。

第二步，运用算术平均值得到二级指标指数，即 $y_{ij} = \sum_{k=1}^{n_{ij}} \omega_{ijk} y_{ijk}$，其中 ω_{ijk} 为 x_{ijk} 的权重，y_{ij} 是第 i 个一级指标的第 j 个二级指标。

第三步，将二级指标指数计算加权算术平均值得到一级指标指数，即 $y_i = \sum_{j=1}^{n_{ij}} \omega_{ij} y_{ij}$，其中 ω_{ij} 为 y_{ij} 的权重，y_i 是第 i 个一级指标。

第四步，计算一级指标加权算术平均值得到金融产业指数和金融发展指数得分，$y = \sum_{i=1}^{n_i} \omega_i y_i$。其中金融产业指数是由金融市场、机构、人才、创新指数合成得到，天津金融发展指数是金融产业指数与金融生态环境指数合成得到。

前四步所有指数都为环比指数。

第五步，计算定基指数（2006 = 1000），一级指标指数和金融产业指数和金融发展指数绝对数值。

$y_t = \prod_{t=2006}^{t} y_t$，这是基期设定为1时的指数值。

$Y_t = y_t \times 1000$，这是基期设定为1000点时的指数值。

第六步，分析金融发展各子指数和总指数的景气程度。

景气程度实质上判断经济活动是处于上升还是下降阶段，本研究采用最简单的增长率法判断，依照当年增速水平（y_t）与历史平均增速（$\bar{y}_T = \sqrt[(T-2006)]{\prod_{t=2006}^{T} y_t}$）和历史最高增速的比例关系划分景气度。将景气程度划分为如下六种情景。

①正常趋涨：当年该指数增速低于过去五年历史平均增速1.5倍、高于过去五年历史平均增速；

②正常趋缓：当年该指数增速低于过去五年历史平均增速、高于过去五年历史平均增速0.5倍；

③快速增长：当年该指数增速低于过去五年历史最高增速、高于过去五年历史平均增速1.5倍；

④增长偏低：当年该指数增速为正，但低于过去五年历史平均增速0.5倍；

⑤增长趋热：当年该指数增速高于过去五年历史最高增速；

⑥不景气：当年该指数增速为负。

（3）数据来源及处理方法

①数据来源

天津金融发展指数的客观数据遵循客观性、权威性和可操作性的原则。客观性是指收集的数据都是客观数据，为金融、经济、产业、社会等方面客观的统计数据。权威性是指这些统计数据来源于权威部门，包括政府统计部门、金融服务办公室和中国人民银行天津分行等权威机构发布或统计的数据。可操作性是指，数据来源稳定、客观真实有效、数据连续规范、口径统一、易于采集、处理和比对。

主观评价数据通过问卷调查的方式获得，采用电子邮件、纸质问卷寄发调查对象的调查方式，还采用将调查问卷置于专业问卷调查网上平台的调查方式，大大提高了收集主观评价的效率。

调查对象：除课题组专家成员外，还需要调查相关专家，其中金融业界占65%，政府部门占20%，科研机构占5%，中介机构占10%。样本量为200份。

政府部门，包括中国人民银行天津分行、天津银监局、保监局、证监局、金融办中层以上人士；科研机构，包括天津大学、南开大学金融系，天津财经大学金融系等院长、系主任；金融业界，包括银行、证券、保险、交易所、担保公司等金融机构中层以上人士或研究部门负责人；对于中介机构，包括资信评级公司、资产评估机构、会计事务所、律师事务所等机构的主管。

②指数合成

利用加权算术平均方法可以使三级指标得分加总得到二级指标得分，并进一步加总得到一级指标得分，即各要素指数，其中金融市场、机构、人才和金融创新是金融产业本身相关的要素，将这些要素指数合成为金融产业指数，直接反映金融产业的发展状态和景气程度；将金融产业指数和金融生态环境指数进一步合成为金融发展指数，反映金融业综合发展状态和景气程度。当期金融生态环境状况对下一期金融产业的发展有重大影响，因此金融发展指数体现了金融业的成长性，着眼点更强调将来。

主观指标与客观指标按照主观、客观指标反映内容的一致性在二、三级指标水平上按一定权重进行合成。

③缺失及异常数据处理方法

第一，缺失数据的处理方法。

由于各项指标数据可得性具有一定差异，部分指标并非所有年份均有相应数据。天津金融发展指数对缺失数据根据具体情况采用不参与该年度指数计算或插补的处理方法。插补的具体方法是采用增长线性插补法，即假定缺失数据年份与相邻年份增长速度一样。本研究采用数据可获得性稳定的指标，替换预计将来数据缺失无法保证数据获得稳定性的指标。

第二，异常数据的处理方法。

有些指标尤其是金融创新相关的指标，指标得分在某些年份从无到有或者从很小数值大幅增长，导致该指标指数无法计算或者该指标指数得分过大，造成整个指数得分过高，不能如实反映金融发展情况。对于这种具有异常数据的指标，在计算总指数时，本研究不把这些年份指标计入整个指数的计算。

三　天津金融发展指数整体分析

本部分重点分析天津金融业整体及其组成要素（金融市场、金融机构、金融人才、金融创新和金融生态环境）的发展程度和趋势。

（一）金融业整体走势分析

课题组按照可比口径指标与数据，经过全面统计和分析，测度了2006～2013年天津金融发展程度。

第一，自“十一五”时期以来，天津金融业整体发展势头强劲，在经历了2007年的快速发展和2008年的略有放缓后，金融业连续5年保持平稳增长。2013年，天津金融业稳步发展，金融市场成为亮点领跑各指数，推动天津金融业发展。金融创新快速发展，各类金融机构与金融人才不断聚集，金融生态环境持续优化。

第二，从发展速度看，以2006年作为基期（1000点），2013年指数达到4311点，增幅达21.4%，7年平均增速达23.2%，是全国GDP平均增速的1.6倍，是天津GDP平均增速的1.2倍；以上年为基期能够更加清晰地识别景气情况。其中，2007年景气程度达到高点，较2006年增长47.0%，其后2008年有所下降，比上年增长15.1%，此后5年增速维持在20%左右，见表8。

表8　选取不同基期的天津金融发展指数

年份	以2006年为基期指数	以上年为基期指数	年份	以2006年为基期指数	以上年为基期指数
2006	1000	1000	2010	2524	1233
2007	1470	1470	2011	3053	1210
2008	1693	1151	2012	3552	1163
2009	2047	1210	2013	4311	1214

资料来源：作者制作。

第三，从指数发展结构看，金融市场领衔增长（2013年达12056点，年均增速42.7%），创新水平不断提升（2013年达3439点，年均增速19.3%），金融机构较快发展（2013 年达 2728 点，年均增速 15.4%），金融人才和金融生态环境平稳发展（2013 年分别达到 1605 点和 1552 点，年均增速分别为 7.0% 和 6.4%）。

第四，从 2013 年景气程度看，金融业增长稳健，相对往年的平均增速呈现一定的趋缓态势。2013 年同比增速为 21.4%，比 2006～2012 年 23.5% 的年均增速下降 2.1 个百分点。金融市场保持快速增长，2013 年同比增速为 48.4%，比 2006～2012 年 41.8% 的平均增速上升 6.6 个百分点。金融创新保持较快增长，2013 年同比增速为 15.6%，比 2006～2012 年 19.9% 的年均增速降低 4.3 个百分点。金融机构同比增速为 7.2%，较 2006～2012 年 16.8% 的年均增速下降 9.6 个百分点。金融人才和金融生态环境同比增速分别为 5.2% 和 4.5%，比 2006～2012 年年均增速分别下降 2.1、2.3 个百分点。

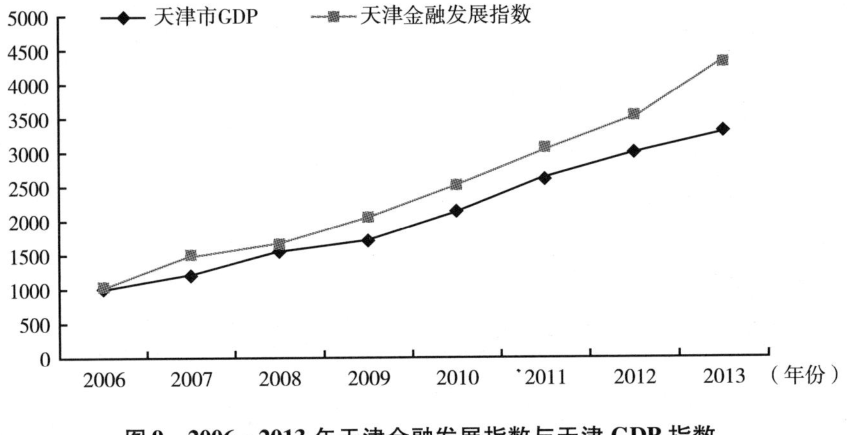

图 9　2006～2013 年天津金融发展指数与天津 GDP 指数

资料来源：作者制作。

（二）金融业分项走势分析

1. 金融市场发展指数

金融市场发展指数由金融子市场（10 种）、金融市场总量、金融开放等 12 个要素子指数构成。

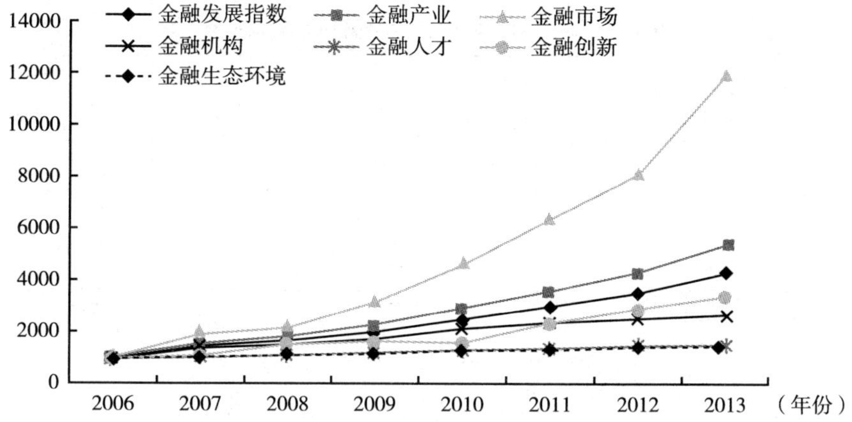

图 10　天津金融发展指数及其一级指标的发展速度

资料来源：作者制作。

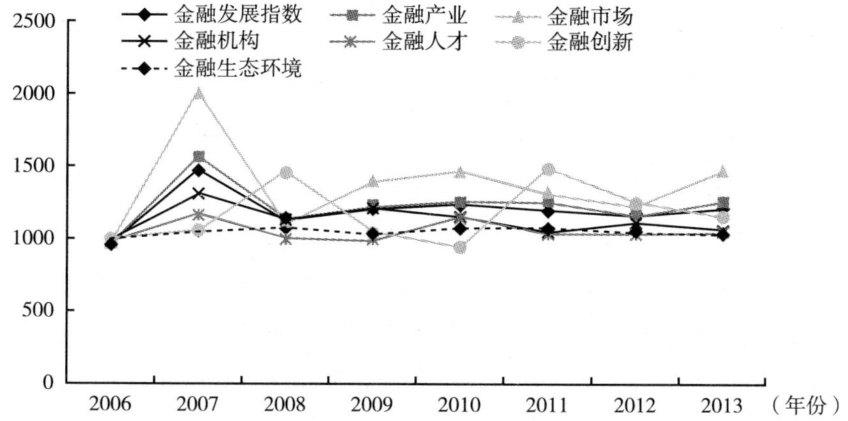

图 11　2006～2012 年天津金融发展指数及其增速曲线

资料来源：作者制作。

从发展速度看，以 2006 年为基期（1000 点），2013 年金融市场发展指数为 12056 点，当年增幅达 48.4%，7 年平均增速为 42.7%，是天津金融发展指数平均增速的 1.84 倍。其中，2007 年景气程度达到高点，较 2006 年大幅增长 101.6%，其后 2008 年有所放缓，但仍比上年增长 13.3%，2009 年和 2010 年增速分别为 40.9% 和 48.0%，2011 年和 2012 年增速分别为 35.6% 和 25.8%，2013 年增速达到 48.4%。

表9　选取不同基期的天津金融市场发展指数

年份	以2006年为基期指数	以上年为基期指数	年份	以2006年为基期指数	以上年为基期指数
2006	1000	1000	2010	4762	1480
2007	2016	2016	2011	6455	1356
2008	2284	1133	2012	8123	1258
2009	3218	1409	2013	12056	1484

资料来源：作者制作。

从指数发展结构看，债券市场、信托市场、期货市场和基金市场是过去7年时间中年均增速最快的市场，指数7年年均增速超过43%，高于平均水平（42.7%）。银行卡市场、外汇市场、货币市场、股票市场、黄金市场、保险市场指数较为平稳，指数7年年均增速分别为39.2%，28.6%，23.1%，21.3%，18.1%，3.2%，低于平均水平（42.7%）。与此同时，市场总量和金融开放的年均增速分别为25.7%和29.8%。

从2013年景气程度看，金融市场增长稳健，相对往年平均增速略有上升。2013年同比增速为48.4%，比2006～2012年41.8%的年均增速上升6.6个百分点。债券市场、基金市场、信托市场、期货市场、外汇市场保持快速增长，同比增幅在46.9%以上，景气程度高；股票市场增速较快，同比增幅为28.2%，景气程度较高；货币市场同比增幅为16.2%，比2006～2012年24.3%的平均增速降低8.1个百分点。保险市场、黄金市场、银行卡市场同比增幅分别为8.6%，0，0。金融市场总量和金融开放同比增幅分别为34.0%和30.2%，分别比2012年增速提升了18.5个和12.3个百分点。

2. 金融机构发展指数

金融机构发展指数由机构总量和各种机构（6种）等7个要素子指数构成。

从发展速度看，以2006年为基期（1000点），2013年金融机构发展指数为2728点，增幅达7.2%，7年平均增速为15.4%，是天津金融发展指数平均增速的0.66倍。其中，2007年景气程度达到高点，较2006年大幅增长33.5%，其后2008年有所放缓，但仍比上年增长12.2%，2009年和2010年增速分别为22.3%和17.1%，2011年和2012年增速分别为6.2%和11.8%，2013年增速为7.2%。

表10　选取不同基期的天津金融机构发展指数

年份	以2006年为基期指数	以上年为基期指数	年份	以2006年为基期指数	以上年为基期指数
2006	1000	1000	2010	2145	1171
2007	1335	1335	2011	2277	1062
2008	1498	1122	2012	2545	1118
2009	1832	1223	2013	2728	1072

资料来源：作者制作。

从指数发展结构看，银行机构、保险机构和期货公司是过去7年时间中年均增速最快的机构，指数7年年均增速超过15.8%，高于平均水平（15.4%）。证券公司、共同基金、信托公司发展较为平稳，指数7年年均增速分别为10.0%，7.4%，0%，低于平均水平（15.4%）。与此同时，机构总量的年均增速为2.5%。

从2013年景气程度看，金融机构增长平稳，相对往年平均增速略有放缓。2013年同比增速为7.2%，比2006～2012年16.8%的年均增速下降9.6个百分点。期货公司、证券公司保持较快增长，同比增幅在10%以上，景气程度高；银行机构、保险机构，同比增幅在5%～10%之间，景气程度较高；信托公司同比增速为0，与2012年同比增速持平。金融机构总量同比增速为0%，比2012年增速降低了1.5个百分点。

3. 金融人才发展指数

金融人才发展指数由人才总量、人才质量和人才引力等3个要素子指数构成。

从发展速度看，以2006年为基期（1000点），2013年金融人才发展指数为1605点，增速达5.2%，7年平均增速为7.0%，是天津金融发展指数平均增速的0.3倍。其中，2007年和2010年景气程度达到高点，分别同比增长19.6%和14.2%，2008、2009年、2011年、2012年、2013年增速分别为0.5%、1.7%、4.8%、4.3%和5.2%。

表 11　选取不同基期的天津金融人才发展指数

年份	以 2006 年为基期指数	以上年为基期指数	年份	以 2006 年为基期指数	以上年为基期指数
2006	1000	1000	2010	1396	1142
2007	1196	1196	2011	1463	1048
2008	1202	1005	2012	1526	1043
2009	1223	1017	2013	1605	1052

资料来源：作者制作。

从指数发展结构看，人才引力和人才质量过去 7 年间年均增速最快，指数 7 年年均增速超过 7.8%，高于平均水平（7.0%）。人才总量增长较为平稳，指数 7 年年均增速为 4.9%，低于平均水平（7.0%）。

从 2013 年景气程度看，金融人才稳健发展，相对往年平均增速略有放缓。2013 年同比增速为 5.2%，比 2006～2012 年 7.3% 的年均增速下降 2.1 个百分点。人才总量保持较快增长，同比增幅在 8.6% 以上，景气程度高；人才质量、人才引力，同比增幅分别为 3.9% 和 1.5%。

4. 金融创新发展指数

金融创新发展指数由整体创新、机构创新、市场创新、产品创新、创新内部要素和创新外部要素等 6 个要素子指数构成。

从发展速度看，以 2006 年为基期（1000 点），2013 年金融创新发展指数为 3439 点，增速达 15.6%，7 年平均增速为 19.3%，是天津金融发展指数平均增速的 0.83 倍。其中，2008 年、2011 年景气程度达到两个高点，分别较上年大幅增长 45.7% 和 49.3%，2007 年、2009 年、2012 年、2013 年，同比增速分别为 8.5%、4.8%、25.2% 和 15.6%，此外，2010 年增速首次出现了负值，为 -3.9%。

表 12　选取不同基期的天津金融创新发展指数

年份	以 2006 年为基期指数	以上年为基期指数	年份	以 2006 年为基期指数	以上年为基期指数
2006	1000	1000	2010	1591	961
2007	1085	1085	2011	2376	1493
2008	1581	1457	2012	2975	1252
2009	1657	1048	2013	3439	1156

资料来源：作者制作。

从指数发展结构看，产品创新、机构创新是过去7年时间中年均增速较快的创新类型，指数7年年均增速分别为26.9%、25.5%，全部高于平均水平（19.3%）。市场创新、整体创新、创新内部要素、创新外部要素指数较为平稳，指数7年年均增速分别为16.7%，13.1%，5.6%，5.2%，低于平均水平（19.3%）。

从2013年景气程度看，金融创新发展较快，相对往年平均增速略有放缓。2013年同比增速为15.6%，比2006～2012年19.9%的年均增速下降4.3个百分点。市场创新、机构创新、产品创新保持快速增长，同比增幅分别为35.8%、20.7%和13.8%，景气程度高；创新内部要素、创新外部要素和整体创新增速较快，同比增速分别为5.3%、5.2%和3.9%。

5. 金融生态环境发展指数

金融生态环境发展指数由金融中介、信用环境、产业支撑、物价水平、宜居城市、政府服务、法律环境7个要素子指数构成。

从发展速度看，以2006年为基期（1000点），2013年金融生态环境发展指数为1552点，当年增幅达4.5%，7年平均增速为6.5%，是天津金融发展指数平均增速的0.28倍。其中，2008年、2010年景气程度达到高点，分别较上年增长8.1%和8.7%，其余各年同比增速维持在4%和8%的区间内，较为平稳。

表13　选取不同基期的天津金融生态环境发展指数

年份	以2006年为基期指数	以上年为基期指数	年份	以2006年为基期指数	以上年为基期指数
2006	1000	1000	2010	1302	1087
2007	1058	1058	2011	1402	1077
2008	1144	1081	2012	1485	1059
2009	1198	1047	2013	1552	1045

资料来源：作者制作。

从指数发展结构看，产业支撑是过去7年时间中年均增速最快的要素，指数7年年均增速为11.9%，高于平均水平（6.5%）。政府服务、法律环境、宜居城市、信用环境、金融中介指数较为平稳，指数7年年均增速分别为

5.3%，5.2%，2.7%，2.6%，2.2%，低于平均水平（6.5%）。此外，物价水平指数7年平均增速为-2.2%①。

从2013年景气程度看，金融生态环境稳健发展，相对往年平均增速略有放缓。2013年同比增速为4.5%，比2006~2012年6.5%的年均增速下降2.0个百分点。产业支撑、信用环境、政府服务、法律环境、金融中介物价水平保持增长，同比增速分别为7.5%、6.2%、5.3%、5.2%、2.8%、0.5%，景气程度高；宜居城市增速下滑，同比增幅为-10.4%。

（三）金融业发展信号预警

2013年，金融业整体持续稳定发展，总体增速与2009~2011年增速基本持平，比2012年有所提升；其中金融市场、金融创新增速依旧领跑一级指标；金融市场增速比2012年有所提升，达到48.4%，金融创新增速比2012年有所回落，达到15.6%，但仍高于2007年、2009年和2010年的增速；金融机构增速较2012年有所下降，达到7.2%；金融人才和金融生态环境增速相对稳健，但仍处于平稳发展阶段。

从2006~2013年7年综合发展状况看，5个一级指标之中金融市场和金融创新的7年年均增速相对较高，比较景气。

对于2013年，5个一级指标较2012年均有不同程度的增长，但增速则较2012年高低不同。其中，金融市场增速依旧领跑各个指标，环比指数达到1484点，高于2013年天津金融发展环比指数（1214点）；金融人才的增速有所提升，2013年环比指数达1052点，2012年为1043点；金融产业增速有所提升，2013年环比指数达到1256点，2012年为1190；金融机构增速有所回落，2013年为1072点，2012年环比指数为1118点；金融创新的增长速度有所回落，2013年环比指数为1156点，而2012年环比指数为1252点；金融生态环境的增速略有回落，2013年环比指数为1045点，2012年为1059点。

2013年，天津金融业整体处于稳定增长通道中，景气状况处于正常趋缓状态；除金融市场属于正常趋涨、金融机构属于增长偏低情形之外，其他指标

① 本研究中物价水平指数为负，是源于物价水平为逆向指标，物价上涨物价指数为负。

与金融业整体情况一样，处于正常趋缓状态，见表 14。

其中，天津金融业整体、金融产业、金融创新、金融人才以及金融生态环境的增速均属于正常趋缓状况，即当年这些指数的增速低于过去 6 年历史平均增速、高于过去 6 年历史平均增速 0.5 倍。同时，从数据上看，金融市场的增速属于正常趋涨状况，即当年该指数增速低于过去 6 年历史平均增速的 1.5 倍、高于过去 6 年历史平均增速；金融机构的增速，属于增长偏低状况，即当年该指数增速为正，但低于过去 6 年历史平均增速 0.5 倍。当然，考虑到金融机构作为一个反映地区金融机构体系发育状况的指标，伴随本地区现代金融服务体系日趋成熟、金融业态日益丰富，金融机构数量和种类呈现出缓慢变化的特点，可以认为是正常情况。此外，尽管 2013 年金融人才和金融生态环境的景气程度较 2012 年有所改善，但是其环比增速仍然在低位运行，反映出它们变化缓慢的特点。因此，加快金融人才集聚，特别是为金融人才集聚创造必要的金融业环境和制度文化土壤，显得尤为重要。

表 14　2013 年天津金融业景气程度信号分析

指数	金融整体	金融产业	金融生态	金融市场	金融机构	金融人才	金融创新
增长趋热							
快速增长							
正常趋涨				√			
正常趋缓	√	√	√			√	√
增长偏低					√		
不景气							
信号图示							

资料来源：作者制作。

四　天津金融发展指数分项分析

对天津金融发展指数一级指标及其二级指标分别进行详细分析，可以更加深入地了解天津金融业的发展程度和景气状况，探索主要发展驱动因素及亟待提升的核心领域。

（一）金融整体发展度分析

2013 年，天津金融业整体保持稳定增长，以 2006 年为基期，指数达到 4311 点，较 2012 年增长 21.4%，增速有所上升，保持自 2006 年以来的高位运行，当年环比指数达 1214 点。

以 2006 年为基期（1000 点），通过综合天津金融业在金融产业（包括金融市场、金融机构、金融人才和金融创新 4 个一级指标）和金融生态环境的主客观评价，测算金融业整体的发展状况以及景气程度，2013 年天津金融发展指数为 4311 点（见图 12）。

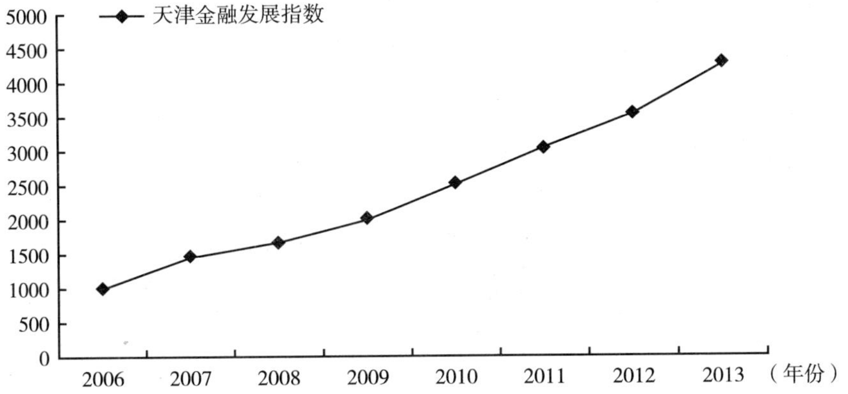

图 12　天津金融发展指数曲线

资料来源：作者制作。

从发展速度看，以 2006 年为基期天津金融发展指数 2013 年达到 4311 点，较 2012 年上涨 21.4%，7 年累计增幅超过 331.1%，年均增速达 23.2%，高于同时期天津 GDP 年均增速（18.6%）。

天津金融发展指数在 2006～2013 年间保持稳步上升态势，以 2006 年为基期，2013 年指数达到 4311 点，7 年年均增速为 23.2%，高于同期天津市 GDP 年均增速（18.6%）4.6 个百分点。天津金融发展指数 2013 年增速为 21.4%，增速有所提升，继续处于快速上升阶段。

从增速判断景气状况看，2006～2013 年天津金融业的发展呈现出“先波动后平稳”的特征，尤其是 2008 年以来波动幅度趋于平稳；2013 年天津金融发展指数增速较2012年有所提升，增速指数达到1214点，继续保持快速增长，处于良好的发展趋势，反映天津金融发展比较景气。

从具体数据看，2013年天津金融业增加值达到1202亿元，比2012年上涨20.0%；金融业增加值占GDP比重达到8.4%，比2012年提升0.6个百分点，已连续7年稳步提升；2013年天津社会融资规模达到4910亿元，比2012年增长10.6%。

从发展速度看，2013年，金融市场与金融创新发展速度较快，是推动天津金融发展指数上升的核心动力；金融机构继续呈现较高发展速度；金融人才和金融生态环境均保持稳健上升的趋势。

纵观5个一级指标的发展走势，金融市场增长迅速，增幅超过其他指数，是带动天津金融发展的关键力量；金融创新在波动中上行，成为提升天津金融发展的另一个因素；金融机构、金融人才和金融生态环境均保持稳健上升趋势，发展态势良好。

（二）金融市场发展度分析

金融市场既是金融工具交易的场所，也是天津金融改革创新的重大突破口。2013年天津金融业稳步发展，成绩显著，主要金融市场交易规模进一步扩张，市场结构和质量进一步优化，金融服务功能全面拓展。

在天津金融发展指数分析中，基于金融市场的战略重要性及对金融发展的影响程度，金融市场一级指标被赋予最高权重，权重达到42%。该指标包括12个二级指标，金融市场及其二级指标权重如表15所示。

表15　金融市场及其二级指标权重

单位：%

金融市场指标权重	42	金融市场指标权重	42
1. 市场总量	20	7. 基金市场	4
2. 股票市场	10	8. 外汇市场	3
3. 债券市场	13	9. 黄金市场	3
4. 保险市场	5	10. 信托市场	9
5. 货币市场	10	11. 银行卡市场	5
6. 期货市场	6	12. 金融开放	12

资料来源：作者制作。

1. 金融市场整体

金融市场继续保持较快发展速度，金融市场指数达到 12056 点，较 2012 年增长 48.4%，增速比 2012 年有显著提升，发展速度在金融产业的 4 个一级指标中处于第一位。

如图 13 所示，2013 年金融市场指数较天津金融发展指数高出 7745 点，在一级指标中居于首位。从整体来看，天津金融市场总量和金融市场开放程度，较 2012 年有所提升。从金融市场的子市场看，债券市场、基金市场、信托市场、期货市场、外汇市场、股票市场呈现明显增长，增速在 20% 以上；货币市场有一定增长，增速在 10% 以上；保险市场略有增长，同比增速为 8.6%；而黄金市场、银行卡市场发展速度平缓。（详见各金融子市场分析部分）

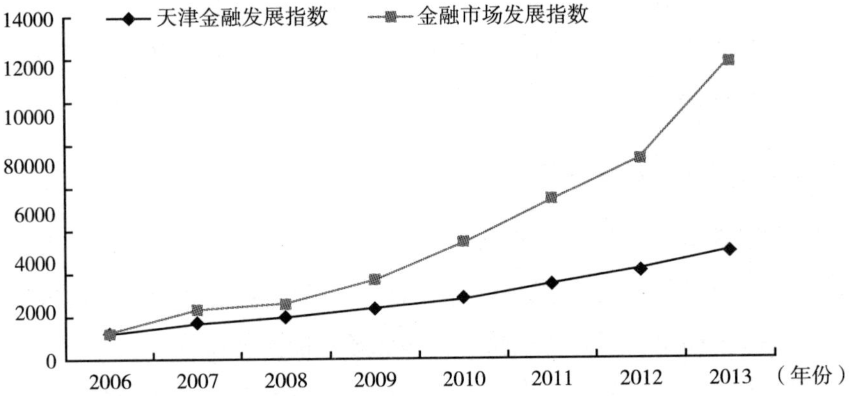

图 13　金融市场指数与天津金融发展指数曲线

资料来源：作者制作。

金融市场交易活跃度、市场规模均随市场走势变动，对市场发展趋势的变化最为敏感。如图 14 所示，2007 年金融市场增长较快，交易极为活跃，金融市场指数比 2006 年增长 101.6%；而 2008 年受金融危机影响，主要金融子市场发展前景均有所回落，特别是股票市场和基金市场比较低迷，反映出股票市场典型的周期性。

2013 年，伴随着国内外经济趋于复苏和金融改革创新发展，在债券市场、基金市场、信托市场、期货市场、外汇市场、股票市场的带动下，金融市场景气状况比 2012 年有所提升，增速达到 48.4%。

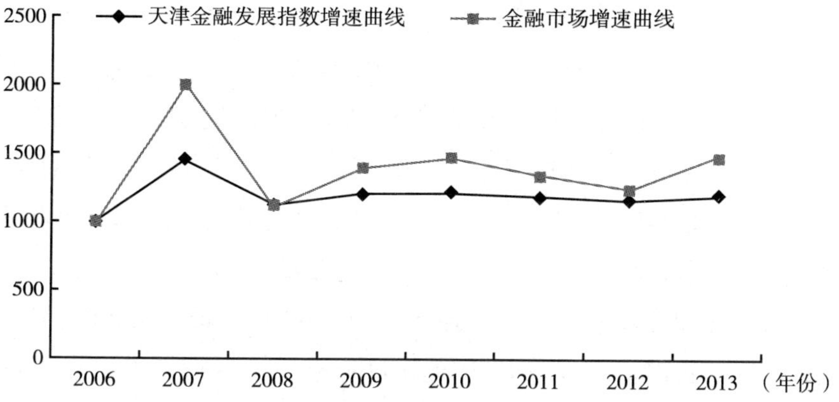

图 14　金融市场与天津金融发展指数增速曲线

资料来源：作者制作。

2013 年，天津金融市场整体发展良好，大多数市场较 2012 年有显著增长。由于金融改革创新的不断推动，金融市场总量指数达到 4955 点，较 2012 年增长 34.1%；金融开放指数达到 6221 点，较 2012 增长了 30.2%。其中，债券市场发展较快，2013 年债券市场交易量达到 13495 亿元，当年债券市场融资额达到 1032.8 亿元，分别比 2012 年增长 167.8% 和 68.6%；2013 年，基金市场交易额达到 483.7 亿元，比 2012 年增长 103.4%；2013 年法人信托公司资产总额达到 3996.8 亿元，比 2012 年增加 70.7%；2013 年，股票市场交易量、融资额有所上升；境内上市公司数量保持不变。

2. 金融市场总量及开放

2006～2013 年，天津金融市场快速发展，市场总量持续放大，开放程度明显提升。

（1）市场总量

2013 年市场总量指数达到 4955 点，较 2012 年有所上升，增速为 34.0%；环比指数为 1340 点，较 2012 年增长 185 点，增速有所提升。

市场总量是考量天津金融业发展状况的一个维度，它不仅反映了本地区金融市场的深度和广度，而且是体现天津能否建成市场总量巨大、金融影响力显著的金融集聚服务区，实现金融业由量变到质变飞跃的关键指标，因此，市场总量被赋予了 20% 的权重。

2013 年，天津金融业增加值达到 1202 亿元，比 2012 年上涨 20.0%；金融业增加值占 GDP 比重达到 88.4%，比 2012 年提升 0.63 个百分点，已连续 7 年稳步提升；2013 年天津社会融资规模达到 4910 亿元，比 2012 年增长 10.6%；此外，2013 年天津金融市场交易总量（沪深两市交易总额）为 25689.5 亿元，比 2012 年提升了 84.9%。从长期趋势看，天津金融市场在交易规模、融资能力、产出水平等三方面均有所提高。

2013 年，金融市场交易总量环比指数为 1849 点，转变了 2012 年该指数为负的局面；社会融资规模环比指数为 1106 点；金融业增加值环比指数为 1200 点；金融业增加值占 GDP 比重环比指数为 1081 点。上述全部环比指数均为正值，实现较快增长。

（2）金融开放

2013 年，金融开放指数达到 6221 点，较 2012 年有所上升，涨幅达 30.2%；环比指数为 1302 点，较 2012 年增加 123 点，增速有所提升。

天津金融发展指数的一级指标金融市场中包括金融开放，金融开放指标反映了天津金融业的对外开放水平和国际化进程。自“十一五”时期以来，天津已有多个市场向外资金融机构开放，并且市场参与程度逐步提升：外资银行、合资基金公司、外资（合资）保险机构、外资消费信贷公司等多种业态的外资金融机构纷至沓来，落户天津。基于金融国际化对于天津金融发展的战略意义，金融开放被赋予 12% 的权重。伴随天津东疆保税港区加速向自由贸易试验区转型升级，天津金融对外开放将迎来更好的发展前景。

2013 年，天津外资金融机构（银行与保险机构之和）个数为 47 个，比 2012 年增加 3 个；外资银行资产总额达 1028.3 亿元，比 2012 年增长 14.1%；跨境贸易人民币结算量为 1272.1 亿元，比 2012 年增长 101.0%；海外上市公司（H 股）个数和外资保险公司机构数与上年持平。

2013 年，外资银行机构数环比指数为 1130 点；外资银行资产规模环比指数为 1141 点；跨境贸易人民币结算量环比指数为 2011 点。除海外上市公司数（H 股）和外资保险公司机构数不变外，其他指标均有所增长。

3. 金融市场子市场

就金融市场的结构来看，各个子市场的发展速度和景气状况不尽相同。

2006～2013年，天津金融市场子市场有不同程度的发展。2013年，债券市场、信托市场、期货市场和基金市场发展势头较快；银行卡市场、外汇市场、货币市场、股票市场、黄金市场、保险市场较上年有一定程度的提升。

从各个金融子市场2006～2013年的综合发展态势可以看出：债券市场、信托市场、期货市场、基金市场是过去7年时间中年均增速最快的几个市场，年均增速超过43%，高于其他子市场。就2013年发展情况看，在发展速度较高的4个子市场中，债券市场表现突出，指数达到44100点，较2012年增长了138.0%；信托市场、期货市场的指数分别达到25039点和24420点，较2012年分别增长了70.7%和54.6%；基金市场指数达到12382点，较2012年增长了103.4%。银行卡市场、外汇市场、货币市场、股票市场、黄金市场、保险市场较为平稳，6个市场的指数分别达到10136点、5809点、4281点、3864点、3214点、1248点，较2012年分别增长了0、47.0%、16.2%、28.2%、0、8.5%。

整体而言，2013年天津各金融子市场的发展都处在上升通道中，部分市场继续保持较快增长速度，在国内处于领先地位。

从增速判断景气状况，2013年，债券市场、基金市场、期货市场、外汇市场、股票市场、黄金市场、保险市场、货币市场呈现出加速增长的态势，十分景气。其中，债券市场、基金市场、期货市场、外汇市场、股票市场环比指数分别达到2380点、2034点、1546点、1470点和1282点，较2012年分别增长了748点、858点、406点、321点和463点。货币市场和保险市场保持稳定增长，增速较2012年略有提升，环比指数分别为1162点和1086点，比2012年增长56点和73点。其他市场，如信托市场在经历过前期快速增长后，增速趋于平缓，环比指数较2012年下降了402点。

2013年不同子市场增速差异较大。债券市场、基金市场、期货市场、外汇市场在经历了2012年快速发展后，2013年增速较2012年更大；股票市场、黄金市场经历了2012年的负增长后，在2013年增速有所提升；货币市场和保险市场继续保持稳定增长，2013年环比指数分别达1162点和1086点，较2012年上涨56点和73点；此外，信托市场在经历了前期快速增长后，增速趋于平缓，环比指数较2012年分别下降了402点，2013年环比指数为 1707 点。

以下将具体分析各个金融子市场在 2006 ~ 2013 年期间的发展速度和 2013 年最新走势，解读各子市场的结构。

（1）股票市场

2013 年，股票市场指数为 3864 点，较 2012 年显著增加，涨幅达 28.2%；环比指数为 1282 点，较 2012 年增长 463 点，增速较 2012 年有明显提升。

天津市历来重视股票市场发展，将推动企业上市和多层次资本市场建设作为建设天津现代金融体系的关键点之一。基于股票市场的重要地位，该指标被赋予 10% 的权重。

2012 年，股票市场指数为 3864 点，较 2012 年显著增加；环比指数为 1282 点，较 2012 年上涨 463 点，增速显著提升。2013 年，天津股票市场交易量、融资额和境内上市公司数量有所上升。2013 年，天津股票市场交易量为 11710 亿元，同比上升 35.8%；股票市场融资额为 45.1 亿元，同比上升 20.6%；境内上市公司数达 38 家，与 2012 年保持不变。

2013 年，天津股票市场的交易规模和融资能力有不同程度的提升。其中，天津股票市场交易量比 2012 年上升了 35.8%；股票市场融资额比 2012 年上涨了 20.6%；2013 年末，天津市境内上市公司 38 家，上市公司总股本 434.5 亿股，总市值 3589.9 亿元，同比增长 28.1%，其中流通市值 3264.28 亿元。

2013 年，股票市场交易量环比指数为 1358 点，股票市场融资额环比指数为 1206 点，境内上市公司数环比指数为 1000 点，除了境内上市公司数增速与 2012 年持平外，其余两个指标的增速都有所上升。

（2）债券市场

2013 年，债券市场指数达 44100 点，较 2012 年增长 138.0%；环比指数为 2380 点，较 2012 年提升了 748 点，增速有所上升。

债券市场是金融市场的重要组成部分，融资功能突出，且对稳定金融市场、实施宏观调控具有重要作用。债券市场的快速健康发展，有助于提高金融市场效率，维护金融市场稳定。基于此，债券市场被赋予 13% 的权重。

2013 年债券市场呈现平稳较快发展，债券市场（交易所）交易量与债券市场融资额均有所提升，成为天津金融改革创新的重要成就之一。2013 年，天津（交易所）债券市场交易量达到 13495 亿元，比 2012 年增长 167.8%；2013 年天津国内债券筹资额达到 1032.8 亿元，比 2012 年增长 68.6%（见表 16）。债券市场交易规模和融资能力均有显著提升。

2006～2012 年，天津债券市场保持稳健发展，交易规模和融资能力有所提升，见表 16。

表 16　债券市场组成要素增速

单位：%

增速类型	2006～2013 年年均增速	2013 年增速
债券市场交易量（交易规模）	52.30	167.80
当年国内债券筹资额（融资能力）	46.50	68.60

资料来源：作者制作。

2013 年天津债券市场交投活跃，交易规模有显著增长，交易所交易量达到 13495 亿元，增速比 2012 年有所提升，继续保持了快速增长的趋势。2013 年天津市直接融资规模和品种进一步拓宽。全年债券发行额为 1032.8 亿元，股票融资 45.1 亿元，其中短期融资券筹资额为 248.5 亿元，中期票据筹资额为 537.0 亿元。企业通过银行间债券市场融资规模不断扩大。2013 年，天津市非金融企业债务融资工具发行金额为 785.5 亿元，是上年发行金额的 1.5 倍。其中，短期融资券发行金额为 193.5 亿元，中期票据发行金额为 254 亿元，非公开定向债务融资工具发行金额为 338 亿元，同比分别增长 47.7%、75.8% 和 43.8%。

表 17　2013 年债券市场组成要素环比指数

指数类型	2013 年环比指数
债券市场交易量（交易规模）	2678
当年国内债券筹资额（融资能力）	1686

资料来源：作者制作。

（3）保险市场

2013 年，保险市场的指数为 1248 点，较 2012 年增长 8.6%；环比指数为 1086 点，比 2011 年增速有所上升。

保险市场是重要的避险和投资平台，且具有一定的资金筹措功能，能够增强一个地区的金融实力。鉴于保险市场的地位和作用，赋予该指标 5% 的权重。2013 年，天津保险业在稳定未来预期、防范社会管理风险和克服经济增长挑战方面发挥了积极的作用，保险保障覆盖面不断扩大，承担风险责任和服务社会的能力提升。2013 年，天津市保险业新增承保保单 1057.32 万件，同比增长 51.9%。全年保险业赔付支出 102.01 亿元，同比增长 25.9%，保险业保障功能凸显，在解决医患纠纷、弥补经济损失、提高社会保障水平以及加强社会管理等方面发挥了积极作用。2013 年保险市场指数为 1248 点，较 2012 年增长 8.6%。环比指数为 1086 点，较 2012 年有所提升，市场发展前景良好。截至 2013 年底，天津保险深度为 1.9%，较 2012 年提升 5.6%，天津保险密度达到 1880.2 元/人，较 2012 年增长 11.6%。

如表 18 所示，保险市场组成要素中，除保险深度略有下降外，保险密度有一定的上升。2013 年，是国内保险业近年来发展相对困难的一年，保险市场的盈利能力、银保业务、投资收益等方面都面临一定挑战。汽车限购政策对财产险公司保费收入增长以及退保金持续攀升对人身险公司稳健运营可能造成不利影响。在此环境下，天津积极推动保险经营模式的转变，防范化解风险，保险市场保费收入稳步增长，产品结构不断优化，继续使保险市场朝着种类齐全、布局合理的方向发展。

表 18　2013 年保险市场组成要素环比指数

指数类型	2013 年环比指数	指数类型	2013 年环比指数
保险深度	1056	保险密度	1116

资料来源：作者制作。

（4）货币市场

2013 年，货币市场指数为 4281 点，涨幅达 16.2%，涨幅已连续三年保持上升，发展速度在各子市场中处于居中的位置；环比指数达到 1162 点（见表 19），比 2012 年略有上升，提高了 56 点，发展前景良好。

货币市场是短期资金交易市场，为金融机构提供灵活有效的管理手段，促进资金安全流动，满足了短期资金需要。鉴于货币市场的重要地位，赋予该指标 10% 的权重。

2013 年，货币市场交易额显著提升，达到 58056 亿元，继续保持了市场活跃。2013 年，天津市银行间同业拆借市场共完成信用拆借 2462 笔，同比增长 15.4%；拆借金额 8047.0 亿元，同比下降 14.6%；净融入资金 3775.7 亿元，同比增长 26.3%。从期限看，隔夜和七天拆借作为同业拆借市场的主要交易品种，占全部拆借成交金额的 82.9%。2013 年，天津市债券回购成交额 50009.1 亿元，同比增长 23.4%。其中，质押式回购成交 48623.6 亿元，同比增长 20.3%；买断式回购成交 1385.5 亿元，同比增长 9.4 倍。从期限看，在回购交易中，期限在七天以内的投资品种也是主要的交易对象，全年的交易金额达 46367.1 亿元，占全部回购交易量的 92.7%。

表 19　2013 年货币市场交易额的环比指数

指数类型	2013 年环比指数
货币市场交易额	1162

资料来源：作者制作。

（5）期货市场

2013 年，期货市场指数为 24420 点，较 2012 年增长 54.6%，市场发展步伐加快；环比指数为 1546 点（见表 20），较 2012 年增速有所上升。

期货市场是重要的衍生品场内交易市场，伴随股指期货推出，国内期货市场发展迈上崭新台阶。基于期货市场的地位，被赋予 6% 的权重。2013 年期货市场指数达 24420 点，涨幅达 54.6%，较 2012 年涨幅有所提升，发展速度在各个金融子市场中位居前列。在结束了 2009 年、2010 年的快速增长后，2011 年、2012 年的增速放缓后，2013 年期货市场的增长速度又有显著回升，2013

年环比指数达1546点，较2011年提升406点。

2013年，法人期货公司业务规模持续扩大。截至2013年末，天津市6家法人期货公司资产总额27.98亿元，比年初增加4.23亿元。全年代理交易量3683.20万手，代理交易额3.68万亿元，手续费收入9960.86万元，同比分别增长50.0%、54.6%和2.9%。6家公司中有2家公司全年实现盈利，净利润合计1802.62亿元，其余4家公司均亏损。提高天津市期货公司的总体竞争力是当务之急。

表20　2013年期货市场交易额的环比指标

指数类型	2013年环比指数
期货市场交易额	1546

资料来源：作者制作。

（6）基金市场

基金市场是天津建设发展资产管理中心的重要支点，伴随着国内股票市场、债券市场、互联网金融的深化发展，天津基金市场将拥有更好的发展环境和机遇。基于此，基金市场被赋予4%的权重。2013年，基金市场指数达到12382点，较2012年大幅增长103.4%；环比指数达2034点（见表21），比2012年有所提升，增加了858点。

从国内基金市场发展看，截至2013年末，基金净值约3万亿元，同比增长4.53%。其中，股票型基金占比38.47%，较上年末下降1.57个百分点，混合型基金占比18.88%，较上年末下降0.82个百分点，债券型基金占比15.78%，较上年末上升2.60个百分点，货币市场基金占比24.90%，较上年末上升4.95个百分点。受股票市场下跌及债券市场波动等因素影响，股票类和债券类基金发展速度有所下降，但货币市场基金利用互联网加大产品、渠道和服务创新，满足了企业和居民资金流动性管理和保值增值的需求，也促进了自身发展。2013年，天津基金市场交易额达483.7亿元，比2012年提升103.4%。

表 21　基金市场交易额环比指数

指数类型	2013 年环比指数
基金市场交易额	2034

资料来源：作者制作。

（7）外汇市场

2013 年，外汇市场指数达 5809 点，较 2012 年上涨 47.0%，增长趋于平稳；环比指数达 1470 点（见表 22），较 2012 年有一定的回升，增速趋于上升。

中国的外汇市场以人民币外汇市场为主，包含外汇即期、外汇远期及外汇掉期等业务。对于定位于国际港口城市的天津而言，积极发展本地区的外汇市场，将有助于城市定位目标的实现。基于外汇市场的地位和作用，该指标被赋予了 3% 的权重。

2013 年外汇市场交易量保持较快增长。首先，银行间外汇市场成交量快速增长。2013 年，天津市银行间外汇市场成交额 124.9 亿美元，同比增长 47.0%。其中，人民币外汇即期、远期、掉期、外币买卖市场成交量均保持增长态势，同比分别增长 42.7%、178.7%、32.0% 和 36.6%。其次，市场结汇意愿增强。2013 年，天津市结售汇规模持续增长。全年结售汇总额 995.8 亿美元，同比增长 16.6%；结售汇逆差 71.2 亿美元，同比缩小 40.6%。分项目看，经常项目逆差 85.7 亿美元，同比缩小 23.1%；资本项目顺差 14.5 亿美元，逆转了上年逆差 8.5 亿美元的局面。最后，外汇贷差规模和贷存比创历史新高。2013 年人民币升值趋势再现，市场主体资产本币化、负债外币化意向明显，企业倾向于外币存款结汇、增加外币贷款。截至年末，天津市外汇贷差规模 126.7 亿美元，外汇贷存比为 222.2%，均创本市历史新高。

SWIFT（环球银行金融电信协会）2013 年 10 月的数据显示人民币成为世界第八大交易货币。根据 2011 年末联合国公布的数据，中国于 2010 年取代美国成为世界上最大的制造业国家。伴随中国综合国力提升以及金融体系更加现代化，人民币正以更大的可能性成为将来国际上比较被接受的货币之一。从国际金融史来看，当货币流通范围超过法定的流通区域，或该货币的份数或倍数被其他地区模仿时，该货币就实现国际化了。因此，人民币国际化在很大程度上是市场选择的结果。伴随中国利率汇率市场改革措施稳步推出，以及人民币资本项目可兑换逐步实现，人民币在国际经贸往来中的可用性将会提升，将获得降低中国企业汇率风险、提升我国金融机构融资效率、维护储备资产价值等收益，促进中国经济发展。因此，人民币国际化的步伐将进一步加快，汇率政策的灵活性与自主性亦将增强，这将为天津外汇市场的稳步发展创造条件。

表 22　2013 年外汇市场交易额的环比指数

指数类型	2013 年环比指数
外汇市场交易额	1470

资料来源：作者制作。

（8）黄金市场

2013 年，黄金市场指数达 3214 点，与 2012 年持平；环比指数达 1000 点（见表 23），在经历了 2012 年首次负增长调整后，市场增速再次提升。黄金市场是国际金融市场的组成部分之一，具有保值增值的功能和货币政策功能，鉴于黄金市场的地位和作用，该指标被赋予 3% 的权重。

黄金市场稳步发展。2013 年，天津市黄金市场总体运行平稳，实物黄金交易量同比增长 18.3%，交易金额同比增长 0.5%。

表 23　2013 年黄金市场交易额的环比指数

指数类型	2013 年环比指数
黄金市场交易额	1000

资料来源：作者制作。

（9）信托市场

2013 年，信托市场指数达 25039 点，较 2012 年增长 70.7%；环比指数为 1707 点（见表 24），较 2012 年降低 402 点，增速有所降低，但增速仍处于高位运行。信托市场是一个快速发展的市场，自 2007 年起，信托公司通过转型和进行结构调整改善产品和服务，在利润和信托资产等方面均获得了几何级的增长。信托市场能够提供丰富多样的投资渠道，在投资领域和产品架构方面持续创新，管理受托资产时恪尽职守，使其成为越来越多的投资者进行资产配置的市场。鉴于天津信托市场的重要地位和作用，被赋予 9% 的权重。

2013 年，天津法人信托公司资产总额达到 3997 亿元，比 2012 年上升 70.7%。从企业类型上看，资金信托业务投向大型企业的占比较高，近几年一直保持在高位运行；从行业分布上看，信托资金主要投向租赁和商业服务业、建筑业、水利环境和公共设施管理业、批发和零售业以及制造业，上述行业信托资金占比较高。资金投向的过度集中易使信托资产质量受个别企业、行业经营波动的影响，一旦形成集中违约，不仅给信托公司带来巨大亏损，还可能影响社会稳定。

表 24　法人信托公司资产总额的环比指数

指数类型	2013 年环比指数
法人信托公司资产总额	1707

资料来源：作者制作。

（10）银行卡市场

2013 年，银行卡市场指数达 10136 点，与 2012 年持平；环比指数为 1000 点（见表 25）。近年来，天津银行卡市场发展迅速，构建起良好的电子支付服务环境，切实方便了城市居民生活。鉴于此，该指标被赋予 5% 的权重。

2013 年，天津银行卡产业发展加速。一是顺利完成银行卡刷卡手续费标准调整工作。此次适当下调部分偏高刷卡手续费标准，减轻了商户负担，方便了群众持卡消费，为持续改善天津市银行卡受理环境，发挥银行卡在扩大内需、促进流通和消费等方面起到积极的促进作用。二是继续做好金融 IC 卡受理市场建设。全年发行 ETC 速通卡 5 万余张，有效缓解假日期间高速收费站拥堵情况；推动公交领域受理金融 IC 卡、天津市出租车行业受理金融 IC 卡、医院受理金融 IC 卡，整合银行卡市场资源，方便百姓生产生活。

表 25　2013 年银行卡市场的环比指数

指数类型	2013 年环比指数
银行卡累计消费量	1000

资料来源：作者制作。

（三）金融机构发展度分析

金融机构是金融中心的主要建设者和参与者，也是凝聚各种金融资源的关键。基于金融机构的战略重要性及对金融业发展的影响程度，金融机构被赋予了较高的权重，达到33%（表26）。该指标下共分7 项二级指标，二级指标权重如下表所示：

表 26　金融机构及其二级指标权重

金融机构指标权重	33%	金融机构指标权重	33%
1. 机构总量	5%	5. 期货公司	6%
2. 银行机构	40%	6. 共同基金	4%
3. 保险机构	20%	7. 信托公司	10%
4. 证券公司	15%		

资料来源：作者制作。

1. 金融机构整体

金融机构整体 2013 年继续保持平稳较快发展的趋势，指数达到 2728 点，较 2012 年增长 7.2%；环比指数达到 1072 点，比上年降低 45 点，增速较上一年略有下降。

从发展速度看，2013 年金融机构指数达到 2728 点，较 2012 年增长 7.2%。2007 年、2009 年和 2010 年金融机构增速在 17% 以上，分别达到 33.5%、22.3% 和 17.1%。金融机构的整体发展速度一直处于较快水平，但是受到全球金融危机和欧美主权债务危机的影响，2008 年有所放缓，但仍比上年增长 12.2%，2011 年和 2012 年增速分别为 6.2% 和 11.8%，2013 年增速为 7.2%。2013 年天津金融机构发展速度比 2012 年略有下降。

金融机构增速呈现出一定的波动状态，但总体趋势是好的，在经历了2007年金融机构增速大幅提升后，2008年受到金融危机的影响，增速一度放缓，但是经历了连续2010年和2011年增速放缓和2012年增速小幅提升后，2013年金融机构增速略有回落。

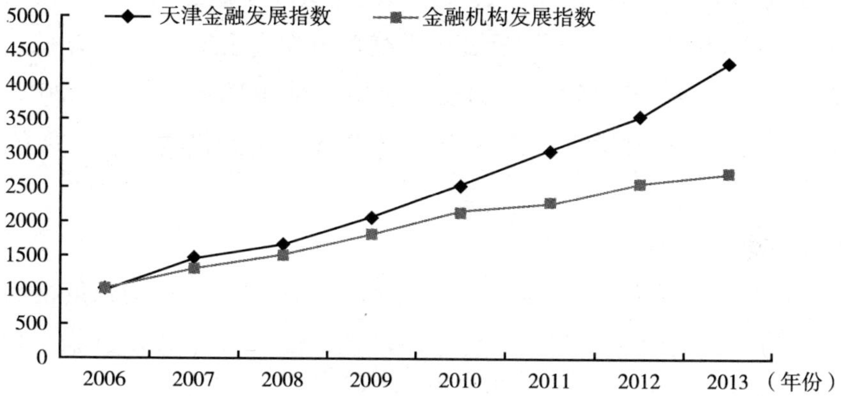

图15　金融机构指数与天津金融发展指数曲线

资料来源：作者制作。

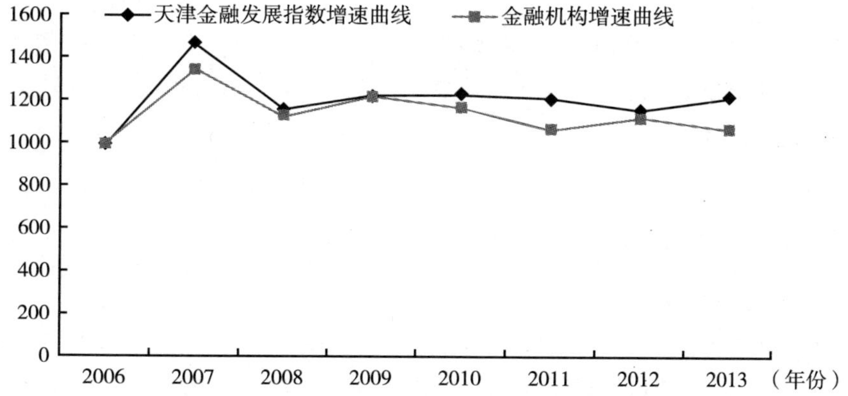

图16　金融机构与天津金融发展指数增速曲线

资料来源：作者制作。

2013年，天津金融机构数量持续增长，金融机构实力更为强劲。一方面，2013年天津法人商业银行数（中资）达到10个，与2012年持平；法人保险公司数达到5个，比2012年持平，证券公司营业部数达到107个，比2012年增加2个；期货公司营业部数达到25个，比2012年增加4个。另一方面，银行业金融机构资产总额达到4.1万亿元，比2012年增加0.6万亿元，且不良贷款率达到0.69%，比2012年提升了0.08个百分点；保险收入达到276.8亿元，比2012年增加38.6亿元；法人证券公司资产总额达到140.8亿元，比2012年增加24.6亿元；法人期货公司手续费净收入达到9960.9万元，同比增加2.9%；法人基金管理公司管理资产总额达到1943.6亿元，比2012年增加1844.12亿元。“质量双升”成为2013年天津金融机构整体发展的主要特征。

2. 金融机构总量

就金融机构总量来看，发展速度十分稳健。2013年，机构总量指数达到1192点，与2012年持平；环比指数为1000点，较2012年降低15点，增速有所降低。

机构总量是考察天津金融业发展状况的一个重要指标，通过度量金融市场体系中“岛屿”的丰富程度，反映天津现代金融服务体系的发育程度，鉴于此，机构总量被赋予了5%的权重。

2013年，天津金融机构总数达到3554个，与2012年持平。2006～2013年，天津金融机构总数的年均增速达到2.5%，保持了平稳发展的态势。

3. 金融机构子行业

从金融机构行业结构来看，2013年期货公司、证券公司、银行机构的增长速度较快，发展势头较好；保险机构、共同基金、信托公司，增长较为平稳，发展态势稳健。

金融机构共包含7项二级指标，除机构整体评价外，划分为6类金融机构。总的来看，伴随世界经济逐渐复苏，天津金融改革创新不断向纵深推进，多数行业机构发展速度较2012年略有提升，仅信托公司、共同基金的发展速度保持不变。较之于其他传统行业金融机构，2013天津期货公司、证券公司、银行机构发展速度较快。

在六个金融机构行业中，银行机构发展速度最快，指数达到3517点。环比指数达到1091点，比2012年降低了76点，增速略有降低。近年来，银行机构发展经历了先快后稳的过程，2007～2008 年增速在 20% 以上，2009 年增速达到历史高点，为 41.5%，2010～2012 年增速在 16% 左右，2013 天津银行机构增速为 9.1%。发展速度位列其后的分别是保险机构和期货公司，指数分别达到 3349 点和 2790 点。其中，保险机构发展经历了先波动后收敛的过程，2007～2010 年增速的波动幅度较大，2011 年以来增速波动程度有所收敛。2013 年保险机构的指数达到 3349 点，环比指数达到 1068 点。与此同时，期货公司的增速在经历了 2007～2011 年的大幅波动后，2012 年以来逐渐趋稳。2013 年，期货公司的指数达到 2790 点，环比指数达到了 1108 点。增速在上述三类机构之后的是证券公司和共同基金，指数分别达到 1951 点和 1648 点。其中，证券公司的增速在经历了 2007～2010 年的大幅波动后，2011 年以来逐渐趋稳。2013 年证券公司的指数达到 1951 点，环比指数达到了 1105 点。共同基金的增速自 2007 年以来始终处于波动状态，2013 年其指数达到 1648 点，环比指数达到了 1000 点。此外，由于信托公司的法人机构数近年来没有变化，因此，该类机构的增速保持不变。

（1）银行机构

2013 年，银行机构持续稳步发展，指数达 3517 点，较 2012 年增长 9.1%，增速较上年略有下降。

2013 年，天津市银行机构保持平稳较快增长，机构数量与机构实力均有一定的提升。2013 年，银行机构指数达 3517 点，较 2012 年增长 293 点，增幅达 9.1%。2013 年，天津银行业法人商业银行数（中资）达到 10 家，与 2012 年持平。2012 年，商业银行机构数达到 2244 家，比 2006 年增加 179 家。2013 年，银行业金融机构资产总额达到 4.1 万亿元，比年初增加 0.6 万亿元，同比增长 17.1%，连续 5 年增速保持在 17% 以上。2013 年，本外币贷款余额为 20857.8 亿元，增速为 13.4%，新增加 2461.0 亿元，同比少增 11 亿元，贷款增速低于全国本外币贷款平均增速 0.1 个百分点。2013 年本外币存款余额为 23316.6 亿元，增速为 14.9%，高于全国本外币存款平均增速 1.4 个百分点，新增加 3022 亿元，同比多增 315.9 亿元。不良贷款率为 0.69%，同比上升 0.08 个百分点，不良贷款余额为 162.6 亿元，同比增加 37.5 亿元，不良略有“双升”。天津银行业金融机构实现净利润 540.3 亿元，同比增长 18.5%，较上年回落3.4个百分点，但整体实力仍然较强。

（2）保险机构

2013年，保险机构实现平稳发展，指数达3349点，较2012年增长6.8%，增速较上年略有下降。

2013年，天津市保险机构保持平稳增长，机构数量与机构实力均有一定的提升。2013年，保险机构指数达3349点，较2012年增长213点，增幅达6.8%。2013年，天津法人保险公司数达到5家，与2012年持平。2013年，保险公司机构数达到600家，比2012年增加9家。2013年，天津全市实现保费收入达到276.8亿元，比2012年增长16.2%。其中，2013年，财产保险公司保费收入102.28亿元，比上年增长12.7%。人身保险业务实现保费收入174.52亿元，同比增长18.4%。人身保险中，寿险业务和健康险业务同比增幅较大，同比分别多增9.9个百分点和19.7个百分点。2013年，支付各项赔款和给付共计102.01亿元。其中，财产险赔付支出58.98亿元，同比增长31.8%；人身险赔付支出43.03亿元，同比增长18.6%。财产险赔付同比增长水平高于人身险赔付。

（3）证券公司

2013年，证券业机构稳步发展，指数达1950点，较2012年上涨10.5%，环比指数达1105点。

2013年，天津证券公司稳步发展，证券业指数达1950点，较2012年上涨10.5%，环比指数为1105点，转变增速比2012年为负的局面有所上升。伴随天津证券公司整体稳步发展，证券业机构数量与机构实力均有不同程度的提升。2013年，天津法人证券公司1家，与2012年持平。2013年天津证券公司营业部数达107家，比上年增加2家。2013年，天津法人证券公司资产总额达到140.8亿元。法人证券公司发展态势良好。法人证券公司证券承销业务增长迅速，资产总额持续扩大，净利润较快增长。全年实现营业收入11.51亿元，同比增长26.9%。其中，代理买卖证券手续费净收入4.51亿元，同比增长30.7%；证券承销收入1.29亿元，同比增长94.5%。2013年，渤海证券实现盈利3.04亿元，同比增长65.2%。

截至2012年底，天津市证券营业部中有43家开展股指期货业务，99家开展融资融券业务，证券机构分布进一步优化，业务范围进一步扩展。渤海证券下设1家分公司和49家证券营业部。

（4）期货公司

2013年，天津期货公司发展步伐稳健，指数达到2790点，较2012年增长10.8%，增速有所上升。

受国际金融危机和主权债务危机的后续影响，天津期货业指数在经历了2007～2010年的快速增长后，在2011年增速放缓，降入谷底，之后到2012年、2013年增速有所回升。2013年天津期货公司指数达到2790点，2013年期货公司环比指数达到1108点，增速有所上升。2013年，期货公司的机构数量和机构实力都有所增长，其中，法人期货公司保持6家，期货公司营业部数达到25家，比2012年增加4家。2013年，法人期货公司手续费净收入达到9960.9万元。截至2012年底，天津6家期货公司注册资本5.8亿元，全市期货机构从业人员736人。4家公司和21家营业部拥有金融期货业务资格。2013年末，全市6家法人期货公司资产总额比年初增加4.2亿元。全年代理交易量、代理交易额和手续费收入同比分别增长50.0%、54.6%和2.9%。其中，2家公司实现盈利，4家公司处于亏损状态。其中，需要关注期货公司盈利能力问题。2013年，天津市6家期货公司的代理交易量和代理交易额均有较大幅度的增长，增长幅度在50%左右，而手续费收入增长缓慢，还不足3%。6家期货公司中1家盈利状况良好，1家公司刚刚扭亏为盈，其余4家公司依然处于亏损状态，提高天津市期货公司的总体竞争力是当务之急。

（5）共同基金

2013年，共同基金呈现出良好的增长势头，指数达到1648点，指数与2012年持平，转变了2011年增速为负的局面。

近年来，天津共同基金呈现出较为稳健的增长步伐。法人基金管理公司管理资产总额由2006年的1.88亿元，迅速增长到2007年的59.96亿元，此后2008年进行深度调整，降低至33.9亿元，然后较为稳健地增长至2012年的99.5亿元，最后到2013年迅速扩张至1943.62亿元。2013年，天津共同基金指数达到1648点，与2011年指数持平，转变了2011年增速为负的局面。2013年，天津法人基金管理公司数延续了1家的情况。天津法人基金管理公司管理资产总额比2012年大幅增长了18.5倍，达到1943.62亿元。天弘基金资产规模快速扩张，得益于其与支付宝合作推出的“余额宝”，即增利宝货币市场基金规模迅速扩张。2013年，公司旗下新成立4只开放式基金，年末该公司管理的基金总数达到14只，基金总份额1963.13亿份，基金净值1943.62亿元。综合来看，2013年，天津共同基金业呈现出快速增长的态势。

（6）信托公司

2013年，信托公司继续延续了稳健发展的势头，指数达到1000点，与2012年持平。

近年来，天津市的信托公司呈现出稳健发展的势头，指数自2006～2013年，始终保持1000点，2013年环比指数为1000点。2013年，天津法人信托公司数为2家，营业机构2家，从业人员288人，资产总额为59.6亿元。从业人数和资产总额分别比2012年增加了31人和12.2亿元。

（四）金融人才发展度分析

全球金融中心指数（GFCI）研究报告显示，人才供给因素在影响一个国际金融中心的前六大因素中位居榜首。金融人才不仅是发展一个地区金融业的重要基础，也是本地区综合吸引力的体现。近年来，天津持续加大海内外高层次、紧缺金融人才引进培养力度，积极创新人才引进方式，探索形成了“政府积极搭建平台、企业发挥主体作用、充分运用市场机制”的吸引集聚海内外金融人才的协同机制。先后多次组织开展了较大规模的海外人才集中招聘活动，金融人才聚集效应初步显现。

金融人才是影响天津金融业长期发展的重要软因素；但考虑到天津当前的市场特性，金融市场和金融机构相对具有更为显著的影响力，外加政策因素的决定性作用，金融人才的权重设定为10%。

由于人才相关数据更新较慢，且单纯依靠客观数据难以全面反映金融人才方面的发展状况，因此，采取了主观指标和客观指标相结合的方式，反映天津金融业人才发展状况。金融人才包含3项二级指标，二级指标的权重如表27所示：

表 27　金融人才及其二级指标权重

单位：%

金融人才指标权重	10
1. 人才总量	40
2. 人才质量	35
3. 人才引力	25

注：2006～2011 年，不纳入主观指标时的二级指标权重分别为：人才总量 40%，人才质量 20%，人才引力 40%。

资料来源：作者制作。

1. 金融人才整体

2013 年，金融人才整体继续保持平稳较快发展的趋势，指数达到 1605 点，较 2012 年增长 5.2%，增速较上一年略有提升；环比指数达到 1052 点，比上年增加 9 点。

从发展速度看，2013 年金融人才指数达到 1605 点，较 2012 年增长 5.2%。2007 年和 2010 年，金融人才的整体发展呈现出相对较快增速，增速超过 14.2%，但是受到国际金融危机和欧美主权债务危机的影响，2008 年和 2009 年增速有所放缓，伴随全球经济复苏，自 2011 年以来天津金融人才增速维持在 5% 左右。

从增速看，金融人才增速呈现出波动状态，但总体趋势是向上的，在经历了 2007 年金融人才增速大幅提升后，2008 年、2009 年受到金融危机的影响，增速一度放缓，此后，在经历了 2010 年增速再次提升后，2011～2013 年金融人才增速趋缓，维持在 5% 左右，2013 年金融人才增速为 5.2%。近年来，天津金融人才“质、量双升”，天津对于金融人才的吸引力不断增强。从客观数据看，2013 年，天津金融从业人员达到 15.56 万人，比 2012 年提升 2.11 万人，比 2006 年提升 7.49 万人；金融从业人员占地区的比重达到 1.84%，比 2006 年增加 0.41 个百分点；高等学校毕业生人数达到 12.1 万人，比 2012 年增长 0.8 万人。金融从业人员高等学历比例达到 69%，与 2012 年持平；金融从业人员工资水平达到 104335 元，比 2006 年增长 44539 元。从主观评价看，51.59% 的受调查人群认为天津金融人才充裕度有所改善，55.56% 的受调查人

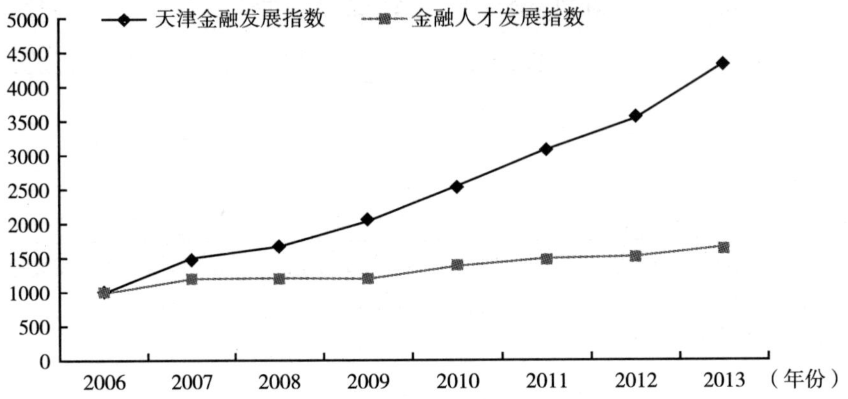

图 17　金融人才指数与天津金融发展指数曲线

资料来源：作者制作。

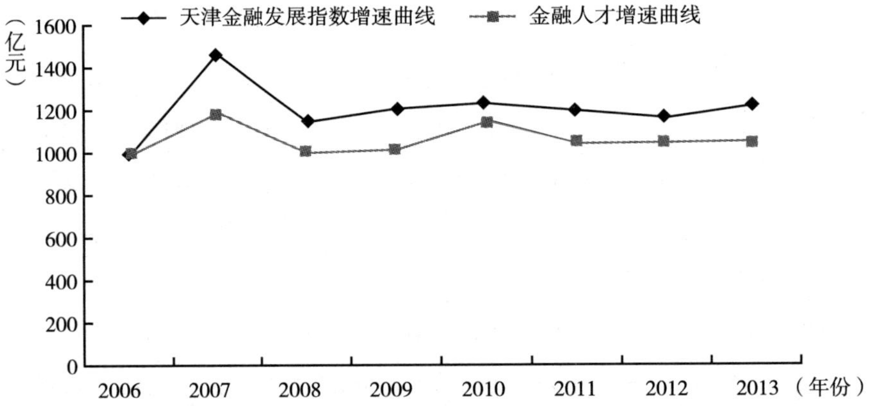

图 18　金融人才指数与天津金融发展指数增速曲线

资料来源：作者制作。

群认为金融人才质量有所改善，40.48%的受调查人群认为金融人才引进力度有所改进。

2. 金融人才各方面

从人才发展结构看，2013 年人才质量的增长速度较快，发展态势较好；人才引力、人才总量的增速较低，发展态势稳健。

金融人才包含 3 项二级指标，分别是人才总量（即人才充裕度）、人才质量、人才引力（金融人才引进力度）。总的来看，伴随全球经济复苏和天津社会经济全面发展，2013 年，天津金融人才比 2011 年具有一定程度的改善。其中，人才质量提升较为显著，人才引力和人才总量的发展较为稳健。

在反映金融人才发展的三个方面之中，人才引力的中长期发展是十分突出的，指数达到 1739 点。2013 年，人才引力的环比指数达到 1015 点，比 2012 年降低了 41 点，增速略有下降。人才引力在 2007 年和 2010 年的增速较快，其余年份增速处于相对较低水平。发展程度位列其后的是人才质量，2013 年人才质量的指数达到 1689 点，环比指数为 1039 点，比 2012 年增速略有下降，下降了 5 点。人才质量在经历了 2007 年和 2008 年的大幅提升后，2009 ~ 2013 年人才质量增速大致维持在 3% 和 4% 之间。最后是人才总量，2013 年人才总量指数达到 1398 点，环比指数为 1086 点，比 2012 年增速略有上升，增加了 51 点。人才总量在经历了 2010 年的较快增长后，又迎来了 2013 年的较快增长，其他年份增速处于相对较低水平。

（1）人才总量

2013 年，人才总量持续稳步发展，指数达 1398 点，较 2012 年增长 8.6%，增速较上年略有提升。

2013 年，天津金融人才保持平稳适度增长，其中，人才总量（人才充裕度）、人才质量和金融人才引进力度均有小幅提升。2013 年，金融人才指数达 1605 点，较 2012 年增长 79.1 点，增幅达 5.2%。从客观数据看，2013 年天津金融从业人员数达到 15.56 万人，其中，银行业金融机构从业人员达到 5.99 万人，2006 ~ 2013 年，天津金融从业人员的年均增速达到 9.8%。2013 年天津金融从业人员占地区的比重达到 1.84%，比 2006 年提升了 0.41 个百分点。2013 年天津高等学校毕业生数达到 12.1 万人，2006 ~ 2013 年，天津大学毕业生人数的年均增速达到 5.7%。金融人才充裕度有一定的上升。从主观评价看，2013 年有 3.2% 的受调查人群认为天津金融人才充裕度显著改善，48.41% 的受调查人群认为金融人才充裕度较为改善，34.92% 的受调查人群认为金融人才充裕度无变化，13.49% 的受调查人群持其他观点。

（2）人才质量

2013 年，金融人才质量实现平稳发展，指数达 1689 点，较 2012 年增长

3.9%，增速较上年略有下降。

2013年，天津金融人才质量保持平稳增长。2013年，金融人才质量指数达1689点，较2012年增长63点，增幅达3.9%。从客观数据看，2013年天津金融从业人员高等学历比例达到0.69%，与2012年基本持平。从主观评价看，2013年有3.97%的受调查人群认为天津金融人才质量显著改善，51.59%的受调查人群认为金融人才质量较为改善，34.13%的受调查人群认为金融人才质量无变化，10.32%的受调查人群持其他观点。

（3）人才引力

2013年，人才吸引力度稳步提升，指数达1740点，较2012年上涨1.5%，环比指数达1015点。

2013年，天津人才吸引力度稳步提升，人才引力的指数达1740点，较2012年上涨1.5%，环比指数为1015点。从客观数据看，2013年天津金融从业人员工资水平达到104335元，2006~2013年金融从业人员工资水平的年平均增速达到8.3%。从主观评价看，2013年有3.97%的受调查人群认为天津金融人才引力显著改善，36.51%的受调查人群认为金融人才引力较为改善，46.03%的受调查人群认为金融人才引力无变化，13.49%的受调查人群持其他观点。

3. 金融人才服务体系

天津金融人才综合服务体系框架基本形成，多层次金融人才培训体系、综合服务、法规政策等人才基础建设工作有序开展。

2013年，天津市大力推动金融人才“十二五”规划各项任务的落实，人才资本优先积累、人才投入优先保证机制不断健全，构建起“引才、育才、聚才、用才”的工作体系。

积极推进“千人计划”引进、高层次人才认定及“131”创新型人才培养工程，树立全球视野，加快培育和引进各类高端金融人才。开展“中国（天津）引进海外人才智力网上交流洽谈”“中国博士后金融论坛”等主题活动，与美国、英国、香港特区、台湾地区知名大学、专业培训机构合作，举办金融中、高层管理人员出国（境）培训，鼓励金融机构从业人员持证上岗、资格准入，支持与国际接轨的认证机构在天津市开展相关培训和资质认定工作。大力实施多层次、多元化全员培训机制，加大资金投入，加强网络培训基地设施建设，构建“空中课堂、网上课堂”等远程教育网络体系。借助高等院校优势，开设金融专业在职研究生课程班。

深化干部人事制度改革，市场配置、公开选拔、定点招聘中高级管理人员，进一步完善高管人员正常退出和中层管理人员竞争上岗机制，促进优秀人才脱颖而出。大力推动金融企业博士后科研工作站建设。持续举办“财富大讲堂”，聚焦金融改革创新，传播金融前沿理念。

（五）金融创新发展度分析

在天津金融发展指数中，金融创新是一大亮点，该指标可以衡量天津作为全国金融改革创新基地的建设情况，以及滨海新区金融先行先试的推进力度，对于全面反映天津金融业发展具有不可替代的作用。2013 年，在天津市委市政府的大力支持和推动下，天津金融产品和工具不断丰富，金融机构创新和发展步伐加快，金融市场不断深化发展，为建立与北方经济中心和滨海新区开发开放相适应的现代金融服务体系和金融创新运营中心打下坚实基础。金融创新不仅是一个地区金融发展的核心因素，也是实现本地区金融业定位目标的主要推动力量。课题组一方面考虑到金融创新的战略重要性较高，另一方面考虑到由于创新发展速度的衡量方法目前尚处在探索阶段，为避免对最终指数造成过度影响，设置金融创新的权重为 15%。该指标包括 6 项二级指标，二级指标权重如表 28 所示：

表 28　金融创新及其二级指标权重

单位：%

金融创新指标权重	15	金融创新指标权重	15
1. 整体创新	10	4. 产品创新	15
2. 机构创新	20	5. 创新内部要素	25
3. 市场创新	20	6. 创新外部要素	10

资料来源：作者制作。

1. 金融创新整体

2013 年，金融创新保持快速发展，其指数达 3439 点，较 2012 年提升

15.6%，连续三年保持较快增长，发展态势良好。

在金融创新指数的计算过程中，综合使用主观和客观方法。其中，机构创新和市场创新采取客观数据计算法，整体创新和产品创新采取主观评价和客观数据法相结合的方法，创新内部要素和创新外部要素采取主观评价法。由于主观评价法难以进行往年倒推，因此，仅2012年、2013年的天津金融发展指数引进了主观评价法，2006~2011年的天津金融发展指数及其子指数仅使用客观数据法。

2013年，金融创新指数达到3439点，较2012年增长464点，增幅达15.6%，连续三年保持较快增长；环比指数达到1156点，在一级指标中处在较为领先的位置，成为提升天津金融发展指数的引擎之一。

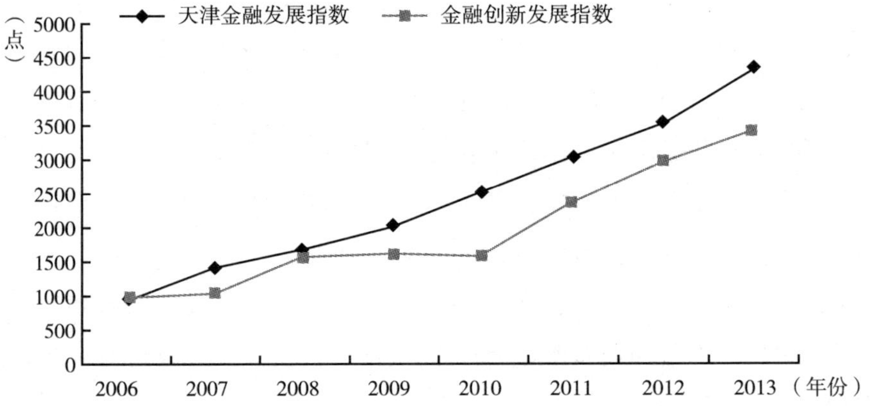

图19　金融创新指数与天津金融发展指数曲线

资料来源：作者制作。

2. 金融创新各方面

金融创新的各方面，发展速度各有不同。2013年，产品创新、机构创新、整体创新的发展势头较快；创新内部要素和创新外部要素较为稳健；市场创新发展势头趋缓。

从金融创新的各个领域2006~2013年的综合发展态势来看：产品创新、机构创新、市场创新是过去6年中年均增速较快的领域，6年年均增速超过14%，高于其他创新领域。紧随其后的是整体创新，该领域在过去6年中年均

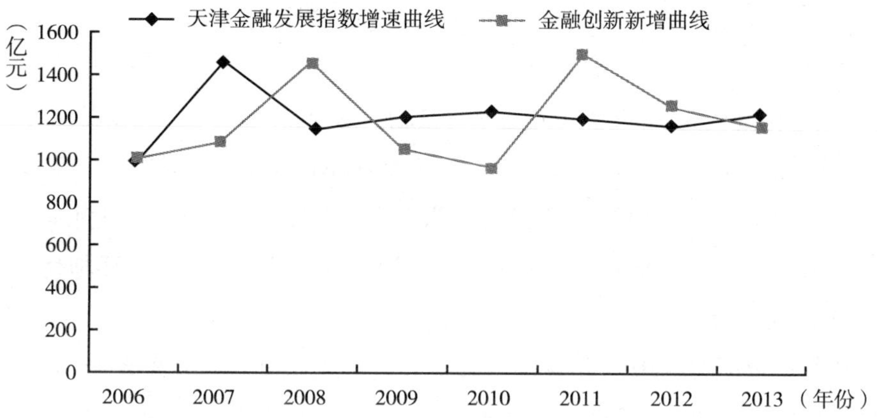

图 20　金融创新与天津金融发展指数的增速曲线

资料来源：作者制作。

增速达到13.1%。创新内部要素和创新外部要素为主观评价类指标，考虑到2012年首次引入，故将2012年和2013年增速的几何平均值假定为过去7年的年均增速，分别达到5.3%和5.2%，比较稳健。

2013年，在发展速度较高的3个创新领域中，产品创新表现尤为突出，指数达到5312点，较2012年增长了13.8%；机构创新、市场创新的指数分别达到4898点和2952点，较2012年分别增长了20.7%和35.8%。除三个创新领域外，整体创新的指数达到2375点，较2012年增长了3.9%。创新内部要素和创新外部要素的指数分别为1115点和1106点。

整体而言，2013年天津金融创新的总体发展处于上升通道中，机构创新、产品创新和市场创新等领域继续保持较快增长速度，在国内处于领先地位。

从增速看，2013年，整体创新、机构创新、市场创新、产品创新呈现出稳步增长的态势，环比指数分别达到1039点、1207点、1358点、1138点，环比指数较2012年分别回落105点、回落463点、上升66点、回落33点；创新内部要素和创新外部要素环比增速分别为1053点和1052点，增速维持在较低水平。

以下报告将具体展示金融创新各子领域在2006～2013年期间的发展速度和2013年最新的走势，解读各子领域的结构和特征。

（1）整体创新

2013 年，整体创新的指数为 2375 点，较 2012 年有所提升，涨幅达 3.9%；环比指数为 1039 点，增速较 2012 年有所回落。

金融先行先试是天津滨海新区综合配套改革试验的重要内容，既是中国金融“自下而上”改革创新的重要组成部分，又是全国金融改革创新基地建设的核心内容，天津市委市政府历来十分重视。基于整体创新的重要地位，被赋予了 10% 的权重。

从客观数据看，2013 年天津金融重大先行先试试点数达到 3 个与 2012 年持平。从主观评价看，关于天津整体金融创新，2013 年有 2.4% 的受调查人群认为天津整体金融创新显著改善，53.6% 的受调查人群认为整体金融创新较为改善，36% 的受调查人群认为整体金融创新无变化，8% 的受调查人群持其他观点。

从主观评价看，关于天津金融创新人才充裕度，2013 年有 4.84% 的受调查人群认为天津金融创新人才充裕度显著改善，46.77% 的受调查人群认为金融创新人才充裕度较为改善，41.13% 的受调查人群认为金融创新人才充裕度无变化，7.26% 的受调查人群持其他观点。

整体创新包含 3 项三级指标（1 个客观指标和 2 个主观评价指标），分别从金融整体创新、金融先行先试试点、金融创新人才供给 3 个领域反映金融整体创新，2013 年金融整体创新的 3 个领域都有一定程度的改善和提升。其中，天津金融重大先行先试试点数由 2009 年的 1 个，提升为 2012 的 3 个，此后 2013 年保持不变；2013 年，天津整体金融创新的主观评价，折合为环比指数达到 1049 点；2013 年，天津金融创新人才充裕度的主观评价，折合为环比指数达到 1048 点，反映出受调查人群对于天津金融整体创新发展的乐观态度。从总体看，金融整体创新在上述 3 类指标的共同带动下，发展态势良好。

2013 年，金融重大先行先试环比指数为 1000 点，整体金融创新主观评价环比指数为 1049 点，金融创新人才充裕度主观评价环比指数为 1048 点，呈现出较为稳健的发展趋势。

（2）机构创新

2013 年，机构创新的指数达 4898 点，较 2012 年增长 20.7%；环比指数为1207点，较2012年提升了840点，增速有所增加。

机构创新作为金融创新的重要组成部分，对于丰富和发展一个地区的金融功能，建成现代金融服务体系具有积极作用，基于此，该指标被赋予了20%的权重。

2013年金融机构创新呈现平稳较快发展，创新型金融机构数量和种类均有所提升，凸显全国金融改革创新基地效应。2013年，天津融资租赁法人机构数达到197家，比2012年增加81家，约占全国的20.1%，2006～2013年融资租赁法人机构数的年均增速达到92.7%，增速十分强劲。融资租赁法人机构注册资本金达到840亿元，约占全国的27.5%，融资租赁合同余额超过5750亿元，约占全国的27.4%，同比增长55.4%。其中，东疆保税港区利用自身政策优势，率先在国内探索飞机船舶融资租赁业务，并将港区政策优势与单项目公司（SPV）运作相结合，探索出飞机船舶租赁的“东疆模式”。2013年，在天津注册的金融租赁公司达5家，占全国金融租赁企业总数的21.7%；注册资本合计241亿元、合同余额2550亿元，分别约占天津融资租赁企业注册资金的28.6%和业务总量的44.3%，占全国金融租赁公司注册资金的31.3%和业务总量的29.7%；资产总额达3531亿元，实现净利润49亿元，在推动天津成为我国融资租赁业聚集地方面发挥了重要作用。2013年，产业基金公司数达到2家，比2007年增加1家。私募股权基金本地投资案例数达到8个，比2012年增加1个，私募股权基金本地投资金额达到0.544亿美元，比2012年减少了3.72亿美元。2013年，天津财务公司数达到4家，与2012年持平。2013年，小额贷款公司数达到100家，比2012年增加37家。2013年，融资性担保公司数达到130家，与2012年持平。2013年，典当公司数达到166家，比2012年增加21家。与此同时，天津成为商业保理试点城市，2013年累计注册设立商业保理机构达到96家，比2012年增加了47家。天津渤海通汇货币兑换有限公司获准成为我国首家全资质的机构。

（3）市场创新

2013年，市场创新的指数为2952点，比2012有显著提升；环比指数为1358点，较2012年有所提升，提高了66点，发展态势良好。

市场创新是滨海新区金融先行先试的重中之重，对于完善和发展天津金融市场功能具有积极影响，基于此，市场创新被赋予了20%的权重。

2013年金融市场创新呈现稳健发展，创新型金融市场的个数和交易品种有所增加，一些创新型市场的交易规模有所提升，全国金融改革创新基地效应逐步显现。2013年，天津创新型交易市场个数达到10家，与2012年持平。10家创新型交易市场成交总金额和交易品种均比2012年有显著增加。天津渤海商品交易所、天津贵金属交易所、天津铁合金交易所和天津联合商品交易所等4家商品类交易所拥有螺纹钢、热轧卷板、高线、白银、硅铁等数十个交易品种。天津金融资产交易所从事金融债权、不良金融资产等金融资产交易，截至2012年底，累计成交项目5751宗，成交金额1184.8亿元，其中2012年成交项目2031宗，成交金额498.4亿元。截至2013年，连续成功举办7届中国企业国际融资洽谈会，其中，前6届融洽会累计为参会基金及企业提供1045亿元的融资需求，达成融资意向近1.5万项，融资会的品牌效益和影响力不断加大，其中，中国国际租赁产业博览会暨中国租赁年会作为重要内容首次亮相此次融洽会。2013年，中国企业国际融资洽谈会意向融资额达到356亿元，比2012年增加120亿元。目前，天津股权交易所为非上市非公众公司提供股权融资和股权转让服务，以“规范、小额、多次、快捷、低成本”的股权私募融资为主要模式，建立规范的场外交易市场。截至2013年末，天津股权交易所累计挂牌企业412家，总市值347.2亿元，市场累计融资额63.3亿元。此外，天津还积极参与全国中小企业股份转让系统（“新三板”）建设，加强京津金融合作。截至2013年末，天津已有22家企业在“新三板”挂牌。现在，天津已基本形成各类创新型资本及要素市场规范有序发展的态势。

（4）产品创新

2013年，金融产品创新指数达5312点，较2012年增长13.8%；环比指数为1138点，较2012年降低33点，增速有所回落。

产品创新是金融创新活动的重要组成。根据《帕尔格雷夫经济学大辞典》的界定，“当一个新的金融产品或服务被人们广泛接受用来代替或补充已有的金融工具、机构或业务流程时，就可以称之为创新性的，而不只是新的或新颖的，这和任何其他创新性产品或服务一样。……金融创新重要的不是一种产品或过程（这通常是不明显）的创新，而是创新在市场中的扩散。”考虑到金融产品创新在金融创新中的重要作用，该指标被赋予了15%的权重。

2013年金融产品创新获得较快发展，创新产品种类和交易额都有一定程度的增加，反映出金融创新活动具有较高的活跃性。从客观数据来看，2013年，非公开定向债务融资工具发行额达到338亿元，比2012年增加113亿元。2013年，天津市小微企业贷款余额达到2886.73亿元。2012年，天津商业银行中间业务收入占总收入比例达到17.1%，比2006年提升10.3个百分点。2013年，法人基金管理公司新基金产品数达到14个，比2012年增加4个，比2006年增加13个。从主观评价看，2013年有3.22%的受调查人群认为天津金融产品创新数量显著改善，53.22%的受调查人群认为金融产品创新数量较为改善，37.1%的受调查人群认为金融产品创新数量无变化，6.45%的受调查人群持其他观点。

（5）创新内部要素

2013年，创新内部要素指数达1115点；环比指数为1053点，发展速度稳健。

创新内部要素由金融机构创新能力、组织形式创新程度、技术创新程度、服务创新程度、管理创新程度等反映金融体系内部影响金融创新能力的要素构成。考虑到这些影响要素不容易获取数据，本研究采取主观评价方法获得要素评分。同时，考虑到主观评价法难以进行往年倒推，因此，仅获得了创新内部要素2012年和2013年的主观评价。考虑到创新内部要素在金融创新中的影响，创新内部要素指标被赋予了25%的权重。

创新内部要素包括金融机构创新能力、组织形式创新程度、技术创新程度、服务创新程度、管理创新程度等5个三级主观评价指标，每个三级指标的权重均为20%，见表29。下面逐个介绍受调查人群对于5个三级指标的评价。

表29　创新内部要素及其三级指标的权重

单位：%

创新内部要素指标权重	25	技术创新程度	20
金融机构创新能力	20	服务创新程度	20
组织形式创新程度	20	管理创新程度	20

资料来源：课题组整理。

首先，关于“2013 年金融机构创新能力”的主观评价，有 4.83% 的受调查人群认为天津金融机构创新能力显著改善，47.58% 的受调查人群认为金融机构创新能力较为改善，37.90% 的受调查人群认为金融机构创新能力无变化，9.68% 的受调查人群持其他观点。

然后，关于“2013 年组织形式创新程度”的主观评价，有 4.88% 的受调查人群认为天津金融组织形式创新程度显著改善，43.90% 的受调查人群认为金融组织形式创新程度较为改善，44.72% 的受调查人群认为金融组织形式创新程度无变化，6.50% 的受调查人群持其他观点。

其后，关于“2013 年技术创新程度”的主观评价，有 4.84% 的受调查人群认为天津金融技术创新程度显著改善，47.58% 的受调查人群认为金融技术创新程度较为改善，40.32% 的受调查人群认为金融技术创新程度无变化，7.26% 的受调查人群持其他观点。

再后，关于“2013 年服务创新程度”的主观评价，有 8.20% 的受调查人群认为天津金融服务创新程度显著改善，52.46% 的受调查人群认为金融服务创新程度较为改善，35.25% 的受调查人群认为金融服务创新程度无变化，4.10% 的受调查人群持其他观点。

最后，关于“2013 年管理创新程度”的主观评价，有 5.69% 的受调查人群认为天津金融管理创新程度显著改善，52.85% 的受调查人群认为金融管理创新程度较为改善，36.59% 的受调查人群认为金融管理创新程度无变化，4.88% 的受调查人群秉持其他的观点。

结合上述主观评价结果，将 5 个三级指标折合成环比指数分别为：金融机构创新能力为 1046 点、组织形式创新程度为 1046 点、技术创新程度为 1049 点、服务创新程度为 1064 点、管理创新程度为 1059 点。

（6）创新外部要素

2013 年，创新外部要素的指数达 1106 点；环比指数为 1052 点，增速较为稳健。

创新外部要素由监管部门推动创新力度、高校合作创新推动力度等反映金融体系外部影响创新能力的要素构成。与创新内部要素相同，由于这些影响要素不容易获取数据，本研究采取主观评价方法获得要素评分。同时，考虑到主观评价法难以进行往年倒推，因此，同样仅获得创新外部要素2012年和2013年的主观评价。考虑到创新外部要素在金融创新中的影响，该指标被赋予了10%的权重。

创新外部要素包括监管部门推动创新力度、高校合作创新推动力度等2个三级主观评价指标，每个三级指标的权重均为50%，见表30。下面逐个介绍受调查人群对于三级指标的评价。

表30　创新外部要素及其三级指标的权重

单位：%

创新外部要素指标权重	10
监管部门推动创新力度	50
高校合作创新推动力度	50

资料来源：课题组整理。

一方面，关于“2013年监管部门推动创新力度”的主观评价，有3.23%的受调查人群认为天津金融监管部门推动创新力度显著改善，48.39%的受调查人群认为金融监管部门推动创新力度较为改善，39.52%的受调查人群认为金融监管部门推动创新力度无变化，8.875%的受调查人群持其他观点。

另一方面，关于“2013年高校合作创新推动力度”的主观评价，有10.4%的受调查人群认为天津高校合作创新推动力度显著改善，43.2%的受调查人群认为高校合作创新推动力度较为改善，43.2%的受调查人群认为高校合作创新推动力度无变化，3.2%的受调查人群持其他观点。

结合上述主观评价结果，将2个三级指标折合成环比指数分别为：监管部门推动创新力度为1044点、高校合作创新推动力度为1060点。

（六）金融生态发展度分析

金融生态环境是培育金融业发展的土壤，也是影响一个金融中心竞争力的关键因素，对于促进金融业发展，实现金融定位目标，促进金融市场发展具有重要作用。由于金融业的发展容易受到政策导向和规划的直接影响，因而通过政策导向创造有利的外部条件，营造良好的金融生态环境，显得尤为重要。基于以上因素，金融生态环境被赋予20%的权重（表31）。本报告从七个子领域来评估、衡量天津金融生态环境的发展状况，其中产业支撑、物价水平、宜居城市通过定量指标来描述，金融中介和信用环境采取定量指标和主观问卷相结合的方式来描述，政府服务、法律环境通过主观问卷调研的方式评估。

表31　金融生态环境及其二级指标的权重

单位：%

金融生态环境指标权重	20	金融生态环境指标权重	20
1. 金融中介	12	5. 宜居城市	5
2. 信用环境	8	6. 政府服务	20
3. 产业支撑	35	7. 法律环境	10
4. 物价水平	10		

资料来源：作者制作。

1. 金融生态环境整体

金融生态环境保持平稳发展，2013年指数达1552点，较2012年小幅提升4.5%，增速比2012年降低1.4个百分点，但增速依然稳健。

近年来，天津金融生态环境发展呈现稳步上升态势，尽管其发展速度低于金融市场、金融机构等，但仍以稳健的步伐逐步积累，有序增长，成为维护天津金融业发展的稳定器和土壤环境。金融中介、信用环境、产业支撑、政府服务、法律环境等都在日臻完善，与天津金融生态环境所处于的阶段和社会经济环境的特征是相符合的。2013年，金融生态环境指数达到1552点，较2012年增长67点，环比指数达到1045点，低于其他四个一级指标。

2. 金融生态环境各方面

金融生态环境的各方面，发展速度不尽相同。产业支撑、宜居城市、信用环境、金融中介发展速度较快，指数分别达到2202点、1202点、1198点和1165点。政府服务和法律环境稳步发展，指数分别达到1108点和1106点。物价水平保持基本平稳，指数为856点。

金融生态环境包括七个二级指标，涵盖金融生态环境的主要领域，其中产

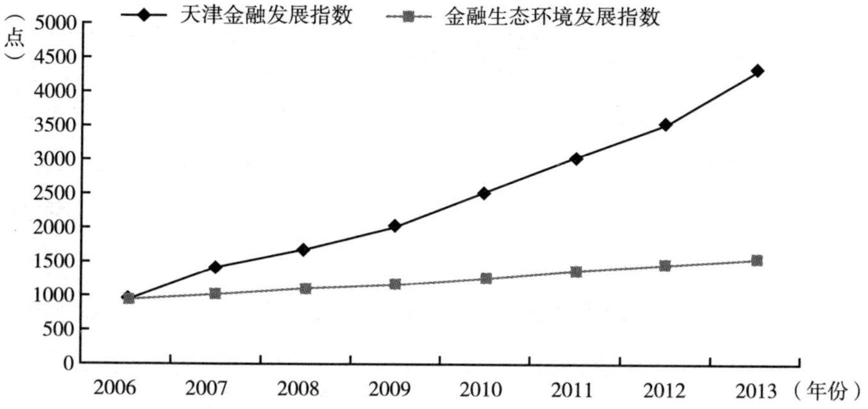

图 21　金融生态环境指数与天津金融发展指数曲线

资料来源：作者制作。

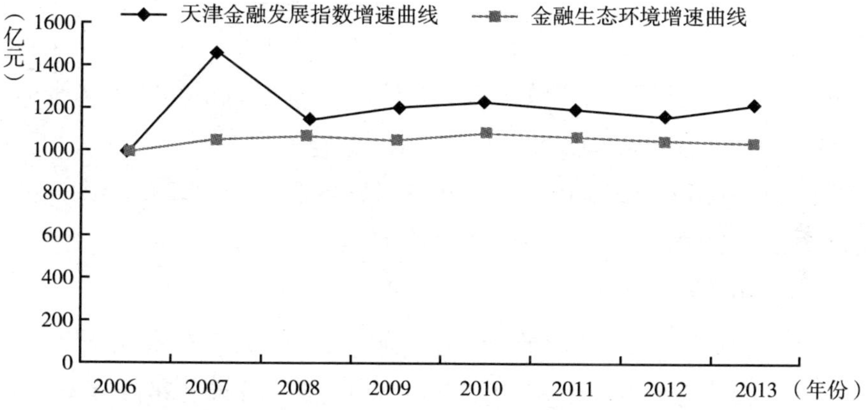

图 22　金融生态环境与天津金融发展指数的增速曲线

资料来源：作者制作。

业支撑、物价水平、宜居城市通过定量指标来衡量，金融中介和信用环境采取定量指标和主观问卷相结合的方式来描述，政府服务、法律环境通过主观问卷调研的方式评估。2013 年，产业支撑的指数为 2202 点，较 2012 年增长 7.5%；宜居城市的指数为 1202 点，较 2012 年降低 10.4%。信用环境的指数为 1198 点，较 2012 年增长 6.2%，增速比 2012 年略有降低。金融中介的指数为 1165 点，较 2012 年增长 2.8%，增速比 2012 年略有上升。物价水平的指数为856点。由于政府服务和法律环境指数利用主观评价获取，因此，仅有2012年和2013年的评价值，其指数分别达到1108点和1106点。

从金融生态环境各子领域2006～2017年的综合发展态势看：产业支撑在过去7年中的年均增速最高，指数7年年均增速超过11.9%，高于其他领域。紧随其后的是宜居城市、金融中介、信用环境，这三个领域在过去7年中年均增速达到2.7%、2.6%和2.2%。物价水平在过去7年中年均增速为负。政府服务和法律环境为主观评价类指标，考虑到2012年首次引入，故将2012年和2013年增速的几何平均值假定为过去7年的年均增速，分别达到5.3%和5.2%，比较稳健。

从总体上看，2013年天津金融生态环境仍处于上升通道之中，产业支撑、金融中介、信用环境、政府服务和法律环境等领域继续保持稳步增长的态势。

从增速看，2013年，信用环境、产业支撑、金融中介、政府服务、法律环境呈现出稳步增长的态势，发展态势良好，环比指数分别达到1062点、1075点、1028点、1052点、1051点；2013年，宜居城市和物价水平的环比指数分别为896点和1005点。

以下报告将具体介绍金融生态环境各子领域在2006～2013年期间的发展情况和2013年最新的走势，阐述各个领域的结构和特征。

（1）金融中介

2013年，金融中介的指数为1165点，较2012年有所提升，涨幅达2.8%；环比指数为1028点，较2012年上升12点，增速较2012年有所上升。

金融中介服务机构与金融机构的共生现象在金融中心或者城市的金融功能区十分普遍，反映了金融中介服务在金融业发展过程中的重要作用。基于此，金融中介被认为居于较为重要的地位，被赋予了12%的权重。

从客观数据看，金融中介机构和金融中介服务人才的数量都有提升。2013年天津万人执业律师人数达到2.58人，与2012年基本持平，比2006年增加0.75人；2013年天津万人律师事务所达到0.28个，与2012年基本持平，比2006年增加0.05个；万人注册会计师达到1.25人，与2012年基本持平，比2007年增加0.01人；万人会计师事务所达到0.062个，与2012年基本持平。2013年万人专业保险中介机构数达到0.067个，与2006年持平。

从主观评价看，首先，关于“2013 年金融法律服务”的主观评价，有 5.74% 的受调查人群认为天津金融法律服务显著改善，44.26% 的受调查人群认为金融法律服务较为改善，45.90% 的受调查人群认为金融法律服务无变化，4.10% 的受调查人群持其他观点。根据上述评价计算金融法律服务环比指数为 1052 点，在金融中介主观评价的 7 个类别中环比指数位于第二位。

然后，关于“2013 年会计审计服务”的主观评价，有 5.00% 的受调查人群认为天津会计审计服务显著改善，45.83% 的受调查人群认为会计审计服务较为改善，46.67% 的受调查人群认为会计审计服务无变化，2.5% 的受调查人群持其他观点。根据上述评价计算环比指数为 1053 点，在金融中介主观评价的 7 个类别中环比指数中排名第一。

其后，关于“2013 年融资担保服务”的主观评价，有 2.42% 的受调查人群认为天津融资担保服务显著改善，50.81% 的受调查人群认为融资担保服务较为改善，38.71% 的受调查人群认为融资担保服务无变化，8.06% 的受调查人群持其他观点。根据上述评价计算环比指数为 1048 点，在金融中介主观评价的 7 个类别中环比指数位于第三位。

此后，关于“2013 年投资咨询服务”的主观评价，有 4.92% 的受调查人群认为天津投资咨询服务显著改善，46.72% 的受调查人群认为投资咨询服务较为改善，39.34% 的受调查人群认为投资咨询服务无变化，9.02% 的受调查人群持其他观点。根据上述评价计算环比指数为 1047 点，在金融中介主观评价的 7 个类别中环比指数位于第五位。

再后，关于“2013 年资讯信息服务”的主观评价，有 5.74% 的受调查人群认为天津资讯信息服务显著改善，42.62% 的受调查人群认为资讯信息服务较为改善，45.90% 的受调查人群认为资讯信息服务无变化，5.74% 的受调查人群持其他观点。根据上述评价计算环比指数为 1048 点，在金融中介主观评价的 7 个类别中环比指数位于第四位。

接下来，关于“2013 年信用评级服务”的主观评价，有 4.03% 的受调查人群认为天津信用评级服务显著改善，41.94% 的受调查人群认为信用评级服务较为改善，48.39% 的受调查人群认为信用评级服务无变化，5.65% 的受调查人群持其他观点。根据上述评价计算环比指数为 1044 点，在金融中介主观评价的 7 个类别中环比指数位于第六位。

最后，关于“2013 年资产评估服务”的主观评价，有 2.44% 的受调查人群认为天津资产评估服务显著改善，39.84% 的受调查人群认为资产评估服务较为改善，53.66% 的受调查人群认为资产评估服务无变化，4.07% 的受调查人群持其他观点。根据上述评价计算环比指数为 1040 点，在金融中介主观评价的 7 个类别中环比指数位于第七位。

考虑到上述 7 个主观评价指标仅有 2012 年和 2013 年的环比指数，在本研究中，假设它们的发展指数为 1000 连续乘以两年的环比指数。

（2）信用环境

2013 年，信用环境指数达 1198 点，较 2012 年增长 6.2%；环比指数为 1062 点，较 2012 年降低了 12 点，增速略有放缓。

信用环境是反映一个地区金融生态环境的重要维度，信用环境建设对于金融生态环境的塑造，乃至金融业的长期健康发展十分重要。基于此，信用环境指标被赋予了 8% 的权重。

2013 年，天津社会信用体系建设驶入快车道。从客观数据看，2013 年天津信用评级公司数为 8 家，比 2012 年持平，发展势头良好。截至 2013 年底，全国个人征信系统收录天津市 940 万自然人的基本信息和信用信息，比 2012 年增加 10 万人，全国企业征信系统共收录天津市 22 万户企业和其他经济组织的基本信息和信用信息。

从主观评价看，首先，关于“2013 年公民信用意识”的主观评价，有 7.94% 的受调查人群认为天津公民信用意识显著改善，64.29% 的受调查人群认为公民信用意识较为改善，24.60% 的受调查人群认为公民信用意识无变化，3.17% 的受调查人群持其他观点。根据上述评价计算环比指数为 1077 点，在信用环境主观评价的 4 个类别中环比指数最高。

然后，关于“2013 年信用数据库建设”的主观评价，有 5.6% 的受调查人群认为天津信用数据库建设显著改善，63.2% 的受调查人群认为信用数据库建设较为改善，27.2% 的受调查人群认为信用数据库建设无变化，4.0% 的受调查人群持其他观点。将上述评价折合成环比指数达到 1070 点，在信用环境主观评价的 4 个类别中环比指数位于第二位。2013 年，天津市政府将“扩大中小企业信用体系试验区建设”作为支持企业扩大融资规模的重要措施，列入《2013 年促进天津市经济发展的 8 条措施》。此外，天津市发改委等部门联合印发《天津市社会信用体系建设工作方案》等，为天津市推进社会信用体系建设提供制度安排。

其后，关于“2013 年企业信用状况”的主观评价，有 7.2% 的受调查人群认为天津企业信用状况显著改善，53.6% 的受调查人群认为企业信用状况较为改善，31.2% 的受调查人群认为企业信用状况无变化，8.0% 的受调查人群持其他观点。根据上述评价计算环比指数为 1060 点，在信用环境主观评价的 4 个类别中环比指数位于第四位。

最后，关于“2013 年信用文化建设”的主观评价，有 6.35% 的受调查人群认为天津信用文化建设显著改善，59.52% 的受调查人群认为信用文化建设较为改善，29.37% 的受调查人群认为信用文化建设无变化，4.76% 的受调查人群持其他观点。根据上述评价计算环比指数为 1067 点，在信用环境主观评价的 4 个类别中环比指数位于第三位。

（3）产业支撑

2013 年，天津产业支撑指数为 2202 点，比 2012 年提升 7.5%；环比指数为 1075 点，较 2012 年有一定的回落，降低了 8 点，但发展态势依然良好。

自滨海新区开发开放以来，天津金融业依托本地区现代制造业和支柱产业优势，大力发展以产业金融为代表的、切实服务实体经济增长的金融业，取得了良好的成果。产业支撑成为促进天津金融业发展的土壤和源泉。基于此，产业支撑被赋予了 35% 的权重。2013 年底，产业支撑指数达 2202 点，比 2012 年有所提升；环比指数为 1075 点，较 2012 年略有回落。

2013 年天津实体经济和产业支撑呈现稳健发展，经济总量不断扩张，经济结构持续优化，经贸往来十分活跃。天津经济总量持续扩张，全市生产总值达到 14370.16 亿元，比 2012 年增加 1476 亿元，在此带动下，人均地区生产总值达到 99607 元/人，比 2012 年提升 6434 元/人。2013 年，工业增加值达到 6678.6 亿元，比 2012 年增加 555.54 亿元。2013 年，对外贸易进出口总额达到 1285.3 亿美元，比 2012 年增加 129.05 亿美元。2013 年，天津经济结构不断优化，服务业增加值占 GDP 比例达到 48.1%，比 2012 年提升了 1.1 个百分点，比2006年提升了7.9个百分点。高新技术产业产值占规模以上工业产值比重达到30.8%。2013年经贸往来更加活跃，港口货物吞吐量达到5亿吨，比2012年增加0.23亿吨。实际直接利用外资金额达到168.29亿美元，比2012年增加18.1亿美元，比2006年增加127亿美元。

（4）物价水平

2013年，天津物价水平指数达856点，较2012年增加0.5%；环比指数为1005点，较2012年上升了41点，增速略有提升。

通常情况下，一个地区的物价水平，既与这个地区的经济繁荣程度有关，又与该地区的企业运营成本和居民生活成本有关，为了在天津金融生态环境中植入物价水平因素，本研究选取了居民消费价格指数和办公室租用成本两个指标来反映天津金融业所处的物价环境。考虑到物价水平在金融生态环境中的作用，物价水平指标被赋予了10%的权重。2013年底，物价水平的指数达856点，较2012年增加0.5%，环比指数为1005点，较2012年上升了41点，发展增速略有提高。

2013年，天津办公室租用成本为130.3元/平方米·月，比2012年降低了1.8元/平方米·月，比2006年增加34元/平方米·月，反映出办公室租用成本的稳步提升；2013年，居民消费价格指数为103.1%，比2012年增加了0.4个百分点，反映出居民消费价格平稳运行。

（5）宜居城市

2013年，天津宜居城市指数达1202点，较2012年降低10.4%；环比指数为896点，较2012年下降了295点，发展增速有所降低。

生态城市是鼎立天津城市定位的三个目标之一，建设生态宜居城市将有助于提升本地区金融机构和金融人才的集聚能力，这一点已被全球城市新的发展运营理念所证明。考虑到宜居城市在金融生态环境中的作用，宜居城市指标被赋予了5%的权重。

2013年，天津空气质量达到或好于二级的天数占全年比重达到40%，比2012年降低约43.33个百分点，空气质量的下降与近期的雾霾天气有关。2013年，建成区绿化覆盖率达到34.9%，与2012年持平。2013年，万人城市轨道交通达到0.098公里。2013年，影剧院数达到62个，与2012年持平。

（6）政府服务

2013 年，政府服务指数达 1108 点；环比指数为 1052 点，发展速度稳健。

政府服务由税收优惠相关政策、政府补贴政策、金融机构奖励政策、金融人才奖励政策、金融区域布局和基础设施建设政策、金融配套服务产业相关政策、金融监管、政府推动信用环境建设活动等反映政府服务的要素构成。考虑到这些政策支持要素不容易获取数据，本研究采取主观评价方法获得要素评分。同时，考虑到主观评价法难以进行往年倒推，因此，仅获得了政府服务指标 2012 年和 2013 年的主观评价。考虑到政府服务在金融生态环境中的影响，政府服务指标被赋予了 20% 的权重。

政府服务包括税收优惠相关政策等 8 个三级主观评价指标，每个三级指标的权重不尽相同，具体情况见表 32。下面逐个介绍受调查人群对于 8 个三级指标的评价。

表 32 政府服务及其三级指标的权重

单位：%

政府服务指标的权重	20	金融区域布局和基础设施建设政策	10
税收优惠相关政策	15	金融配套服务产业相关政策	15
政府补贴政策	15	金融监管	15
金融机构奖励政策	10	政府推动信用环境建设活动	10
金融人才奖励政策	10		

资料来源：课题组整理。

从主观评价看，首先，关于“2013 年政府补贴政策”的主观评价，有 4.8% 的受调查人群认为政府补贴政策显著改善，52.8% 的受调查人群认为政府补贴政策较为改善，39.2% 的受调查人群认为政府补贴政策无变化，3.2% 的受调查人群持其他观点。根据上述评价计算环比指数为 1058 点，在政府服务主观评价的 8 个类别中环比指数最高。

接下来，关于“2013 年金融区域布局和基础设施建设政策”的主观评价，有 7.3% 的受调查人群认为金融区域布局和基础设施建设政策显著改善，48.4% 的受调查人群认为政策较为改善，39.5% 的受调查人群认为政策无变化，4.8% 的受调查人群持其他观点。根据上述评价计算环比指数为 1057 点，在政府服务主观评价的8个类别中环比指数位于第二位。

作为天津滨海新区金融改革创新工作的重要组成部分，于家堡金融区的区位优势，将使之成为环渤海地区最具发展潜力的金融经济区域之一。于家堡金融区位于天津滨海新区中心商务区的中心区，将建成全国领先、世界一流、功能完善、服务健全的金融改革创新基地。

表33 于家堡金融区注册企业情况

年份	2011年	2012年
累计注册企业户数	300余家	502家
累计注册资本金	700亿元	880亿元

资料来源：2012天津金融白皮书。

关于“2013年政府推动信用环境建设活动”的主观评价，有6.5%的受调查人群认为政府推动信用环境建设活动显著改善，48.8%的受调查人群认为活动较为改善，39.02%的受调查人群认为活动无变化，5.7%的受调查人群持其他观点。根据上述评价计算环比指数为1054点，在政府服务主观评价的8个类别中环比指数位于第四位。

然后，关于“2013年金融机构奖励政策”的主观评价，有9.92%的受调查人群认为金融发展奖励政策显著改善，42.15%的受调查人群认为政策较为改善，42.15%的受调查人群认为政策无变化，5.79%的受调查人群持其他观点。将上述评价折合成环比指数达到1055点，在政府服务主观评价的8个类别中环比指数位于第三位。

其后，关于“2013年税收优惠相关政策”的主观评价，有6.4%的受调查人群认为天津税收优惠相关政策显著改善，41.6%的受调查人群认为税收优惠相关政策较为改善，48.0%的受调查人群认为税收优惠相关政策无变化，4.0%的受调查人群持其他观点。根据上述评价计算环比指数为1050点，在政府服务主观评价的8个类别中环比指数位于第五位。

再后，关于“2013年金融配套服务产业相关政策”的主观评价，有4.03%的受调查人群认为金融配套服务产业相关政策显著改善，49.2%的受调查人群认为政策较为改善，39.5%的受调查人群认为政策无变化，7.23%的受调查人群持其他观点。将上述评价折合成环比指数达到1049点，在政府服务主观评价的8个类别中环比指数位于第六位。

随后，关于“2013年金融人才奖励政策”的主观评价，有8.87%的受调查人群认为金融人才奖励政策显著改善，36.29%的受调查人群认为政策较为改善，48.39%的受调查人群认为政策无变化，6.45%的受调查人群持其他观点。将上述评价折合成环比指数达到1047点，在政府服务主观评价的8个类别中环比指数位于第八位。

最后，关于“2013年金融监管”的主观评价，有3.23%的受调查人群认为金融监管显著改善，49.19%的受调查人群认为金融监管较为改善，40.32%的受调查人群认为金融监管无变化，7.26%的受调查人群持其他观点。将上述评价折合成环比指数达到1048点，在政府服务主观评价的8个类别中环比指数位于第七位。

（7）法律环境

2013年，法律环境指数达1106点；环比指数为1051点，发展速度稳健。

法律环境由全国金融法律规章，天津市金融法规、规章，金融执法，金融诉讼仲裁环境等反映法律环境的要素构成。考虑到法律环境相关要素不容易获取数据，本研究采取主观评价方法获得要素评分。同时，考虑到主观评价法难以进行往年倒推，因此，仅获得了法律环境指标2012年和2013年的主观评价。考虑到法律环境在金融生态环境中的影响，法律环境指标被赋予了10%的权重。

法律环境包括全国金融法律规章等4个三级主观评价指标，每个三级指标的权重不尽相同，具体情况见表34。下面逐个介绍受调查人群对于4个三级指标的评价。

表34　法律环境及其三级指标的权重

单位：%

法律环境指标的权重	10	金融执法	25
全国金融法律规章	25	金融诉讼仲裁环境	25
天津市金融法规、规章	25		

资料来源：课题组整理。

从主观评价看，首先，关于“2013 年天津市金融法规、规章”的主观评价，有 9.6% 的受调查人群认为天津市金融法规、规章显著改善，44.0% 的受调查人群认为较为改善，44.0% 的受调查人群认为无变化，2.4% 的受调查人群持其他观点。将上述评价折合成环比指数为 1060 点，在法律环境主观评价的 4 个类别中环比指数最高。

然后，关于“2013 年金融执法”的主观评价，有 7.26% 的受调查人群认为金融执法显著改善，44.35% 的受调查人群认为较为改善，42.74% 的受调查人群认为无变化，5.65% 的受调查人群持其他观点。根据上述评价计算环比指数为 1052 点，在法律环境主观评价的 4 个类别中环比指数位于第三位。

再后，关于“2013 年全国金融法律规章”的主观评价，有 5.6% 的受调查人群认为全国金融法律规章显著改善，44.8% 的受调查人群认为较为改善，46.4% 的受调查人群认为无变化，3.2% 的受调查人群持其他观点。根据上述评价计算环比指数为 1052 点，在法律环境主观评价的 4 个类别中环比指数位于第二位。

最后，关于“2013 年金融诉讼仲裁环境”的主观评价，有 7.26% 的受调查人群认为金融诉讼仲裁环境显著改善，34.68% 的受调查人群认为较为改善，53.23% 的受调查人群认为无变化，4.84% 的受调查人群持其他观点。根据上述评价计算环比指数为 1042 点，在法律环境主观评价的 4 个类别中环比指数位于第四位。

分报告上篇

Sub-reports Part Ⅰ

· 天津金融业的发展 ·

B.2

分报告1

2013年的天津金融机构

摘　要：

形成具有行业领先水平和国际竞争力的多元化金融机构体系，是天津构建与北方经济中心和滨海新区开发开放相适应的现代金融服务体系和金融创新运营中心的重要举措。本报告认为，2013年天津的银行业机构、证券业机构、保险业机构、租赁业机构、信托业机构、保理业机构和小额贷款公司等多种金融机构获得快速发展，在机构数量、业务规模、服务创新、从业人员等方面取得积极进展，尤其是租赁业机构和保理业机构的发展在全国处于领先地位。各类金融机构积极应对国内外宏观经济环境变化和利率市场化改革，保持了货币信贷合理适度增长，有力支持区域实体经济发展。

关键词：

金融机构　商业银行　金融租赁　商业保理　天津

2013年，面对错综复杂的国内外经济环境，天津市坚决贯彻国家宏观调控政策措施，紧紧围绕加快建设美丽天津、实现城市定位，全市生产总值14370亿元，增长率达到12.5%，经济总量继续保持了高速增长。天津市金融业在经济快速发展的带动下，认真贯彻实施稳健货币政策，保持了良好的发展势头，全年金融业增加值突破1000亿元，达到1202.04亿元，同比增长18.3%，占全年GDP的8.36%，在2012年基础上再次提高0.92%，天津金融业发展对国民经济的贡献度进一步提升。在金融监管部门的正确领导下，全市金融机构继续坚持为实体经济服务的指导思想，在对关键环节和重点领域保持资金有效供给的同时，对经济发展薄弱环节的支持力度进一步加大，不断拓展金融服务的深度和广度，为天津经济的平稳较快发展提供了保障。

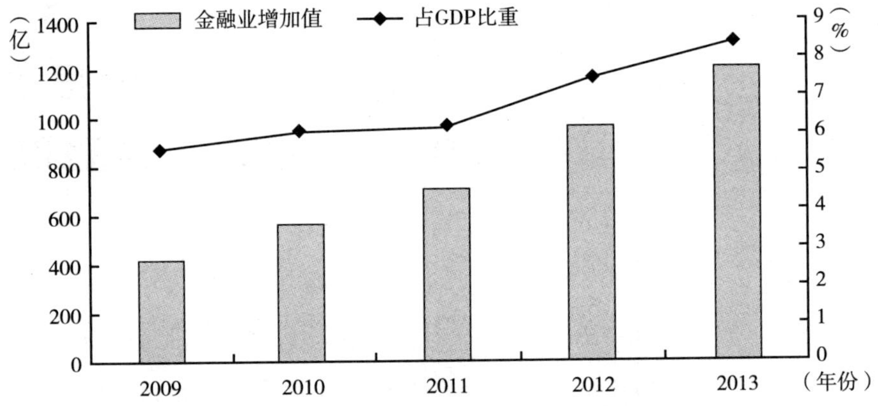

图1　2009~2013年天津市金融业增加值及占GDP比重增长情况

资料来源：天津市国民经济和社会发展统计公报。

2013年，全市新增12家法人金融机构，法人金融机构数量累计达到56家，天津成为继北京、上海之后全国拥有金融全牌照的城市之一。全年新增融资租赁公司81家，累计达到197家；新增商业保理公司47家，累计达到96家；新开业小额贷款公司29家，累计达到156家；新改制设立11家村镇银行，累计达到13家；长城汽车金融公司获批筹建。

截至2013末，全市金融机构（含外资）本外币各项存款余额23316.56亿元，增长14.9%。全年新增存款2976.68亿元，比上年多增251.08亿元；其中，新增单位存款1918.19亿元，新增个人存款914.35亿元。各项贷款余额20857.80亿元，增长13.4%。全年新增贷款2427.27亿元，比上年少增39.03亿元；其中，新增短期贷款1096.55亿元，新增中长期贷款911.74亿元，新增融资租赁469.74亿元。

一　天津银行业机构发展

截至2013年末，天津市共有中外资银行业金融机构77家。其中，在53家中资银行业金融机构中，法人机构22家；在24家外资银行业金融机构中，法人机构3家。营业网点总数2850个，从业人数达到59867人。

2013年，天津辖区内银行业金融机构资产和负债规模进一步扩大。截至年末，全市银行业金融机构资产总额4.13万亿元，比年初增加6156亿元，同比增长17.6%；负债总额3.96万亿元，比年初增加5901亿元，同比增长17.4%。资产总额和负债总额的增长速度同2012年相比分别下降7.3个百分点和7.7个百分点。但从总体上看（图2），天津市银行业金融机构的资产总额

表1　2013年天津市银行业金融机构情况

机构类别	营业网点			法人机构数（个）
	机构个数(个)	从业人数(人)	资产总额(亿元)	
一、大型商业银行	1174	27295	11801.9	0
二、国家开发银行及政策性银行	13	488	2674.8	0
三、股份制商业银行	306	10903	12030.4	1
四、城市商业银行	284	6949	6367.6	1
五、小型农村金融机构	594	8049	2910.2	2
六、财务公司	4	111	189.7	3
七、信托公司	2	288	59.6	2
八、邮政储蓄银行	415	2494	857.1	0
九、外资银行	26	1627	1028.3	3
十、新型农村金融机构	25	588	152.3	13
十一、其他	7	1075	3199.2	7
合　计	2850	59867	41271.2	32

数据来源：中国人民银行天津分行。

已经实现了连续5年的增长，增长率均维持在15%以上。特别是2013年，银行业资产规模首次突破4万亿元，显示出天津银行业金融机构的整体实力正在逐步提升，为带动天津金融业和经济的发展奠定了基础。

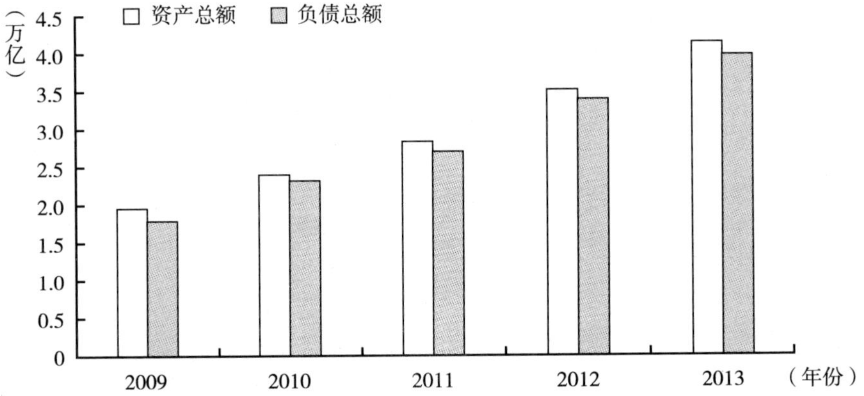

图2　2009～2013年天津市银行业金融机构资产负债规模增长情况

资料来源：中国人民银行天津分行。

2013年，天津市银行业金融机构在实现资产规模稳步增长的同时，进一步优化信贷结构，不断完善金融服务体系建设，提高服务实体经济的能力，强化风险控制措施，各项经营指标保持稳定，整体实力和抗风险能力持续增强。

1. 存贷款稳步增长，结构优化

2013年末，全市银行业金融机构（含外资）本外币各项存款余额23316.56亿元，增长14.9%，增幅同比下降0.5个百分点。全年新增存款2976.68亿元，比上年多增251.08亿元，且比同期新增贷款多549.4亿元，改变了一直以来新增存款低于新增贷款的局面。其中，新增单位存款1918.19亿元，同比多增268.59亿元，同比增长15.87%，增长速度与2012年基本持平，增量占全部新增存款的比重达64.4%；新增个人存款914.35亿元，同比少增84.33亿元。

天津市银行业机构积极贯彻国家宏观调控政策，2013年全市货币信贷市场运行平稳。2013年末，全市金融机构本外币各项贷款余额2.09万亿元，首次突破2万亿元，同比增长13.38%，增速比上年下降2.1个百分点，增长速度连续几年下降。全年新增贷款2427.27亿元，比上年少增39.03亿元。全年信贷投放节奏较为平稳，第一季度新增贷款为632亿元，第二季度新增626亿元，第三季度新增 517. 85 亿元，第四季度新增 651. 15 亿元，贷款投放季度间波动较为平缓，为经济平稳发展提供了较好的资金环境。

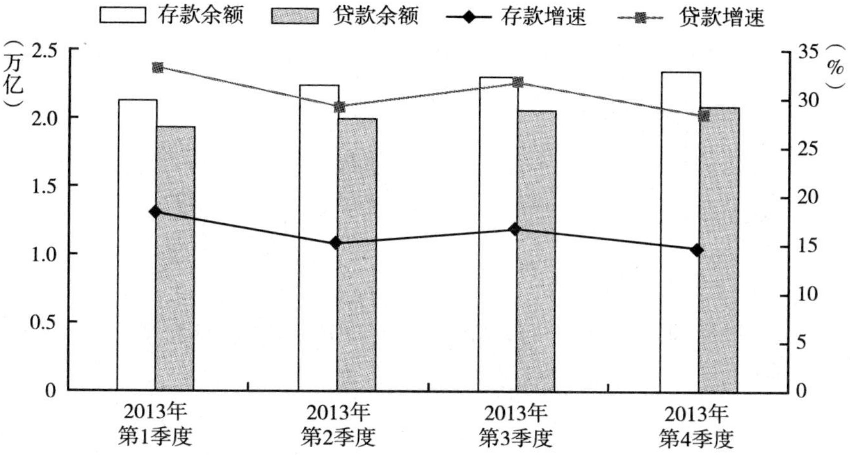

图 3　2013 年天津市银行业金融机构存贷款规模变化情况

资料来源：天津银监局。

2013 年，全市银行业贷款结构进一步调整。分项目看，2013 年全市新增短期贷款 1096. 55 亿元，同比增长 21. 4%，增速回落 1. 7 个百分点，但仍保持较快增长，增长量占到全年新增贷款总额的 45. 2%。短期贷款在贷款总额中所占比例持续提高，由年初的 27. 9% 上升到年末的 29. 9%，提高了 2 个百分点；新增中长期贷款 911. 74 亿元，实现平稳增长，在贷款总额中所占的比例下降了 2. 4 个百分点。从贷款投向看，服务业、个人消费、科技型企业贷款增速均高于全市贷款平均增长水平，对薄弱环节信贷支持力度增强。其中，小微企业贷款比年初增加 580. 4 亿元，同比多增 380. 9 亿元；涉农贷款增加 543. 6 亿元，同比多增 202. 4 亿元。

贷款利率呈现出先降后升变化趋势。2013 年天津市金融机构人民币一般贷款加权平均利率（不含贴现）为 6. 58%，比上年下降 0. 31 个百分点。从各季度看，第二季度利率水平最低，第四季度利率水平最高，利率水平先降后升。全部贷款中，执行下浮利率和基准利率贷款占比增加，执行上浮利率贷款占比减少。

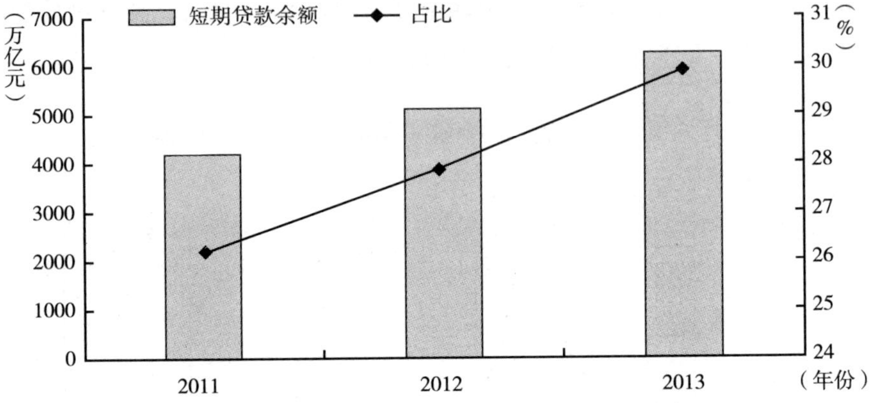

图4　2011～2013 年天津市短期贷款规模和占比增长变化情况

资料来源：中国人民银行天津分行。

表2　2013 年天津市人民币贷款各利率浮动区间占比表

单位：%

月份		1月	2月	3月	4月	5月	6月
合计		100.0	100.0	100.0	100.0	100.0	100.0
下浮		10.0	9.8	10.5	12.2	16.1	12.7
基准		34.7	36.2	34.3	35.3	30.0	32.7
上浮	(1.0－1.1]	27.7	25.0	24.3	27.0	2 3.9	26.3
	(1.1－1.3]	18.9	24.9	27.5	22.4	25.3	23.7
	(1.3－1.5]	6.5	3.7	2.8	2.9	3.6	3.8
	(1.5－2.0]	2.1	0.1	0.5	0.3	0.4	0.3
	2.0以上	0.3	0.3	0.1	0.1	0.8	0.5
月份		7月	8月	9月	10月	11月	12月
合计		100.0	100.0	100.0	100.0	100.0	100.0
下浮		6.6	5.6	12.3	8.2	9.6	11.8
基准		31.5	34.5	32.7	37.2	31.6	32.6
上浮	(1.0－1.1]	32.3	27.2	24.0	26.3	24.3	23.5
	(1.1－1.3]	24.3	27.8	25.7	23.4	29.6	23.9
	(1.3－1.5]	4.8	2.8	4.9	3.8	3.3	7.2
	(1.5－2.0]	0.4	1.5	0.2	0.6	0.7	0.3
	2.0以上	0.1	0.7	0.2	0.4	1.0	0.7

资料来源：中国人民银行天津分行。

2. 净利润增速放缓，盈利能力下降

2013 年，天津市银行业金融机构实现净利润 580.69 亿元，比上年增加 95.07 亿元，同比增长 19.6%，增速同比缩小 4.6 个百分点。全市银行业机构净利润 2010 年、2011 年实现了连续的高速增长，增长率分别达到 42.3% 和 46.1%，2012 年增长速度大幅下降至 24.3%，2013 年增长速度再次小幅下降。2013 年全市银行业金融机构资产利润率为 2.0%，与上年基本持平，成本收入比率为 27.8%，较上年下降了 0.8 个百分点。中间业务继续实现快速增长，中间业务收入率为 16.8%，较上年提高了 1.8 个百分点，盈利结构得到进一步改善。

2013 年，天津市多数机构盈利能力出现了不同程度的下降。分类型看，外资机构整体资产利润率下降了 0.43 个百分点；在 30 家主要中资商业银行中，有 17 家机构资产利润率出现下降，其中 7 家机构资产利润率下降幅度超过 0.3 个百分点。在利率市场化改革进程不断加速和互联网金融快速发展的背景下，存贷利差的缩小成为银行业机构盈利能力下降的重要原因。

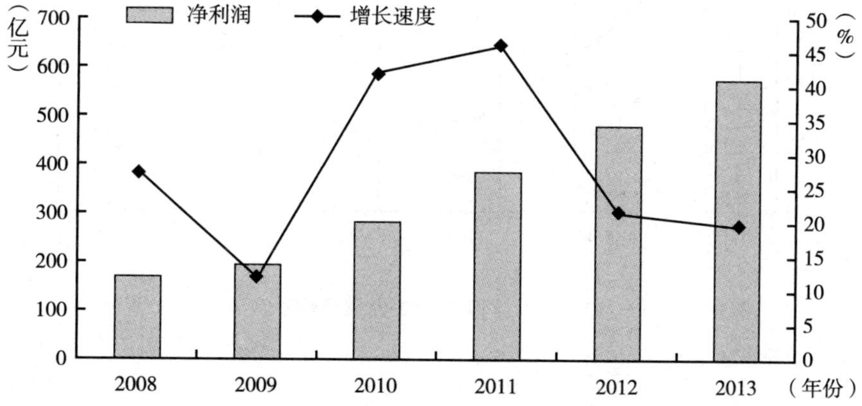

图 5　2008～2013 年天津市银行业金融机构利润增长变化情况

资料来源：中国人民银行天津分行。

3. 资产质量出现下滑，风险控制能力略有提高

2013 年，天津市银行业金融机构不良贷款余额和不良贷款率均出现小幅上升。截至年末，天津市银行业金融机构不良贷款余额 162.64 亿元，比年初增加 37.53 亿元；不良贷款率为 0.69%，虽然低于全国平均水平 1%，但较年初上升了 0.09 个百分点。此前，天津市银行业金融机构已经连续 5 年实现不良贷款余额和不良贷款率的稳步“双降”，但 2013 年受宏观经济的影响，天津市近半数行业不良贷款余额出现反弹，其中，批发和零售业不良贷款余额增加最多，比年初增加 39.88 亿元，不良贷款率比年初上升 1.1 个百分点；交通运输、仓储和邮政业，水利、环境和公共设施管理业，制造业分列二至四名，不良贷款余额比年初分别增加 5.38 亿元、3.00 亿元和 1.49 亿元。信用风险呈加速扩散的趋势，应受到银行业机构的密切关注。2013 末，天津市银行业金融机构贷款损失准备金余额为 472.94 亿元，同比增长 15.59%；贷款损失准备充足率为 299.32%，比年初上升 3.72 个百分点；拨备覆盖率为 290.80%，同比下降 36.24 个百分点，高于同期全国平均水平 8.1 个百分点。

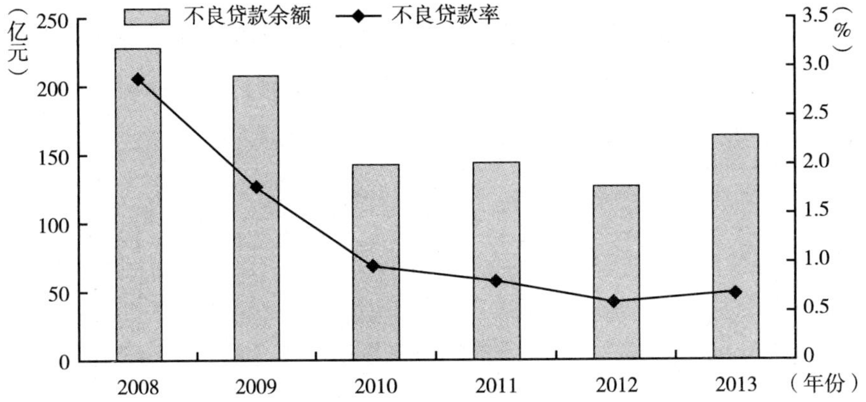

图 6　2008～2013 年天津市银行业金融机构不良贷款变化情况

资料来源：中国人民银行天津分行。

4. 同业业务快速发展，风险加大

近年来，随着我国金融市场日趋完善，金融机构日益多样化，金融机构加快经营转型，同业业务呈现出快速发展态势。截至 2013 年末，天津市银行业金融机构纳入存放同业、拆出资金和买入返售金融资产项下核算的同业资产共计 5996.99 亿元，比 2011 年末增长 57.1%；纳入同业存放、拆入资金和卖出回购金融资产项下核算的同业负债共计 8536.14 亿元，比 2011 年末增长 97.2%。同业资产和同业负债的增长速度远高于同期银行业金融机构贷款、存款增长水平。同业业务的快速发展及其横跨信贷、货币和资本等多个市场的特质，一方面，使金融机构间的风险互联性增强，跨市场、跨机构风险发生的可能性增大，部分同业业务通过多层“通道”包装，结构复杂，资金划转频繁，造成金融机构整体资产规模虚增，一旦某个环节发生风险，极易引发交叉性风险传染；另一方面，以“过桥”方式开展的同业业务大幅提高了实体经济融资成本，还在一定程度上创造并增加了银行体系整体流动性，削弱了宏观调控和金融监管的效果。

5. 国有商业银行管理创新不断深入

工商银行天津市分行推出“高净值型”“工银财富”等多款个人理财产品以及人民币法人理财产品，并针对目标客户发放了约45万张区域产品“牡丹津通卡”。农业银行天津市分行加大产品和业务创新，强化信息科技的支撑作用，顺利完成BoEing系统上线工作，推动基础平台的研究与开发建设；自主研发移动营销平台、团购平台、电商融资等多个项目，有效支持经营转型和业务创新。中国银行天津市分行制定《操作风险经济资本实施细则（试行）》和《操作风险管理评价方案（试行）》，建立健全以资本和资本回报指导业务发展的经营机制和操作风险管理体系。建设银行天津市分行加快推进机构调整以及基层营业机构建设，对辖区网点结构进行优化，年内新建网点型支行12个，升格基层营业机构38个。交通银行天津市分行积极组织开展业务连续性管理，优化工作流程，操作风险管理水平得到提高。

6. 小微企业金融服务成效显著

截至2013年末，天津市42家中资银行小微企业贷款余额达到3107亿元，比年初增加608亿元，同比多增294亿元，增长率达到24.33%，高于各项贷款同期增幅7个百分点，连续四年完成“两个不低于”的目标（增速快于标准12.4个百分点，增量高于标准78亿元）。贷款投向主要是科技型中小企业和文化创意产业。全年全市小微企业贷款申请获得率达到85.4%，同比提高15个百分点，有效解决小微企业融资难题。

天津市中资银行共设立小微和科技中小企业专营机构247家，开展特色经营模式，积极进行小微企业金融服务模式的创新，服务于中小企业的金融产品大量增加，金融服务质量不断提高，支持经济结构调整和转型升级作用显著增强，小微企业金融服务工作取得显著成效。其中，中国银行积极推进“中银信贷工厂”新模式支持科技型中小企业，同时还引入中银投、中银保、中银国际等机构，对有 IPO 意愿的优质中小企业提供上市辅导；建行天津市分行针对正常纳税、信用良好的小微企业客户推出了小微企业“税务贷”产品，可以为小微企业客户提供最高 200 万元的免担保、纯信用贷款，为企业的生产经营周转提供资金信贷支持；大连银行天津分行发放了天津首笔“桥隧模式”贷款、首笔软件著作权质押贷款、首笔采矿权质押贷款。

二 天津证券业机构发展

2013 年，全市新增证券分公司 2 家，证券营业部和期货营业部分别增加 2 家和 4 家。截至 2013 年末，天津市共有法人证券公司 1 家，证券分公司 4 家，证券营业部 107 家；证券投资咨询公司 1 家，信用评级公司 1 家；基金管理公司 1 家；期货公司 6 家，期货营业部 25 家；上市公司 38 家。其中，具备融资融券业务试点资格的证券营业部有 97 家，具备为期货公司提供中间介绍业务资格的证券营业部有 67 家，实施证券经纪人制度的证券营业部有 85 家。

2013 年，全市证券营业机构累计为投资者开立证券账户 286.35 万户。全年各类证券交易额 16696.40 亿元，增长 55.4%。其中，股票交易额 10373.49 亿元，增长 33.8%；债券交易额 464.55 亿元，增长 4.1 倍；基金交易额 417.82 亿元，增长 1.4 倍。

表 3 2013 年全市证券业机构数量情况

单位：家

机构类型	数量	机构类型	数量
证券公司数	1	证券信用评级公司数	1
证券公司分公司数	4	基金管理公司	1
辖区证券营业部数	107	期货公司数	6
证券投资咨询公司数	1	辖区期货营业部数	25
证券投资咨询分公司数	1	上市公司数	38

资料来源：天津证监局。

1. 法人证券公司发展态势良好

2013 年我国股票市场继续呈现低迷走势，天津市证券业机构的业务发展也受到了一定影响。截至2013年末，全市证券营业部资产总额99.38亿元，同比减少9.35亿元；净资产11.79亿元，同比增长16.04%。客户交易量大幅下降，年末交易结算资金余额为83.60亿元，同比减少12.80亿元，下降幅度达13.28%。

作为全市唯一的证券法人机构，渤海证券在不利的市场环境下，通过加快业务转型和产品创新，进一步实现了发展壮大。截至2013年末，渤海证券资产总额140.80亿元，比年初增加24.64亿元，增长率达21%。全年实现营业收入11.51亿元，同比增长26.9%。其中，代理买卖证券手续费净收入4.51亿元，同比增长30.7%；证券承销收入1.29亿元，同比增长94.5%。2013年，渤海证券盈利能力大幅提高，全年实现盈利3.04亿元，同比增长65.2%。

2. 法人基金公司创新加速

2013年6月13日，天弘基金与我国最大的第三方支付平台支付宝联合为个人用户打造的余额增值服务——"余额宝"正式上线。"余额宝"实质上是一款由天弘基金提供的名为"增利宝"的货币基金，是我国第一只互联网基金。截至2013年12月31日，余额宝的客户数已经达到4303万人，规模1853亿元，天弘增利宝成为国内基金史上首只规模突破千亿关口的基金。根据彭博资讯统计的截至2014年1月14日最新的全球基金规模数据，天弘增利宝基金的规模在全球货币基金中可排名第14位。

天弘增利宝基金的巨大成功带动了天弘基金管理公司的飞速发展。目前，天弘基金已成为国内最大的基金管理公司。2013年天弘基金新推出4只开放式基金，开放式基金数达到14只。截至年末，天弘基金开放式基金份额1963.13份，是2012年同期的16.3倍；资产净值达1943.62亿元，是2012年同期的19.5倍。

3. 法人期货公司业务规模进一步扩大

截至2013年末，天津市6家法人期货公司资产总额27.98亿元，比年初增加4.23亿元，增长率为17.8%。

6家法人期货公司全年代理交易量3683.20万手，代理交易额36799.29亿元，手续费收入9960.86万元，同比分别增长50.0%、54.6%和2.9%。25家期货营业部全年代理交易量2532.61万手，代理交易额31828.95亿元，同比分别增长29.7%和26.9%。6家公司中有2家公司全年实现盈利，净利润合计1802.62亿元，其余4家公司均亏损。

表4　2013年天弘基金新增基金情况

基金名称	基金合同生效日期	基金类型
天弘增利宝货币市场基金	2013年5月29日	货币型
天弘稳利定期开放债券型证券投资基金	2013年7月19日	债券型
天弘弘利债券型证券投资基金	2013年9月11日	债券型证券投资基金
天弘同利分级债券型证券投资基金	2013年9月17日	债券型

资料来源：天弘基金管理公司网站。

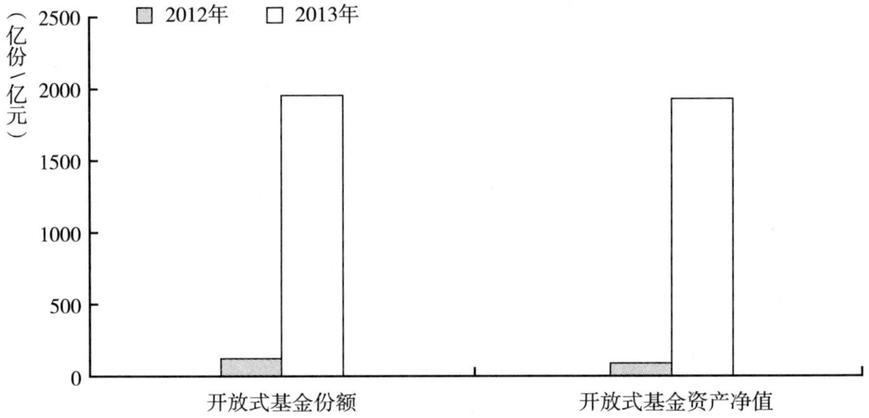

图7　天弘基金管理公司开放式基金规模

资料来源：天津证监局。

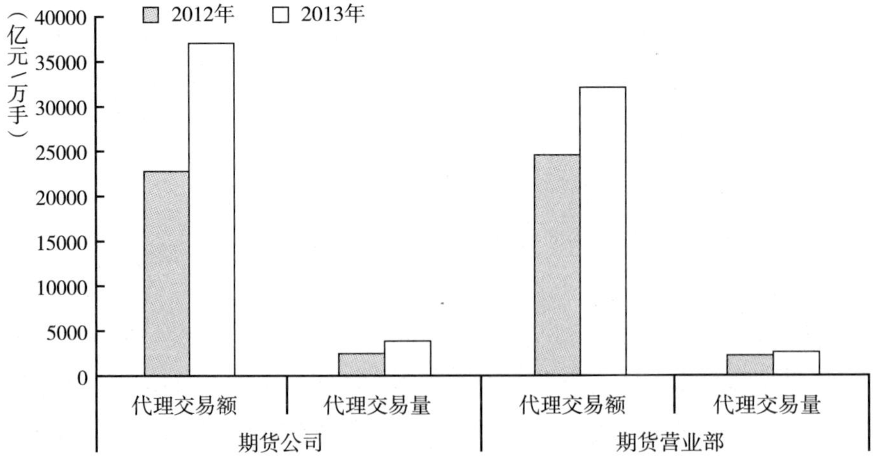

图8　2012～2013年天津市期货机构交易情况

资料来源：天津证监局。

三　天津保险业机构发展

2013 年，天津市保险保障覆盖面不断扩大，服务社会和经济作用持续加强，较好地发挥了经济补偿和社会风险管理功能。

2013 年，平安健康保险公司在津设立分支机构。年末全市共有保险总公司 5 家，各类保险分公司 54 家，各类保险支公司、营业部、营销服务部和专属机构 551 家，专业中介机构 67 家，兼业代理机构 3112 家，基本形成了种类齐全、布局合理的保险市场体系。截至年末，天津市保险公司总资产为 1000.55 亿元，比年初增长 13.6%。其中，财产险公司资产总额为 61.23 亿元，比年初增长 4.9%；人身险公司资产总额 939.32 亿元，比年初增长 14.2%。

表 5　2012 年天津市保险业基本情况表

项目	数量
总部设在辖区内的保险公司数(家)	5
其中:财产险经营主体(家)	2
人身险经营主体(家)	3
保险公司分支机构(家)	54
其中:财产险公司分支机构(家)	24
人身险公司分支机构(家)	30
保费收入(中外资,亿元)	276.8
其中:财产险保费收入(中外资,亿元)	102.3
人身险保费收入(中外资,亿元)	174.3
各类赔款给付(中外资,亿元)	102.0
保险密度(元/人)	1880.2
保险深度(%)	1.9

资料来源：天津保监局。

1. 保费收入稳步增长，赔款给付支出持续增加

2013 年，天津市保险业机构共实现原保险保费收入 276.80 亿元，同比增长 16.2%，增长速度提高 3.7 个百分点。其中，财产保险业务实现保费收入 102.28 亿元，同比增长 12.7%；人身保险业务实现保费 174.52 亿元，同比增

长 18.4%。人身保险中，寿险业务实现保费收入 148.54 亿元，同比增长 17.0%；健康险和意外险分别实现保费收入 20.07 亿元和 5.91 亿元，增幅分别为 35.5%和 5.9%。

表 6　2013 年天津保费收入和赔款给付

单位：万元

原保险保费收入	2768019.81
1. 财产险	1022782.71
2. 人身险	1745237.10
(1)寿险	1485404.32
(2)健康险	200720.13
(3)人身意外伤害险	59112.65
赔款、给付	1020029.61
1. 财产险	589751.71
2. 人身险	430277.91
(1)寿险	337591.49
(2)健康险	75580.10
(3)人身意外伤害险	17106.31

资料来源：天津保监局。

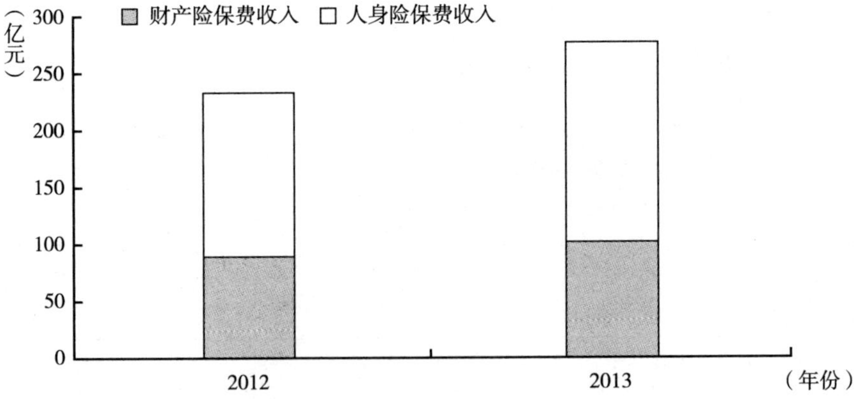

图 9　2012～2013 年天津市原保险保费收入情况

资料来源：天津保监局。

2013 年，天津市保险业赔付支出 102.00 亿元，同比增长 25.9%。其中，财产险赔付支出 58.98 亿元，同比增长 31.8%；人身险赔付支出 43.03 亿元，同比增长18.6%。而且财产险公司赔付效率持续提高。年末，天津市财产险业务结案率为84.5%，同比提高0.7个百分点。其中，车险业务结案率为85.2%，同比提高0.6个百分点。

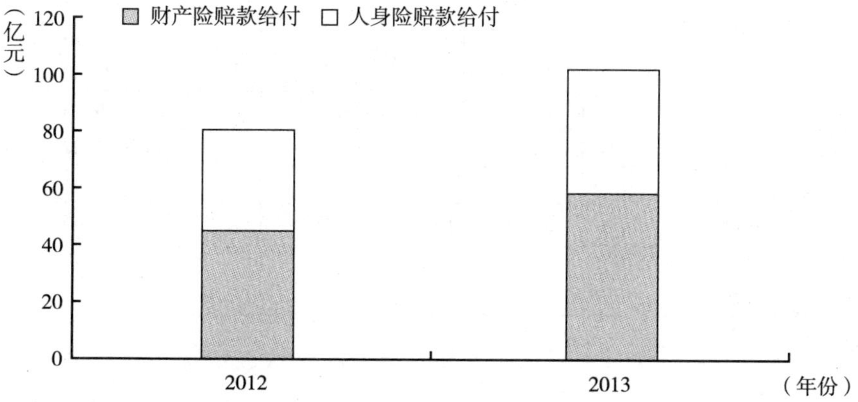

图10　2012~2013年天津市保险业赔付支出情况

资料来源：天津保监局。

表7　2013年天津财产保险公司原保险保费收入情况表

单位：万元

资本类别	公司名称	合计
中资	人保股份津分	309298.06
	大地财产津分	49082.21
	出口信用津分	22773.93
	中华联合津分	23491.41
	太保财津分	128237.47
	平安财津分	222081.40
	华泰津分	9658.97
	天安津分	16588.72
	华安津分	9432.00
	太平保险津分	48770.92
	民安津分	13715.87
	中银保险津分	16511.64
	永诚津分	14426.40
	安邦津分	11493.08
	天平车险津分	23277.45

续表

资本类别	公司名称	合计
中资	阳光财产津分	50474.60
	都邦津分	3863.29
	渤海津分	25462.54
	国寿财险津分	27734.16
	紫金财产津分	6837.39
	众安财产津分(虚拟)	9.73
	小计	1033221.22
外资	三星津分	10418.44
	爱和谊日生同和(中国)津分	3690.35
	小计	14108.78
合计		1047330.01

资料来源：天津保监局。

表 8　2013 年天津人身保险公司原保险保费收入情况表

单位：万元

资本类别	公司名称	合计
中资	国寿股份津分	455935.98
	太保寿津分	78273.01
	平安寿津分	414465.58
	新华津分	186789.80
	泰康津分	80731.12
	太平人寿津分	76227.97
	光大永明津分	48412.19
	生命人寿津分	21348.82
	国寿存续津分	16093.08
	平安养老津分	6126.46
	合众人寿津分	8389.64
	太平养老津分	9336.42
	人保健康津分	27417.59
	华夏人寿津分(虚拟)	830.20
	长城津分	9444.06
	人保寿险津分	136403.52
	国华人寿津分	2566.44

续表

资本类别	公司名称	合计
中资	泰康养老津分	73.40
	阳光人寿津分	13886.57
	中邮人寿津分	43119.73
	小计	1635871.61
外资	中宏人寿津分	1190.38
	工银安盛津分	20230.61
	信诚津分	26480.62
	中荷人寿津分	4267.33
	海康人寿津分	9549.51
	恒安标准津分	17239.21
	国泰人寿津分	620.87
	平安健康津分	86.01
	中航三星津分	5153.65
	小计	84818.20
合计		1720689.80

资料来源：天津保监局。

2. 保险保障覆盖面不断扩大

2013 年，天津市保险业新增承保保单 1057.32 万件，同比增长 51.9%；新增保险金额 71666.36 亿元，同比增长 53.9%。其中，财产险公司新增保险金额 45411.63 亿元，同比增长 20.3%；人身险公司新增保险金额 26254.73 亿元，同比增长 197.9%。2013 年，天津市保险保障覆盖面进一步扩大，全市保险密度达到 1880.02 元/人，较上年增加 194.9 元/人；保险深度为 1.9%，比上年提高 0.1 个百分点。

截至 2013 年末，参加基本养老保险 627.1 万人，其中参加城镇职工基本养老保险 520.7 万人，参加城乡居民养老保险 106.4 万人。参加医疗保险 1001.5 万人，其中参加城镇职工基本医疗保险 493.1 万人，参加城乡居民医疗保险 508.4 万人。新建保障性住房 8 万套，新增住房补贴 1 万户。

表9　2013年天津社会保险参保人数

指标	参保人数(万人)	比上年增长(%)
城乡居民医疗保险	508.4	1.2
城镇职工基本养老保险	520.7	6.2
城乡居民养老保险	106.4	3.8
城镇职工失业保险	278.7	3.7
城镇职工工伤保险	335.1	1.5
城镇职工生育保险	249.1	2.6

资料来源：天津市统计局官网。

3. “民生险种”服务社会发展

2013年，天津市保险机构重点推动“民生险种”的发展，充分发挥保险对社会发展中的保障作用。一是政策性农业保险实现“五大统保”，天津市农委等四委（局）制定《关于规范政策性农业保险协保费用有关事项的通知》，确保农业保险保费补贴资金的安全和规范使用，全力支持农业生产和农民生活。2013年，政策性农险为农民生产生活提供风险保障95亿元，累计支付赔款7820万元。二是引入医疗责任保险健全医疗纠纷人民调解机制，有效化解医患纠纷。印发《关于进一步完善基本医疗保险意外伤害附加保险制度有关问题的通知》，明确全民意外险基金的给付范围、基金拨付方法及意外死亡案件审核要求，弥补基本医疗保险缺乏意外补偿缺口。全年共承保医疗机构81家，提供风险保障1.13亿元。三是全民意外伤害保险制度进一步完善，自开办以来累计支出各类赔款3.2亿元，赔付8.6万人次，有效弥补了基本医疗保险缺乏意外补偿缺口。四是计划生育保险实现全覆盖，有效提升了天津市独生子女家庭抵御意外风险水平。2013年承保34.6万人次，赔付442万元。此外，天津保监局联合市金融办落实小额人身保险方案，支持符合条件的保险公司开展小额人身保险业务，推动了小额人身保险创新发展。

4. 小额贷款保证保险产品支持小微企业发展

2013年7月，国务院办公厅下发通知，提出关于金融支持经济结构调整和转型升级的指导意见，要求各地各有关部门继续执行稳健的货币政策，合理保持货币信贷总量，引导、推动重点领域与行业转型和调整，整合金融资源支持小微企业发展。在此政策指导下，天津市辖区内保险公司从市场需求出发，推出适用于个体工商户小额贷款业务的保证保险产品。截至 10 月末，累计为 442 户个体工商户提供风险保障 1.67 亿元，支持商户贷款余额 1.33 亿元。该产品满足了经营类商户贷款及时性与便利性的需求，在小微企业融资困难、商业银行放贷规模持续收紧的背景下，对小微企业发展起到了积极的促进作用。

四　天津租赁业机构发展

融资租赁业是近两年我国发展最迅猛的金融服务业。根据中国租赁联盟数据显示，截至 2013 年底，全国在册运营的各类融资租赁公司共约 1026 家，比年初的 560 家增加 466 家，增长 83.2%；全国融资租赁合同余额约为 21000 亿元，比上年底 15500 亿元增加 5500 亿元，增幅为 35.5%；行业注册资金约为 3060 亿元，比上年的 1890 亿元增加了 1170 亿元，增长 61.9%。

天津融资租赁业的发展基础和条件原本不如上海和北京，但从 2006 年中国融资租赁业再度复兴后，天津凭借滨海新区良好的政策优势和产业发展环境，逐步积聚了大批优质融资租赁公司，业务规模不断扩大，经营效益持续提高，集聚发展优势凸显。天津融资租赁业一直走在行业的前面，已经成为国内最大的融资租赁聚集区。

1. 全国规模最大、实力最强的融资租赁聚集地

截至 2013 年底，总部设在本市的各类融资租赁企业达到 206 家（不含单一项目租赁公司），比年初的 116 家增加约 90 家，约占全国 20.1%，其中绝大部分企业注册在滨海新区；本市总部企业注册资金达到 840 亿元，约占全国总额的 27.2%；从业务发展情况看，截至 2013 年底，全市融资租赁合同余额为 5750 亿元，比上年初 3700 亿元增加约 2050 亿元，增长 55.4%。天津融资租赁业务总量占全国总量的 27.4%，比上年提高了 3.6 个百分点，并且超过上海、北京、广东、福建等地，被公认为中国最大的融资租赁业集聚地。

表 10　2013 年天津市融资租赁业务发展情况

单位：亿元

	2013	2012	增长量	增长率(%)	占全国比重(%)
金融租赁	2550	1900	650	34.2	12.1
内资租赁	1850	1150	700	60.9	8.8
外资租赁	1350	650	700	107.7	6.4
总　计	5750	3700	2050	55.4	27.4

资料来源：中国租赁联盟。

2013 年，在天津注册的融资租赁公司达 5 家，占全国融资租赁企业总数的 21.7%。注册资本合计 241 亿元、合同余额 2550 亿元，分别约占天津融资租赁企业注册资金的 28.6% 和业务总量的 44.3%，占全国融资租赁公司注册资金的 31.3% 和业务总量的 29.7%。资产总额达 3531 亿元，实现净利润 49 亿元，对于天津成为我国融资租赁业聚集地发挥了重要作用。

根据中国租赁联盟数据显示，在 2013 年中国融资租赁企业排行榜中，天津市共有 5 家公司进入十强企业，分别为工银租赁、渤海租赁、民生租赁、兴业租赁和长江租赁，其中，工银租赁以 110 亿元的注册资金优势位居首位。这 5 家企业的注册资金占十强企业注册资金的 45.7%，在全国融资租赁公司总注册资金中所占比重超过 10%。尤其值得关注的是，工银租赁飞机在租赁资产行业内排名进入全球前十，这是中国租赁公司首次获此殊荣。截至 2013 年底，注册在滨海新区的工银租赁境内外交付运营飞机总量已达 151 架，比 2012 年新增 69 架；资产增至 443 亿元，同比增长率达 101.4%。其中批量购机模式，也成为工银飞机租赁发展的亮点。通过批量购机，工银租赁不但能够保证交付进度，也能实现提前与客户签订租约，形成未来的现金流，保障自身的业务发展，目前工银租赁的飞机租约已经排到 2016 年。

表 11　中国租赁十强企业排行榜　（截至 2013 年 12 月 31 日）

名次	企业名称	注册时间	注册地	注册资金(亿元)
1	工银金融租赁有限公司	2007	天津	110
2	远东国际租赁有限公司	1991	上海	84.59
3	国银金融租赁有限公司	1984	深圳	80

续表

名次	企业名称	注册时间	注册地	注册资金(亿元)
4	天津渤海租赁有限公司	2008	天津	62.5
5	交银金融租赁有限责任公司	2007	上海	60
5	昆仑金融租赁有限责任公司	2010	重庆	60
6	民生金融租赁股份有限公司	2007	天津	50.95
7	兴业金融租赁有限责任公司	2010	天津	50
8	建信金融租赁股份有限公司	2007	北京	45
9	招银金融租赁有限公司	2007	上海	40
10	长江租赁有限公司	2004	天津	38.3

资料来源：中国租赁联盟。

2. 全国融资租赁业务创新基地

天津融资租赁公司充分利用天津金融改革创新先行先试的优势，不断推动业务模式、融资模式、资产管理、风险管理等方面多项创新转型工作。实施了一系列租赁创新项目，完成国内金融租赁公司飞机融资租赁业务、飞机改装金融租赁、保税港区金融租赁创新等多项业务，引领了行业发展。

东疆保税港区作为全国唯一允许融资租赁货物出口退税的试点区域，紧密结合区域发展实际情况，以融资租赁产业创新为突破口，以航运和航空金融改革创新为主线，先行先试，逐步完善金融航运上下游产业链，目前，已发展成为我国最大、最主要的飞机和国际船舶融资租赁聚集地，逐步形成具有全国领先优势的东疆租赁品牌。2013 年 7 月，东疆保税港区完成国内首单 SPV 进口直升机租赁业务，开创了飞机保税租赁、单机公司租赁、资产包租赁、飞机出口租赁、飞机离岸租赁、跨境人民币结算租赁等 17 项租赁结构和产品创新的中国内地“第一”。2013 年 9 月，国内首单跨境跨关区海关异地监管船舶出口融资租赁业务在东疆保税港区顺利完成，在全国率先探索了租赁资产海关监管的新模式。

天津融资租赁业不断推动创新型业务开展，融资租赁标的物日趋多样。2013 年 3 月，民生金融租赁与海南兰海实业集团签署了战略合作协议，标志着天津融资租赁将被引入到海南渔业中，为其提供一个全新的融资产品和平台，助推海南现代渔业发展和产业转型升级，进一步加强了租赁业与相关实体产业的对接。

3. 全国融资租赁政策试验基地

为了加快融资租赁集聚，天津市政府积极联合有关部门先后研究制定了一系列的政策措施，全力保障融资租赁业在天津的快速健康发展。

首先，通过财税优惠来吸引优质企业的入驻，不同程度地给予落户企业一次性落户资金补助、经营性财政补贴、购房补贴。对于注册资本 5 亿元以下、1 亿元以上的，补助 1000 万元。注册资本 10 亿元以下、5 亿元以上的，补助 1500 万元；注册资本 10 亿元以上的，补助 2000 万元。相关政策规定，融资租赁企业自开业年度起，前两年按其缴纳营业税的 100% 标准给予补助，后三年按其缴纳营业税的 50% 标准给予补助；自获利年度起，前两年按其缴纳企业所得税地方分享部分的 100% 标准给予补助，后三年按其缴纳企业所得税地方分享部分的 50% 标准给予补助。新购建的自用办公用房，按其缴纳契税的 100% 标准给予补助，并在三年内按其缴纳房产税的 100% 标准给予补助。对租赁自用办公用房，连续三年内每年按房屋租金的 30% 给予补贴。若实际租价高于房屋租金市场指导价的，则按市场指导价计算租房补贴。

融资租赁行业高速发展，企业人才短缺是政府在制定促进融资租赁产业聚集政策措施时向高管人才实行政策倾斜的原因。天津市规定，对于新设立的金融租赁公司和融资租赁公司高管人才，在天津首次购房、购车或参加专业培训的，五年内按其缴纳个人工薪收入所得税地方分享部分予以奖励。不在本市行政辖区内购买商品房、汽车或参加专业培训的，三年内按其缴纳个人工薪收入所得税地方分享部分的 50% 给予奖励。

在支持融资租赁企业带动和支持中国企业走出去扶持政策方面天津市更是走在了全国的前列。2012 年 7 月，财政部、海关总署、国家税务总局联合发布《关于在天津东疆保税港区试行融资租赁货物出口退税政策的通知》，天津作为试点，向国家争取到了融资租赁出口货物试行退税政策。这一国家赋予东疆保税港区的独有政策，对东疆吸附更多的租赁企业落户、拓宽融资租赁业务领域起到了重要的推动作用。

4. 全国融资租赁信息交流

为了借鉴和交流国内外发展经验，进一步促进天津融资租赁业的快速发展，天津市政府、天津市租赁行业协会等部门积极组织行业专业学者、优秀企业来津进行交流探讨，中国融资租赁业信息交流基地已在津形成。

2013 年 6 月 6 日，中国国际租赁产业博览会（租博会）和中国租赁年会同期在天津梅江会展中心举行。本次年会的主题是“融资、融物、合作、共赢”。中国贸促会副会长王锦珍、天津市人民政府副秘书长陈宗盛、韩国租赁协会会长全成镇、中国国际商会租赁委员会主席杨海田等出席年会并发言，来自美国、韩国、意大利以及国内的 300 多位企业家代表共聚一堂，就租赁产业前沿政策、融资手段、租赁业务运作模式和未来产业发展方向等问题进行探讨。租博会是国内首创的以推广融资租赁和经营性租赁的产品和服务为目的的展会，以独特的视角将实体经济和金融业、服务业有机结合在一起。展出面积超过 12000 余平方米，其中特装展位 6000 平方米。展出内容包括工程设备、汽车、集成建筑、户外营地、农业机械、游艇、融资租赁服务等。租博会的举办将充分发挥会展经济的产业带动效应和聚集效应，为国内外融资租赁业的交流与合作搭建服务平台。

6 月 14 日，由中国银行业协会、天津市人民政府和中国外商投资企业协会联合主办的第四届中国金融租赁年会在津举行，人民银行、国税总局、证监会等国家有关部委以及相关融资租赁公司和商业银行、业内专家学者、中介机构 300 余人参会。作为国内金融租赁行业内规模最大、规格最高、最具权威性的高端交流平台，自 2010 年首届峰会创建以来，连续四年在天津召开，每年汇聚众多业内人士共同探讨租赁业内热点前沿话题，备受行业瞩目。本届年会以“金融租赁助力中国经济升级”为主题，就融资租赁服务实体经济发展进行探讨，并就租赁公司创新融资渠道、加强同业合作、实现优势互补、完善制度和市场建设、培育整个行业的核心竞争力等领域展开讨论。

此外，天津市租赁行业协会联合中国租赁联盟、中国国际商会租赁委员会等行业组织，从 2007 年起即编写中国租赁蓝皮书，定期发布本市及全国的融资租赁业发展报告，并成为国内外各界了解我国融资租赁发展情况的重要资料。

5. 全国融资租赁人才培养基地

由于近年来我国融资租赁业飞速发展，成为仅次于银行业的第二大资金供应渠道，令各路资本竞相驶入租赁业，在融资租赁公司快速激增、业务高速拓展的同时，融资租赁业人才短缺问题也愈发明显。据测算，目前全国租赁业人员缺口至少为3000人，中高层管理人员至少缺1000人；而在天津市，租赁人员缺口超1000人，其中中高层管理人员缺口在600~700人。

作为融资租赁发展较为快速的区域，天津市积极开展租赁业人才培养尝试，加快租赁专业人才的培养。2012年天津商业大学成立租赁学院，是中国高校中第一个专业从事租赁业教学和科研的教育主体。2013年，该学院共招收91名本科生和20名硕士研究生，在学学员累计达到140人。中国国际商会租赁委员会、天津市租赁行业协会与天津商业大学联合组建了“天津商业大学融资租赁业研究与教育中心”，帮助学院开展工作；中国租赁联盟组织的“融资租赁专业校外导师团”达到了40人，目前已有4名导师团成员正式为学院研究生授课。

此外，南开大学也将组建融资租赁领域为期两年的在职研究生班。而针对一些金融系出身的专业人士，南开大学、天津财经大学、天津商业大学等也将联合举行定期培训班，重点让相关人才了解到金融租赁企业最急需的业务流程等，成立融资租赁人才储备库。

天津市将通过多方面的尝试，加快租赁专业人才的培养步伐，努力成为全国租赁专业人才培养基地，为我国融资租赁业务的发展提供人才保障。

五　天津其他机构的发展

自2008年国务院通过《天津滨海新区综合配套改革试验总体方案》以来，天津金融业围绕建设现代金融服务体系和全国金融改革创新基地两项任务，积极进行先行先试，金融改革创新不断取得新突破，逐渐形成了以银行、证券、保险为基础，以融资租赁为特色，信托公司、专业保理公司、小额贷款公司等新型金融机构共同发展的多层次金融机构体系，为国家经济结构调整、产业升级和天津经济发展提供支持和保障。

1. 信托机构运行情况

2013 年，我国信托业发展的外部环境充满了前所未有的不确定性。经济下行增加了信托公司经营的宏观风险，利率市场化加大了信托公司经营的市场风险，年中和年末的两次“钱荒”引发了对流动性风险的担心，频繁发生的个案风险事件引起了对信托业系统性风险的担忧；继 2012 年“资产管理新政”，2013 年商业银行和保险资产管理公司资管计划的推出，全面开启了“泛资产管理时代”，进一步加剧了竞争；财政部等四部委 2012 年底发布的规范地方政府融资行为的“463 号文”以及 2013 年 3 月份银监会发布的规范商业银行理财业务投资运作的“8 号文”，增加了信托公司政信合作业务和银信合作业务的不确定性。

北方国际信托和天津信托作为天津市唯有的两家法人信托公司，经受住了严峻外部环境的考验，继续保持了良性的发展态势。

（1）信托资产规模再创历史新高

截至 2013 年年末，北方国际信托和天津信托的信托资产总规模分别为 2942. 32 亿元和 994. 96 亿元，与上年相比分别增加 1336. 13 亿元和 306. 56 亿元，增长率达到 83. 19% 和 44. 53% 。北方国际信托在全国信托公司信托资产资产总额排名中位列第十名。

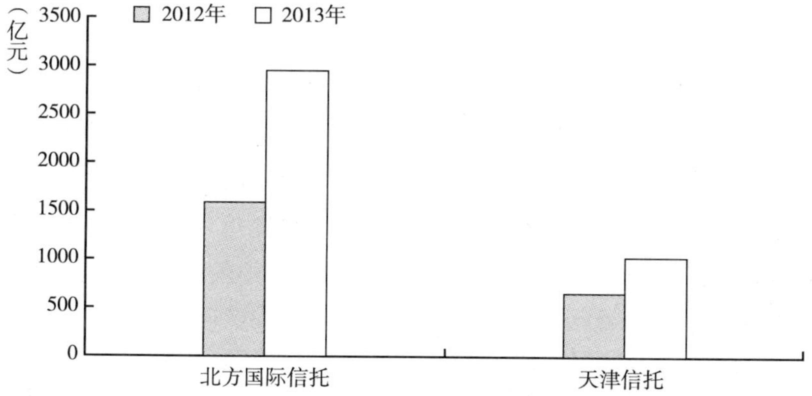

图 11　天津市信托机构信托资产

数据来源：北方国际信托和天津信托 2013 年年报。

表 12　2013 年信托公司信托资产总额排名

单位：万元

排名	信托公司简称	2013. 12. 31	2012. 12. 31	同比增长(%)
1	中信信托	72766079. 78	59134914. 18	23. 39
2	兴业信托	56500216. 70	33604933. 68	68. 13
3	中融信托	47853490. 39	29948632. 18	59. 79
4	华润信托	36430423. 90	18651922. 24	95. 32
5	中诚信托	35721118. 26	27136745. 55	31. 63
6	建信信托	32581638. 82	35077667. 25	-7. 12
7	外贸信托	31737693. 65	21518617. 76	47. 49
8	山东信托	29942135. 15	18970041. 52	57. 84
9	华能贵诚	29856830. 62	17363029. 67	71. 96
10	北方信托	29423228. 00	16061876. 56	83. 19

数据来源：信托网。

（2）经营效果持续保持良好势头

2013 年，北方国际信托和天津信托实现营业收入 11. 38 亿元和 11. 36 亿元，同比分别增长 24. 35% 和 77. 38%；实现净利润 5. 22 亿元和 5. 15 亿元，同比分别增长 20. 59% 和 107. 03%。

（3）业务创新成果显著

2013 年，天津信托继续推进业务创新方面，取得了显著的成果：一是开展信托股权投资基金创新业务，支持全市实体经济发展和新型城镇化建设；二是积极开展与消费金融公司的创新业务合作，支持通过拉动消费、拉动内需的方式促进实体经济发展；三是在上一年获批特定目的信托受托机构资格的基础上，开始进行银行信贷资产证券化受托业务。

2. 商业保理机构运行情况

保理业务是一项集贸易融资、商业资信调查、应收账款管理及信用风险担保于一体的新型综合性金融服务。天津作为保理业的最大亮点城市之一，在保理业发展上取得了显著成就。

截至2013 年底，天津共有 62 家保理公司，约占全国保理公司总数的80%，其中中资企业 49 家，外资企业 13 家。作为最先在全国试点保理业务的滨海新区，一直把加快推进保理业发展作为金融改革创新的重点工作之一，新区也是国内最早登记注册商业保理机构的地区，第一家商业保理公司，第一家外资商业保理公司以及中国第一批国际保理商会协会会员等都出自滨海新区。截至目前，滨海新区独立商业保理公司已经达到 13 家，占全国总数 27 家的48%，成为名副其实的“中国保理之都”。

2013 年 7 月，中国服务贸易协会商业保理专业委员会与天津滨海新区中心商务区签订战略合作协议，共同推进“中国商业保理公共信息服务平台”建设。为推进商业保理业持续健康发展，做好滨海新区商业保理业试点工作，健全商贸信用服务和融资体系，促进商贸流通进一步发展，天津市人民政府于2013 年 12 月对《天津市商业保理业试点管理办法》进行了修改，将审批和监管权由天津市下放到滨海新区。

3. 小额贷款公司运行情况

构建普惠金融体系和增强金融服务实体经济的能力是我国金融改革的两项重要内容。小额贷款公司的设立，合理地将一些民间资金集中了起来，主要是服务于三农和中小企业，规范了民间借贷市场，同时也有效地解决了三农、中小企业融资难的问题。自 2008 年银监会央行发布关于小额贷款公司试点的指导意见以来，天津市积极推动小额贷款公司的发展，鼓励小额贷款公司为三农、中小企业提供融资服务，增强金融业对天津经济发展的支持和促进作用。

2013 年，天津市新增小额贷款公司 37 家。截至 2013 年年末，全市小额贷款公司数量达到 100 家，共有从业人员 1344 人，注册实收资本 114.37 亿元，较上年增长 42.06 亿元，增长速度高达 58.17%。全市小贷公司贷款余额为 119.30 亿元，比年初增加 49.83 亿元，同比增长 71.73%。

在由中国小额贷款机构联席会公布的 2013 年全国小额贷款机构评选结果中，天津恒兴小额贷款公司荣获“2013 年中国小额贷款公司竞争力百强”，天津鼎信小额贷款公司荣获“2013 年中国小微金融最佳产品设计奖”，同时，天津市小额贷款公司协会荣获“2013 年中国小微金融最佳行业服务奖”，充分体现出天津市小额贷款公司整体实力的显著提升。

2012 年国家外汇管理局下发《关于外商投资小额贷款公司外汇资本金结汇改革试点有关问题的通知》以来，外汇局天津市分局在天津积极推进试点工作。2013 年 7 月，天津首家试点企业天津亚富路小额贷款有限公司备案审批成功，以“试点模式”顺利开展资本金结汇和贷款发放业务。“试点模式”实施短短数月，企业已初尝试点便利效果，贷款资金到位时间明显缩短，业务效率大幅提高，促进了天津外资小额贷款公司的成长壮大。

B.3
分报告2
2013年的天津金融市场

摘　要：

近一段时期以来，天津依托政策叠加和机遇叠加的发展优势，加快建设国内外投资者共同参与、具有国际影响力的金融市场体系，在深化传统金融市场、发展创新型金融市场等方面取得积极成果，促进了天津金融结构优化。本报告认为2013年天津的货币信贷市场、证券期货市场、保险市场、外汇黄金市场和创新型市场等各类金融市场实现快速发展，在市场广度和深度上有着显著提升，尤其是在创新型金融市场建设方面走在全国前列。与此同时，本报告立足京津冀协同发展和自由贸易区申报背景，展望了2014年天津金融市场发展前景。

关键词：

金融市场　信贷市场　证券市场　外汇市场　创新型市场

2013年，天津市金融业认真贯彻落实国家金融调控政策，积极推进金融改革，创新业务和服务手段，天津市金融市场总体呈平稳发展态势。货币市场同业拆借交易量下降，市场利率波动较为明显；银行间债券市场交易趋于活跃，市场收益率持续上行；外汇市场成交量持续保持较快增长，市场结汇意愿增强。金融服务经济社会发展作用进一步显现。全年金融业增加值占GDP比重达到8.4%，成为天津市国民经济的重要支柱产业。随着市场产品创新和制度建设的稳步推进，天津金融市场继续保持了快速健康的发展势头。全年金融市场交易总量为2568.9亿元，金融业增加值1202.04亿元，增长18.3%。社会融资规模总量继续扩大且结构变化较为明显。2013年，天津市社会净融资规模为4910亿元，同比多增470亿元。从融资结构来看，企业直接融资快速发展，全年实现融资841亿元，同比多增282亿元，占全部融资规模的17.1%，同比上升4.5个百分点。银行业金融机构表外融资业务迅速扩大，全年表外融资1477亿元，同比多增176亿元，占全部融资规模的30.1%，同比上升0.8个百分点。天津金融机构各项存贷款增长迅速，本外币各项贷款平稳增长，全年增加2464亿元，同比少增5亿元，占全部融资规模的50.2%，同比下降5.4个百分点，融资结构进一步优化。

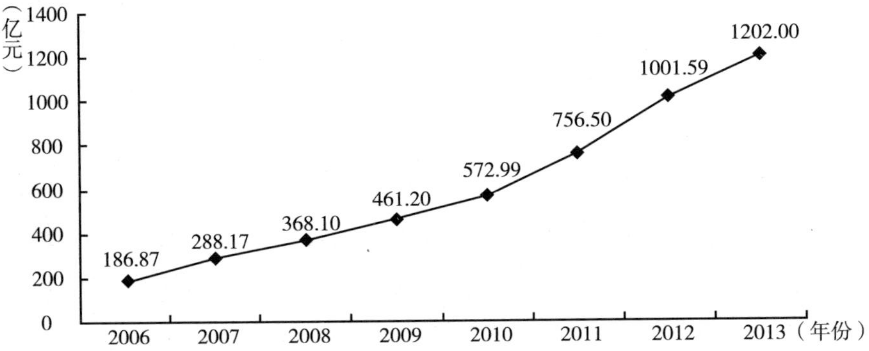

图1　2006～2013年天津市金融业增加值

数据来源：历年天津统计年鉴。

一　货币信贷市场发展

（一）信贷市场发展

短期贷款增势平稳，中长期贷款、票据融资略有减少。1～12月份，天津市金融机构本外币各项贷款增加2427.27亿元，同比少增39.03亿元，其中，短期贷款增加1096.55亿元，同比多增146.33亿元；中长期贷款增加911.74亿元，同比多增124.38亿元；票据融资减少67.10亿元，同比少增373.58亿元。12月份，金融机构各项贷款较上月增加173.84亿元，其中，短期贷款增加179.40亿元，同比少增138.98亿元；中长期贷款减少37.03

亿元，同比少增 90.12 亿元；票据融资减少 12.41 亿元，同比减少 33.14 亿元。

贷款平稳适度增长，信贷结构更趋合理。全市信贷运行符合国家宏观调控要求，2013 年末，本外币各项贷款余额 20857.8 亿元，同比少增 39.0 亿元，增速低于上年 2.1 个百分点。从贷款份额看，全国性大型银行和中资地方法人金融机构（不包括异地分支机构）贷款占全部贷款的比重比上年上升，全国性中小型银行和外资银行比重下降。从期限结构看，短期贷款增速比上年降低 0.8 个百分点，中长期贷款增速比上年提高 0.6 个百分点。

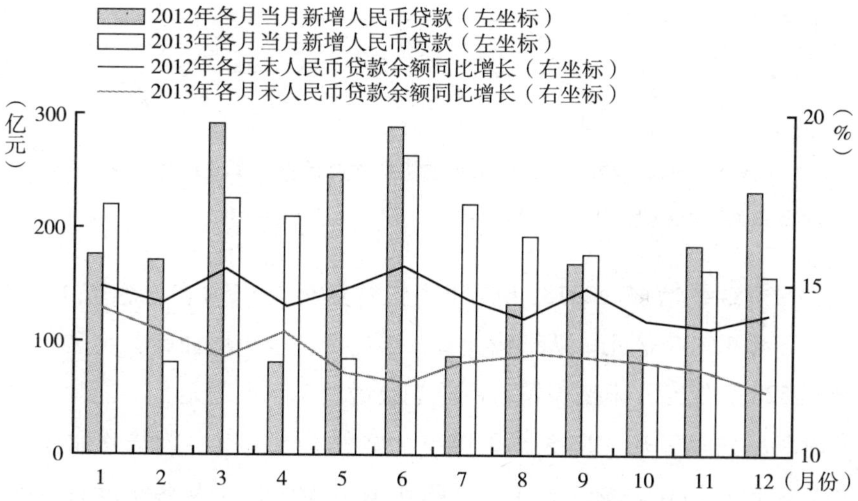

图 2　2012 ~ 2013 年天津市金融机构人民币贷款增长变化趋势

数据来源：中国人民银行天津分行。

信贷投放符合政策导向。服务业、个人消费、科技型企业贷款增速均高于全市贷款平均增长水平。对薄弱环节信贷支持力度增强。小微企业贷款比年初增加 580.4 亿元，同比多增 380.9 亿元；涉农贷款增加 543.6 亿元，同比多增 202.4 亿元。

外币贷款继续保持较快增长。2013 年末，外币贷款余额 230.4 亿美元，比年初增加 70.5 亿美元，同比多增 19.0 亿美元，增速为 44.1%，比上年下降

3.5个百分点。其中，境内短期贸易融资、单位普通贷款和融资租赁全年合计新增68.8亿美元。

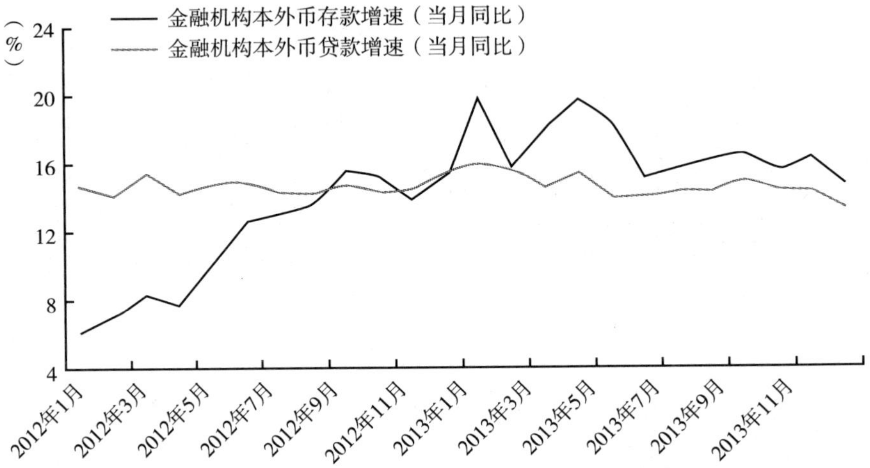

图3　2012～2013年天津市金融机构本外币存、贷款增速变化

数据来源：中国人民银行天津分行。

表外融资继续增多。2013年天津市银行业金融机构表外融资1477.1亿元，比上年多175.7亿元。从结构上看，委托贷款全年增加551.5亿元，信托贷款增加528.9亿元，未贴现银行承兑汇票增加396.6亿元。

贷款利率先降后升。2013年天津市金融机构人民币一般贷款加权平均利率（不含贴现）为6.58%，比上年下降0.31个百分点。从各季度看，第二季度利率水平最低，第四季度利率水平最高，利率水平先降后升。全部贷款中，执行下浮利率和基准利率贷款占比增加，执行上浮利率贷款占比减少。

（二）货币市场发展

货币市场交易活跃。2013年，天津市银行间同业拆借市场共完成信用拆借2462笔，同比增长15.4%；拆借金额8047.0亿元，同比下降14.6%；净融入资金3775.7亿元，同比增长26.3%。债券回购交易量继续保持增长态势，累计成交额达到50009.2亿元，同比增长23.4%。从期限看，隔夜和七天拆借作为同业拆借市场的主要交易品种，占全部拆借成交金额的82.9%。

表 1　2013 年天津市人民币贷款各利率浮动区间占比表

单位：%

月份		1 月	2 月	3 月	4 月	5 月	6 月
合计		100.0	100.0	100.0	100.0	100.0	100.0
下浮		10.0	9.8	10.5	12.2	16.1	12.7
基准		34.7	36.2	34.3	35.3	30.0	32.7
上浮	小计	55.3	54.0	55.2	52.6	53.9	54.6
	(1.0－1.1]	27.7	25.0	24.3	27.0	23.9	26.3
	(1.1－1.3]	18.9	24.9	27.5	22.4	25.3	23.7
	(1.3－1.5]	6.5	3.7	2.8	2.9	3.6	3.8
	(1.5－2.0]	2.1	0.1	0.5	0.3	0.4	0.3
	2.0 以上	0.3	0.3	0.1	0.1	0.8	0.5
月份		7 月	8 月	9 月	10 月	11 月	12 月
合计		100.0	100.0	100.0	100.0	100.0	100.0
下浮		6.6	5.6	12.3	8.2	9.6	11.8
基准		31.5	34.5	32.7	37.2	31.6	32.6
下浮	小计	62.0	59.9	55.0	54.5	58.9	55.6
	(1.0－1.1]	32.3	27.2	24.0	26.3	24.3	23.5
	(1.1－1.3]	24.3	27.8	25.7	23.4	29.6	23.9
	(1.3－1.5]	4.8	2.8	4.9	3.8	3.3	7.2
	(1.5－2.0]	0.4	1.5	0.2	0.6	0.7	0.3
	2.0 以上	0.1	0.7	0.2	0.4	1.0	0.7

数据来源：中国人民银行天津分行。

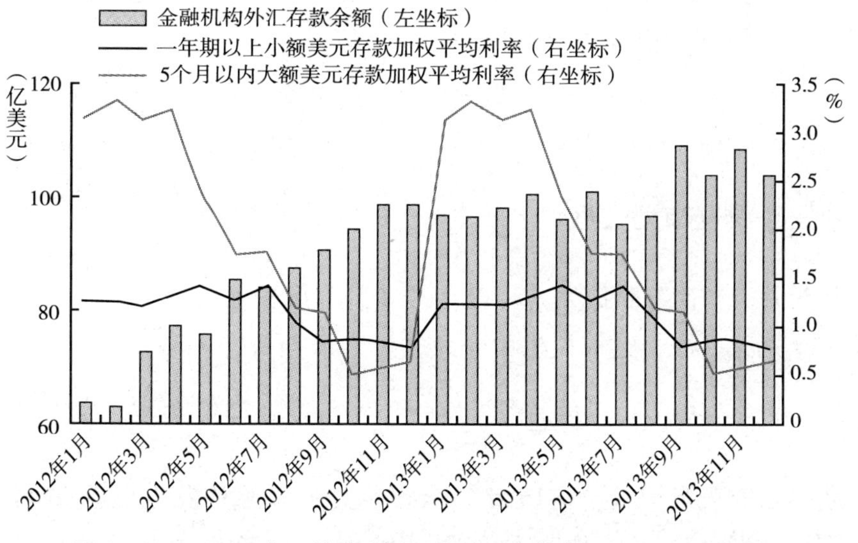

图 4　2012～2013 年天津市金融机构外币存款余额及外币存款利率

数据来源：中国人民银行天津分行。

表 2　2013 年天津市同业拆借情况

	融入金额(亿元)	占市场(%)	融出金额(亿元)	占市场(%)
2013 年 6 月	293.14	1.8759	170.50	1.0911
2013 年 7 月	669.75	2.7889	171.40	0.7137
2013 年 8 月	424.46	1.7186	76.93	0.3115
2013 年 9 月	416.23	1.4192	230.10	0.7846
2013 年 10 月	428.00	1.9242	105.70	0.4752
2013 年 11 月	515.20	1.9225	119.65	0.4465
2013 年 12 月	576.20	2.5806	170.18	0.7622

数据来源：《2013 年天津金融白皮书》。

同业拆借加权平均利率震荡较为明显。2013 年天津银行间市场同业拆借利率出现了较大波动。1 到 5 月份基本保持平稳的同业拆借率，但 6 月份同业拆借利率较快上涨后迅速回落，这是受企业税收集中清缴、端午节假期现金需求、外汇市场变化、商业银行半年末指标考核以及市场传闻扰动等因素的影响；之后恢复平稳运行，四季度有所上升。全年同业拆借拆入加权平均利率为 3.6495%，同比提高 0.5206 个百分点；同业拆借拆出加权平均利率为 3.3077%，同比提高 0.5461 个百分点。

近年来，天津市外资银行人民币业务发展迅速，拆借市场已成为其人民币资金来源和运用的重要场所。

（三）票据市场发展

社会融资规模不断扩大。2013 年全市社会融资规模为 4910 亿元，比上年多 470 亿元。社会融资规模中企业债券和股票等净融资 842 亿元，同比多增 282 亿元，其中，增加较多的中期票据净融资 522 亿元，同比多增 217 亿元。

票据融资平稳增长。2013 年，全市承兑汇票累计发生额为 9341.9 亿元，同比增长 14.4%；票据贴现累计发生额为 5308.8 亿元，同比增长 27.6%。

表 3　2013 年天津金融机构票据业务量统计

单位：亿元

季度	银行承兑汇票承兑		贴现			
			银行承兑汇票		商业承兑汇票	
	余额	累计发生额	余额	累计发生额	余额	累计发生额
1	5523.0	2572.7	748.2	1533.4	19.3	130.5
2	4102.27	4930.5	891.0	2947.9	22.5	154.7
3	3981.5	6946.5	740.9	4032.0	17.9	207.6
4	4149.9	9341.9	742.3	5052.2	10.5	256.6

数据来源：中国人民银行天津分行。

表 4　2013 年天津市金融机构票据贴现、转贴现利率

单位：%

季度	贴现		转贴现	
	银行承兑汇票	商业承兑汇票	票据买断	票据回购
1	4.93	5.99	5.58	4.30
2	4.84	5.81	4.78	4.47
3	6.59	7.03	5.29	5.62
4	6.91	7.74	6.22	6.33

数据来源：中国银行天津分行。

二　证券期货市场发展

2013 年，天津证券期货市场发展较快。其中，天津市法人证券公司盈利水平大幅提高，基金管理公司产品创新成效显著，期货公司发展基本平稳，上市公司市值有所增加。与此同时，也需关注部分机构盈利水平较低，以及业务创新中蕴藏的风险。截至 2013 年末，天津市共有法人证券公司 1 家，基金管理公司 1 家，期货公司 6 家，上市公司 38 家。天津市证券公司开立的资金账户数为 49.22 万户，同比下降 2.0%，客户交易结算金额余额为 36.28 亿元。法人证券公司发展态势良好。法人证券公司证券承销业务增长迅速，资产总额持续扩大，净利润较快增长。

表 5　2013 年天津证券市场概况

项　目	数　量
总部设在辖区内的证券公司数(家)	1
总部设在辖区内的基金公司数(家)	1
总部设在辖区内的期货公司数(家)	6
年末国内上市公司数(家)	38
当年国内股票(A 股)筹资(亿元)	45.1
当年发行 H 股筹资(亿元)	0.0
当年国内债券筹资(亿元)	1032.8
其中:短期融资券筹资额(亿元)	248.5
中期票据筹资额(亿元)	537.0

数据来源：天津证监局、中国人民银行天津分行。

2013 年证券交易规模大幅增长。年末全市境内上市股票 38 只。全年各类证券交易额 16696.40 亿元，增长 55.4%。其中，股票交易额 10373.49 亿元，增长 33.8%；债券交易额 464.55 亿元，增长 4.1 倍；基金交易额 417.82 亿元，增长 1.4 倍。年末证券账户开户 286.35 万户，增长 0.8%。全年期货市场成交量 6234.20 万手，增长 46.5%；成交额 68628.24 亿元，增长 48.1%。

从证券市场发展的特点来看，主要表现在以下几个方面：（1）法人证券公司盈利水平大幅提高。截至 2013 年末，渤海证券资产总额 140.80 亿元，比年初增加 24.64 亿元。全年实现营业收入 11.51 亿元，同比增长 26.9%。其中，代理买卖证券手续费净收入 4.51 亿元，同比增长 30.7%；证券承销收入 1.29 亿元，同比增长 94.5%。2013 年，渤海证券实现盈利 3.04 亿元，同比增长 65.2%。（2）法人基金公司创新成果显著。截至 2013 年末，天弘基金资产总额 3.25 亿元，比年初增加 1.32 亿元。业务及管理费用依然较高，导致公司全年亏损 92.52 万元，但同比减亏 1379.93 万元。本年度公司旗下新成立 4 只开放式基金，其中与支付宝合作推出的“余额宝”，即增利宝货币市场基金规模迅速扩张。年末该公司管理的基金总数达到 14 只，基金总份额 1963.13 亿份，基金净值 1943.62 亿元。（3）法人期货公司业务规模持续扩大。截至 2013 年末，天津市 6 家法人期货公司资产总额 27.98 亿元，比年初增加 4.23 亿元。全年代理交易量 3683.20 万手，代理交易额 3.68 万亿元，手续费收入 9960.86 万元，同比分别增长 50.0%、54.6% 和 2.9%。6 家公司中有 2 家公司全年实现盈利，净利润合计 1802.62 亿元，其余 4 家公司均亏损。（4）上市公司市值增加。截至 2013 年末，天津市境内上市公司 38 家，上市公司总股本 434.46 亿股，总市值 3589.87 亿元，同比增长 28.1%，其中流通市值 3264.28 亿元。全年天津市上市公司新增融资 49.10 亿元，同比下降 14.4%。

（一）股票市场发展

2013 年，上市公司由于公司结构的不断优化、整体上或重组带来的优质资产注入、经营管理效率提高导致业绩大幅增长等，吸引了大量的投资者。全年上市公司的总股本和总市值总体呈现上升趋势，上市公司的总市值在 4 到 6 月期间有波折，之后又缓慢上升，到 12 月末略有下降。

表 6　2013 年 12 月证券期货市场基本概况

类别	指标名称	单位	当期值	上年同期值
基本情况	证券公司数	家	1	1
	证券公司分公司数	家	4	2
	辖区证券营业部数	家	107	105
	基金管理公司数	家	1	1
	证券投资咨询公司数	家	1	2
	证券投资咨询分工公司数	家	1	1
	证券信用评级分公司数	家	1	1
	独立基金销售机构数	家	0	1
证券营业部	总资产	亿元	99.38	108.73
	净资产	亿元	11.79	10.16
	净利润	亿元	-0.02	0.01
	客户交易结算资金余额	亿元	83.60	96.40
	指定与托管市值	亿元	2013.22	1378.31
	投资者证券账户开户数	万户	286.35	284.18

数据来源：天津金融办。

截至 2013 年末，上市公司总数为 38 家，其中 A 股公司 33 家，AB 股公司 1 家，AH 股公司 3 家，AS 股公司 1 家。这些在上交所上市的有 19 家，在深

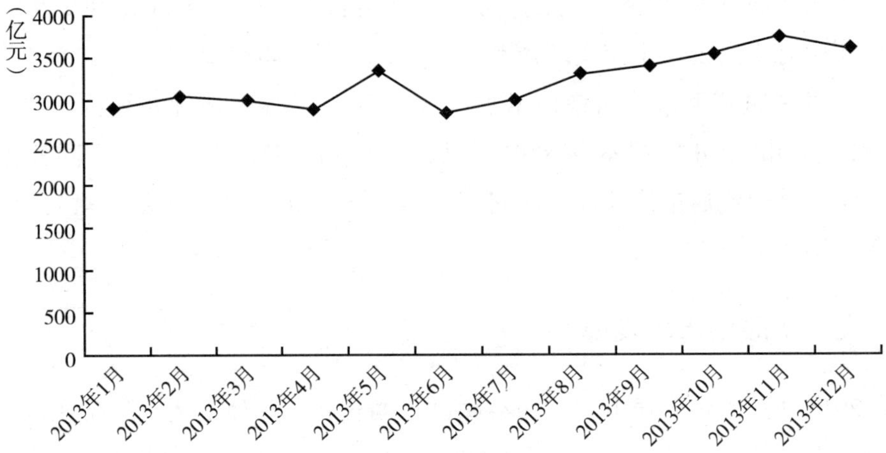

图5　2013 年全年上市公司总市值变化趋势

资料来源：中国证券登记结算总公司。

交所主板上市的有 8 家，在中小板上市的有 6 家，在创业板上市的有 5 家。新三板挂牌公司数为 22 家。2013 年 12 月，天津股票市场上市公司总股本 434.46 亿股，总市值达到 3589.87 亿元，比 2012 年的 411.47 亿股，2802.71 亿元分别增加了 5.59% 和 28.09%。其中，流通市值 3264.28 亿元。全年天津市上市公司新增融资 49.10 亿元，同比下降 14.4%。

表 7　2013 年 12 月股票市场概况

指标名称	单位	当期值	上年同期值
上市公司数	家	38	38
其中:A 股公司数	家	33	33
AB 股公司数	家	1	1
AH 股公司数	家	3	3
AS 股公司数	家	1	1
其中:上交所上市公司数	家	19	19
深交所主板上市公司数	家	8	8
中小板上市公司数	家	6	6
创业板上司公司数	家	5	5
新三板挂牌公司数	家	22	7
上市公司总股本	亿股	434.46	411.47
上市公司总市值	亿元	3589.87	2802.71

资料来源：天津证监局官网。

（二）债券市场发展

2013 年，天津市银行间债券市场成员现券买卖成交量出现回升，成交金额达 8759.9 亿元，同比增长 7.1%。其中，现券买入量 4465.1 亿元，同比增长 15.1%；现券卖出量 4294.8 亿元，与上年基本持平。其收益率分别为 5.9639% 和 5.9504%，同比分别提高了 0.4205% 和 0.5777%。从债券类别来看，企业债、中期票据和政策性金融债仍是现券市场的主要交易券种，市场占比达到 81.9%。

企业通过银行间债券市场融资规模不断扩大。2013 年，天津市非金融企业债务融资工具发行金额为 785.5 亿元，是上年发行金额的 1.5 倍。其中，短期融资券发行金额为 193.5 亿元，中期票据发行金额为 254 亿元，非公开定向债务融资工具发行金额为 338 亿元，同比分别增长 47.7%、75.8% 和 43.8%。

2013 年天津市银行间回购交易量稳步增长。债券回购成交额 50009.1 亿元，同比增长 23.4%，其中质押式回购共交易结算 48623.6 亿元，结算量比 2012 年增长了 20.3%；买断式回购成交 1385.5 亿元，同比增长 9.4 倍。从期限看，在回购交易中，期限在七天以内的投资品种也是主要的交易对象，全年的交易金额达 46367.1 亿元，占全部回购交易量的 92.7%。

（三）基金市场发展

2013 年全年开放式基金数由 10 只上升到 14 只，开放式基金份额和开放式基金资产净值稳步迅速上升，基金份额从 1 月份的 124.27 万份上升到 12 月份 1963.13 万份；开放式基金资产净值从 1 月份的 105.39 万亿上升至 12 月份的 1943.62 万亿元。在 6 月份之前上升比较平缓，之后上升幅度陡增。相比于 2012 年 12 月的同期天津开放式基金份额和开放式资产净值的 120.73 亿份和 99.50 亿元，高出数十倍。

法人基金公司创新成果显著。法人基金公司旗下天弘增利宝货币市场基金与支付宝合作推出“余额宝”。由于该公司业务及管理费用较高，2013 年，公司仍处于亏损状态，但亏损程度有所下降。

（四）期货市场发展

2013 年全年期货交易总量呈现先增后减的波动，在 7、8 月份达到最大

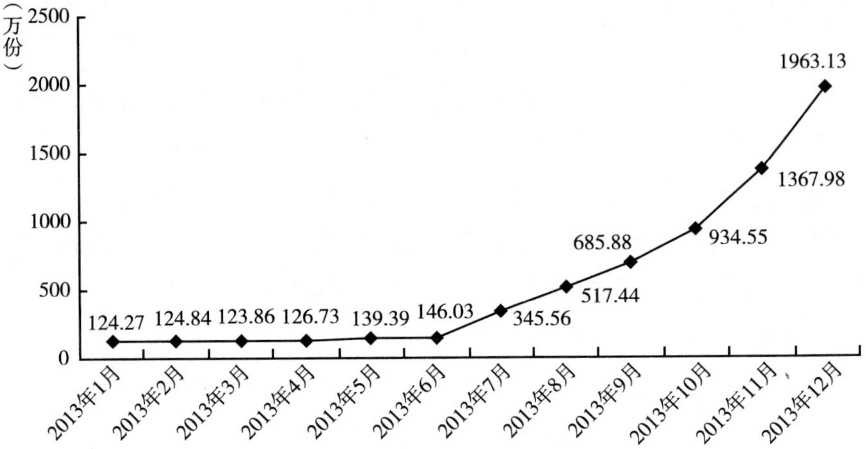

图 6　2013 年开放式基金份额走势图

资料来源：wind 资讯。

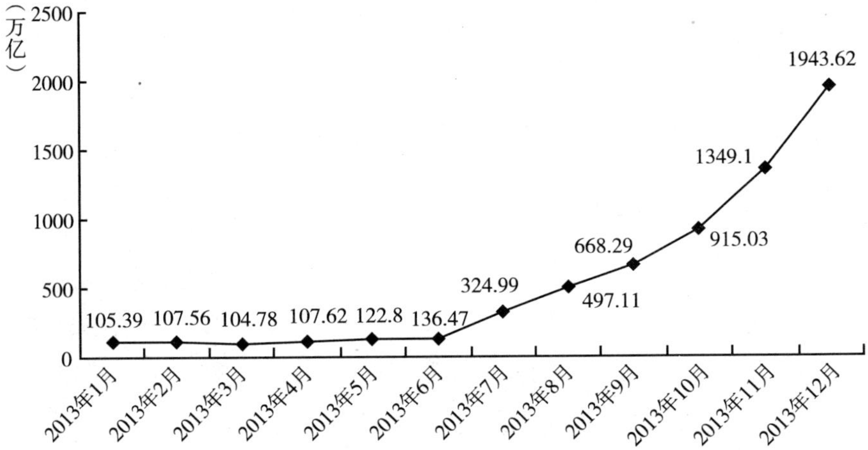

图 7　2013 年开放式基金资产净值走势图

资料来源：wind 资讯。

值。虽然全年期货公司数量继续保持上一年的 6 家不变，但期货营业部的数量由 1 月份的 21 家陆续上升到 12 月份的 25 家，且在所有的期货交易额中，期货公司代理交易额所占的比重越来越大，1 月份期货公司代理交易额为 2213. 92 亿元，占总交易额 4923. 93 亿元的 44. 96%，12 月期货代理交易额为 3256. 21 亿元，占总交易额 5933. 03 亿元的 54. 88%。说明期货公司的营业能力和市场占有在上升。

与上一年同期相比，在期货公司数量、期货交易额和交易量上均有上升，但上升幅度较缓和，以 2013 年 12 月份为例，见表 8：

此外，法人期货公司业务规模持续扩大。截至 2013 年末，天津市 6 家法人期货公司资产总额 27.98 亿元，比年初增加 4.23 亿元。全年代理交易量 3683.20 万手，代理交易额 3.68 万亿元，手续费收入 9960.86 万元，同比分别增长 50.0%、54.6% 和 2.9%。6 家公司中有 2 家公司全年实现盈利，净利润合计 1802.62 亿元，其余 4 家公司均亏损。

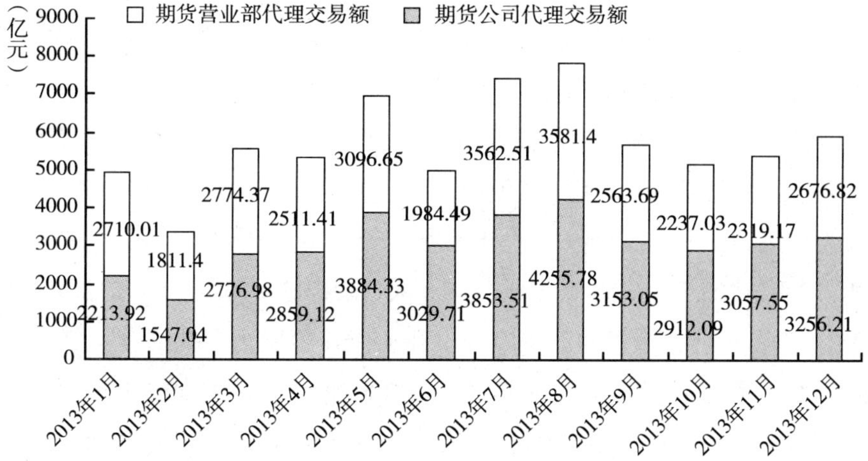

图 8　2013 年期货市场交易额

数据来源：天津证监局。

表 8　2013 年 12 月天津证券期货市场概况

类别	指标名称	单位	当期值	去年同期值
基本情况	期货公司数	家	6	6
	辖区期货营业部数	家	25	21
	期货交割库数	家	32	26
期货公司	代理交易额	亿元	3256.21	2507.46
	代理交易量	万手	333.52	263.33
期货营业部	代理交易额	亿元	2676.82	2628.72
	代理交易量	万手	189.39	172.41

数据来源：天津证监局。

三 天津保险市场发展

2013年，天津市保险保障覆盖面不断扩大，服务社会和经济作用持续加强，较好地发挥了经济补偿和社会风险管理功能。但同时，也需关注汽车限购政策对财产险公司保费收入增长以及退保金持续攀升对人身险公司稳健运营可能形成的不利影响。

（一）保险市场基本情况

保险市场平稳运行。年末全市共有保险总公司5家，当年新成立资产管理类公司1家。年末共有各类保险分公司49家，各类保险支公司、营业部、营销服务部和专属机构551家，保险专业中介机构102家。全年原保险保费收入276.80亿元，增长16.2%。其中，财产险收入102.28亿元，增长12.7%；人身险收入174.52亿元，增长18.4%。全年赔款和给付102.01亿元，增长25.9%。其中，财产险赔付58.98亿元，增长31.8%；人身险赔付43.03亿元，增长18.6%。

（1）经营主体稳步增加。2013年，平安健康保险公司在津设立分支机构。截至年末，天津市保险市场共有总、分公司54家，专业中介机构67家，兼业代理机构3112家，基本形成了种类齐全、布局合理的保险市场体系。截至2013年末，天津市保险公司总资产1000.55亿元，比年初增长13.6%。其中，财产险公司资产总额61.23亿元，比年初增长4.9%；人身险公司资产总额939.32亿元，比年初增长14.2%。

（2）保费收入较快增长。2013年，天津市保险业共实现保费收入276.8亿元，同比增长16.2%。其中，财产保险业务实现保费收入102.28亿元，同比增长12.7%；人身保险业务实现保费收入174.52亿元，同比增长18.4%。人身保险中，寿险业务和健康险业务同比增幅较大，同比分别多增9.9个百分点和19.7个百分点。

（3）赔款支出持续增加。2013年，天津市保险业赔付支出102.01亿元，同比增长25.9%。其中，财产险赔付支出58.98亿元，同比增长31.8%；人身险赔付支出43.03亿元，同比增长18.6%。

（4）保险保障覆盖面不断扩大。2013年，天津市保险业新增承保保单1057.32万件，同比增长51.9%；新增保险金额71666.36亿元，同比增长53.9%。其中，财产险公司新增保险金额45411.63亿元，同比增长20.3%；人身险公司新增保险金额26254.73亿元，同比增长197.9%。

（5）专项领域保险取得新进展。一是天津市农委等四委（局）制定了《关于规范政策性农业保险协保费用有关事项的通知》，加强农业保险工作费用管理，确保农业保险保费补贴资金的安全和规范使用。二是天津保监局联合市金融办落实小额人身保险方案，支持符合条件的保险公司开展小额人身保险业务，推动了小额人身保险创新发展。三是人保集团、人寿集团、太平洋保险债权投资计划顺利实施，"泰康—天津地铁债权投资计划"成功获批，保险资金在天津市债权投资规模达到356亿元。

表9　2013年天津市保险业基本情况表

项目	数量
总部设在辖区内的保险公司数（家）	5
其中：财产险经营主体（家）	2
人身险经营主体（家）	3
保险公司分支机构（家）	54
其中：财产险公司分支机构（家）	24
人身险公司分支机构（家）	30
保费收入（中外资：亿元）	276.8
其中：财产险保费收入（中外资，亿元）	102.3
人身险保费收入（中外资，亿元）	174.5
各类赔款给付（中外资，亿元）	102.0
保险密度（元/人）	1880.2
保险深度（%）	1.9

数据来源：天津保监局、中国人民银行天津分行。

（二）保险市场发展趋势

（1）财产险公司赔付效率持续提高。2013年，天津市财产险公司赔款支出59.81亿元，同比多支出14.47亿元。年末，天津市财产险业务结案率为84.5%，同比提高0.7个百分点。其中，车险业务结案率为85.2%，同比提高0.6个百分点。

（2）寿险产品向传统业务回归。2013年，普通寿险和分红险分别实现保费收入 16.78 亿元和 129.23 亿元，同比分别增长 26.2% 和 16.0%，增速较上年分别提高 21.6 个和 8.6 个百分点；万能寿险和投资连结保险发展相对平稳，分别实现保费收入 2.40 亿元和 0.14 亿元。

（3）法人机构经营较稳定。截至 2013 年末，华夏人寿、光大永明、恒安标准、渤海财险的偿付能力充足率分别为 171.8%、203.4%、265.7%、372.8% 和 1299.0%，均符合正常类公司标准。全年，五家公司分别实现投资收益 14.96 亿元、13.21 亿元、3.31 亿元、1.47 亿元和 0.09 亿元，同比分别增长 503.2%、51.5%、31.9%、26.7% 和 0.2%。

四 外汇黄金市场发展

（一）外汇市场发展

2013 年人民币升值趋势再现，市场主体资产本币化、负债外币化意向明显，企业倾向于外币存款结汇、增加外币贷款。截至年末，天津市外汇贷差规模 126.7 亿美元，外汇贷存比为 222.2%，均创本市历史新高。并且，天津市结售汇规模持续增长。全年结售汇总额 995.8 亿美元，同比增长 16.6%；结售汇逆差 71.2 亿美元，同比缩小 40.6%。分项目看，经常项目逆差 85.7 亿美元，同比缩小 23.1%；资本项目顺差 14.5 亿美元，逆转了上年逆差 8.5 亿美元的局面。

2013 年，天津市银行间外汇市场成交量持续保持较快增长，市场结汇意愿增强，具体表现在：（1）市场结汇意愿增强。2013 年，天津市结售汇规模持续增长。全年结售汇总额 995.8 亿美元，同比增长 16.6%；结售汇逆差 71.2 亿美元，同比缩小 40.6%。分项目看，经常项目逆差 85.7 亿美元，同比缩小 23.1%；资本项目顺差 14.5 亿美元，逆转了上年逆差 8.5 亿美元的局面。（2）外汇贷差规模和贷存比创历史新高。2013 年人民币升值趋势再现，市场主体资产本币化、负债外币化意向明显，企业倾向于外币存款结汇、增加外币贷款。截至年末，天津市外汇贷差规模 126.7 亿美元，外汇贷存比为 222.2%，均创本市历史新高。（3）银行间外汇市场成交量快速增长。2013 年，天津市银行间外汇市场成交额 124.9 亿美元，同比增长 47.0%。其中，人民币外汇即期、远期、掉期、外币买卖市场成交量均保持增长态势，同比分别增长 42. 7%、178. 7%、32. 0% 和 36. 6%。

1. 银行间人民币外汇即期交易市场

（1）美元、港币、日元兑人民币的汇率均持续下降，欧元和英镑兑人民币汇率先下降后回升。

第一，2013 年美元汇率持续下跌，波动幅度较小，年初美元中间价为 1 美元兑 6. 2813 元人民币，之后持续下跌，年末报收于 6. 1175。与上年末中间价 6. 2905 相比有所下跌。2013 年美元兑人民币汇率中间价最高为 6. 2884，最低价为 6. 1175，波幅 0. 1709。

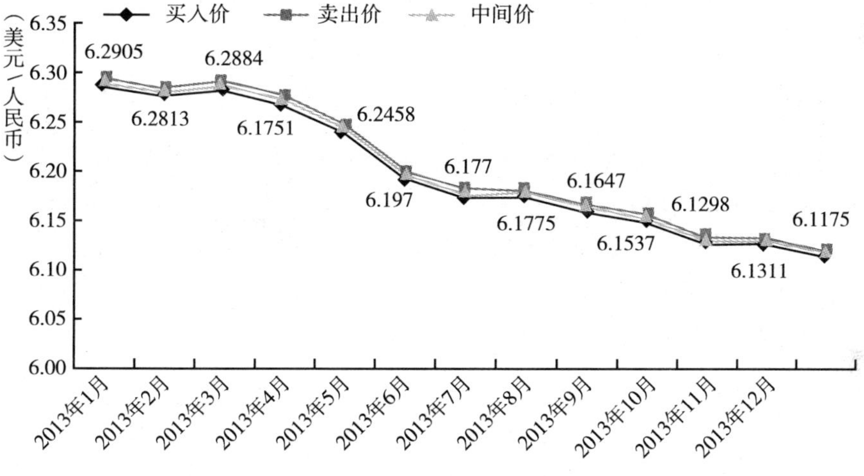

图 9　2013 年美元/人民币买入、卖出价、中间价走势图

资料来源：国家外汇管理局官方网站。

第二，2013 年，港币汇率走势持续下跌。年初港币中间价为 1 港币兑 0. 8102 元人民币，年末报收于 0. 7890，与上年末中间价 0. 8116 相比有所下降。2013 年港币兑人民币汇率中间价最高位 0. 8116，最低为 0. 7890，全年波幅 0. 1226。

第三，2013 年日元汇率持续下降，但下降较平缓。年初日元中间价为 100 日元兑 7. 06 元人民币，年末报收于 100 日元对 5. 9290 元人民币，与上年末中间价 100 日元兑 7. 52 元人民币相比有所下降。2013 年日元兑人民币汇率中间价最高为 100 日元兑 7. 52 元人民币，最低为 100 日元兑 5. 91 元人民币，全年波幅达 100 日元/1. 61 元人民币。

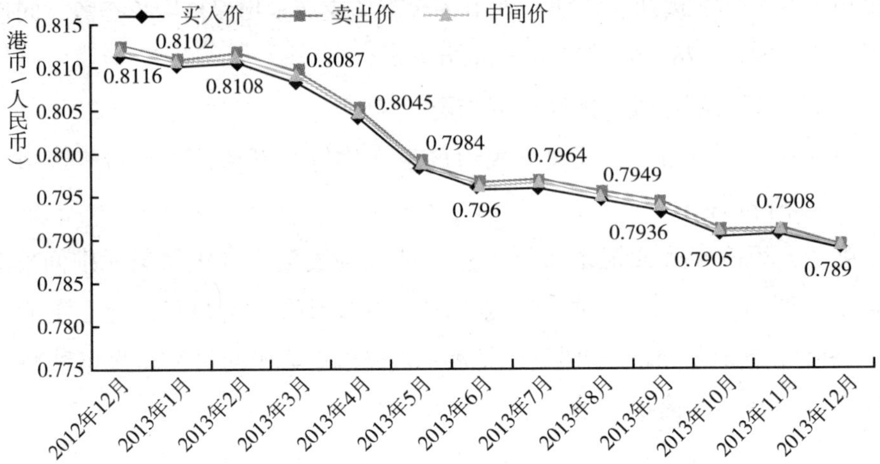

图10　2013 年港币/人民币买入、卖出价、中间价走势图

资料来源：国家外汇管理局官方网站。

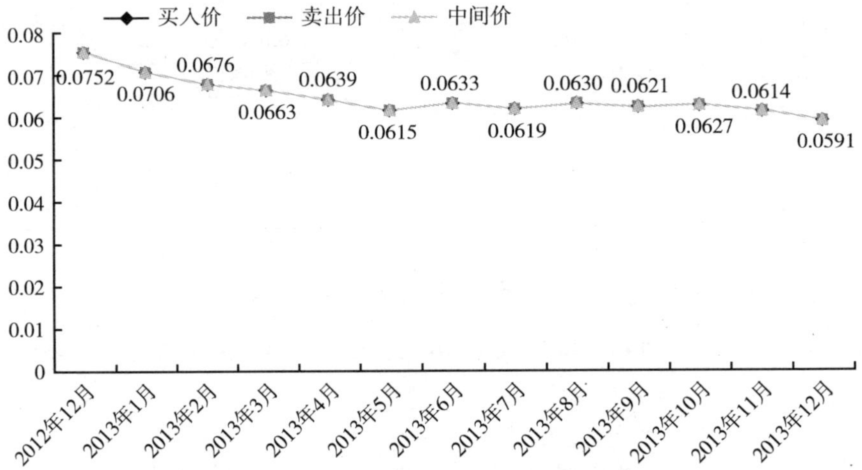

图11　2013 年日元/人民币买入、卖出价和中间价走势

资料来源：国家外汇管理局官方网站。

第四，2013 年欧元总趋势是先经历短期上升后骤然下跌到低谷后又上扬，中间波动较频繁。年初欧元中间价为 1 欧元兑 8.3412 元人民币，短期内上升在 2 月达到全年最高值 8.4163，后又急剧下降，直到 5 月份的最低谷 8.0463，之后缓慢上升到与年初相当的水平。全年波动较频繁，波动幅度较大，为 0.37。年末报收于 8.3780，与上年末中间价 8.2446 相比稍有上升。

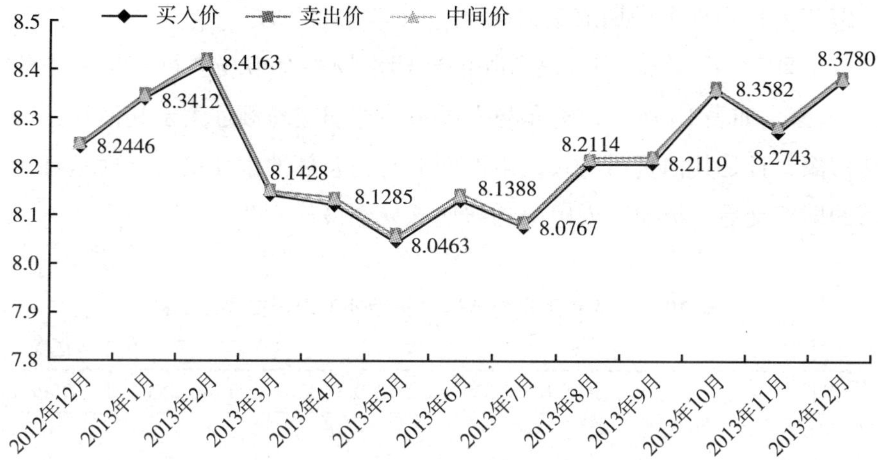

图 12　2013 年欧元/人民币买入、卖出和中间价走势

资料来源：国家外汇管理局官方网站。

第五，2013 年英镑兑人民币汇率中间价先下降，然后在最低值附近波动停留两个月后又连续上升。年初中间价为 10. 0428，年末报收于 10. 0153。2013 年英镑兑人民币汇率中间价最高为 10. 1444，最低为 9. 3756，全年波幅达 0. 7688。

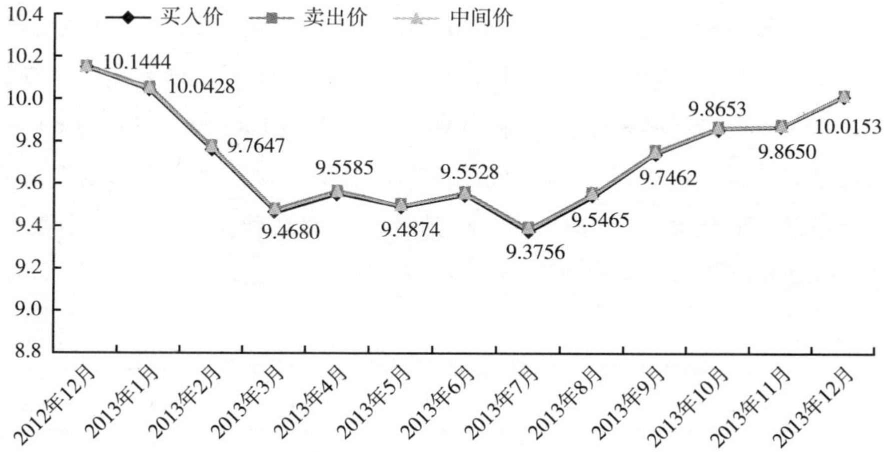

图 13　2013 年英镑/人民币汇率中间价走势

资料来源：国家外汇管理局官方网站。

(2)人民币外汇即期成交情况

截至2013年，银行间人民币外汇即期市场共有市场会员429家，其中做市商31家。如表10所示，美元与人民币的即期交易额远大于其他种类货币即期交易额，且是其他货币与人民币即期交易的总额的十几倍。其次是日元与人民币的即期交易。英镑与人民币的即期交易额最低。

表10　2013年下半年全国人民币外汇即期交易成交额

单位：亿美元

时间	USD/CNY	JPY/CNY	HKD/CNY	EUR/CNY	GBP/CNY
2013年6月	2955.14	166.97	21.16	46.95	0.93
2013年7月	3380.34	184.73	17.67	32.17	0.88
2013年8月	3200.57	155.18	14.24	37.57	1.52
2013年9月	3280.10	140.78	15.04	59.98	7.22
2013年10月	3344.28	131.86	13.03	40.30	7.71
2013年11月	3583.67	159.24	22.60	39.52	4.99
2013年12月	3351.83	150.29	68.22	56.45	1.56

资料来源：国家外汇管理局官方网站。

2. 银行间人民币外汇远期市场

2013年人民币外汇远期市场月度成交量波动幅度很大，如表11统计数据显示，各期限品种成交额在9月之前成交量较小，变化较平缓，9月之后开始大幅上升，到11月达到最高交易量，然后下降，到12月又恢复到之前较低水平。在诸多外汇交易品种中，1周（1W）、1个月（1M）和1年（1Y）的交易量最多，尤其是在9到12月之间的交易高峰期，这三类外汇远期交易品种的成交量是其他几种的5倍左右。9M的外汇远期品种在全年的交易量最低，且全年变化很平缓，几乎没有波动。

表11　2013年下半年全国人民币外汇远期市场各期限品种成交额

单位：百万美元

	1D	1W	1M	3M	6M
2013年6月	284.64	30.60	79.99	33.80	11.59
2013年7月	110.93	1.40	33.66	14.07	20.20
2013年8月	96.06	105.41	11.40	9.22	3.86

续表

	1D	1W	1M	3M	6M
2013 年 9 月	134. 08	33. 50	51. 83	4. 6	10. 90
2013 年 10 月	49. 13	78. 00	901. 24	29. 24	100. 50
2013 年 11 月	612. 17	2270. 00	2406. 21	565. 15	494. 38
2013 年 12 月	653. 66	432. 66	747. 05	213. 60	220. 74
	9M	1Y	其他	合计	
2013 年 6 月	2. 93	29. 28	1145. 93	1618. 75	
2013 年 7 月	4. 00	21. 95	961. 79	1168. 00	
2013 年 8 月	0. 60	76. 64	727. 88	1031. 07	
2013 年 9 月	0. 40	71. 10	1107. 59	1413. 99	
2013 年 10 月	60. 00	1247. 95	1080. 52	3546. 58	
2013 年 11 月	108. 50	2999. 58	3891. 23	13347. 22	
2013 年 12 月	4. 65	476. 28	1882. 33	4630. 97	

资料来源：国家外汇管理局官方网站。

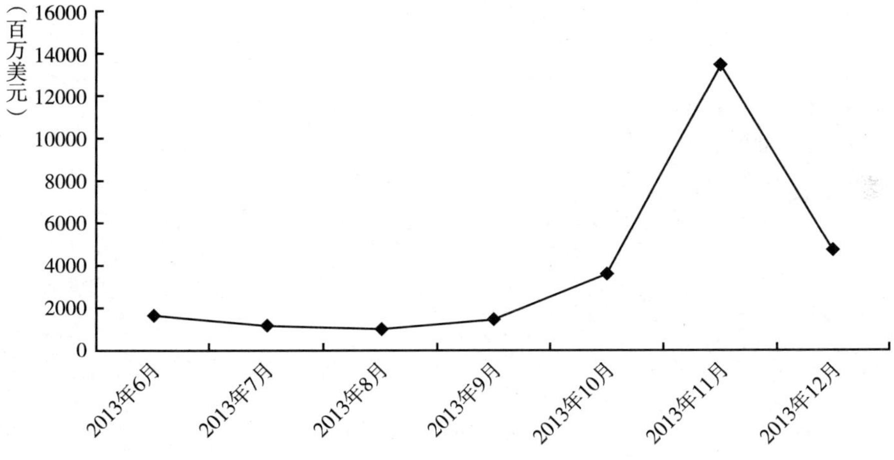

图 14　全国人民币外汇远期交易市场交易总量

资料来源：国家外汇管理局官方网站。

3. 银行间人民币外汇掉期市场

2013 年全年交易量呈增长态势，6 月到 7 月，以及 10 月到 12 月又明显直线增长，在 7 月到 10 月期间几乎持平没有变化。交易主要集中于隔夜交易全年增幅较缓，稍有波动。即期/远期掉期组合成交量仅次于隔夜交易，且与隔夜交易量的差距较小，全年平稳缓慢增长，尤其在9月以后增速上升。远期/远期掉期组合成交量最低，远小于前两者的交易量，在7月份跌到低谷后在8月份回升，之后几乎平稳，增长甚微。

表12　2013年下半年全国人民币外汇掉期市场各期限品种成交额

单位：亿美元

	隔夜	即期/远期	远期/远期	合计
2013年6月	1470.78	985.41	189.73	2645.92
2013年7月	1575.62	1133.85	33.35	3042.82
2013年8月	1587.02	1130.97	274.80	2992.79
2013年9月	1595.27	1100.45	266.78	2962.50
2013年10月	1431.99	1255.96	283.21	2971.16
2013年11月	1572.66	1289.46	350.90	3213.01
2013年12月	1780.86	1507.71	400.26	3688.83

资料来源：国家外汇管理局官方网站。

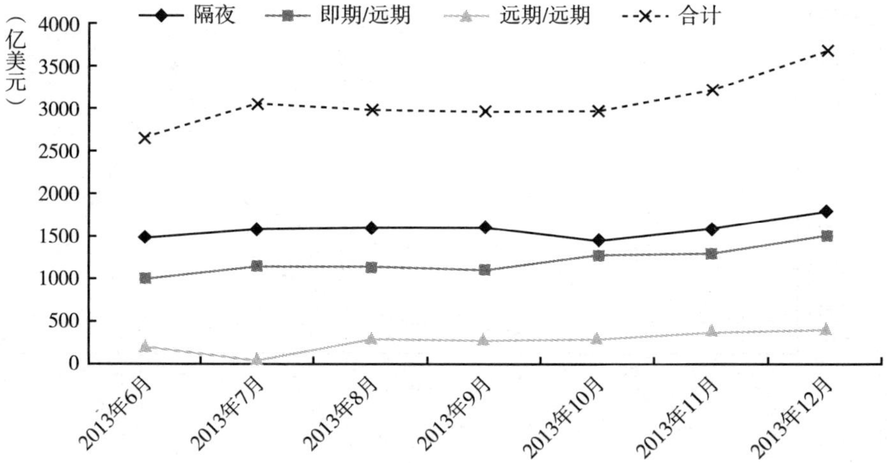

图15　2013年全国人民币外汇掉期市场各期限品种成交额

资料来源：国家外汇管理局官方网站。

（二）黄金市场发展

2013年，天津黄金市场稳步发展。2013年，天津市黄金市场总体运行平稳，实物黄金交易量同比增长18.3%，交易金额同比增长0.5%。

五　新型交易市场发展

（一）天津股权交易所

2008 年 9 月，天津股权交易所在新区挂牌成立，是天津市政府批准设立、唯一准许从事“两高两非”公司股权和私募股权基金份额交易的机构。截至 2013 年末，该所累计挂牌企业达 412 家，挂牌企业覆盖 28 个省市，直接融资 63.3 亿元，间接融资 153.75 亿元，总计 217.05 亿元。表 13 和表 14 反映了天津股权交易所在我国区域性股权交易市场中的地位和特征。

表 13　主要区域性股权交易市场规模、投资者准入及交易机制对比

名称	天津股权交易所	上海股权托管交易中心	齐鲁股权托管交易中心
注册地	滨海新区	张江高科技园区	山东淄博市
覆盖省市	28	上海、长三角及其他地区	—
投资者准入（自然人）	个人金融资产 10 万元以上	2 年以上证券投资经验、且拥有 100 万以上金融资产	
交易机制	“集合竞价 + 报价商双向报价 + 协商定价”的混合型交易定价	协议转让	协议转让
财税支持	对初始融资额达到 500 万元以上的挂牌企业，给予 50 万元的一次性专项补助		

资料来源：长江证券研究报告：多元金融：金改系列之辨析新三板扩容真假受益股，2013－9－16。

表 14　全国各区域性股权交易市场成立时间、挂牌数及股东情况

名称	成立时间	注册资本（亿元）	挂牌家数	股东
天津股权交易所	Sep－08	—	326	天津产权交易中心、天津开创投资
齐鲁股权托管交易中心	Dec－10	—	156	淄博市金融办
上海股权托管交易中心	Feb－12	1.2	77	上海国际集团 31%、上交所 29%、张江高科 23.25%、上海联合产权交易所 16.75%

续表

名称	成立时间	注册资本（亿元）	挂牌家数	股东
广州股权交易中心	Aug－12	1.8	384	广州国际控股集团（万联证券股东）、广东粤财投资
浙江股权交易中心	Oct－12		132	浙商、财通证券各10%
重庆股份转让中心	Feb－13	1.56	100	西南证券53%、渝富集团、深圳证券信息公司
大连股权交易中心	Feb－13	0.5	—	大连港集团、华信信托、大通证券
辽宁股权交易中心	Apr－13	—	50	信达证券33%、大通证券10%、中天证券4%
前海股权交易中心	May－13	5.55	1835	中信27.027%、国信22.5225%、安信18.018%
海峡股权交易中心	Jul－13	1.9	49	兴业证券23.68%（第一大股东，负责日常经营管理）
广东金融高新区股权交易中心	Jul－13	1	—	广发、招商证券各32.5%
江苏股权交易中心	筹建中	2	—	华泰证券52%、东吴南京东海国联分别12%

资料来源：长江证券研究报告：多元金融：金改系列之辨析新三板扩容真假受益股，2013－9－16。

（二）天津金融资产交易所

2010年5月注册设立，注册资本1568万元人民币，是全国首家正式成立的金融资产交易所，为金融资产特别是不良金融资产的交易构建了更具公信力的平台。截至2013年12月底，累计挂牌项目（企业）15741宗，累计成交额超过14033375万元。

（三）渤海商品交易所

2009年9月揭牌成立，是国内第一家现货商品交易所。以全球首创的现货连续交易制度为核心，通过构建市场服务网、资金结算网、商品物流网和价格发现网，实现了商品贸易、商品投资和价格发现三大功能。

（四）天津滨海柜台交易市场

市场建设和运营主体为天津滨海柜台交易市场股份有限公司，该公司于2010年8月注册成立，注册资金3亿元人民币，主要为股权、债券、信托产品、创业投资基金和产业投资基金等提供交易场所、设施和服务。2013年上半年，融资服务平台新增注册企业、机构会员等180多家，累计企业会员规模总数超过千家。建成以来，帮助企业融资50多亿元，并为股份转让平台培育输送了十多家改制中的拟挂牌企业。

（五）天津滨海国际股权交易所

2008年10月开业成立，是专业从事国际间企业股权投融资信息交易的第三方服务平台，也是国内首家专业从事为拟融资的企业通过出让部分股权，进行直接融资的信息交易场所。

（六）天津排放权交易所

2008年9月成立，是全国第一家综合性排放权交易机构。该所借鉴芝加哥气候交易所运营模式，经营范围涵盖排放权初始分配的一级市场和排放权交易二级市场。

（七）天津贵金属交易所

2008年12月由天津产权交易中心发布成立，2012年2月正式成立，是目前国家唯一批准的做市商模式的黄金、白银等贵金属交易市场，目前上市交易的品种有铂、钯、白银等三种贵金属。

（八）天津铁合金交易所

2009年7月9日正式注册成立，注册资金1亿元人民币，是全球首家铁合金现货电子交易平台。主要以铁合金及相关产品现货电子交易、市场信息资讯、融资担保和仓储物流为服务重点，组织引导国内外的铁合金交易商通过现代科学的营销方式进行铁合金的采购和销售。

（九）天津滨海国际知识产权交易所

2011 年 6 月正式揭牌，是国内首家专业化、市场化、国际化的公司制知识产权交易服务机构，注册资本 1000 万元。目前，已设立生物医药、新能源新材料、现代制造、信息工程、现代农业、文化创意、移动互联网及城市创新“7 +1”专业服务平台，形成逾 2500 项项目资源库，其中天津市项目约 65%，国内其他省市项目约 35%，在建专利池 3 个，涉及各个领域、各个行业。

（十）天津矿业权交易所

天津矿业权交易所（以下简称天矿所）是一个国际矿业综合服务平台，设有矿业权交易市场、国际矿业融资市场、矿产品现货交易市场及风险勘查资本市场四大业务板块，为矿业企业和投资者提供交易、结算、融资、咨询等全产业链综合服务。天矿所秉承“服务矿业、创新发展”的理念，逐步建立引导社会资金有序投入矿产资源勘查开发领域，架起有特色的金融服务实体经济的桥梁，助力全球矿业企业持续健康发展。

（十一）天津文化艺术交易所

2009 年 9 月注册成立，从事的创新业务主要是文化艺术品的“份额化”，即以对文化艺术品实物严格的鉴定、评估、托管和保险等程序为前提，发行并上市交易拆分化的、非实物的艺术品份额合约。

六　天津金融市场展望

2013 年，天津金融市场保持健康平稳的运行态势，有力地支持了实体经济的发展，与此同时，在扩大市场规模、优化市场结构、金融创新和制度建设方面实现新突破。未来，天津要进一步改善金融发展环境，加快建设国内外投资者共同参与并具有国际影响力的金融市场体系。

（一）关注金融市场中潜在问题，做好防范和改进策略

（1）关注期货公司盈利能力问题。2013年，天津市6家期货公司的代理交易量和代理交易额均有较大幅度的增长，增长幅度在50%左右，而手续费收入增长缓慢，还不足3%。6家期货公司中1家盈利状况良好，1家公司刚刚扭亏为盈，其余4家公司依然处于亏损状态，提高天津市期货公司的总体竞争力是当务之急。

（2）关注“余额宝”快速增长中潜在的风险。2013年6月，天弘基金与支付宝合作打造“余额宝”，至年末其累计申购金额较6月末相比增长了64倍。虽然余额宝方便客户支付的同时也为客户提供了较高的收益，但在经营过程中也存在风险揭示不足，受网购促销活动或货币市场波动等因素的影响，申购和赎回的波动性较大，流动性管理要求较高等问题。

（3）关注汽车限购政策对财产险公司保费收入增长的影响。2013年，天津市机动车辆保险业务保费收入78.70亿元，同比增加12.42亿元，占财产险公司全部保费收入的75.2%，车险保费收入的较快增长来源于承保车辆数的增加。然而，自2014年1月起全市将实施小客车增量配额指标管理，短期内可能会对保费收入的持续稳定增长形成不利的影响。

（4）关注退保金持续攀升对人身险公司稳健经营的影响。2013年，天津市人身险公司退保金共计41.30亿元，同比增长28.6%，增速较上年提高25.4个百分点。鉴于退保金的大幅增加将对人身险公司运营的现金流形成一定压力，因此应持续关注人身险公司的退保问题，力保公司的稳健运营。

（二）依托各项政策优势，促进金融市场发展

1. 加快完善多层次资本市场体系，进一步丰富市场功能

积极支持新建股份制公司和企业股份制改造，切实提升公司治理水平和持续盈利能力。密切关注发行上市政策信息，有针对性地开展政策业务培训，支持符合条件的公司上市。主动对接上海证券交易所和深圳证券交易所，引导上市公司通过增发、配股和发行公司债券等方式拓展再融资渠道，引导小微企业通过中小企业私募债等方式解决融资难问题，引导风险公司和经营困难公司通

过并购重组创造发展条件，引导控股股东和实际控制人整合重组有关资源实现整体上市。以天津津联集团和渤海国资公司为基础，建设香港红筹股上市公司与内地A股上市公司联动机制，打造支持企业集团上市发展平台。支持符合条件的企业在全国中小企业股份转让系统和天津股权交易所挂牌，探索加强合作共同建设多层次场外交易市场的路径。

2. 推进保税港区向自贸区发展，促进区域离岸业务的发展

首先，国内保税港区向自贸区转型，使区内形成大量的非居民企业，这些企业从事贸易、运输和服务贸易进口和出口，具有两头在外的离岸公司特点，存在离岸资金流的进出和沉淀，需要相应的结算、融资、保值避险等离岸金融配套服务，因而可产生大量的离岸金融业务。其次，国内保税港区向自贸区转型，可以最大限度地简化货物流通过程中的手续，加速中转货物的流通，降低成本，提高国际物流服务效率。由此聚集大批境外知名班轮公司以及国际海上运输和辅助企业。这些公司一般是境外非居民离岸企业，通常要求提供相应的全球离岸金融服务，主要业务包括航运结算业务、船舶融资业务、航运金融衍生业务和离岸保险等业务。

3. 扩大金融服务业开放

支持在新区内设立外资银行和中外合资银行，允许金融市场在新区内建立面向国际的平台交易，逐步允许境外企业参与商品期货交易。在金融服务领域，允许符合条件的外资金融机构设立外资银行，符合条件的民营资本与外资金融机构共同设立中外合资银行。在完善相关管理方法的前提下，允许新区内符合条件的中资银行开办离岸业务。融资租赁公司在新区内设立的单机、单船子公司不设最低注册资本限制。允许融资租赁公司兼营与主营业务相关的商业保理业务。同时，简化金融机构准入方式，将新区内银行分级以下的机构、高管和部分业务准入事项由事前审批改为事后报告，提高准入效率。

4. 支持新区开展境外投资，鼓励企业充分利用境内外两种资源、两个市场，实现融资自由化

首先，鼓励新区内的银行业等金融机构推进跨境投资金融服务，比如跨境并购贷款和项目贷款、内保外贷、跨境资产管理和财富管理业务等。鼓励新区内银行业金融机构发展跨境融资服务，比如大宗商品贸易融资、全供应链贸易融资、离岸船舶融资、现代服务业金融支持、外保内贷、商业票据等。同时，鼓励在新区内设立专业从事境外股权投资的项目公司，支持有条件的投资者设立境外投资股权投资母基金。再者，在新区内就业并符合条件的个人可按规定开展包括证券投资在内的各种境外投资，个人在新区内获得的合法所得可在完税后向外支付，从而便利化个人跨境投资。新区内个体工商户可根据业务需要向其在境外经营主体提供跨境贷款。在新区内就业并符合条件的境外个人可按规定在区内金融机构开立非居民个人境内投资专户，按规定开展包括证券投资在内的各种境内外投资。

5. 扩大人民币跨境使用

天津地区银行金融机构可在“了解客户”“了解业务”和“尽职审查”基础之上，凭新区内金融机构和个人提交的首付款指令，直接办理经常项下、直接投资的跨境人民币结算业务；可与区内持有《支付业务许可证》且许可业务范围包括互联网支付的支付机构合作，按照支付机构有关管理政策，为跨境电子商务提供人民币结算服务。区内金融机构和企业可从境外借用人民币资金，借用的人民币资金不得用于投资证券、衍生品，不得用于委托贷款。区内企业可根据自身经营需要，开展集团内双向人民币资金池业务，为其境内外关联企业提供经常项下集中收付业务。

B.4

分报告3
2013年的天津金融产品创新

摘　要：

自天津滨海新区开发开放纳入国家战略以来，天津依据国务院关于鼓励天津滨海新区金融先行先试的意见精神和天津金融改革创新规划，持续推动金融产品创新，在金融工具或业务流程创新，尤其是促进创新在市场中的扩散方面在全国处于前列，金融创新业已成为天津金融业的一项重要功能。本报告全面梳理并详细介绍了2013年天津银行产品、证券产品、保险产品、信托产品的发展状况，展望了未来天津金融产品创新的改进空间和发展路径。

关键词：

金融产品创新　银行　证券　保险　信托

一　天津银行产品创新

（一）信贷市场产品发展创新

2013年末，天津辖内银行业金融机构各项贷款余额2.09万亿元，比年初增加2427亿元，同比增长13.38%。不良贷款余额162.64亿元，比年初增加37.53亿元，不良贷款率0.69%，比年初增长0.09%。

1. 绿色信贷

近两年天津银监局开展了碳金融、低碳银行构建、光伏行业信贷风险等一系列绿色金融方面的调查研究。2013年3月，针对全国大范围反复出现的雾霾天气，开展了“天津市银行业支持节能减排帮助治理雾霾天气”调研，提示辖区内银行业为大气污染治理、水域污染治理等环保项目提供信贷支持，防范“两高一剩”行业授信风险。截至 2013 年 1 月末，天津市“两高一剩”行业授信企业 587 家，比上一年同期减少 90 家，降幅 13.29%，信贷余额 727.49 亿元，比上一年同期减少 68.62 亿元，降幅 8.62%。截至 2013 年 1 月末，天津市银行业绿色信贷余额已达 3509.41 亿元，比上一年同期增加 576.82 亿元，增长 19.67%，不良率仅为 0.34%。

2013 年，渤海银行通过信贷准入制度、名单制管理制度的具体实施，在业务发起阶段即严格控制“两高一剩”行业贷款。同时，绿色信贷业务快速发展，2013 年末，绿色信贷余额 44.7 亿元，较上年新增 15.7 亿元，增幅 54%，显著高于全行当年平均贷款增速。

渤海银行在制度建设方面，明确了授信政策对绿色信贷的优先支持及产能过剩行业退出要求，按照“有进有退、有保有压”的指导原则，深入调整信贷结构，防范化解产能过剩风险。在产品创新方面，先后推出了绿色信贷综合金融服务方案、合同能源管理应收账款质押融资业务等新产品，丰富完善服务链条，加快提升综合金融服务能力。在考核方面，将绿色信贷发展指标纳入了对各分行的 KPI 考核体系，强化考核导向。深化与外部机构合作，与联合国环境开发署合作的气候融资创新（CFIF）合作项目成功获批，并通过各种渠道宣传绿色信贷经营理念。

2. 小微企业金融服务

为加大对科技型中小企业特别是科技型小微企业的支持力度，天津银监局积极与天津市知识产权局联合推动知识产权质押贷款业务，以解决企业融资难问题为切入点，鼓励企业加强知识产权培育创新，取得了较好的成效。

其中，专利权质押贷款额快速增长。2013 年，20 家金融机构开展专利权质押信贷业务，大连银行天津分行发放 26 笔、总额 2.8 亿元，排名第一。科迈化工、全华时代等 80 多家企业获得 104 笔质押贷款，贷款总额 12.76 亿元，同比增长 41.2%。企业专利资产运用能力明显提升，中盛海天单笔贷款 6000 万元，天成制药贷款总额 1.2 亿元，汉海环保、川铁电气等企业获得 4 笔质押贷款。

（1）2013年10月16日，天津成功发放“水域滩涂养殖权抵押贷款”，标志着天津首笔“水域滩涂养殖权抵押贷款”成功落地，农村资产资本化迈出新步伐。

（2）2013年，渤海银行在小微企业特色金融产品“快捷贷”“携手成长”“携手展业”“法人按揭贷款”的基础上打造了小微企业专项融资产品“小额快捷通”，以功能丰富的六项子产品、精简高效的业务办理流程满足了不同成长阶段的小微企业的融资需求；推出了“投贷联动金融服务方案”，助力小微企业加强同私募股权投资基金和风险投资基金的合作，并协助有条件的小微企业在资本市场上市融资。该行还通过中小企业私募债券、中小企业集合债券等债券工具协助小微企业从债券市场获得资金支持，拓宽小微企业融资渠道。

（3）天津银行已形成服务中小企业和个人创业的“金太阳”和“金种子”两大特色产品专案，包含了20多款针对性产品，丰富了企业的融资选择。如针对科技型中小企业融资“短、频、急”的需求，推出“中小企业流动资金循环贷款”，合并了贷款重复审批环节，与借款人一次性签订借款合同后，在合同约定企业和额度内，允许多次提款，逐笔归还，循环使用的信贷产品，大大提高了融资效率。

天津市静海县王口镇是我国北方最大的炒货集散地，全镇现有从事炒货生意的中小企业200多家。由于缺少银行认可的传统抵质押担保方式，融资难成为限制企业发展的瓶颈。天津银行专门设计集群融资模式，给予资金支持6000万元。具体做法：一是依托龙头企业品牌价值及企业主声誉发放保证贷款2000万元。二是专属设计炒货企业联保模式，通过龙头企业推荐，每4家中小企业组成一个联保体，以集体信用为个体企业增信，以股东的个人连带责任保证为企业信用增级，成功为8户企业提供信贷资金4000万元。这一模式已在复制推广中，将支持更多的炒货企业发展壮大。目前，王口镇炒货企业年销售数十万吨，产品不但覆盖国内十几个省市，还远销海外，小瓜子已炒出了大市场。

（4）大连银行天津分行将科技型中小微企业定位为该银行的核心目标客户群，先后推出了多项创新产品和业务模式，其中不乏全市首创的新业务，目前已经整合出适用于初创型科技企业的“信用贷”“天使贷”，适合成长期企业的“知本通”“股本金”，适合成熟期企业的“贷投联”“桥隧通”等产品，为科技型企业提供成长全程的融资服务。

（5）建行天津市分行针对正常纳税、信用良好的小微企业客户推出了小微企业“税务贷”产品，该产品以小微企业自身的纳税信用记录和实际纳税额为依据，提供最高200万元的免担保、纯信用贷款。自2013年11月初“税务贷”产品正式推向市场开始，建行各支行开展了多种形式的产品宣传推广活动，短短一个月时间内，已受理23户小微企业申请，为6户小微企业发放“税务贷”730万元。

3. 其他信贷业务创新

信贷业务方面，渤海银行还推出了“好益贷—聚省息”产品，在原有“好益贷”产品基础上进一步增加了亲友账户关联功能。借款人可申请将自己亲朋好友的存款账户进行关联，多个账户中的存款额共同参与计算省息金额，借款人可因此节省更多的贷款利息支出。该行推出了个人消费类循环贷款，支持客户一次申请授信额度后，随时凭借用途证明申请用款且无须重新审批；借款也可分次提取，随时偿还，循环使用。本行完善并推出个人生产经营保证担保贷款“渤信贷”产品。该产品无须抵押物，面向原有抵押类个人经营贷款客户和有结算量客户，在风险可控的条件下，丰富了本行创服产品的担保方式。

（二）理财产品发展创新

渤海银行和天津银行是天津市辖区内两大股份制商业银行。

1. 渤海银行

2013年，渤海银行共发售并成立892期理财产品，其中在津发售621期，主要分为以下五个系列：

（1）渤鑫系列：保本保证收益型理财产品，理财资金投资于信用级别较高的金融资产或者金融工具，包括但不限于同业借款、同业存款、同业拆借、债券回购等货币市场工具；公开评级在投资级以上的债券类资产以及其他符合监管要求的固定收益类资产。

（2）渤盈系列：保本浮动收益型结构性理财产品，理财资金通过购买期权、互换等方式参与衍生产品运作，其收益通常与标的物的表现挂钩。

（3）渤盛系列：非保本浮动收益型理财产品，理财资金投资于信用级别较高的金融资产或者金融工具，包括但不限于同业借款、同业存款、同业拆借、债券回购等货币市场工具；公开评级在投资级以上的债券类资产以及其他符合监管要求的固定收益类资产。

（4）渤瑞系列：T + N 开放式理财产品，分为保本保收益型、保本浮动收益型和非保本浮动收益型理财产品。理财资金投资于信用级别较高的金融资产或者金融工具，包括但不限于同业借款、同业存款、同业拆借、债券回购等货币市场工具；公开评级在投资级以上的债券类资产以及其他符合监管要求的固定收益类资产。

（5）渤祥系列：T + 0 开放式理财产品，分为保本保收益型、保本浮动收益型和非保本浮动收益型理财产品。理财资金投资于信用级别较高的金融资产或者金融工具，包括但不限于同业借款、同业存款、同业拆借、债券回购等货币市场工具；公开评级在投资级以上的债券类资产以及其他符合监管要求的固定收益类资产。

为了丰富面向个人客户的理财产品，渤海银行还研发了开放式理财产品，该类产品具有流动性强、投资期限灵活的特点。该行开放式理财产品的资金投资于信用级别较高的金融资产或者金融工具，公开评级在投资级以上的债券类资产，以及其他符合监管要求的固定收益类资产。该行理财销售系统也完善了开放式理财产品的销售、运行等功能，开放式理财产品可以实现由理财系统自动运作，完成资金清算、收益分配等流程，能为客户提供高效快捷的服务。

2. 天津银行

天津银行“津银理财”人民币理财业务自 2007 年开办以来，产品种类日益丰富，逐步形成了风险程度从低到高的理财产品链。目前已成功打造了“汇富计划”“聚富计划”“创富计划”“添富计划”等系列产品。2013 年，天津银行共发行汇富计划 269 期，聚富计划 7 期。

（1）汇富计划系列：是通过对保守型客户群体的理财需求的细化分析，

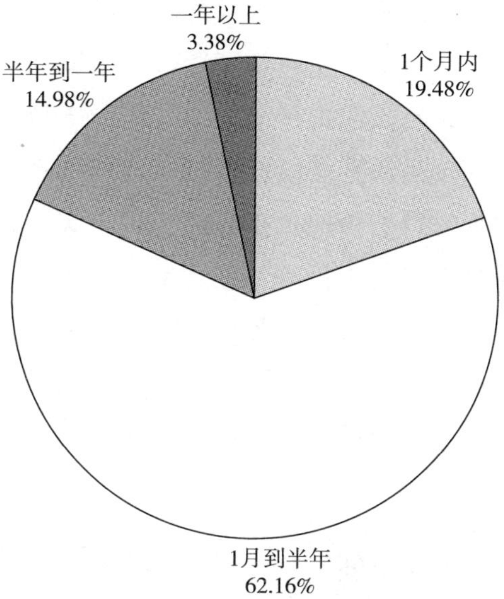

图1　渤海银行2013年在津发售银行理财产品期限分布图

资料来源：渤海银行官方网站。

推出的全年不间断的较低风险型系列理财产品，在保持本金高安全性的前提下，兼顾资金的流动性与高收益性。产品投资方向为银行间市场各种投资管理工具，包括融出回购、央行票据、国债、政策性金融债、高信用等级企业债、商业银行债、商业银行理财产品等。期限主要为3个月以内。

（2）聚富计划系列：是通过对稳健型客户群体的理财需求的细化分析，推出的全年不间断的中风险型系列理财产品，在保持本金高安全性的前提下，兼顾资金的流动性与高收益性。产品投资方向为银行间市场各种投资管理工具，包括融出回购、央行票据、国债、政策性金融债、高信用等级企业债、商业银行债、商业银行理财产品等。期限主要为3个月至6个月。

（3）创富计划系列：是通过对稳健型客户群体的理财需求的细化分析，推出的全年不间断的中风险型系列理财产品，在保持本金高安全性的前提下，兼顾资金的流动性与高收益性。产品投资方向为银行间市场各种投资管理工具，包括融出回购、央行票据、国债、政策性金融债、高信用等级企业债、商业银行债、商业银行理财产品等。期限主要为6个月以上。

（4）添富计划系列：该产品以本币债券；金融同业发行的理财产品；拆放同业、存放同业、同业借款、逆回购等货币市场工具；银行承兑汇票及商业承兑汇票；银行存款；经天津银行批准的其他资产为基础资产。该产品是以基础资产收益为保证，运用专业投资理财工具和风险管理方法，通过产品组合与创新，面向客户发行的预期收益较好、风险低、流动性强的人民币理财系列产品。该产品具有自动再投资功能，签约一次，月月滚动；每期理财期限21天，每月第一个工作日进行投资，当月返还本金及投资收益，使闲置资金在短期内实现收益最大化；每次投资到期后至下一投资开始前，客户有充裕时间使用已获取的本金及收益，以做应急之用，若银行受理解约，则协议终止。

（三）银行卡产品发展创新

近年来，渤海银行更加重视将社会责任理念有机融入业务发展，在业务推广中积极开展社会公益活动。该行继2012年成功举办“奇妙卡”系列公益活动之后，2013年在“微笑卡”“孝爱卡”等公益主题银行卡推广中，相应开展了社会公益活动。

2013年7月31日至8月1日，渤海银行在深圳首届家庭文化节上举办了孝爱大讲堂活动，其间首次发行了“孝爱卡”。“孝爱卡”是由渤海银行与深圳市首届家庭文化节组委会合作发行的一款IC芯片和磁条介质复合联名借记卡，以关心、关爱老年人为基本理念，以弘扬中华“孝爱”传统文化为主旨，体现尊老、爱幼、家和、慈善等内涵。“孝爱卡”以中老年群体为服务对象，拥有多项免费服务，并定制了符合老年人需求特征的保本保收益型理财产品，提供医疗、保健、养生等多项优惠增值服务。同时，与关爱老人的企业、商业服务机构合作，为老年人的生活、消费提供有针对性的优惠增值服务，以及各种优先服务、便捷服务。

（四）其他银行产品创新

1. 国有商业银行管理创新不断深入

工商银行天津市分行推出“高净值型”“工银财富”等多款个人理财产

品以及人民币法人理财产品，并针对目标客户发放了约45万张区域产品“牡丹津通卡”。农业银行天津市分行加大产品和业务创新，强化信息科技的支撑作用，顺利完成BoEing系统上线工作，推动基础平台的研究与开发建设；自主研发移动营销平台、团购平台、电商融资等多个项目，有效支持经营转型和业务创新。中国银行天津市分行制定《操作风险经济资本实施细则（试行）》和《操作风险管理评价方案（试行）》，建立健全以资本和资本回报指导业务发展的经营机制和操作风险管理体系。建设银行天津市分行加快推进机构调整以及基层营业机构建设，对辖区网点结构进行优化，年内新建网点型支行12个，升格基层营业机构38个。交通银行天津市分行积极组织开展业务连续性管理，优化工作流程，操作风险管理水平得到提高。

2. 渤海银行电子渠道建设创新

2013年，渤海银行通过全方位、多元化的渠道创新、产品创新、手段创新和营销创新，全面提升了电子化服务水平。本行紧跟互联网金融发展趋势，持续建设和完善了多元化、全渠道网络银行服务平台体系，规划并整合了各个电子渠道，在不断优化企业网银、个人网银、电话银行、手机银行等电子银行渠道的基础上，推出了微信银行、网银互联、金融IC卡等一批具有竞争力的服务和产品；推出电子商务实时代理付款业务，投产支付宝快捷、财付通快捷、银联快捷等协议支付产品；开通首批上线功能最全的支付宝公众平台、银联移动商圈等市场热点产品；实施柜面一站式开户服务、移动终端服务、在线申请服务三项重点服务工程，有效提升了客户体验。

二 天津证券产品创新

（一）天弘基金管理有限公司

2013年天津市唯一一家基金管理公司——天弘基金管理有限公司推出了四只基金：

表1　2013年天弘基金管理公司推出四只新基金

序号	1	2	3	4
基金名称	天弘增利宝货币市场基金	天弘稳利定期开放债券型证券投资基金	天弘弘利债券型证券投资基金	天弘同利分级债券型证券投资基金
基金简称	天弘增利宝货币	天弘稳利定期开放	天弘弘利债券	天弘同利分级债券（场内简称：天弘同利）
基金主代码	000198	000244	000306	164210
基金运作方式	契约型开放式	契约型开放式	契约型开放式	契约型证券投资基金
基金合同生效日	2013年5月29日	2013年7月19日	2013年9月11日	2013年9月17日
基金管理人	天弘基金管理有限公司	天弘基金管理有限公司	天弘基金管理有限公司	天弘基金管理有限公司
基金托管人	中信银行股份有限公司	中国工商银行股份有限公司	北京银行股份有限公司	中国工商银行股份有限公司
报告期末基金份额总额	185342015725.98份	1344395926.19份	368604043.48份	688752427.97份
基金合同存续期	不定期	不定期	不定期	不定期

资料来源：天弘基金管理有限公司官方网站。

在网络购物流行的今天，以天弘基金为代表的一些金融企业，开始顺应客户行为趋势的变化，为客户提供互联网时代的金融产品。为满足网购人群便捷支付和增值的需求，天弘基金为支付宝客户量身定制了一只专注于网购支付的货币基金——天弘增利宝货币基金。

2013年6月17日，由天弘基金和支付宝主办，金证股份协办，主题为“增利宝，会赚钱的支付宝！巧购物，快乐其实很简单！——天弘增利宝体验会暨余额宝上线启动仪式”在京举行，天弘基金和支付宝方面在活动上共同宣布，国内首只互联网基金——天弘增利宝货币基金正式在支付宝上线。

历史数据显示，2013年二季度末余额宝上线仅18天客户数便达251.56万户，规模57亿元；三季度末，余额宝客户数达1367.88万户，规模556.53亿元；11月14日，余额宝客户数近3000万户，规模突破1000亿元，成为国内规模最大的单只基金，截至2013年12月31日，余额宝规模1853亿元，对接的增利宝货币基金稳居国内最大基金宝座。受益于此，天弘基金公司仅用半年，公募资管规模跃至全行业第二名，为 1944 亿元，超越嘉实基金公司，仅次于华夏基金。

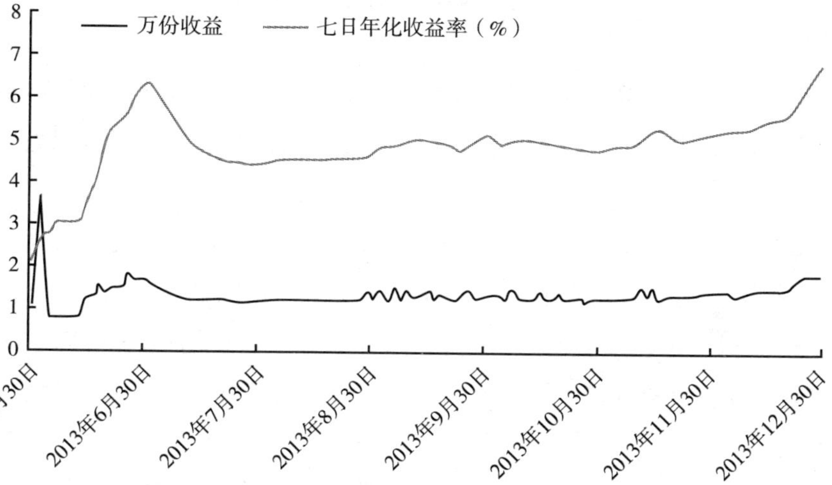

图 2　天宏增利宝货币市场基金万份收益和七日年化收益率

资料来源：天弘基金管理有限公司官方网站。

（二）天津滨海农村商业银行

2013 年 7 月 25 日，天津滨海农村商业银行通过银行间债券市场，以公开招投标方式成功发行总额为 15 亿元的二级资本债券，这是 2013 年 1 月 1 日《商业银行资本管理办法（试行）》正式实施以来，全国首只发行的符合二级资本工具合格标准的银行资本债券。

本期债券的发行正值债券市场资金量趋紧、市场投资情绪偏空、配置需求不足、债券市场波动较大时期。按照资本监管新规要求，本期债券期限 10 年，含有减记条款，附发行人第 5 年末赎回选择权，票面利率为 6.5%，认购倍数为 1.27 倍。参与认购本期二级资本债券的投资者呈多元化，证券、信托、券商资管、城商行、农商行、农信社等多种类型机构参与了投标，票面利率与新《商业银行资本管理办法（试行）》实施之前的次级债利率相比，没有出现大幅的跳升。

发行二级资本债券，拓宽了天津滨海农村商业银行的资本补充渠道，能够起到改善资本结构、提高资本充足率、增强抗风险能力和营运实力等重要作用。

三　天津保险产品创新

1. 天津市农委等四委（局）制定了《关于规范政策性农业保险协保费用有关事项的通知》，加强农业保险工作费用管理，确保农业保险保费补贴资金的安全和规范使用。

2. 天津保监局联合市金融办落实小额人身保险方案，支持符合条件的保险公司开展小额人身保险业务，推动了小额人身保险创新发展。

3. 人保集团、人寿集团、太平洋保险债权投资计划顺利实施，“泰康——天津地铁债权投资计划”成功获批，保险资金在天津市债权投资规模达到356亿元。

4. 天津保监局鼓励保险公司推出小额贷款保证保险产品支持小微企业发展。

2013年，天津保监局鼓励辖区内保险公司从市场需求出发，推出适用于个体工商户小额贷款业务的保证保险产品。截至10月末，累计为442户个体工商户提供风险保障1.67亿元，支持商户贷款余额1.33亿元。该产品满足了经营类商户贷款及时性与便利性的需求，在小微企业融资困难、商业银行放贷规模持续收紧的背景下，对小微企业发展起到了积极的促进作用。

5. 天津“店面直销”业务发展取得成效

天津保监局大力推动车险店面直销业务试点，为车险条款费率改革积累了经验。一是天津市车险店面直销业务以保险公司自有门店为载体，以“店面直销”专用车险产品为核心，通过提升门店功能、设置服务专员等手段为分散性客户提供咨询、承保、理赔等一揽子保险服务。二是保费规模快速增长。截至2013年底，天津已有5家分公司共43家分支机构开展车险店面直销业务，全年共承保机动车2.25万辆，实现保费收入8239.40万元，为2011年的7.5倍。三是业务试点辐射范围不断扩大。门店已经覆盖天津市全部区县，并逐步向发展潜力大、市场主体不丰富的县域拓展，成为扩大保险服务覆盖面、实现保险销售服务一体化的有力措施。

6. 出口信用保险支持天津对外经贸发展成效显著

天津保监局积极推动出口信用保险发展，不断扩大保险覆盖面。2013 年，信用保险业务支持天津市出口和对外投资总金额 89 亿美元，同比增长 14.1%。其中，通过短期出口信用保险支持外贸出口金额 80 亿美元，占天津市出口总额和一般贸易出口总额的比重分别达到 16% 和 39%，两项指标均处于全国领先水平，充分发挥了稳定外需、促进出口的作用。

四　天津信托产品创新

天津共有 2 家法人信托公司，即北方信托和天津信托。

（一）天津信托

2013 年，天津信托共计发行 72 只集合信托产品，规模为 1324050 万元，平均期限为 1.49 年，年化收益率为 8.59%。

表 2　2013 年天津信托发行 72 只集合信托产品

投资领域	数量总计(个)	规模总计(万元)	平均期限(年)	平均年收益率(%)
金融	11	62100	0.84	5.45
房地产	2	37000	1.75	—
基础产业	16	426420	1.81	8.79
工商企业	40	785530	1.52	8.74
其他	3	13000	1.00	—
所有	72	1324050	1.49	8.59

资料来源：天津信托有限责任公司。

2013 年，天津信托有限责任公司在推进业务创新方面，主要取得以下成果。

一是开展信托股权投资基金创新业务，支持天津市实体经济发展和新型城镇化建设。

二是积极开展与消费金融公司的创新业务合作，支持通过拉动消费、拉动内需的方式促进实体经济发展。

三是在 2012 年获批特定目的信托受托机构资格的基础上，开始进行银行信贷资产证券化受托业务。

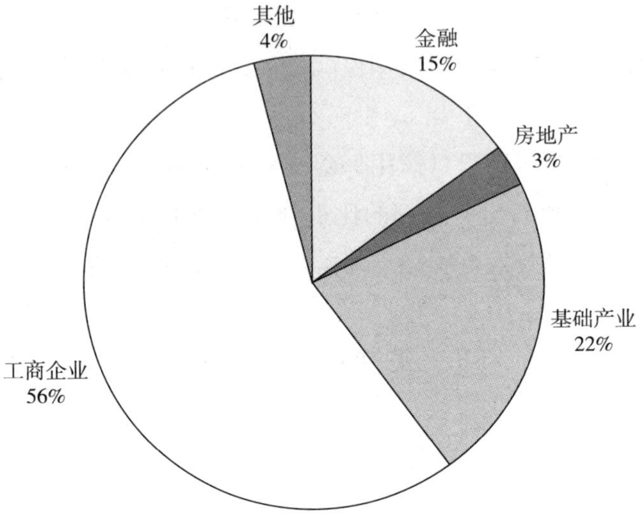

图3 2013年天津信托发售信托产品投资领域分布

资料来源：天津信托官方网站。

（二）北方信托

2013年，北方信托共计发行31只集合信托产品，规模共计284200万元，平均期限为1.92年，平均年化收益率为9.15%；其中，

投资于基础产业的有14只，规模总计169600万元，平均期限2.03年，平均年化收益率为9.39%；

投资于工商企业的有15只，规模总计114600万元，平均期限1.83年，平均年化收益率为8.95%。

五 金融产品创新展望

（一）天津金融产品创新的改进空间

1. 银行产品创新需要关注的方面

（1）关注部分行业资产质量下滑的风险

2013年，天津市近半数行业不良贷款余额出现反弹。其中，批发和零售业不良贷款余额增加最多，比年初增加39.88亿元，不良贷款率比年初上升1.1个百分点；交通运输、仓储和邮政业，水利、环境和公共设施管理业，及制造业分列二至四名，不良贷款余额比年初分别增加5.38亿元、3.00亿元和1.49亿元，信用风险呈加速扩散的趋势。

（2）关注部分机构盈利能力下降的问题

2013年，天津市多数机构盈利能力出现了不同程度的下降。分类型看，外资机构整体资产利润率下降了0.43个百分点；在30家主要中资商业银行中，有17家机构资产利润率出现下降，其中7家机构资产利润率下降幅度超过0.3个百分点。据调查，部分机构存贷款利差出现明显收窄，是造成盈利能力下降的主要原因，此外少数机构成本收入比率上升、中间业务收入比率下降加剧了这种趋势。

（3）关注同业业务快速发展背后蕴藏的风险

截至2013年末，天津市银行业金融机构同业资产①共计5996.99亿元，比2011年末增长57.1%；同业负债②共计8536.14亿元，比2011年末增长97.2%。同业业务的快速发展及其横跨信贷、货币和资本等多个市场的特质，一方面，使金融机构间的风险互联性增强，跨市场、跨机构风险发生的可能性增大；另一方面，以“过桥”方式开展的同业业务大幅提高了实体经济融资成本，还在一定程度上创造并增加了银行体系整体流动性，削弱了宏观调控的效果。

2. 证券产品创新需要关注的方面

关注“余额宝”快速增长中潜在的风险。2013年6月，天弘基金与支付宝合作打造“余额宝”，至年末其累计申购金额较6月末相比增长了64倍。虽然余额宝方便客户支付的同时也为客户提供了较高的收益，但在经营过程中也存在风险揭示不足，受网购促销活动或货币市场波动等因素的影响，申购和赎回的波动性较大，流动性管理要求较高等问题。

3. 保险产品创新需要关注的方面

（1）关注汽车限购政策对财产险公司保费收入增长的影响

2013年，天津市机动车辆保险业务保费收入78.70亿元，同比增加12.42

① 同业资产主要包括存放同业、拆放同业和买入返售资产。

② 同业负债主要包括同业存放、同业拆入和卖出回购。

亿元，占财产险公司全部保费收入的75.2%，车险保费收入的较快增长来源于承保车辆数的增加。然而，自2014年1月起全市将实施小客车增量配额指标管理，短期内可能会对保费收入的持续稳定增长形成不利的影响。

（2）关注退保金持续攀升对人身险公司稳健经营的影响

2013年，天津市人身险公司退保金共计41.30亿元，同比增长28.6%，增速较上年提高25.4个百分点。鉴于退保金的大幅增加将对人身险公司运营的现金流形成一定压力，因此应持续关注人身险公司的退保问题，力保公司的稳健运营。

（三）加快天津金融产品创新的路径

1. 鼓励金融创新，丰富金融市场层次和产品

加快转变政府职能，简化行政审批，使市场在金融资源配置中起决定性作用，探索管理制度创新，释放改革红利，激发市场主体的发展活力。推进支持实体经济的金融产品和服务创新，重点围绕信贷资产证券化、开发主动负债工具等加大创新力度，研究探索大中型农机具、农村土地承包经营权和宅基地使用权等抵押贷款试点，拓展市场发展空间。推动中小型银行业金融机构特色化经营，降低同质化竞争带来的风险共振。

2. 加大金融改革创新力度，提高服务实体经济综合水平

（1）加强金融与产业结合，支持企业发展方式转变和产业结构优化升级，加大对经济社会发展重点领域和薄弱环节的金融支持，增强金融服务实体经济能力，引导全市信贷投放和社会融资规模平稳增长，盘活存量，优化增量，提高资金使用效率。

（2）大力支持金融机构设立为科技企业和小微企业服务的专营机构，积极推动村镇银行、乡镇农业贷款中心和农村金融服务站等为城乡居民和小微经济组织服务的金融服务机构发展，提高便民惠民金融服务功能。

（3）继续推动银行、证券期货、保险公司深化改革创新。坚持以业务创新、服务创新和管理创新为重点，提升金融业服务实体经济水平。

B.5

分报告4
2013 年的天津金融人才

摘　要：

2013 年，天津市大力推动金融人才“十二五”规划各项任务落实，以实施金融人才“百千万工程”为载体，重点抓好股权投资基金管理人才队伍和金融业务骨干人才队伍建设，引进和培养股权投资基金管理人才、金融市场建设专业人才、复合型经营管理人才、高级专业金融分析人才。本报告在系统介绍当前天津金融人才规模、人才政策、薪资待遇、管理方式等人才发展状况的基础上，运用计量模型预测了 2015 年和 2020 年天津金融人才数量，并针对天津金融人才发展现存不足，提出了促进天津金融人才队伍建设的对策建议。

关键词：

金融人才　人才数量　预测分析　人才政策

金融人才是建设金融中心的基础，也是一个金融中心综合吸引力的实际体现。“十二五”期间是天津市金融改革创新发展的关键时期。《天津市“十二五”人才发展规划》对于天津市金融人才的发展做出了明确的要求：“以实施金融人才‘百千万工程’为载体，重点抓好股权投资基金管理人队伍、资本市场专业人才队伍、复合型金融管理人才队伍、金融领域研究人才队伍和金融业务骨干人才队伍建设，形成高效的金融人才培养体系、畅通的金融人才引进体系、科学的金融人才评价体系、有序的金融人才选用交流体系以及合理的金融人才激励机制。”天津市应该依托京津一体的区位优势和环渤海区域金融合作制，支持外地高层次金融人才来天津市从事兼职、咨询和合作服务。鼓励金融企业通过市场手段引进高层次金融人才。建立并巩固与国外、国内、业内金融拔尖人才的联系渠道。完善金融人才评价标准，构建与国际接轨的职业能力评价制度，建立金融信誉制度。在金融领域探索股权、期权等人才激励办法。给予新入驻银行业金融机构一次性补贴政策，吸引更多的海内外金融机构入驻天津，带动高层次金融人才和现代金融管理理念、金融创新产品的引进。

应牢固树立人才资源是第一资源的理念，以改革创新精神推进金融人才队伍建设，努力开创金融人才发展新局面，坚持把推进全面发展和最大限度发挥人才作用贯穿金融人才发展始终。做到人才资本优先积累，人才投入优先保证机制不断健全完善，构建起“引才、育才、聚才、用才”的工作体系。培养和造就一支数量充足、结构合理、素质优良、充满活力、具备国际竞争力的人才队伍，增强天津市金融实力和竞争力，为维护天津市金融稳定奠定人才基础。

一　天津金融人才发展

2013 年，天津市大力推动金融人才“十二五”规划各项任务落实，以实施金融人才“百千万工程”为载体，重点抓好股权投资基金管理人才队伍和金融业务骨干人才队伍建设，引进和培养股权投资基金管理人才、金融市场建设专业人才、复合型经营管理人才、高级专业金融分析人才；培养对金融发展具有深刻洞察力、熟悉国际国内金融市场、具有参与国际金融竞争能力和水平的优秀金融企业家；培养造就爱岗敬业、诚实守信、具有高水平岗位技能的金融业员工。随着金融人才集聚能力的不断增强，天津市金融业在关键环节和重点领域保持了资金有效供给的同时，对经济发展薄弱环节的支持力度继续加大，金融业呈稳健运行态势。

（一）天津金融人才总量提升

2013 年，天津金融从业人员数为 15.56 万人，比 2012 年增长 15.69%，比 2006 年增长 0.93 倍。金融从业人员数占天津社会从业人员数的比重为 1.84%，比 2012 年增加 0.17 个百分点，比 2006 年增加 0.41 个百分点。金融从业人员数和金融从业人员占比都呈现出稳步上升的趋势。从金融从业人数增速看，2006年达到高峰，增速达到38.9%，比2005年增加了2.26万人。2006年，金融从业人员数的显著上升，与2006年天津滨海新区开发开放纳入国家战略紧密相关，滨海新区金融先行先试政策为金融从业人员的集聚创造了机遇和条件。此后，受到国际金融危机的影响，天津金融从业人员增速一度有所放缓，但伴随全球经济复苏，天津金融从业人员增速又先后迎来2010年和2013年两个小高峰，分别达到20.12%和15.69%。从2011～2013年的情况看，伴随着天津现代金融服务体系、金融改革创新基地和金融集聚服务区建设不断向纵深推进，天津金融从业人员增速连续三年保持上升。

表1　天津金融从业人员数、增速及占比

单位：万人；%

年份	2006	2007	2008	2009	2010	2011	2012	2013
金融从业人员数	8.07	9.09	9.71	9.84	11.82	12.54	13.45	15.56
金融从业人员数增速	38.89	12.64	6.82	1.34	20.12	6.09	7.26	15.69
金融从业人员占地区比重	1.43	1.48	1.50	1.45	1.62	1.64	1.67	1.84

资料来源：2006～2013年《天津统计年鉴》及wind资讯。

2013年，天津市金融机构（营业网点）达2850个，中外资银行类金融机构1803个，其中大型商业银行1174个，从业人员27295人，较2012年增加157人；国家开发银行和政策性银行13个，从业人员488人，较去年增加29人；股份制银行306个，从业人员10903人，较2012年增加948人，城市商业银行284个，从业人员6949人，较2012年增加558人；外资银行26个，较2012年增加2个，从业人员1627人，较去年减少329人。具体数据如下：

表2　天津银行业机构数及从业人数

机构类型	营业网点						法人机构	
	2012			2013			2012	2013
	机构数	从业人数	资产总额	机构数	从业人数	资产总额	法人机构数	法人机构数
大型商业银行	1148	27138	10407	1174	27295	11801.9	0	0
国家开发银行和政策性银行	13	459	2345	13	488	2674.8	0	0

续表

机构类型	营业网点						法人机构	
	2012			2013			2012	2013
	机构数	从业人数	资产总额	机构数	从业人数	资产总额	法人机构数	法人机构数
股份制银行	291	9955	10464	306	10903	12030.4	1	1
城市商业银行	274	6391	4642	284	6949	6367.6	1	1
农村合作机构	588	7570	2707	594	8049	2910.2	2	2
财务公司	3	91	154	4	111	189.7	3	3
信托公司	2	257	47	2	288	59.6	2	2
邮政储蓄	415	2396	791	415	2494	857.1	0	0
外资银行	24	1956	901	26	1627	1028.3	3	3
新型农村机构	7	391	102	25	588	152.3	7	13
其他	3	413	2555	7	1075	3199.2	3	7
合计	2768	57107	35115	2850	59867	41271.2	22	32

资料来源：2012 年和 2013 年天津市金融运行报告。

（二）天津金融人才发展政策

2013 年，天津市积极推进“千人计划”引进、高层次人才认定及“131”创新人才培养工程，树立全球视野，加快培育和引进高端人才。开展金融主题活动，与美国、英国、中国香港、中国台湾等国家和地区知名大学、专业培训机构合作，举办金融中、高管人员出国（境）培训，鼓励金融企业自主选派专业技术和管理人员赴境外培训。推行金融从业人员持证上岗、资格准入，支持与国际接轨的认证机构在天津市开展相关培训和资质认定工作。大力实施多层次、多元化全员教育机制，加大资金投入，加强网络培训基地设施建设。借助高校优势，开设金融专业在职研究生课程班。深化干部人事制度改革，市场配置，公开选拔，定点招聘中高级管理人员，进一步深化完善了高管人员正常退出和中层管理人员竞争上岗机制，促进优秀人才脱颖而出。大力推动金融企业博士后科研工作站建设。部分金融人才政策如下：

表3　天津金融人才政策节选

政策名称	政策主要内容
天津市人才发展基金管理暂行办法	天津市人才发展基金的使用范围和资助标准 （一）资助培养高级人才 1. 支持天津市主导产业、重点技术领域、重点行业、重点学科发展所需各类高级人才的培养。 2. 根据《意见》精神，对天津市选拔出的“131人才工程”第一层次人选，在培养期内，每人可获得5万～10万元的资助经费。其中，市人才发展基金出资50%，其余部分由获资助人员所在单位匹配。资助经费主要用于支持培养对象进行国内外学术、技术交流，到国内外参加研修及出版学术著作等。对博士后流动站计划外自费招收的博士后，其日常经费，由市人才发展基金资助50%。 3. 按规定程序，由市统一组织委派的高层次管理人才出国培训费用，由市人才发展基金给予一定数额的资助。 （二）引进海内外高级人才 1. 引进国家重点学科、重点实验负责人，国家重大科研项目负责人，天津市重点技术领域和重大高新技术产业化项目急需的科学技术带头人等科学家、技术专家，由用人单位提供不少于120平方米的住房并提供1万元安家费。所需资金由市人才发展基金资助50%，资助资金的上限为30万元。 2. 支持引进学有所成的博士后，对在国内外高等院校、科研机构博士后流动站及国内企业博士后工作站完成博士后研究课题、期满出站的博士后，凡留津或来津工作的，一次性给予安家费和租房补贴5万元，其中，市人才发展基金资助2万元。
天津市人才发展基金管理暂行办法	（三）奖励有突出贡献的专业人才 1. 对获天津市科教兴市杰出人才奖的人员，根据其对经济建设和社会发展所做的贡献，奖励额度为5万～50万元，由市人才发展基金和获奖人员所在单位分别提供50%的奖励资金并由市人民政府授予天津市科教兴市杰出人才荣誉称号。 2. 对原有的天津市优秀教学成果奖、天津市企业技术创新奖、天津市科教兴农奖设立的奖级、奖项及奖励额度，其所需资金由市人才发展基金统一安排提供。
天津市促进现代服务业发展财税优惠政策	对金融企业连续聘用2年以上的高级管理人员（指符合金融机构高级管理人员任职资格的人员），在天津市行政辖区内第一次购买商品房、汽车或参加专业培训的，由同级财政部门按其缴纳的个人工薪收入所得税地方分享部分予以奖励，累计最高奖励限额为购买商品房、汽车或参加专业培训实际支付的金额，奖励期限不超过5年。对新设立金融企业聘用的高级管理人员，不在天津市行政辖区内购买商品房、汽车或参加专业培训的，由同级财政部门按其缴纳的个人工薪收入所得税地方分享部分的50%给予奖励，奖励期限不超过三年。

续表

政策名称	政策主要内容
天津市促进企业总部和金融业发展优惠政策	（一）总部或地区总部引进外省市和出国留学人员及外方高级管理人才，需解决本市常住户口或本市居住证的，可向人事部门提出申请，经审核符合条件的，可予解决本人、配偶及未成年子女的常住户口或本市居住证，其子女入园、入学可享受相应的待遇。 （二）总部或地区总部按照不超过职工工资总额15%的比例为职工缴存的住房公积金可税前扣除并免征个人所得税。总部或地区总部职工按照不超过其工资总额15%的比例缴存的住房公积金免征个人所得税。 （三）总部或地区总部聘任的境外、国外高级管理人员，按规定缴纳的个人所得税高于境外、国外的部分，由同级财政部门返还其已缴纳个人所得税地方留成部分。 （四）对金融企业连续聘用2年以上的高级管理人员（指符合金融机构高级管理人员任职资格的人员），在本市行政辖区内第一次购买商品房、汽车或参加专业培训的，由同级财政部门按其上一年度所缴个人工薪收入所得税地方留成部分予以奖励，累计最高奖励限额为购买商品房、汽车或参加专业培训实际支付的金额，奖励资金免征个人所得税。奖励期限原则上不超过5年。

资料来源：天津市金融人才相关政策。

（三）金融业工资水平持续上升

2013年天津金融业从业人员平均工资为104335元，较2006年增加44539元，2006~2013年7年之中，金融业从业人员平均工资的年均增速为8.3%。这反映出天津市金融从业人员工作待遇提升，生活质量改善。间接反映出近年来天津金融业的快速发展。

表4　2006~2013年天津金融业从业人员平均工资

单位：元

年份	2006	2007	2008	2009	2010	2011	2012	2013
金融从业人员工资水平	59796	77259	69862	74068	89166	97006	104335	104335

资料来源：历年天津统计年鉴。

（四）金融人才管理体系日臻完善

1. 重视对在职员工的培养和投入

天津各金融企业采取了各种方式和措施，一方面积极海外引进优秀人才，另一方面实现本土化人才素质较大提升。加强对内部员工的培训，如鼓励员工自我学习，对于员工学习的一些费用企业予以报销，每年选派一定比例的优秀员工和管理层人员出国学习或者考察，定期与企业外部优秀机构进行交流和座谈等，一定程度上提高了员工的自我学习能力和综合素质。

2. 对中高层管理人员实行有效长期激励机制

对公司的中高层管理人员建立长期激励机制，薪酬设计呈现级差。根据对银行机构进行调查的过程，几乎所有银行都对中高层管理人员采用了诸如奖励基金等长期激励方式，如此拉开高级管理人才和普通员工之间的薪酬级差，收入分配差距大，这有利于企业留住关键岗位领导人物，同时激发其工作积极性。

3. 金融机构人才储备意识有所增强

随着中国金融业的全面开放，中外金融机构对人才的争夺必将更加激烈。中外金融机构人才储备意识都有所增强，纷纷建立了或拟建立人才储备库。港澳台和外资银行机构，如汇丰、渣打等都已建立了人才储备库，并一直在使用中。而内资银行机构，主要分为两种情况：一种是已建立了人才储备库但未使用的，如民生、光大等；一种是还没有建立但打算建立的。除此之外，证券和基金类金融机构则大多数尚未建立人才储备库。

（五）国内城市金融人才状况比较

本部分的分析基于第五期“中国金融中心指数报告”（CDI－CFCI）的观点，该报告于2013 年7 月由综合开发研究院（深圳）发布。CDI－CFCI 基于对金融中心的内涵和形成机理的长期深入研究设计的一套涵盖86 个客观指标的金融中心竞争力评价指标体系，对内地31 个提出建设金融中心城市的金融竞争力进行综合评价。金融中心综合竞争力由金融产业绩效、金融机构实力、金融市场规模和金融生态环境四方面构成。其中，金融生态环境竞争力指标划分为金融人才环境和金融商业环境，用于衡量各城市对金融人才和金融机构等金融资源的吸引能力、集聚能力。根据第五期CDI－CFCI 结果显示，金融中心的综合竞争力与金融生态环境的排名具有良好的对应关系。在金融环境排名前十的城市中，有八个进入了综合竞争力前十名，并且全部进入前二十名行列，这足以说明金融生态环境对金融中心城市的综合竞争力有巨大的影响作用。

就天津而言，尽管总体金融生态环境排名第5位，得分为67.44。生态环境领先的主要原因在于较好的商业环境，良好的经济基础、专业服务以及国际开放程度，这些都增强了天津金融生态环境的竞争力。而在其分项指标金融人才环境竞争力指标中，天津仅排名11位，得分为68分。与第一名北京相差47.09分。在其分项指标金融商业环境竞争力指标中，天津排名第7位，为66.87分。这表明，天津在营造良好的金融人才环境和金融商业环境方面仍存在改进空间。如表5，表6所示：

表5　第五期 CDI－CFCI 金融生态环境排名

城市	CFCI 排名	CFCI 得分
北京	1	126.08
上海	2	112.45
深圳	3	88.73
广州	4	85.08
天津	5	67.44
杭州	6	66.91
南京	7	65.81
苏州	8	62.92
武汉	9	60.86
大连	10	59.78

资料来源：第五期 CDI－CFCI。

表6　第五期 CDI－CFCI 金融人才环境排名

城市	CFCI5 排名	CFCI5 得分
北京	1	115.09
上海	2	96.02
广州	3	88.65
南京	4	81.78
武汉	5	77.75
昆明	6	73.54
重庆	7	72.28
深圳	8	72.07
沈阳	9	69.27
西安	10	68.23
天津	11	68.00

资料来源：第五期 CDI－CFCI。

从金融人才环境来看，天津总体高于区域平均水平，但是各项指标差别较大。塑造金融人才发展的软环境正成为天津集聚高端金融人才重要因素。一方面，在文化娱乐、城市绿化两项落后于平均水平；另一方面，医疗卫生、环境状况、生活成本优势也不明显，这些方面的薄弱都削弱了天津吸引优秀金融人才的竞争力。改善市民的文化娱乐生活，创造良好的生活环境，吸引和鼓励优秀金融人才不仅在于出台优惠政策，也需要创造适合金融人才发展的良好金融环境，增强天津金融环境的软实力。

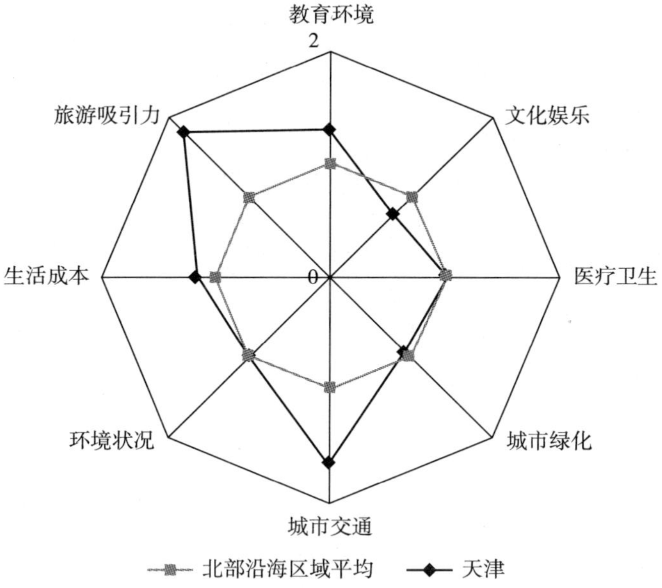

图1　天津金融人才环境与北部沿海金融中心平均水平比较

资料来源：第五期CDI－CFCI。

二　金融人才预测分析

本部分通过定量分析，研究天津金融业从业人数与天津市GDP、人均GDP、金融机构数量和金融业增加值的关系。通过构建计量模型，预测天津2014～2020年金融人才数量变化趋势，具体分析如下：

（一）天津金融人才统计分析

金融业从业人数的变化受众多因素影响，本文分别考察天津市 GDP、人均 GDP、金融机构数量、金融业增加值与天津金融从业人数的关系，通过绘制近 10 年间天津市金融从业人数与上述指标的走势图，大致判断它们彼此的相关性。

表 7　2004～2013 年天津金融从业人数与全市生产总值

单位：万人/亿元

年份	2004	2005	2006	2007	2008	2009	2010	2011	2012	2013
金融从业人数	5.48	5.81	8.07	9.09	9.71	9.84	11.82	12.54	13.45	15.56
全市生产总值	3111	3906	4344.3	5252.8	6719.0	7521.9	9224.5	11307.3	12893.9	14370.2

数据来源：天津统计年鉴。

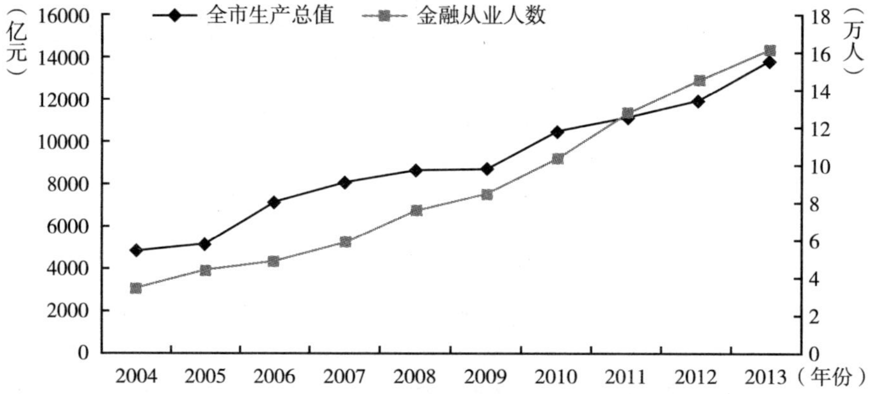

图 2　天津金融从业人数与全市生产总值的走势

数据来源：天津统计年鉴。

表 8　2004～2013 年天津金融从业人数与人均生产总值

单位：万人/元

年份	2004	2005	2006	2007	2008	2009	2010	2011	2012	2013
金融从业人数	5.48	5.81	8.07	9.09	9.71	9.84	11.82	12.54	13.45	15.56
人均生产总值	17353	37796	41163	46122	58656	62574	72994	85213	93173	99607

资料来源：天津统计年鉴。

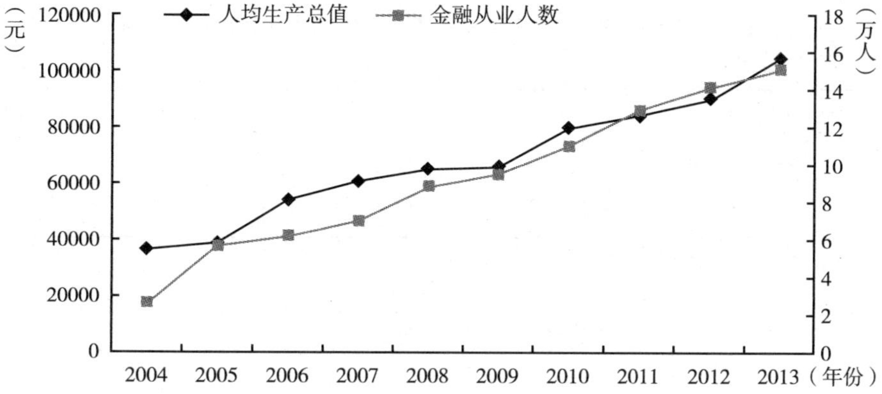

图3　天津金融从业人数与全市人均生产总值的走势

资料来源：天津统计年鉴。

表9　2004～2013年天津金融从业人数与金融机构个数

单位：万人/个

年份	2004	2005	2006	2007	2008	2009	2010	2011	2012	2013
金融从业人数	5.48	5.81	8.07	9.09	9.71	9.84	11.82	12.54	13.45	15.56
金融机构个数	2981	3115	3235	3200	3343	3503	3554	3554	2981	3115

资料来源：天津统计年鉴。

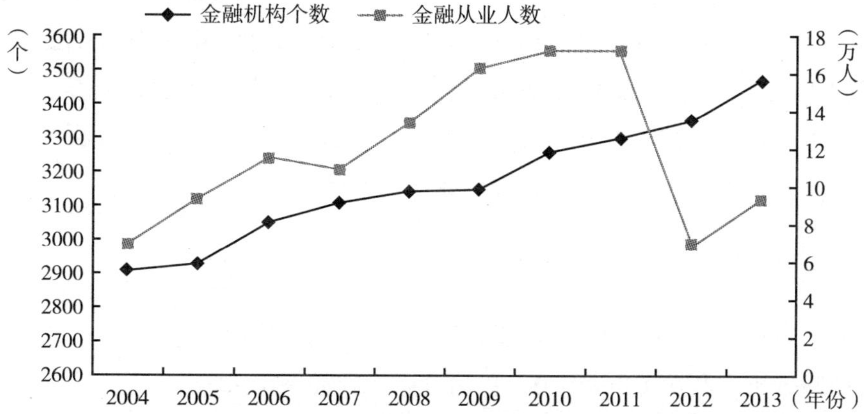

图4　天津金融从业人数与全市金融机构个数的走势

资料来源：天津统计年鉴。

表 10　2004～2013 年天津金融从业人数与全市金融业增加值

单位：万人/亿元

年份	2004	2005	2006	2007	2008	2009	2010	2011	2012	2013
金融从业人数	5.48	5.81	8.07	9.09	9.71	9.84	11.82	12.54	13.45	15.56
全市金融业增加值	137	159	186.87	288.17	368.1	461.2	572.99	756.5	1001.59	1202

资料来源：天津统计年鉴。

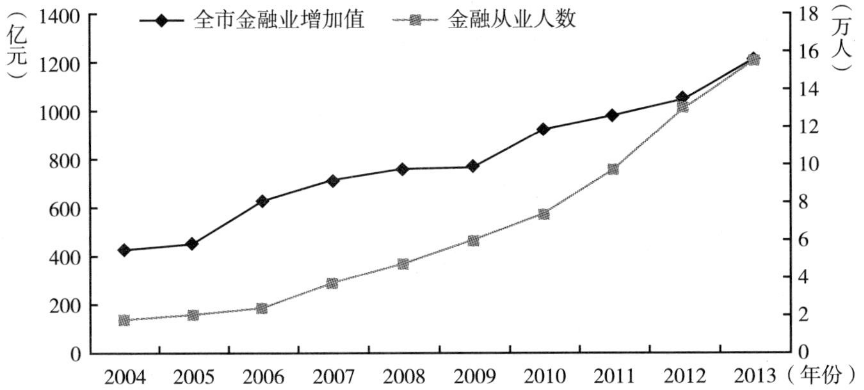

图 5　天津金融从业人数与全市金融业增加值的走势

资料来源：天津统计年鉴。

以上趋势图反映出，天津全市生产总值、人均生产总值、金融业增加值与天津金融从业人数具有较强的相关性，相比之下，此前 10 年中天津金融机构数量的变化波动幅度，且与金融从业人数的相关性不强。考虑到全市生产总值与人均生产总值存在较强的相关性。因此，本部分利用回归分析方法考察天津金融从业人数与人均生产总值、金融业增加值的关系。

（二）建立金融人才预测模型

根据 2004～2013 年天津市人均 GDP 和金融业增加值对天津金融从业人数进行回归分析。利用 Eviews6.0，我们可以得到如下结果：

天津金融业从业人员 = 3.61 + 0.000083 × 天津人均 GDP + 0.00272 × 天津金融业增加值

天津人均 GDP 预测值：假设天津的 GDP 以 8% 的速度增长，而天津市人口年平均增长率为1.78%，那么我们可以得到，天津市人均GDP在2015年将达到118608元，到2020年则为174274.06元。

天津金融业增加值的预测值：天津金融业增加值从2004~2013年来看，其年平均复合增长率为14.89%，我们假定天津的金融业增加值一直以这个速度增长，那么天津的金融业增加值到2015年将达到1380.96亿元，2020年将达到2764.34亿元。

（三）人才预测模型分析结果

表11　对天津市金融业从业人数的预测结果

年份	主要指标		预测天津金融业的从业人数(万人)
	天津人均GDP(元)	天津金融业增加值(亿元)	
2015	118608	1381	17.21
2020	174274	2764	25.59

根据相关数据的测算，可以看出在“十二五”期间，天津金融业的从业人数将达到18万人，在2020年末，天津的金融从业人员将达到25.6万人。所以，在天津建设金融人才集聚高地是可行的。

三　金融人才现存问题

近年来，天津市金融人才队伍建设取得显著进展，金融人才数量增加、人才综合素质提升、人才发展环境完善，有力地支持了天津金融人才的集聚与发展。但是较之于国内外金融中心城市，天津金融人才队伍建设仍有一定的潜力可挖。

（一）人才数量有待提升

从金融从业人员数量看，2012年天津拥有金融业从业人员13.45万人，低于同期北京、上海和深圳的39.5万人、29.29万人和14.3万人。从金融从业人员占全社会从业人员比重看，2012年天津金融从业人员占比为1.67%，低于同期北京、上海和深圳的4.15%、3.10%和1.85%。和北京、上海、深圳等金融业比较发达的城市相比，天津在金融从业人数和金融从业人员占比方面有一定的差距，未来需要加快天津金融人才聚集，形成金融人才集聚效应。

表12 2012年天津、北京、上海、深圳金融从业人员及其占比

单位：万人/%

地区	天津	北京	上海	深圳
金融业从业人员数	13.45	39.5	29.29	14.3
社会从业人员数	803.14	951.4	944.47	771.2
金融从业人员占比	1.67	4.15	3.10	1.85

资料来源：天津、北京、上海、深圳2013年统计年鉴。

（二）人才质量有待改善

首先，金融人才队伍素质待提升。从金融人才的学历和证照来看，硕士研究生和博士研究生占比不高，仍有较大提升空间；拥有注册金融分析师（CFA）、注册会计师（CPA）、注册金融策划师证书（CFP）、注册财务策划师（RFP）、特许财富管理师（CWM）、项目数据分析师（CPDA）等高质量从业证照的金融人才较少。其次，金融人才国际化程度低。掌握金融专业知识并熟练使用外语的金融人才少，熟识国际金融规则、惯例和业务的金融人才少。最后，复合型金融人才匮乏。伴随着大数据、云计算、物联网等技术的快速发展，能够了解金融运作并掌握新技术、新理论和新方法的复合型金融人才很可能引领金融业的变革，但这种复合型人才仍然较少。

表13 复合型金融人才的分类和能力构成

人才类型	基层业务人才	中层管理人才	高端决策人才	研究人才
基本能力	具备基本科学知识和职业操守	具备扎实的科学素养和良好的职业精神	具备深厚的自然和社会科学素养及优秀的敬业精神	具备坚实、广博的科学素养和严谨务实的工作态度
专业能力	熟谙基本金融理论和特定业务操作技能	谙熟金融专业知识，掌握金融管理技能	金融理论与实践素养深厚，把握全局能力突出	具备较好的金融专业知识，精通特定研究与技术领域

续表

人才类型	基层业务人才	中层管理人才	高端决策人才	研究人才
分析能力	具备基本实务操作和分析与处理问题能力	能够有效分析解决日常管理问题	能够准确把握全局,构建科学有效战略	能够运用科学方法研究与解决技术中的难点、热点问题
信息化能力	掌握基本办公软件和业务操作系统操作技能	熟练掌握办公软件和信息分析工具	熟悉金融信息化前沿发展,能够有效决策信息化战略路径与举措	精通信息统计分析软件和专业信息技术开发与系统维护
国际化能力	熟悉业务,涉及外语,了解业务的国际前沿	精通金融英语,掌握国际发展动态	深刻洞见业内、国际发展潮流,有效进行国际化战略选择	把握业内、国际研究与技术前沿,能够与国外同行交流
自我调适能力	具备良好的自我调适能力	具备在压力下持续工作的能力	具备优良的自我控制力和驱动力	具备自我反思、自我完善和自我知识更新的能力
学习能力	具备主动学习能力,具有较强的工作可塑性	能够主动学习,快速介入新领域	能够广泛学习新事物,对未来有敏锐的洞察力	自我学习和反思力突出,思维活跃,善于把握发展潮流
创新能力	对业务革新敏感,勇于尝试新的工作方法	对管理革新敏感,能合理开展管理创新	热衷创新,对整体创新机制把握深刻,能发现并发展新领域	具备创新性思维,研究与技术实践中始终贯彻创新原则
沟通合作能力	能积极准备表达思想,具备团队合作精神	具有一定的说服力,具备团队组织协调能力	具有卓越的鼓动能力,具备突出的领导力和方向感	能有效表达自己的思想,掌握熟练的专业沟通能力和论证技巧

资料来源：张成虎、胡啸兵、孙林娜《复合型金融人才及其培养模式探析》，《金融教学与研究》2011年第5期。

（三）人才培养方式有待改善

1. 偏于应试教育，导致教育体制与市场的脱节，较少时间培训和案例分析，以致培养的金融人才和社会需要的金融人才差距很大，即理论和实践差距大，操作性差。周汉民（2009）认为目前的（高等）“教育”仍处在国际营销理念的初级阶段——“我生产什么，我吆喝什么”。我们必须转变思路，把教育引导到“市场需要什么，教育就提供什么”，而不是学校有怎么的教育资源，学生就必须学习什么。而且还一定要凸显教育这个熔炉有引导社会发展之功能，有铸造社会风尚及社会发展之轨迹的职责。

2. 教学内容陈旧，缺少从实际出发的具有国际和行业前瞻性的系统性培训课程；目前，我国金融业发展平稳快速，反观金融教学进度却极大地落后，主要问题包括前沿金融课程开设不多或存在盲目性，理论教学与现实世界接轨不充分等等。另外，金融专业课程的设置呈现出盲目性、随意性的特点，导致金融专业课程设置与金融市场需求的差距拉大，金融市场急需的相关金融人才供给不足，严重影响了我国金融业转型和发展。

3. 高品质的专家讲课队伍匮乏。对比香港大学等高校，内地高校缺乏一支具有国外金融行业从业经验的高品质的专家讲师团队，这对培养具有实际操作能力的金融人才不利。

4. 我国金融企业行业由于缺乏对从业人员终身教育和职业生涯培养的重视，没有形成规范的从业人员培训教育体系，这给我国金融业健康发展埋下了巨大隐患，因为金融人才是金融行业发展的根本力量，不平衡的在职教育规划会限制高端人才的培养，严重阻碍金融业转型升级发展。

四　金融人才发展建议

（一）先进地区金融人才政策借鉴

1. 发达经济体金融人才政策借鉴

（1）美国金融人才政策

美国金融人才政策主要分为三部分，投行激励政策、人才引进政策、人才保留政策。美国金融体系以直接融资为主，投资银行是其金融体系中关键一环，因此，美国投资银行的金融人才政策最具代表性，尤其是其激励政策，值得我国金融业考察与借鉴。

伦敦金融城是世界上金融机构最密集的地方，约有35万金融从业者在此工作，政府每年投入大量人力物力，进行文化教育投资，出台相关政策，创造适合金融人才生存发展的软环境，在世界范围内吸引金融人才。伦敦主要金融人才政策包括：开放的人才吸引机制、薪酬补贴机制和独立的金融人力资源管理研究机制。

表14　美国金融人才政策

美国	投行激励政策	人才引进政策	人才保留政策
主要措施	一是高管人员的基础工资，包括薪水和奖金；二是额外总收益，包括津贴、补偿收益和养老金权益；三是股票和股票期权等收益。	美国独特人才引进机制，使得金融机构从全球招揽优质金融人才，同时配合美国移民、工作签证、留学生等政策，灵活调整人才吸纳，稳定了美国就业市场。	一是与金融人才签订长合约并约定比较高的违约金，合理限制优秀人才的流动，使金融机构更长时间地保有人才。二是在合约中限制人才为竞争对手服务，防止“挖人”情况及恶性人才竞争，以达到保留优秀高端人才的目的。

资料来源：朱文生：《上海金融人才体制机制创新研究》，《金融理论与实践》，2011年第4期，第38～42页。

表15　英国伦敦金融人才政策

伦敦	开放的人才吸引机制	薪酬补贴机制	独立的金融人力资源管理研究机制
主要措施	1. 制定一系列人才优惠政策，包括工作许可签证、永久居留权与保留原国籍、免费医疗、子女免费教育、家属探亲签证等以吸引人才，保有人才。 2. 对外国人和外国文化的包容度更高，对外国人歧视相对较少，兼容并包，保持国际化视野发展。 3. 伦敦金融城甚至为全世界50家最好的商学院毕业生提供免签证就业，加大了对金融人才的吸引力，方便了高端金融人才的就业。	1. 对优秀人才实行额外开销制度，用于补偿伦敦更高的生活及工作支出，并成为伦敦工资的一部分。 2. 伦敦津贴不是按照统一标准来计算，在不同行业采用不同的方法。20世纪90年代初金融服务业的津贴为3535英镑，对不同行业实施不同津贴也有利于推进人才培养导向作用。 3. 对于伦敦金融城而言，伦敦津贴在高素质金融人才引进与保留机制中占有特殊的地位。	1. 伦敦人力资源集团（London Human Resource Group，LHRG）作为一个独立组织，主要由在伦敦经济中占重要地位的金融服务产业部门的人力资源经理及其他负责人组成。 2. 集团的主要任务包括人力资源管理与供应研究，为金融行业的人事部门、行业主管、业务经理提供人力资源规划、技能培训等方面的专业指导。

资料来源：朱文生：《上海金融人才体制机制创新研究》，《金融理论与实践》2011年第4期，第38～42页。

日本金融人才适用日本企业管理最突出的也是最有争议的终身雇佣制。与终身雇佣制紧密相连的是年功序列制度（论资排辈管理方式）。另外，日本金融人才培养推行终身教育制度。这种终身雇佣制、年功序列制度及终身教育制度遥相呼应，有利于巩固长期雇佣制度、维持激励机制及促进员工长期发展。但同时，也形成封闭的、低效率的人力资源市场。

表 16　日本金融人才政策

日本	终身雇佣制	年功序列制度	终身教育制度
主要措施	日本企业管理最突出的也是最有争议的体制	职工的工资待遇、晋升随着工龄的增加而持续上升	在职培养不仅重视知识、技能的培养，而且还特别注重培养勤勉的敬业精神和认真负责的工作态度
缺点	人力资源市场效率低，不开放		

资料来源：朱文生：《上海金融人才体制机制创新研究》，《金融理论与实践》2011 年第 4 期，第 38～42 页。

德国金融人才政策是建立在其独特的金融机构治理机制背景下。

表 17　德国金融人才政策

德国	独特的金融机构治理机制
主要措施	独特的金融机构治理：一种双层董事会结构，由股东大会、董事会、监事会、经理层组成。 德国模式认为金融机构是由不同利益集团所组成的联盟，因此金融机构治理应当试图在这些不同利益集团之间寻找一种均衡，而其治理的重要支撑就是人才培养保留，这种制度强调要重视金融人才激励制度，同时强调雇员只有在股东合法权益获得保障、长期消费者利益得到满足以及金融机构履行了企业社会责任的前提下，雇员（金融人才）的合法权益才能得以保护。

资料来源：朱文生：《上海金融人才体制机制创新研究》，《金融理论与实践》2011 年第 4 期，第 38～42 页。

2. 我国先进地区金融人才政策借鉴

（1）香港特区金融人才政策

香港金融业的在职培训机构是特别独立设置的。例如，香港银行学会是香港唯一一家可以颁授银行专业资格的非营利性专业培训机构。其运用香港银行业制定的“人力才干模型”（Competency Model）进行在职培训。针对银行业务不同岗位以及各岗位对人员的知识、技能和专业水平的不同要求，“人力才干模型”规定了具体的量化行业标准。这样，用人单位有章可循，避免了在用人问题上的主观性和随意性，金融从业人员也可以根据此资历架构的路线图，为自身的职业生涯打算、规划，实现雇佣方和被雇佣方双向的平衡发展。

表 18　香港特区金融人才政策

香港	优秀人才入境计划	
	营利性	非营利性
措施	1. 吸引了大量金融类会计类专业人才 2. 主要关注市场热点和利润增长点，时刻贴近市场需要，满足市场对人才的需求 3. 缺乏系统性和长远性，有一定的盲目性	1. 更关注金融业整体发展，注重宏观战略规划 2. 以提高金融行业整体水平为目的，搭建多方交流平台，有包容性，互动性

资料来源：朱文生：《上海金融人才体制机制创新研究》，《金融理论与实践》2011年第4期，第38～42页。

（2）上海金融人才政策

2009年6月，上海市人大常委会审议通过了《上海市推进国际金融中心建设条例》，其中明确规定由政府安排专项资金，加大力度培育金融人才，扶植金融创新，以促进金融产业发展和金融结构、生态环境优化。随后，上海市政府又出台《集聚金融资源加强金融服务促进金融业发展的若干规定》，明确规定：继续推进落实专项资金，给予为天津金融中心建设作出突出贡献的金融人才奖励，并且通过政府奖励的形式，降低金融人才实际税负，鼓励金融人才深造培养。2010年，启动通过奖励的形式降低金融高管个税的实际税负，其优惠幅度的目标是“至少是境内最具竞争力和吸引力”。

（3）北京金融人才政策

2005年，北京市出台《关于促进首都金融产业发展的意见》，规定金融企业聘用的属紧缺急需的、具有硕士及以上学位或具有本科及以上学历且取得高级专业技术职称的人员，年龄在45周岁以下的，可办理调京手续并办理北京市户口；金融企业需要引进外国专家、留学人员或建立博士后科研工作站的，由人事部门在立项申请、经费资助等方面给予支持。2011 年，北京市出台了《北京市金融产业发展“十二五”规划》，指出要通过推动金融人才队伍一体化建设、加强金融人才专业化教育培养、加快金融人才队伍国际化发展以及完善金融人才服务和评价体系，来提高北京金融人才的聚集力。

（4）深圳金融人才政策

2011 年深圳市出台了《深圳市金融产业发展“十二五”规划》，提出：“鼓励金融业与其他产业之间的人才交流，积极创造条件加强深港金融人才合作，探索建立适合深圳金融业发展需要的人才储备体系，定期组织赴国外举办海外人才的招聘活动，引进并储备一批熟悉国际经济金融形势的高端金融人才。探索建立政府、企业、高校三位一体的培训体系，利用高校培训资源优势推动金融企业开展广泛的人才培训活动。鼓励金融机构在深圳设立全国性的人才培育工作。建立具有吸引力的人才引进机制，加大对各类金融人才的引进力度，完善金融人才的发展环境、子女教育、医疗保障等发面的配套条件，促进金融人才集聚。”

（二）天津金融人才发展建议

“金融人才生态环境”包括金融人才良性循环的外部生态环境和内部生态环境。通过不断优化金融人才生存的内外部生态环境创造适应天津金融业发展要求的人才发展制度，本着“寻找，引进、培养、积极有效地使用和生长”金融人才的方法，实现外延增加和内涵提高并举，引进适用高端人才与有效使用现有人才相配合、探索提高人才素质的新制度、新机制。大幅度提高金融人才增量，有效盘活金融人才存量，不断提升金融人才素质，完善公开竞争机制。

1. 树立金融教育是百年大计的理念

高等院校的金融专业学生是金融人才最大的储备力量，提升金融高等教育质量对于天津金融人才的发展具有重要意义。对于高校的本科生、硕士研究生和博士研究生的培养，应做到既要与国际接轨，又要重视金融人才的综合素质培养。首先，不断深化教育体制改革。充分发挥天津金融教育优势，加大教育投入。培育金融创新研究体系，密切结合国际、国内金融改革发展重大理论问题和天津金融发展重点难点，进一步发挥国内外研究机构和专家学者的“智囊库”作用，提高科研服务金融发展的能力。根据实际情况制定发展规划，改革课程设置，根据市场的变动趋势有针对性地进行理论传授以及实践锻炼。在金融人才的培养过程中应该注意加强对在校学生的综合素质的培养，既重视对金融专业知识的培养，又重视其他自然学科、人文学科知识的应用。对高校金融专业教育而言，应该结合实际需要有针对性地培养各级各类岗位的应用型人才，鼓励学习与金融行业发展关系密切的相关知识和技能。通过这种“厚基础，宽口径”的培养模式，提高金融人才的专业能力和综合素质，掌握从业过程所需要的基本知识和技能，满足金融行业发展对复合型人才的需要。其次，学校和金融机构紧密结合。可适当聘请金融机构的优秀领导者或者专业技术人员兼任学校教师，从而达到理论与实践的和谐统一。重点培养综合性、创新型的金融人才。天津建设全国金融创新基地，需要大量具有创新精神、创新实力的金融人才。所以有必要培养通晓各金融领域理论与业务的综合性、创新性人才。建议高校老师和校外金融机构的管理人员建立互动关系，高校教师可以为管理人员培训专业知识，管理人员可以代替学生为学生上课，传授金融工作中的实际工作经验和具体操作技能。最后，重视对金融业IT人才的培养。随着互联网金融的高速发展，计算机以及通信技术在金融领域的运用会越来越多。互联网金融将成为各金融机构发展的重要突破口。及时抓住了互联网金融的发展机遇，就可以在未来激烈的市场竞争中处于不败之地，从而激发天津市金融行业的活力。

2. 加强金融人才培养的持续投入

目前，金融业正处于快速向前发展的阶段。变化性强，产品更新迅速、新规则出台快，需要从业人员及时了解并掌握。因此，对金融从业人员开展专业知识、专业技术再培训是非常重要的。加强金融人才的后续培养，是保证整个金融人才队伍不断获取最新理论知识的重要一环。对于金融机构来说，加强其员工的后续培养。既要重视“校企协同”的发展模式。又要完善其内部培养机制。同时政府应该多举办金融论坛、金融沙龙等活动，加强金融人才间的交流，分享最新金融理论知识。首先，金融机构和高校合作给金融从业人员提供学习机会。通过金融“校企协同”的发展模式，既可以巩固金融从业人员的理论知识水平，更好地从事实务工作，为其将来继续深造提供机会和渠道；又有利于高等院校金融专业学生增长实务工作经验，为将来从事实务工作奠定基础。其次，完善金融机构内部培训机制。金融人才的成长发展仅仅靠在校教育是远远不够的。金融机构内部培训机制是否完善，往往决定着金融人才未来发展层次高低。因此，金融机构应努力做到以下几点。第一，实现一次性培训与终身教育兼顾。对金融人才循环式、持续型培养是十分重要的。作为知识、信息含量较高的行业，在知识更新周期急剧缩短、知识技术更新迅速的情况下，仅仅靠一两次的孤立培训是无法适应金融业持续发展要求的。但是从实际情况看，一次性的培训仍占到多数，对循环式、持续型培训关注不够。第二，实现高层次人才培训与全员培训兼顾。与其他行业比较，金融业的一大特点即为知识密集程度高。无论是金融宏观管理，还是金融微观运行操作，每个层次和环节都要求金融从业人员有较高的专业知识和技术能力，保证金融业持续，健康发展需要每一层次和环节的金融从业人员的素质都要有提高。第三，实现一般性培训和个性化培训兼顾。从未来金融行业发展趋势看，随着金融业岗位细化程度加深，每个金融从业人员素质和能力发展的不均衡性将加大，个性化、集约型的金融培训形式更适应未来金融业发展。第四，政府应继续推动金融舆论的发展，如继续支持“达沃斯论坛”“于家堡金融论坛”“中国企业国际融资洽谈会”在天津的举办，既可以改善天津市金融生态环境，提高从业人员整体综合素质，又可以提高天津市在金融业的影响力，从而吸引更多的金融人才到天津工作。

3. 构建金融人才职业化发展路径

金融人才素质能力建设关系着人才队伍建设的核心问题。一支优秀的金融人才队伍，应当适应金融市场化、国际化的发展要求。建设一支优秀的人才队伍，必须从构建金融人才职业化成长的模式出发，使个人的职业目标、兴趣爱好与集体的需求、战略发展相契合，实现金融机构发展战略与金融人才职业生涯规划的有机结合。按照对知识的学习、应用和创新，金融人才成长的历程可以划分为五个阶段，如下图所示。

第一，确定金融职业分类和人才评价标准。以实现金融人才市场化成长、

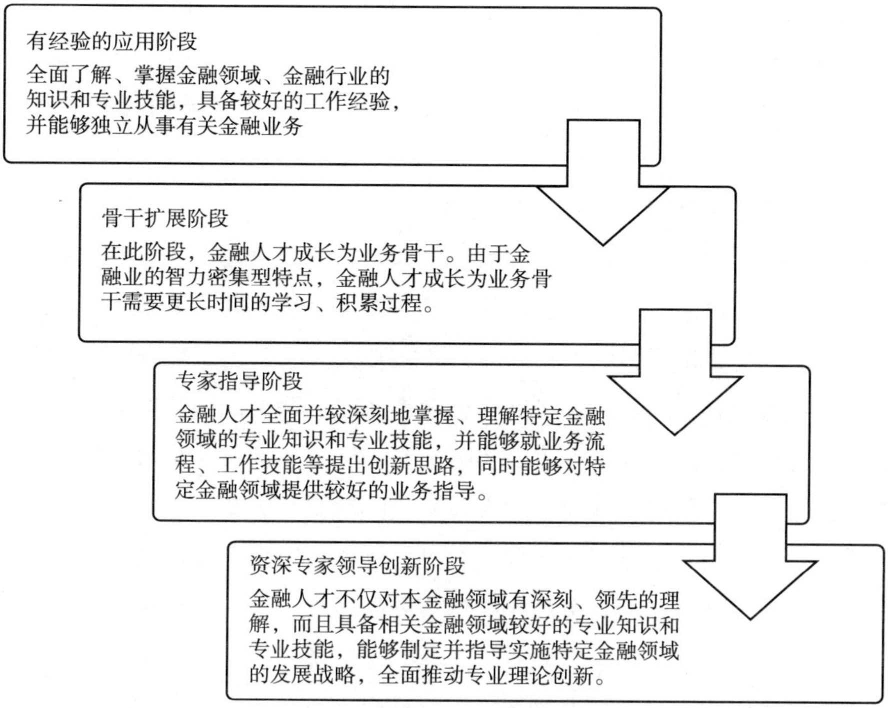

图6　金融人才职业化成长路径

资料来源：作者整理。

发展、流动为主要目标，以构建完善的金融业从业资格、职业资质与技术评价体系为主要方向，以岗位需求、专业知识、职业技能等为内在要求，确定金融职业分类和人才评价标准，形成全面、科学、合理的人才评价方法。第二，实现人才职业化成长途径内部化。各金融机构可结合自身发展目标与人才需求，以金融职业分类和人才评价体系为基础，建立适合于本机构的职位体系。通过明确职位的履职内容、专业技能和资质要求，开展职位分析，确定职位评级，并建立相应级差薪酬制度，从而实现金融职业分类和人才评价标准与本机构现实情况相衔接。同时，金融机构应该为内部人才提供明确、具体的职业规划路径，从招聘与调配、培训与发展、绩效管理、人力资源规划等方面，建立完善的专业人才管理制度，推动实现专业人才职业化成长内部化。第三，制定金融业人才发展中长期规划。天津市政府应从大处着眼，从金融业发展改革全局出发，规划天津市整体金融行业人才队伍发展方向。以规划为指引，针对当前发展急需的紧缺人才和高层次人才，专项实施重点工程。一方面，加大海外引才力度，加快推动金融国际职员的培养选拔。另一方面给予企业一定指导，帮助企业构建金融人才内部化成长渠道，带动天津市金融人才队伍素质的整体提高。

4. 加快金融业高端人才引进和培养

高端金融人才是金融人才中的精英人物，是天津金融业持续稳定发展的关键。他们通常可以来自高校高层次的培养，但更直接的方法是通过优惠政策及金融环境的优化，来吸引国内外高端人才入驻天津。首先，政府应出台相关优惠政策来吸引金融人才。进一步完善金融人才的户籍、住房保障制度，要本着实事求是的精神，解决高端人才的实际问题，降低金融人才流动风险，降低个人所得税。从而吸引更多外地金融人才来天津就职。例如，学习国内外发达国家经验，对于在外省市任职两年以上的机构副职级以上高级管理人员，允许其家庭户口落入天津，在天津市第一次购买商品房、汽车的，五年内按其缴纳个人工薪收入所得税地方分享部分予以奖励，不在本市行政辖区内购买商品房、汽车的，三年内按其缴纳个人工薪收入所得税地方分享部分的50%给予奖励。对于来自外地的普通金融机构从业人员来说，多数在天津没有本人的住所，政府应拨款建造保障性青年金融人才公寓，来解决刚入职员工的住房问题，减轻其生活负担。其次，积极完善社会保障体系，进一步消除人才流动中的各种限制。对于从外地进入天津工作的人才应及时为其办理社会保障卡，解除其工作转变的后顾之忧，促进人才流动。再次，要构建多渠道的金融人才市场。建立和完善人才市场供求、价格、竞争和信息机制，发挥市场配置人才资源的基础性作用。抓好信息网络建设，广泛收集人才供求信息，在对信息进行分析、整理和储存的基础上，完善信息的共享机制，形成统一的信息网络，为广大求职者和各类用人单位提供现代化的人才信息服务，促进人才资源的合理配置。加快建立和完善金融专业人才市场。建立和完善各种激励机制与政策，充分发挥专业技术人才的积极性和创造性。建立培养与科研相结合的优秀人才资助机制。同时，加强区域金融人才的交流。通过技术咨询、短期服务、顾问等形式达到智力共享的目的，提高金融人才获取信息的宽度和深度，从而提高金融人才整体水平。

B.6
分报告5
2013年的天津金融生态环境

摘　要：

金融生态环境是指与金融机构和金融市场生存与发展具有互动关系的各种因素的总和，狭义上的金融生态环境是指微观层面的金融环境，包括法律制度、行政管理体制、社会诚信状况、会计与审计准则、中介服务体系、企业的发展状况及银企关系等方面的内容。本报告在介绍天津金融生态环境总体状况的基础上，分别介绍了2013年天津在金融制度规章、金融基础设施、金融服务体系和金融市场环境方面的发展状况，展望了未来天津金融生态环境的发展前景。

关键词：

金融生态环境　金融制度规章　金融基础设施　市场环境

金融是现代经济的核心，而金融生态环境则是金融生存和发展的沃土，对促进金融业进步，明确金融发展定位，实现经济更好更快发展起着决定作用。金融环境对金融机构和金融市场的运行至关重要，甚至关系到金融机构和金融市场的生存和发展。天津作为我国重点发展的北方经济中心，具有聚集、整合各类金融资源的重要功能。金融中心的建设过程，也就是金融资源的重新配置和资源优化配置的过程。从这个角度来讲，金融生态环境的建设与改善金融中心的建设过程是相辅相成、互相促进的。如何进一步推进天津金融生态环境的建设和发展是天津实现更好更快发展过程中至关重要的一步。在机遇和挑战并存的条件下，天津在建设北方金融中心的过程中，非常重视金融生态系统建设，充分发挥天津滨海新区综合配套改革试点的体制优势，同时不断结合滨海新区发展基础现实，积极推进新区法制环境、财政政策环境、金融体系等方面的建设，有力地从外部环境和内在制度层面实现了金融中心建设和金融生态环境建设的协调发展。

一　天津金融生态环境总体状况

（一）金融生态环境内涵界定

金融生态环境是指与金融机构和金融市场生存与发展具有互动关系的各种因素的总和，狭义上的金融生态环境是指微观层面的金融环境，包括法律制度、行政管理体制、社会诚信状况、会计与审计准则、中介服务体系、企业的发展状况及银企关系等方面的内容。

2004 年，12 月 2 日，中国人民银行行长周小川在“中国经济 50 人论坛”上作了题为《完善法律制度，改进金融生态》的演讲。按照周小川的解释，金融生态是指微观层面的金融环境。它包括法律、社会信用体系、会计与审计准则、中介服务体系、企业改革的进展及银企关系等方面的内容。同时在 2009 年，周小川再次重申了金融生态环境与区域经济发展的重要关系，他指出，作为一个大国经济体，我国的地区金融生态环境呈现出明显的地区差异，评价一个地方的金融生态环境好坏，地方政府对金融的行政干预强弱是一个重要指标，这个时候金融环境的概念除了有宏观层面上政策指导的作用，还可以进一步延伸到标准执行、执法公正性以及对欺诈案件的处理等问题上，地方政府信用建设等问题也被纳入金融生态环境的领域，成为值得讨论的重要问题。

（二）天津金融生态环境概况

近年来，天津市各个方面齐心协力，扎实工作，以改革创新的精神，共同推进金融生态建设，使得天津市金融生态环境持续得到改善。尽管在发展速度、发展质量上还有待继续提高，但其以稳健的步伐逐步积累，有序增长，已成为维护天津金融业发展的稳定器和助推器。

从总体上来看，2013 年天津金融生态环境稳步发展，在产业支撑、金融中介、信用环境、政府服务和法律环境等领域继续保持稳步增长的态势。具体来看，分以下几个方面。首先，2013 年，天津经济持续快速健康发展，天津金融在改革创新中稳步发展，金融业整体实力显著增强，金融体系抵御风险能力进一步提高。2013 年全市生产总值 14370.16 亿元，比上年增长 12.5%。工业总产值突破 2.6 万亿元，达到 27169.14 亿元，同比增长 13.1%。城市居民家庭人均可支配收入达到 32658 元，增长 10.2%。居民家庭人均总收入 36148 元，比上年增长 9.7%。全年外贸进出口总额 1285.28 亿美元，增长 11.2%。其中，进口 795.03 亿美元，增长 18.1%；出口 490.25 亿美元，增长 1.5%。财政收入总量突破两千亿元。总体来说，天津金融生态发展呈现一个稳步向上发展的态势。其次，2013 年天津金融中介机构数量质量都有提升，中介服务核心业务稳固，传统业务在规避风险的前提下稳步发展。截至 2013 年末，天津市共有法人证券公司 1 家，基金管理公司 1 家，期货公司 6 家，上市公司 38 家；2013 年，天津市保险保障覆盖面不断扩大，服务社会和经济作用持续加强，较好地发挥了经济补偿和社会风险管理功能，截至 2013 年末，天津市保险市场共有总、分公司 54 家，专业中介机构 67 家，兼业代理机构 3112 家，基本形成了种类齐全、布局合理的保险市场体系，其天津市整体保险公司总资产达到 1000.55 亿元，比年初增长 13.6%。最后，2013 年天津社会信用体系建设驶入快车道，中小企业和农村信用服务机制初现成效，信用服务市场得到培育发展。

表 1 2013 年天津各行业工业总产值

项目	工业总产值(亿元)	比上年增长(%)	占全市比重(%)
全市工业合计	26400.37	13.1	100
优势产业合计	23578.60	12.7	89.3
航空航天产业	385.27	59.0	1.5
石油化工产业	3734.14	3.0	14.1
装备制造业	10198.46	10.8	38.6
电子信息产业	3647.02	24.2	13.8
生物医药产业	984.54	30.7	3.7
新能源新材料	1151.73	11.1	4.4
轻纺工业	3477.45	11.2	13.2

资料来源：中国人民银行天津分行。

二 天津金融生态环境分项发展

2013年，天津市支付结算系统安全高效运行，支持了天津经济金融稳定增长；信用体系建设稳步推进，社会信用平台网络初步建成；反洗钱协调机制成效显著，在防范和打击洗钱方面发挥了积极作用；跨境人民币结算业务大幅增长。总体而言，金融生态环境建设日益优化。

（一）天津金融法治体系建设逐步完善

金融法律制度在维护正常的金融秩序，保证金融交易的顺利完成，规范金融业务，防范金融风险，促进金融创新方面均起着十分重要的作用，因此优化金融法治环境成为天津改革发展的一项重要内容。

国家外汇管理局、国家发改委、财政部、海关总署、国家税务总局、中国人民银行、国家商务部等有关部委先后发布文件支持天津市经济结构调整和转型，制定出台促进科技金融、支持现代服务业发展、推动企业上市等多项配套扶持政策，为全市金融业发展营造了良好的政策环境。同时为保护社会公众的财产权益，保障人民币的法定货币地位，防范洗钱风险，维护金融稳定，开展了打击非法集资、广告资讯信息排查清理、健全支付体系建设、防范比特币风险等活动，有效维护了金融安全稳定。

按照国务院的统一要求，2013年8月到10月，天津市“打击处置非法集资专项工作”领导小组在全市范围内组织开展了涉嫌非法集资广告资讯信息排查清理活动，有效净化了广告资讯信息市场，收到了较好成效。活动期间，各成员单位、区县政府和行业主（监）管部门按照实施方案的要求，有计划、分阶段地逐步推开，对天津市范围内的广告发布（经营）单位、报刊杂志、广播电视、网络媒体、互联网站及以户外广告、手机短信和宣传单等方式发布传播的涉嫌非法集资广告资讯信息，开展了自查自纠、监测跟踪和执法检查。市“打击处置非法集资专项工作”办与成员单位及区县“打击处置非法集资专项工作”办建立定期回复和互动沟通机制，加强了点对点的信息反馈，形成全方位、立体化的排查网络，确保了排查清理活动覆盖面广，延展度深，使广告排查清理活动有效推动和深入开展。通过此次排查清理活动，全市监测检查各类形式广告4112条次，检查广告经营和发布单位229户，检查网站289户；检查房地产销售、电子商品销售网点及信息咨询中介机构等经营网点2200余户；检查户外广告牌243块，清理拆除违法户外广告牌2块；出动执法车辆139台次和执法人员710人次，发放宣传资料3000余份。对利用广告资讯信息宣传造势从事非法集资活动形成了有力打击。

为进一步加大对本市服务贸易的金融支持力度，扶持培育一批具有国际竞争力的服务贸易重点企业和项目，带动全市服务贸易健康快速发展，市商务委、市金融办、天津银监局联合发布《关于天津市金融支持服务贸易发展的若干意见》。据了解，相关的金融政策以支持商务主管部门提出的服务贸易重点发展领域、重点项目为方向，由商业银行开发信贷产品，以“商务部门组织申报、第三方机构资格预审、银行贷款审批、有关部门贷款贴息”为原则，充分发挥金融在促进服务贸易发展过程中的杠杆作用，共同搭建金融支持服务贸易发展的合作平台，扩大重点行业服务进出口，推动本市服务贸易加快发展。

为加快推进滨海新区金融改革创新，促进天津市现货市场发展，支持现货商品交易所交易商企业在津开展业务，市金融办、市发改委、市财政局、市国税局提出了《关于支持现货商品交易所交易商企业在津开展业务的意见》。

为落实京津两地政府间合作框架协议，加快推动京津两地金融合作发展，2013年12月13日下午，北京市金融工作局与天津市金融办正式签署《京津金融合作协议》。京津两地将按照政府推动与市场运作相结合、互利共赢与优势互补相结合、总体推动与重点推进相结合的合作原则，在优化金融资源配置、加强科技金融创新合作、深入开展金融要素市场领域合作、推动区域信用体系建设、加强金融信息和人才交流、促进跨区域金融监管合作与交流以及探索建立金融一体化综合改革试验区等方面展开交流合作。协议的签署将有助于进一步推动两地在更宽领域、更高层次、更高水平上的金融合作，不断提高金融服务实体经济的能力，共同创造有利于京津经济社会发展的金融生态环境，促进两地金融业繁荣发展。

以下是近年来天津市出台的重要金融政策。

表 2　近年天津重要金融政策

发布时间	文件名称
2013 年 12 月	《天津市人民政府办公厅关于修改天津市商业保理业试点管理办法的通知》
2011 年 5 月	《天津滨海新区综合配套改革试验第二个三年实施计划(2011～2013 年)》
2012 年 6 月	《天津市财政局天津市地方税务局关于天津市促进现代服务业发展财税优惠政策财政补助和奖励资金申请拨付问题的通知》
2013 年 12 月	《天津市交易所监督管理办法(试行)》

资料来源：天津政务网。

（二）天津市金融基础设施建设取得卓越成就

天津市在取得了 2012 年金融基础设施建设的诸多成就的基础上，在 2013 年继续加大金融基础环境建设力度，全面加强政府投融资平台整合治理，建立落实资金借用管还机制。2013 年，人民银行天津分行稳步推进金融基础设施建设，金融基础设施的不断健全和完善，在营造安全有序的金融环境、促进金融业稳健运行方面发挥了重要作用。

1. 征信体系建设不断完善

征信是指征信机构采集自然人、法人或其他组织的信用资料信息进行整理分析，并根据分析结果以信用信息查询、调查、信用评估等形式对外提供信用服务，帮助客户对信用风险进行防范和管理。

2003 年，天津下发《天津市社会信用体系建设起步阶段工作方案》，2010 年 3 月下发《关于加强社会信用管理建设社会信用体系的规定》，每一项政策措施都显示了天津不断推动社会信用体系建设的决心与勇气。2013 年，滨海新区作为天津金融改革试验先驱，初步建成了包括中小企业政策环境扶持、融资平台对接、信用担保评级增信、金融资源支持、信用激励机制在内的中小企业信用体系建设框架。天津在信用征信体系建设工作中主要在以下三方面进行重大改革与调整。

（1）地方信用体系建设有效推进

2013 年天津市政府将“扩大中小企业信用体系试验区建设”作为支持企

业扩大融资规模的重要措施，列入《2013 年促进天津市经济发展的 8 条措施》。同时联合天津市发改委等部门印发《天津市社会信用体系建设工作方案》等，为天津市推进社会信用体系建设提供制度安排。最后为了统筹全区征信评价考核，制定 2013 年基层社会信用环境建设工作综合评价考核方案，将信用体系建设纳入区县综合治理评价考核范畴，并将机构信用代码作为天津市企业征信数据库的辅助代码，以完成电子高效化征信系统信息收集统计。

（2）建立中小企业和农村信用服务机制

这包括首先启动保税区中小企业信用体系试验区建设，推进滨海新区中小企业信用体系试验区建设，147 户企业获得信贷资金支持 29.04 亿元，其中信用贷款 14.77 亿元。同时，天津市农委联合开展农民专业合作社信用体系建设，为 57 户市级专业合作社等建立电子信用档案并进行了信用等级评价，引导天津市各区县农业部门和金融机构支持现代农业发展。

（3）培育并且发展信用服务市场

2013 年天津市政府组织评级机构对全市近 90% 的融资性担保机构和小额贷款公司开展了信用评级工作，信用评级等级将成为监管部门实施差别化管理和金融机构与其开展不同层级合作的重要参考。同时，依托中小企业信用体系试验区建设，推动信用评级报告成为试验区中小企业申报政府贷款贴息、享受信用贷款和信用担保的必备要件。

2. 支付体系建设取得新进展

（1）支付系统应用进一步推广升级

“十二五”期间，滨海新区支付清算体系建设工作步伐加快，银行卡领域进一步拓宽，重点发展网上支付、移动支付业务，逐步建立环渤海区域票据交换大系统，努力打造现代化支付清算服务体系。同时，新区将支付清算体系风险防范机制构建作为工作重点，努力维持滨海经济金融健康有序发展。

具体措施主要包括以下三个方面。一是顺利推进第二代支付系统成功上线，进一步满足银行业金融机构灵活接入需求，完善流动性风险管理机制，提高支付系统应对突发事件的能力，拓展业务功能和服务对象。二是稳步扩大支票截留业务范围，继续在滨海新区推广支票截留业务，将蓟县纳入支票截留试点范围。统计数据显示，2013 年，天津市支票截留业务共发生 22.64 万笔，金额 123.60 亿元，平均每日可使近 5000 万元资金提前 1～2 个工作日到账。三是进一步推广集中代收付中心在公共服务领域的业务。全年共发生业务 147.45 万笔，清算资金 63.63 亿元，在方便缴纳各类费用、有效节约社会资源、提高资金清算效率方面发挥了积极作用。

（2）农村地区银行卡受理环境建设持续改善

一是大力推动“农村金融服务站”项目建设，充分利用天津农商银行等涉农银行扎根于农村的地理优势，加强与村委会合作，建立“农村金融服务站”，使广大村民享受到便捷的金融服务。年末，天津市农村地区共建设金融服务站近 1000 个。二是持续搭建农村地区金融基础设施，方便农民日常支付活动。年末，天津市农村地区银行网点总数 317 家，银行网点乡镇覆盖率达到 100%，账户管理系统网点覆盖率和联网核查系统覆盖率达到 100%，人民银行跨行支付系统网点接入率为 94.64%，同比提高 5 个百分点。

（3）银行卡产业发展加速

首先，顺利完成银行卡刷卡手续费标准调整工作。此次适当下调部分偏高刷卡手续费标准，减轻了商户负担，方便了群众持卡消费，在持续改善天津市银行卡受理环境，发挥银行卡在扩大内需、促进流通和消费等方面起到积极的促进作用。其次，天津市政府继续做好金融 IC 卡受理市场建设。全年发行 ETC 速通卡 5 万余张，有效缓解假日期间高速收费站拥堵情况；推动公交领域受理金融 IC 卡、天津市出租车行业受理金融 IC 卡、医院受理金融 IC 卡，整合银行卡市场资源，方便百姓生产生活。同时，2013 年天津滨海新区银行卡业务创新卓有成效。统计数据显示，2013 年，一卡式服务成为滨海新区银行卡业务主导方向，银行等金融机构纷纷加大银行卡业务投入力度，积极整合研发创新，如“信贷合一卡”“小企业 e 贷卡”等产品，为客户提供专业理财、会员服务等一揽子计划，提升客户对银行业服务满意度。

3. 反洗钱工作高效开展

（1）反洗钱协调机制作用凸显

一是高效贯彻落实反洗钱协调机制工作要求。积极履行天津市反洗钱工作联席会议办公室职责，召开天津市反洗钱工作司法会商会议，总结和交流打击洗钱犯罪工作经验，推动扩大反洗钱工作成果，召开反洗钱司法会商联络员会议，研究部署天津市洗钱类型分析工作，加强对反洗钱工作的理论和实践指导。二是不断加深部门间反洗钱合作。全年与本市侦查、司法部门举行情报会商21次，与天津市公安局等单位共同举办了“打击防范经济犯罪携手平安法制建设”社会宣传活动，与天津市通信管理局就防范比特币洗钱风险达成加强监管合作意向。

（2）反洗钱监管针对性持续增强

一是完成对62家银行机构、70家证券机构和45家保险机构的反洗钱工作考核、风险评估和工作测评；二是对3家法人金融机构实施了反洗钱“5C”评估；三是对21家影响力较大的银行机构实施了反洗钱非现场监管走访；四是对3家银行机构实施了反洗钱现场检查；五是辅导15家新开业金融机构或特定非金融机构建立健全反洗钱内控制度和监测系统，部署4家法人支付机构开展反洗钱履职情况自查。

（三）中介服务体系建设成果显著

1. 传统金融服务机构

截至2013年末，天津市共有中外资银行业金融机构77家。其中，在53家中资银行业金融机构中，法人机构32家；在24家外资银行业金融机构中，法人机构3家。

截至2013年末，天津市银行业金融机构资产总额41271.19亿元，同比增长17.5%。其中，本外币各项贷款余额20857.80亿元，同比增长13.4%，增速较上年下降2.1个百分点。负债总额39632.05亿元，同比增长17.5%。其中，本外币各项存款余额23316.56亿元，同比增长14.9%，增速较上年下降0.5个百分点。2013年，天津市银行业金融机构实现净利润580.68亿元，同比增长19.6%，增速较上年下降4.7个百分点。银行业整体实力稳步提高。

表 3　2013 年天津金融机构数量

机构类别	营业网点			法人机构数(个)
	机构个数(个)	从业人数(人)	资产总额(亿元)	
一、大型商业银行	1174	27295	11801.9	0
二、国家开发银行及政策性银行	13	488	2674.8	0
三、股份制商业银行	306	10903	12030.4	1
四、城市商业银行	284	6949	6367.6	1
五、小型农村金融机构	594	8049	2910.2	2
六、财务公司	4	111	189.7	3
七、信托公司	2	288	59.6	2
八、邮政储蓄银行	415	2494	857.1	0
九、外资银行	26	1627	1028.3	3
十、新型农村金融机构	25	588	152.3	13
十一、其他	7	1075	3199.2	7
合计	2850	59867	41271.2	32

资料来源：中国人民银行天津分行。

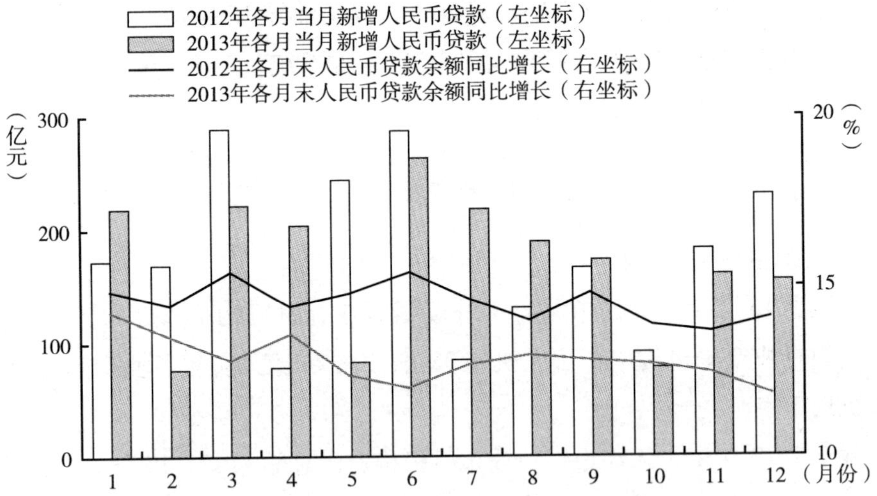

图 1　2012～2013 年天津市金融机构人民币贷款增长变化

资料来源：中国人民银行天津分行。

2. 证券基金机构

截至 2013 年末，天津市共有法人证券公司 1 家，基金管理公司 1 家，期货公司 6 家，上市公司 38 家。天津市证券公司开立的资金账户数为 49. 22 万户，同比下降 2. 0% ，客户交易结算金额余额为 36. 28 亿元。

法人证券公司盈利水平大幅提高。截至 2013 年末，渤海证券资产总额 140. 80 亿元，比年初增加 24. 64 亿元，全年实现营业收入 11. 51 亿元，同比增长 26. 9% 。其中，代理买卖证券手续费净收入 4. 51 亿元，同比增长 30. 7% ，证券承销收入 1. 29 亿元，同比增长 94. 5% 。2013 年，渤海证券实现盈利 3. 04 亿元，同比增长 65. 2% 。

法人基金公司创新成果显著。截至 2013 年末，天弘基金资产总额 3. 25 亿元，比年初增加 1. 32 亿元。业务及管理费用依然较高，导致公司全年亏损 92. 52 万元，但同比减亏 1379. 93 万元。本年度公司旗下新成立 4 支开放式基金，其中与支付宝合作推出的“余额宝”，即增利宝，货币市场基金规模迅速扩张。年末该公司管理的基金总数达到 14 只，基金总份额 1963. 13 亿份，基金净值 1943. 62 亿元。

表 4　2013 年天津证券业发展情况

项目	数量(家)	项目	数量(亿元)
总部设在辖区内的证券公司数量	1	当年国内股票(A 股)筹资	45. 1
总部设在辖区内的基金公司数量	1	当年 H 股筹资	0
总部设在辖区内的期货公司数量	6	当年国内债券筹资	1032. 8
年末国内上市公司数	38		

资料来源：天津证监局。

法人期货公司业务规模进一步扩大。截至 2013 年末，天津市 6 家法人期货公司资产总额 27. 98 亿元，比年初增加 4. 23 亿元，增长率为 17. 8% 。

6 家法人期货公司全年代理交易量 3683. 20 万手，代理交易额 36799. 29 亿元，手续费收入 9960. 86 万元，同比分别增长 50. 0% 、54. 6% 和 2. 9% 。25 家期货营业部全年代理交易量 2532. 61 万手，代理交易额 31828. 95 亿元，同比分别增长 29. 7% 和 26. 9% 。6 家公司中有 2 家公司全年实现盈利，净利润合计 1802. 62 亿元，其余 4 家公司均亏损。

3. 保险业机构

2013 年，天津市保险业经营主体基本稳定，资产规模持续扩大。基本形成了种类齐全、布局合理的保险市场体系。2013 年末，天津市保险公司总资产为 1000.6 亿元，比年初增长 13.6%。保险市场保费收入持续提高，赔款给付支出持续增加。2013 年，天津市保险业共实现保费收入 276.8 亿元，同比增长 16.2%；赔付支出 102.0 亿元，同比增长 25.90%；财产险赔付同比增长水平高于人身险赔付。保险保障覆盖面不断扩大，承担风险责任大幅提升。2013 年，天津市保险业新增承保保单 1057.3 万件，同比增长 51.9%，比上年提高 17.3 个百分点；新增保险金额 71666.4 亿元，同比增长 53.9%，比上年提高 44.9 个百分点。专项领域保险取得新进展，服务社会和经济作用增强。制定《关于规范政策性农业保险协保费用有关事项的通知》，确保农业保险保费补贴资金的安全和规范使用。印发《关于进一步完善基本医疗保险意外伤害附加保险制度有关问题的通知》，明确全民意外险基金的给付范围、基金拨付方法及意外死亡案件审核要求，弥补基本医疗保险缺乏意外补偿缺口。

表 5　天津市保险业行业情况

项目	数量
总部设在辖区内的保险公司数(家)	5
其中:财产险经营主体(家)	2
人身险经营主体(家)	3
保险公司分支机构(家)	54
其中:财产险公司分支机构(家)	24
人身险公司分支机构(家)	30
保费收入(中外资,亿元)	276.8
其中:财产险保费收入(中外资,亿元)	102.3
人身险保费收入(中外资,亿元)	174.5
各类赔款给付(中外资,亿元)	102.0
保险密度(元/人)	1880.2
保险深度(%)	1.9

资料来源：天津保监局。

4. 融资租赁机构

截至 2013 年末，总部在天津的各类融资租赁公司达到 206 家，约占全国的 20.1%；注册资金总计 840 亿元，约占全国的 27.5%；租赁合同余额 5750 亿元，约占全国的 27.4%，同比增长 55.4%，呈现快速发展的态势。

一是行业发展环境持续优化。天津滨海新区为国家金融改革试验区，拥有先行先试的政策优势。国家有关管理部门及天津市政府从政策吸引、市场培育等方面对于融资租赁业的发展给予了大力扶持和引导，为天津融资租赁业的发展奠定了坚实的基础。同时，2013年，在天津注册的金融租赁公司达5家，占全国金融租赁企业总数的21.7%。注册资本合计241亿元、合同余额2550亿元，分别约占天津金融租赁企业注册资金的28.6%和业务总量的44.3%，占全国金融租赁公司注册资金的31.3%和业务总量的29.7%。资产总额达3531亿元，实现净利润49亿元，对于天津成为我国融资租赁业聚集地发挥了重要作用。

一是形成专业化经营模式。金融租赁公司以服务地区特色产业为基本立足点，结合自身优势，逐步形成“专业化、差异化”的发展格局。分别定位于航空、航运和各类大型设备租赁；占据公务机业务领域的市场优势；开展住宿餐饮、医疗卫生、交通设施等创新型融资租赁业务；着力服务三农和中小微企业。

二是创新步伐不断加快。金融租赁公司不断推动业务模式、融资模式、资产管理、风险管理等方面多项创新转型工作。实施了一系列租赁创新项目，完成国内金融租赁公司飞机融资租赁业务、飞机改装金融租赁、保税港区金融租赁创新等多项业务，引领了行业发展。

三是资产质量总体良好。金融租赁公司不断健全资金管理体系，形成了比较完善的内控管理制度和风险防范体系，资产质量总体良好。

（四）金融市场健康发展

1. 社会融资规模不断扩大

2013年全市社会融资规模为4910亿元，比上年多470亿元。社会融资规模中企业债券和股票等净融资842亿元，同比多增282亿元，其中，增加较多的中期票据净融资522亿元，同比多增217亿元。

2. 货币市场交易活跃

2013年全市银行间同业拆借市场累计完成信用拆借2462笔，同比增长15.4%；累计拆借金额为8047亿元，同比下降14.6%。债券回购交易量继续保持增长态势，累计成交额达50009.2亿元，同比增长23.4%。

3. 票据融资平稳增长，黄金市场总体运行平稳

2013 年，全市承兑汇票累计发生额为 9341. 9 亿元，同比增长 14. 4%；票据贴现累计发生额为 5308. 8 亿元，同比增长 27. 6%。黄金市场稳步发展。2013 年，天津市黄金市场总体运行平稳，实物黄金交易量同比增长 18. 3%，交易金额同比增长 0. 5%。

表 6　2013 年天津金融机构票据业务统计量

单位：亿元

季度	银行承兑汇票承兑		贴现			
			银行承兑汇票		商业承兑汇票	
	余额	累计发生额	余额	累计发生额	余额	累计发生额
1	5523. 0	2572. 7	748. 2	1533. 4	19. 3	130. 5
2	4102. 7	4930. 5	891. 0	2947. 9	22. 5	154. 7
3	3981. 5	6946. 5	740. 9	4032. 0	17. 9	207. 6
4	4149. 9	9341. 9	742. 3	5052. 2	10. 5	256. 6

资料来源：2013 年天津金融运行报告。

4. 跨境人民币业务取得新进展

自 2010 年 6 月试点以来，中国人民银行天津分行采取积极有效措施，全力推动跨境人民币业务开展，自试点至 2013 年末，全市银行累计办理跨境人民币结算业务 2427. 4 亿元。其中，货物贸易结算 1189. 4 亿元，占比 49%，服务贸易及其他经常项目结算 801. 0 亿元，占比 33%，跨境资本结算 436. 3 亿元，占比 18%，跨境人民币结算量得到了快速增长。

首先，跨境人民币业务结算量跨上新台阶。2013 年，中国人民银行天津分行不断营造良好的政策环境，在坚持风险可控的前提下，制定出台《天津市经常项下跨境贸易人民币结算银行审核流程优化指导意见》，简化经常项下跨境贸易人民币结算审核流程，进一步提高跨境人民币结算效率，扩大人民币在跨境贸易、投融资中的使用。2013 年，全市办理跨境人民币结算业务突破千亿元，达到 1272. 1 亿元，同比增长 1. 01 倍，占同期银行代客国际收支结算量的 11. 5%，成为仅次于美元的第二大跨境收付货币，结算量高于 2010 ~ 2012 年跨境人民币结算量总和。跨境人民币结算业务主要分布在金属矿产销售、电子制造、石油勘探及销售、汽车销售、钢铁化工、批发等行业，占结算总量的 66.5%。

其次，跨境人民币各项业务均实现较快增长。依托天津市经济发展的优势和特点，不断扩大跨境人民币业务领域，支持渤海商品交易所开展现货商品跨境交易人民币结算业务。2013 年 4 月份，正式启动了渤海商品交易所现货商品跨境交易人民币结算试点工作，进一步拓展了跨境人民币结算的业务范围，跨境人民币各项下业务均实现较快增长。2013 年，货物贸易结算 582.0 亿元，同比增长 65.8%，占同期海关货物进出口总额的 7.4%，占结算总量的 45.8%；服务贸易及其他经常项下结算 426.7 亿元，同比增长 2.2 倍，占结算总量的 33.5%；跨境资本交易 263.4 亿元，同比增长 77.9%，占结算总量的 20.7%。

最后，跨境人民币业务渗透力不断增强。通过建立政策宣传培训长效机制，把政策宣传和业务培训融入日常工作中，组织银行以宣讲会、推介会、研讨会等方式进行政策宣传和产品推介，2013 年组织了 20 余次宣传培训，培训银行、企业人员千余人；利用银行网点资源优势进行宣传，利用网络信息平台宣传推广，不断提升政策影响力。境内主体参与度持续提高，境外结算地域不断扩大。截至 2013 年末，全市共有 1789 余家企业办理跨境人民币业务，同比增加 78%。前 100 家企业跨境人民币结算量占 90%。已与 83 个国家和地区发生跨境人民币结算业务往来，较上年同期增加 15 个国家和地区。天津市与香港地区、欧美国家结算量占比合计为 71.5%。其中，与香港地区结算量占比为 39.5%，同比下降 5.7 个百分点，比全国低 17.7 个百分点；与欧美国家结算量占比为 32%，同比增加 3 个百分点，高于全国 21 个百分点；与亚洲（除香港）、非洲和大洋洲结算量占比合计为 28.5%，同比增加 6.5 个百分点，与全国基本持平。

三　天津金融生态环境发展展望

天津金融生态环境发展建设是艰巨而复杂的，非一朝一夕能够完成的。金融的可持续发展离不开所处环境的支持，因而，金融生态环境成为金融机构赖以生存和发展的首要前提，良好的金融生态环境也是加快金融业创新步伐、提高金融机构运行效率的重要保障。天津目前处于高速的发展期，高速的经济发展必然会加剧金融风险，这就要求必须搞好配套金融服务业、相应金融生态环境的建设。我们认为，为完成天津整体金融业规划，实现天津突破式发展，不仅需要法制环境和财税政策的支持，也需要政府、金融机构、企业乃至个人的努力和多方的共同配合。为实现天津经济突破式发展，还需要在以下几方面继续努力。

（一）规划天津金融产业，推动天津金融法治建设

天津北方金融中心建设和与之相辅相成的金融生态环境建设，都需要有强大的金融产业做支撑，没有强大的金融产业，就不可能把天津建设成北方金融中心。金融产业是以社会金融资源的利用为核心，为有效完成金融交易活动而形成的相关企业的集合体。金融产业的发展是一个由低级到高级的过程，从金融发展趋势来看，呈现出两个明显的特征：一是金融涉及面越来越广泛，已渗透到经济生活的各个方面，成为现代经济的核心，宏观经济政策在经济调节中的作用越来越突出；二是微观金融产业的发展越来越引人注目，金融产业在国民经济中的地位日渐显得举足轻重，微观金融的发展，使得金融产业越来越细化，主要表现为金融产业链条的延伸、细化以及相对独立化。

天津在建设北方金融中心过程中，应该遵循金融产业发展规律，根据天津经济发展纲要，制定金融产业发展政策；金融产业政策对金融产业发展、金融产业结构安排、金融产业技术手段提高具有促进作用，为各方面提供了解决一系列重大问题的指导方向。有了金融产业政策，金融各行业就有了明确的发展方向和发展目标，一些重大金融创新和发展措施的推出和完善就有了可供遵循的政策依据，金融发展就会少走弯路，从而减少盲目性和随意性，增强预见性、主动性和时效性，增强产业国际竞争力。金融法治环境是金融生态体系中最重要的部分，完善的金融法治环境是天津实现经济可持续发展的重要保证。

同时，在加强健全金融法规的同时，还应该加强征信体系的建设，这也是

完善天津金融法治水平的重要内容。信用体系的建设可以有效识别金融风险，保证金融安全。这包含两方面的内容，首先是个人和企业征信数据库系统的建设，其次是建立权威的企业信用国内评级机构或者机制，从外部环境对其进行约束。

（二）大力发展金融辅助产业和金融支撑产业，健全现代金融服务体系

金融产业不仅仅包括以资本市场和金融机构为中介的资金交易，还应该包括更为广泛的金融资产交易和管理；金融产业链条里面不仅仅包括传统意义的金融机构，还应该包括广泛的投资公司、咨询评估、会计、审计、信用评级等信用中介机构。核心金融产业的发展和金融服务功能的提升需要发达的金融支撑产业，如计算机、芯片技术、软件开发、系统工程等。

目前，天津金融发展迅速，经济快速稳定发展，但存在一定区域发展不平衡问题。近几年，天津滨海新区金融发展迅速，金融机构数量急剧增多，体现了滨海新区良好的金融生态环境对海内外金融机构的巨大吸引力，但目前存在的问题是金融中介结构发展不平衡。未来，天津在发展金融产业的过程中，不仅要重视金融机构数量质量，同时也要不断完善金融中介服务机构的结构，在推动银行业金融机构发展的同时，要不断推进保险、信托、融资租赁、证券等非银行金融机构的发展，使二者在结构上能够互相促进、互相推动，实现天津金融中介机构的均衡发展，在整体区域上逐步建立起完善均衡的金融服务体系。

（三）有重点有层次地深化发展天津金融

更开放地加大天津滨海新区发展先行先试是滨海新区开发开放和全国经济体制改革的重大举措，是推进开发开放的重要任务，同时也是进一步实现天津更好更快经济发展的决定性路径，因此，天津应大力开展滨海新区的建设，创建与社会主义市场经济体制相适应的现代金融服务体系。明确了这样的发展战略目标，天津应该在如下方面深化发展天津滨海新区建设：一是把

握功能定位的金融业差异化功能，政府加大力度对接实体经济；二是以建立现代金融服务体系为核心，不断提高金融服务促进新区区域经济社会协调发展的能力和水平；三是深化重点领域金融改革创新，为加快实现滨海新区功能定位和综合配套改革总体目标提供有力金融支持；深化融赁租赁业务创新，增强产业集聚效应；四是加快于家堡金融集聚区建设，着力营造具有国际竞争力的发展环境。

（四）加强环渤海地区的深度合作

环渤海地区是我国乃至世界经济发展最具竞争力的地区之一，天津北方金融中心建设和天津金融生态建设应该紧紧依靠环渤海地区这一巨大的北方经济腹地，将环渤海地区的金融资源做统一规划，以更广泛的视野来整合金融资源，改善金融环境。应该说环渤海地区的合作在许多方面取得了积极成效，但从整体要求来看，仍然存在诸多可以挖掘的空间和潜力，重点可以在以下几方面进一步拓展合作空间：一是加强政府政策的调节，尤其是产业政策的调节，防止区域内产业的趋同化，增强可持续发展的动力；二是进一步扩大信用信息共享的范围，在政府推动、市场化原则指导下，真正实现环渤海地区信用信息搜集的全覆盖无障碍资源共享；三是监管部门的深度合作，共同防御资金跨区域流动可能引起的金融风险；四是金融监管部门应给金融机构跨区设置分支机构提供特别通道；五是选择一些规模大、资信度高的中介结构如资信评估公司、会计师事务所、律师事务所、金融服务外包公司等跨区开展业务或设置分支机构。

（五）建立持续性的金融生态环境监测评估机制

金融市场是各种信息的聚集地，天津作为国家大力发展的北方经济中心，已拥有众多金融资源和经济发展优势与潜力，这就要求应该充分发挥贴近中国金融市场的优势，对各种经济金融信息进行持续性跟踪分析，尤其是要建立持续性的金融生态环境监测评估机制，一方面从央行总部承担起持续性监测评估的责任，一方面委托民间自律组织定期进行独立性监测监控。

（六）全面提升市民的金融素质

天津北方金融中心建设应有广大市民积极参与，需要广大市民具备较高的金融素质，以及对天津北方金融中心的认知度和参与度，要大力发展金融媒体产业、金融博览业、金融培训业，充分发挥金融行业组织、群众组织、社会教育培训机构的作用，大力开展金融知识宣传教育活动，普及金融知识，加强金融法治教育，切实增强市民的金融意识和能力，增强市民对天津北方金融中心建设的认知水平，形成良好的社会信用文化。

分报告下篇

Sub-reports Part Ⅱ

· 天津金融业的分析与展望 ·

B.7

分报告 6
2013 年的天津金融发展比较

摘　要：

本报告以区域金融发展规律为基础，运用比较分析法，横向和纵向对比天津金融业发展水平。首先，将天津金融业发展与北京、上海、广州和重庆四个城市进行横向比较，然后，将天津金融业发展与进入全球金融中心指数（GFCI）的三个内地金融中心城市（北京、上海、深圳）进行深入比较，此后纵向比较过去数年天津自身金融业的发展状况。基于比较分析结论，从天津金融业定位目标和发展战略出发，探讨天津金融业发展路径。

关键词：

天津　上海　北京　金融发展　比较分析法

本报告以天津区域金融发展的内在规律为基础，通过纵向与横向两个层次的比较，定性、定量地评估天津金融发展水平以及天津现代金融服务体系的相对水平。基于以上研究，从天津经济金融的定位模式和发展战略出发，探讨天津现代金融服务体系建设的政策可行空间。

一　天津金融发展的横向比较

国家中心城市是指在全国社会经济活动中处于重要地位具有多种主导功能、起着不可替代的枢纽作用的几个特大城市。中心城市不仅具有生产、服务、金融和流通等作用，且大多是政治和行政管理中心、交通运输中心、信息与科技中心和人才密集之地。20世纪80年代以来，中国经济学界通常将对经济社会发展起主要基地作用的大城市或特大城市称作中心城市，它们不仅构成了全国经济活动网络的主要连接点，而且对全国国民经济的发展起到了重点支撑的作用。国家级的中心城市包括首都北京、环渤海中心天津、华东的明珠上海、华南开放窗口广州以及中西部未来的中心重庆等。

进入21世纪以来，世界经济开始越发呈现出全球一体化和区域综合化的特征。而我国也通过自身一系列的改革，不断融入世界经济，经济发展速度有目共睹。经济的快速增长又进一步推动全国城市群的发展与壮大，条块状经济格局开始显现，区域经济“俱乐部”效应越发显著。目前中国主要形成了四大核心经济城市群：长三角城市群、珠三角城市群、环渤海城市群和成渝城市群。天津地处环渤海地区，且为该地区的核心城市，近年来由于经济的强劲增长被誉为中国经济第三增长极。特别是在滨海新区被纳入国家发展战略之后，在拥有一批大项目、好项目的情况下，天津经济增长速度之快令人侧目。根据国家整体的经济发展战略规划，未来天津将定位为国际港口城市、北方经济中心和生态城市，而且肩负着引领、带动整个环渤海地区的经济发展，解决目前中国在经济版图中存在的南快北慢的经济发展失衡问题的重任。2006年，国务院常务会议将天津完整定位为“环渤海地区经济中心，国际港口城市，北方经济中心，生态城市”，并将“推进滨海新区开发开放”纳入“十一五”规划和国家战略，设立为国家综合配套改革试验区。2009年，天津市随着调整了滨海新区的行政区划，经济开始进入超高速发展时代，经济增速连续多年处于全国领先水平，形成了中国唯一“双城双港”城市形态。作为经济发展水平、城市化水平较高的中心城市，京、津、沪、广、渝有着诸多共同之处，深入分析这五个中心城市的经济发展情况，对于天津金融改革创新将起到重要的借鉴作用。

（一）中心城市金融业发展比较

中国经济最发达地区共有四大经济圈，分别是珠三角、长三角、环渤海和成渝经济圈，北京、上海、天津、广州和重庆作为每个经济圈中的重要城市，各具特点和优势，也发挥着各自的重要作用。经济全球化的经验表明，“大都市经济圈”已成为衡量一个国家或地区社会经济发展水平的重要标志。我国改革开放以来，尤其是近几年国家中心城市的发展和建设，拉动了中国经济的快速发展。

以广州为“核心”的珠三角地区是我国改革开放的先行地区，中国重要的经济中心区域，在全国经济社会发展和改革开放大局中具有突出的带动作用和举足轻重的战略地位。随着经济的发展，珠三角已经成为世界知名的加工制造和出口基地，是世界产业转移的首选地区之一，初步形成了电子信息、家电等企业群和产业群。同时珠三角聚集了广东省重要科技资源，是广东省高新技术产业的重要基地，拥有国内最大的高新技术产业园区以及在国际处于重要地位的高新技术产业生产基地。被评为国家中心城市，对广州城市的发展定位而言，是一个具有深远意义的里程碑，这不仅是对广州改革开放30年以来所取得成就的一种肯定，同时也使得广州在国家经济建设发展战略布局中能够发挥出更大的作用。从区域内部来看，广州在珠三角处于“核心”位置，同时也是一小时城市圈的核心；是全省的“首善之区”、区域文化教育中心；放眼世界，广州是综合型门户城市，是面向世界、服务全国的国际化大都市，因此广州的经济社会发展战略不仅代表“国家意志”，同时肩负“国家使命”。广州市是中国经济总量最大的省份之一，在对内对外区域中形成了强大的辐射力，因此，需要强大的现代服务业，增强城市的服务功能，搭建国家战略平台，建立与东盟国家首都及大城市的联系，短期内可向亚洲五大城市看齐，长期来看可向美国的洛杉矶学习。在这个过程中，广州以先进制造业为基础，以现代服务业为支撑，全面加强对珠三角的影响力，以国家中心城市的身份推动其实现世界级“全球最具竞争力的大都市之一”的目标。

以上海为龙头的长三角经济圈，是中国经济发展速度最快、经济总量规模最大、最具有发展潜力的经济板块。长江三角洲快速积聚的国际资本和民间资本，不仅规模越来越大，而且以其特有的活力强有力地推动着这一地区的经济快速发展。近年来，长三角经济圈着力推进装备制造、电子信息、石油化工、汽车和船舶行业等产业高端化，促进制造业产业链向高附加值、高技术含量环节延伸，借助上海国际金融中心建设的契机，全力打造全球制造业基地和金融、贸易、航运中心。作为长三角都市圈内的领头羊，上海在中国经济中处于无可替代的重要地位。作为中国与世界交流的窗口，上海经常开全国经济之先风、执产业之牛耳。上海作为长三角都市圈中心城市对其腹地发挥着辐射作用，上海将以全面增强城市综合竞争力为主线，以体制创新和科技创新为动力，深入推进浦东的开发开放，着力调整优化经济结构，不断提高城市发展的国际化、资讯化、法制化水准，努力实现经济与资源、环境、人口相协调的可持续发展，最终将上海建设成为国际经济、金融、贸易和航运中心，具有综合竞争力的现代化国际大都市。根据这一发展目标定位，无论从经济角度看，还是从人文角度看，上海都是长三角都市圈众望所归的领头羊——中心城市，在长三角都市圈中，上海将充分发挥独特的综合优势，进一步谋求产业结构、城市功能和区域布局三位一体的协同发展，尽快建设成为具有强大综合竞争力的国际大都市。

1992 年，党的十四大首次提出将环渤海地区作为我国加快开发的重点地区之一。近年来随着天津滨海新区的高速建设发展，人们看到了环渤海经济圈发展的新面貌和新亮点，人们的目光再次聚集到了这块充满发展潜力的热土上。众所周知，一个将会对国家宏观经济发展战略乃至东北亚起重要影响的经济区的建设与形成不可能是一朝一夕的事情，必将是一个长期的历史过程，尤其是在当前世界经济一体化的大背景下，新的经济区域的形成绝不会是能够轻易完成的任务。虽然通过各方十几年的不懈努力，环渤海的经济圈建设已经初见雏形，并显示出强劲的发展后劲，但我们仍需冷静地看到，环渤海经济圈的发展目前仍然处于起步阶段。近年来，随着天津滨海新区地位的确立，环渤海经济圈的"龙头"也就随之确立。在我国经济转型的大背景下，要求我们一方面要注重将滨海新区建设成世界先进的现代化经济新区、生态新区和综合配套改革试验区，另一方面要强化与环渤海其他各港口、周边省市的合作，形成共赢的局面，促进金融、科技、教育和公共交通设施方面的共享与联合，共同构造海空航运网、铁路网、高速公路网、区域信息网和区域旅游圈，延伸产业链，带动产业升级。

成渝经济圈具有与长三角、珠三角、京津冀等经济区不同的区域特点和不同的经济结构特色，它在全国的区域分工和空间布局中可以扮演"五个基地、一个屏障"（能源基地、重型装备制造基地、国防科技工业基地、以 IT 产业为先导的高新技术产业基地、特色农副产品加工基地和长江上游生态屏障），带动西部发展的重要角色。重庆作为西部开发的领头羊，通过近几年的发展，逐渐成为西南综合交通枢纽中心、长江中上游经济中心和金融中心，大大提高了其城市吸附能力和辐射能力，大大提升了其城市价值。两江新区的确立、五大中心城市的定位，意味着重庆在西部的战略地位再次得到提升，更突显了中央做强重庆、打造增长"引擎"，带动西部经济社会发展取得新突破的意图。这对重庆城市的发展、城市价值的提升提供了良好的机遇。

1. 天津与北京、上海、广州、重庆金融基础比较

（1）城市辐射范围比较

表 1　京津沪渝穗的辐射范围比较

序号	城市	地区	目标定位	辐射范围
1	北京	华北	中国的政治、文化、科教和国际交流中心	依托首都优势建设全国性的政治文化国际中心
2	上海	华东	国际金融、航运和贸易中心	立足长三角，辐射全国，影响世界
3	天津	华北	中国北方经济中心、国际港口城市和生态城市、国际航运融资中心	带动环渤海地区经济发展、辐射北方地区
4	广州	华南	国家中心城市、综合性门户城市和国际大都市	辐射珠三角地区
5	重庆	西南	长江上游地区经济中心、金融中心和创新中心	辐射西部、西南地区，成为西部经济发展的龙头

资料来源：作者整理。

定位于中国北方经济中心的天津，通过构建“新金融中心”，确立天津服务环渤海、面向东北亚的国家级区域金融“开放经济资金导流枢纽”“创新导向型多重服务市场”和“金融生态示范区”的发展模式，在构建“金融定价交易中心”“金融后台服务中心”“离岸金融中心”进而成为“区域金融中心”的主线贯穿下，强化金融机构与金融市场有机相连的创新机制。

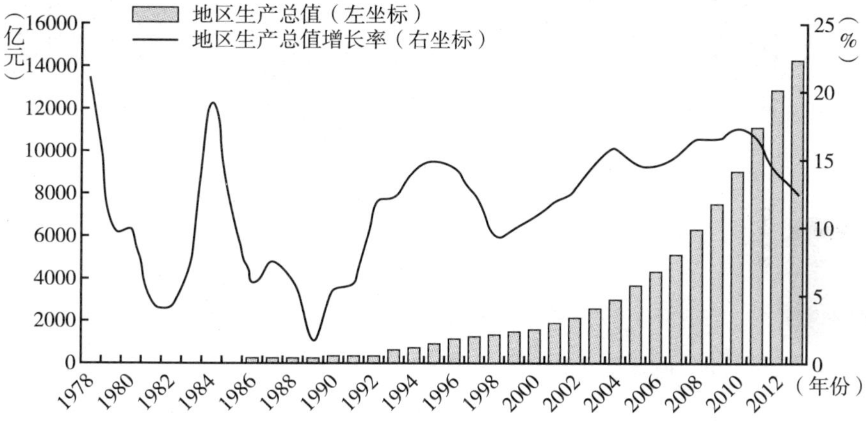

图1　1978～2013年天津市GDP及其增速

资料来源：天津市统计局。

（2）城市经济总量与产业结构比较

一个城市的经济发展水平与其城市的经济总量紧密相关。如图2所示，在各大中心城市中，天津的经济总量与其他城市相比仍存在一定差距，2013年天津GDP为14370.16亿元，同比增长12.5%，增速在全国名列前茅。仅相当于上海GDP的66%（21602.12亿元），北京GDP的73%（19500.6亿元）。而从城市经济总量的增长速度对比情况可知，北京、上海、广州、天津、重庆五个城市2013年GDP总量分别比上年增长7.7%、7.8%、8.5%、12.5%、12.3%，2014年第一季度增长率分别为7.1%、7%、7.2%、10.6%、10.9%。

从数据上可以看出，尽管天津的经济总量相比其他中心城市而言较小，但随着近年来天津对经济发展的大力扶持，其经济增长速度远远超过了北京、上海等城市。可见，在经济发展上，天津正处在高速发展的阶段，经济总量加速积累，经济增速最快，为天津的发展和金融创新打下了更好的经济基础。在产业结构上，截至2013年末天津第一产业增加值为188.45亿元，同比增长

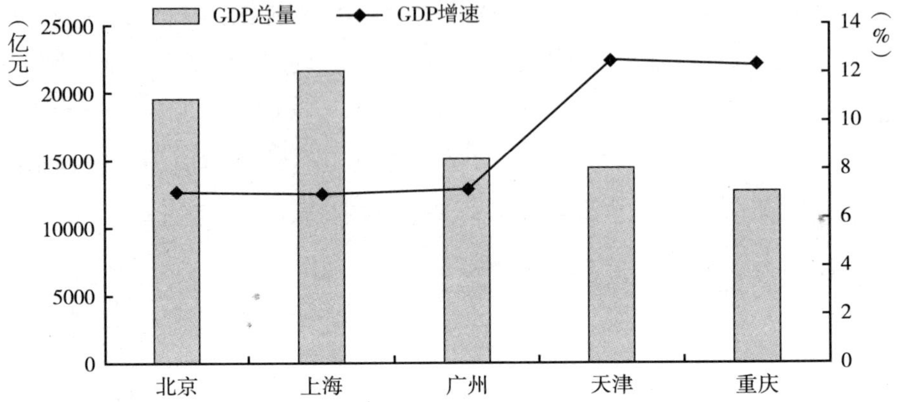

图2　2013 年全国中心城市 GDP 总量及增速

资料来源：天津市统计局。

3.7%；第二产业增加值 7276.88 亿元，同比增长 12.7%；第三产业增加值 6905.03 亿元，同比增长 12.5%。其中，滨海新区实现生产总值 8020.40 亿元，同比增长 17.5%，对天津市经济发展的带动效应明显。相比于天津，上海和广州占比最高的产业均为第三产业，占比分别为 62.2% 和 53.50%。可见，天津相对于上海和广州第二产业的占比过高而第三产业占比却相对较低，其产业机构调整的任务仍然十分艰巨。

（3）固定资产投资、消费、出口比较

消费、投资和对外贸易是拉动城市经济发展的三驾马车，因此消费、投资和对外贸易这三个指标在城市 GDP 中所占比重的大小可以反映该城市经济发展的主要动力。比较天津与其他中心城市在固定资产投资、消费以及对外经济贸易发展等方面的发展状况也可以找到天津与其他中心城市经济总量的差距所在。

对于五大城市的固定资产投资情况，由图 3 可以看出，近年来，五大中心城市的固定资产水平总体上均呈现不断上升的趋势。北京和广州的固定资产投资水平近几年的增长趋势基本持平，上海的固定资产投资水平在 2012 年略有下降，其余年份的增长状况并不明显。而随着天津在滨海新区大批项目的陆续启动，2013、2014 年固定资产投资有大幅度提升。可见，天津近年来经济增长很大程度上是由投资拉动的，然而，这种严重依赖投资驱动型的经济增长模式的可持续性并不强。一旦天津的投资总额减少，城市的经济增长速度将随之下降。

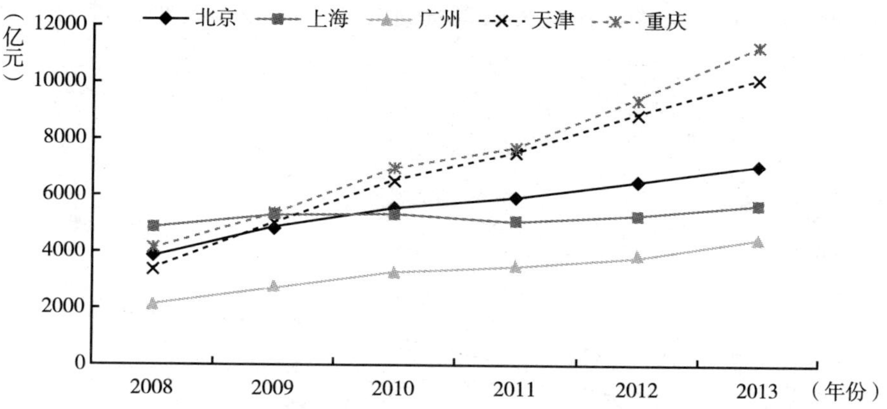

图 3　2008～2013 年全国中心城市固定资产投资总额增长情况

资料来源：各地统计局官网。

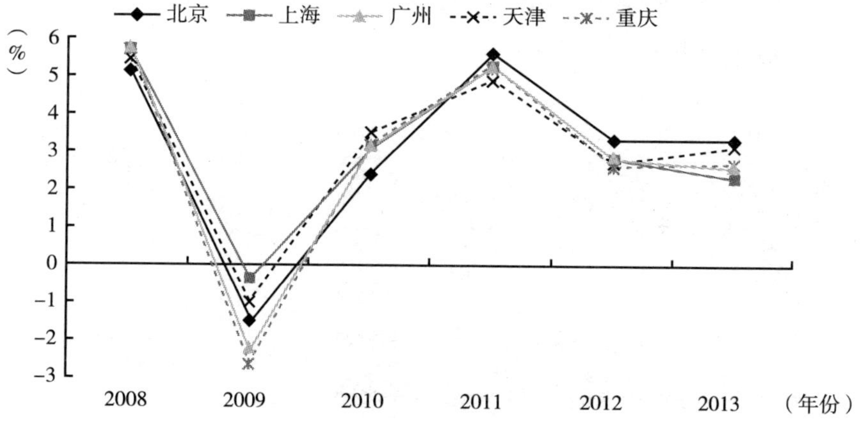

图 4　2008～2013 年全国中心城市消费增长速度比较

资料来源：各地统计局官网。

消费是促进地区经济增长的重要发动机。相比投资而言，消费对经济增长的拉动效果有更强的可持续性。比较北京、上海、天津、广州、重庆五大中心城市的消费情况，可以看出近年来其消费水平都呈现逐年大幅上升的态势。但是五大城市消费增长的速度相比存在一定差异，上海最高而北京次之，天津相比其他城市消费水平增长较慢，且与其他城市消费水平的差距较大。一个城市的消费水平取决于该城市的经济发展水平，同时消费水平的提高又对经济增长具有长期促进作用。天津消费水平较低，说明天津经济增长中由市场驱动的部分占少数。

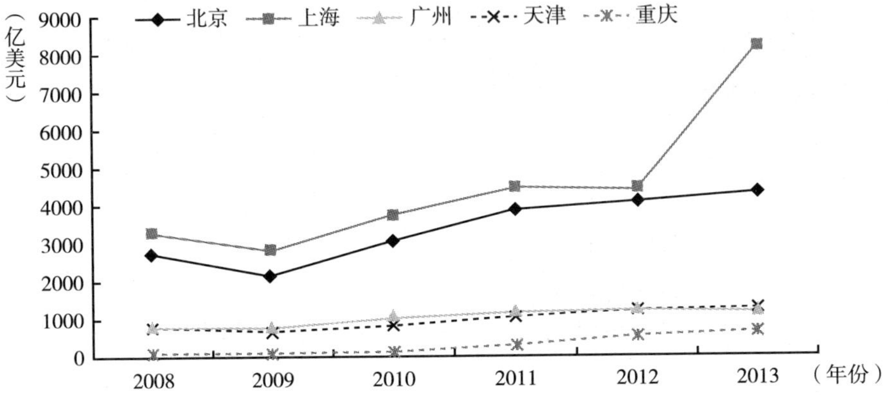

图5　2008～2013年全国中心城市商品进出口总额

资料来源：各地统计局官网。

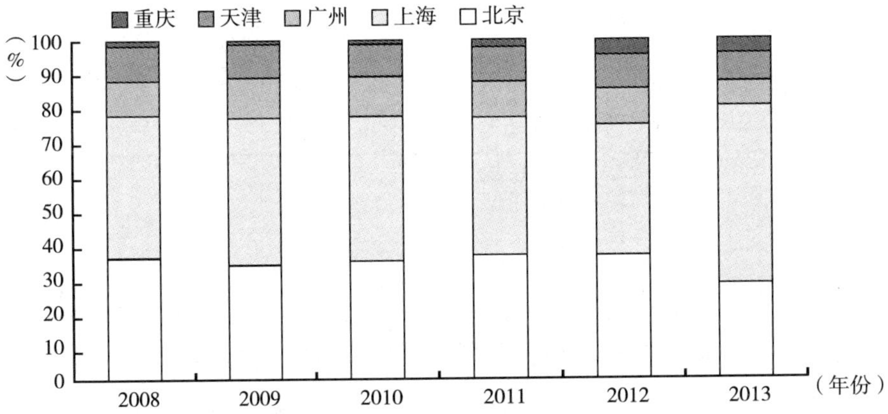

图6　2008～2013年全国中心城市商品进出口总额所占百分比

资料来源：各地统计局官网。

2013年，天津市全年商品进出口额达到1285.28亿美元，同比增速超过12%。随着服务贸易开放度的不断扩大，天津对外经济贸易发展迅猛。特别是在国际运输、国际旅游、建筑服务等领域保持了稳步增长的良好态势，在文化贸易、现代中医药服务、计算机和数据处理、金融服务、保险等新兴领域均发展前景良好。同时，从图中可以看出，与上海和北京相比，天津的对外经济贸易发展还存在相当大的差距，在未来几年，天津应进一步提高开放型经济水平。实行更加积极主动的开放战略，创新开放模式，拓展开放领域，集成开放优势，面向全球组织资源要素，整合海关特殊监管区域，探索建设自由贸易试验区，构建对外开放新优势。

（4）金融资产规模、金融增加值及金融机构数量比较

2014 年天津继续落实稳健的货币政策，金融资产规模也实现平稳增长。截至 2013 年末，天津金融机构本外币各项存款余额合计 23316.56 亿元，同比增长 14.90%。2013 年天津金融业增加值 1202.04 亿元，增长 18.3%。全年金融业增加值占 GDP 比重达到 8.4%，成为天津市国民经济的重要支柱产业。而同期上海的金融业增加值为 2823.29 亿元，北京为 2822.1 亿元，天津同两者之间还存在较为显著的差异。2013 年，天津全年新增 12 家法人金融机构，累计达到 56 家，天津成为拥有金融全牌照的城市之一。新型金融服务业态集聚发展，新增融资租赁公司 81 家，累计达到 197 家；新增商业保理公司 47 家，累计达到 96 家；新开业小额贷款公司 29 家，累计达到 156 家；村镇银行累计达到 13 家，实现涉农区县全覆盖。股权投资基金、创新型交易市场规范发展，意愿结汇试点取得成效。全年新增各类金融单位 116 家。其中，货币金融服务单位 54 家；资本市场服务单位 59 家。至 2013 年末，全市各类金融单位达到 1240 家。其中，货币金融服务单位 564 家；资本市场服务单位 252 家；保险业单位 347 家。在沪经营性外资金融单位达到 215 家，外资金融机构代表处 198 家，包括摩根士丹利中国区总部、澳新银行法人行、纽约梅隆银行西部基金等著名金融机构和新型金融机构。

2. 天津与北京、上海、广州、重庆金融业发展比较

（1）银行业

对于银行业发展现状的比较分析有两部分内容，一是银行业金融机构，二是银行业务的交易量。银行业金融机构分析使用两个指标：当地银行业金融机构法人数和资产总额。

表 2　2013 年银行业金融机构情况比较

选用指标	北京	天津	上海	广州	重庆	合计
银行业法人机构(个)	69	22	63	28	35	217
占比(%)	31.80	10.14	29.03	12.90	16.13	100
其中:国有商业银行	0	0	1	0	0	1
政策性银行	0	0	0	0	0	0
股份制商业银行	2	1	1	2	0	6
城市商业银行	1	1	1	1	2	6
农村合作金融机构法人	1	2	1	1	1	6
财务公司	34	2	11	9	1	57
信托公司	3	2	7	2	2	16
邮政储蓄	0	0	0	0	0	0
外资银行机构法人	9	2	22	4	0	37
农村新型机构	9	7	9	7	27	59
其他	10	5	10	2	2	29
银行业资产总额(亿元)	131433	41342	98214	33838	35436	340263
占比(%)	38.60	12.15	28.86	9.94	10.45	100

资料来源：2013 年各地金融运行报告。

从数据中可以看出五大中心城市银行业现状的四个特点：第一，在拥有银行业法人机构总数上，北京与上海都达到了 60 余家，银行业发展较成熟。第二，重庆在农村金融方面拥有突出优势，农村新型金融机构数量非常多，达到 27 家，其他城市均不足 10 家，说明重庆在农村金融方面发展较为突出，能够较为全面地为广大基层客户群体提供金融服务。第三，北京、上海和广州拥有大量的外资存款类金融机构，上海占比最高，达到 59.46%，北京其次，达到 24.32%，表明该地区的对外开放程度较高。第四，北京的银行业法人机构财务公司最多，多达 34 家。这与北京央企总部较多有关，也从一个侧面说明北京的银行业机构大部分是直接为企业服务的。第五，“其他类”中包括金融租赁公司、汽车金融公司、货币金融公司以及消费金融公司等。天津在“其他类”的占比上仅次于北京与上海，这也表明近年来天津对金融租赁公司以及消费金融公司的大力扶持和发展。

再看银行的业务量。银行的业务量不仅能说明城市银行业运行的情况，还能间接反映城市经济的活力。分析银行业务量的指标是金融机构本外币存贷款余额。

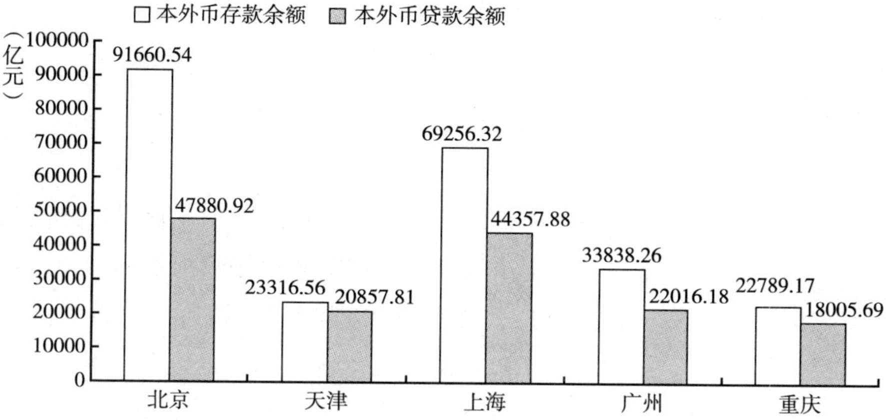

图7　2013年本外币存贷款余额对比图

资料来源：2013年各地金融运行报告。

再来分析贷存比。贷存比一方面反映了资金的使用效率和银行业的盈利能力，另一方面说明了整个经济发展的功能。五大城市中，天津的贷存比最高，为89.45%，其次是重庆，贷存比为79.01%。这说明虽然天津和重庆在五大城市中实力较弱，但其发展潜力和发展加速度比较快，经济发展更具活力。

在对五大中心城市的银行业数据等硬性指标进行对比之后，可以看出，在银行业发展方面，北京和上海处于绝对优势地位，但每个城市也有不同的特色与优势。上海、北京和广州对外开放充分，外资机构较多，央企云集的北京财务公司较多，天津和重庆的发展速度较快，重点着力于地方和基层，有着数量

表3　2013年证券业基本情况比较

单位：家，%

选用指标	北京	天津	上海	广州	重庆	合计
总部设在辖区内的证券公司数	18	1	14	3	1	37
占比	48.64	2.71	37.84	8.11	2.70	100
总部设在辖区内的基金公司数	9	1	30	9	1	50
占比	18	2	60	18	2	100
总部设在辖区内的期货公司数	20	6	26	7	5	64
占比	31.25	9.38	40.62	10.94	7.81	100

资料来源：2013年各地金融运行报告。

庞大的农村合作机构。

（2）证券业

对于证券业的分析主要是从机构的角度出发，主要包括证券、期货、基金三方面的情况。

从表中数据可以得知，在证券公司和基金公司数量上，前三位分别是上海、北京和广州，这主要归因于这三座城市的金融市场较为发达，上海和深圳拥有全国两大证券交易所，广州作为和深圳相邻的城市，也得到相应带动，区位优势吸引了大量的证券和基金公司聚集。而天津和重庆由于还没有全国性的证券交易所，在证券和基金公司数量上暂时落后。期货公司方面，全国三家商品期货交易所分别位于上海、大连和郑州，相应的这三地的期货公司数分别为26家、4家和3家。上海排名第一，北京位居第二拥有20家，天津的期货公司数截至2013年末达到了6家，超过了郑州和大连的期货公司数量。重庆和天津在证券业的发展方面起步较晚，暂时落后，不过也各自取得了突破性进展。天津近几年凭借国家开发滨海新区的契机，证券期货市场呈现良好发展态势。渤海证券公司实现了连续五年盈利，资产质量效益逐步提高。截至2013年末，天弘基金资产总额3.25亿元，比年初增加1.32亿元。本年度公司旗下新成立4只开放式基金，其中与支付宝合作推出的“余额宝”，即增利宝货币市场基金规模迅速扩张。年末该公司管理的基金总数达到14只，基金总份额1963.13亿份，基金净值1943.62亿元。整体而言，2013年，天津市法人证券公司盈利水平大幅提高，基金管理公司产品创新成效显著，期货公司发展基本平稳，上市公司市值有所增加。但同时，也需要注意的是部分机构盈利水平较低并且业务创新中蕴藏着风险。

总体来说上海和广州凭借早年开放政策优势和交易所的区位优势，北京依靠总部经济优势，三个城市在证券业方面先行一步，暂时还领先于天津和重庆。不过随着近年来，国家对天津滨海新区开发开放政策的逐步落实，天津的证券和基金业正在崛起，渤海证券和天弘基金管理有限公司的成立，结束了天津没有证券和基金公司总部的历史，随着天津金融政策环境的日益改善，相信会吸引更多的金融机构总部来津注册和开展业务。

（3）保险业

表 4　2013 年保险业基本情况比较

单位：亿元，%

	北京	天津	上海	广州	重庆	合计
保险公司总部	50	5	46	3	3	107
保费收入	994.44	276.81	821.43	474.89	359.23	2926.8
各类赔款给付	318.22	102.01	301.95	248.26	124.6	1095.04
保险赔付率	32.00	36.85	36.76	52.28	34.69	—

资料来源：2013 年各地金融运行报告。

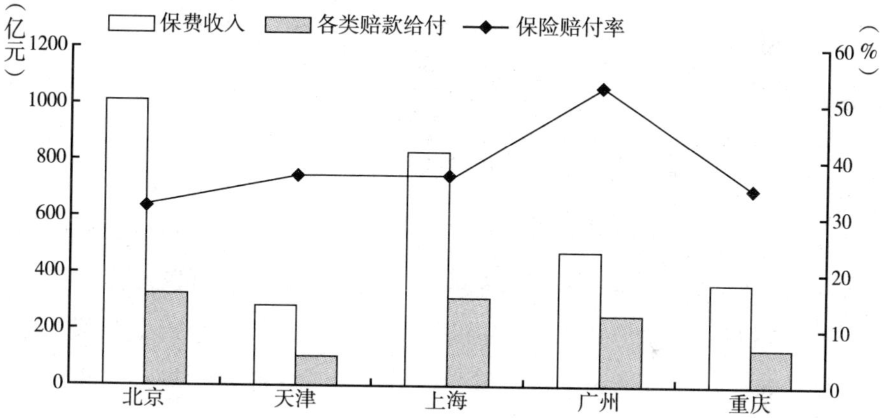

图 8　2013 年保险业基本情况对比

资料来源：2013 年各地金融运行报告。

从以上图表可以看出，北京与上海有着最多的保险公司法人机构，均超过了其他三个城市的总和。北京的保费收入排在第一位，这主要得益于许多国有大型保险公司总部设在北京，总部经济效应明显。而上海则是中小股份制保险公司占据多数。从保险赔付率数据来看，保险赔付率的高低反映保险公司的盈利状况，赔付率越低，盈利越好，从表中数据可以看到，近年来，几座城市的保险赔付率均有所上升，仍以重庆的保险赔付率最低，为 34.69%，而天津和广州的保险赔付率较高，盈利能力有待进一步上升。

近年来，天津的保险行业资产规模不断壮大，体系不断完善。2013 年新成立资产管理类公司 1 家。年末共有各类保险分公司 49 家，各类保险支公司、营业部、营销服务部和专属机构551家，保险专业中介机构102家。全年原保险保费收入276.80亿元，增长16.2%。其中，财产险收入102.28亿元，增长12.7%；人身险收入174.52亿元，增长18.4%。全年赔款和给付102.00亿元，增长25.9%。其中，财产险赔付58.98亿元，增长31.8%；人身险赔付43.03亿元，增长18.6%。天津保险业积极推进各项保险创新试点，为天津经济发展和人民生活提供了良好风险保障。

3. 小结

通过对天津与北京、上海、广州、重庆金融基础与金融业发展情况的比较可见，上海和北京在各方面要领先于其他城市，其经济实力和影响力足以担任全国性金融中心的角色。广州在金融基础和金融业发展情况上略逊一筹，不过由于其地理位置和对外经济优势，可以和深圳、香港等其他珠三角城市联合，发挥其影响力。重庆是五大城市中唯一一个西部城市，其实力虽有差距，但有自身的优势，比如金融体系面向基层、网点众多等，能够很好地起到区域经济中心的作用。相比于邻近的北京，天津的优势在于对外贸易和与贸易相关的票据和外汇等金融服务，以及为基层企业的融资服务。天津可以发挥其特长成为环渤海经济圈的金融服务中心、北方经济中心国际港口城市以及离岸金融中心。因此，放眼国际，通过与国际港口、国际金融中心的比较，才能真实、完整、连续地反映天津在国际上的地位，找出天津的差距，指明天津的努力方向。

二　天津与金融中心城市比较

（一）全球金融中心指数研究方法

近年来，金融服务业在全球化背景下已成为促进世界区域经济发展的加速器，因此，越来越多的城市将发展的目标定位为建设国际化大都市、构建国际金融中心。伦敦金融城公司Z/Yen集团建立的全球金融中心指数（GFCI），是世界评估金融中心最权威最具影响力的指数。自2007年3月起，Z/Yen集团每年两次发布全球金融中心指数，对全球金融服务行业发展近百年的城市进行评估，并基于有代表性的研究指数和全球权威机构评估结果，对城市进行综合排名。

大多数金融中心的国际评价体系和指标体系分为四个部分：一是金融规模，包括各种规模相关指标；二是金融效率，包括市场效率与服务效率；三是金融安全，金融中心和一个国家的政治与经济稳定，以及金融稳定密切相关；四是国际化程度，包括金融服务，金融机构，财务人员，以及金融法律制度的国际化程度。通过金融机构的内部考核指标可以开展持续动态的调查，来反映各行业权威人士对金融中心城市的实时评价；外部竞争力的指标包括金融人才、商业环境、市场准入、基础设施、综合竞争力五个指标。

表 5　全球金融中心一般性竞争力指标

指标	考察内容及细分指标方向
商业环境	商业监管、税率、经济自由度和商业环境是否宽松
金融人才	人才可获得性、市场灵活性、教育程度以及人力资本发展程度
市场准入	证券化程度、股票和债券的交易数量及价值、金融机构的集聚效应
基础设施	租金、办公空间的充裕度及交通条件
综合竞争力	消费价格水平、居民经济信心、宜居程度

资料来源：《全球金融中心指数》第 14 期，2013 年 9 月。

表 6　全球金融中心竞争力细分指标

竞争力指标	排名	影响力
训练有素的专业技术人员	1	5.37
监管环境	2	5.26
进入国际金融市场的容易度	3	5.08
基础设施	4	5.01
客户的可获得性	5	4.90
公平公正的商业环境	6	4.67
政府回应	7	4.61
企业税制	8	4.47
运营成本	9	4.38
专业服务供应商的获取	10	4.33
生活质量	11	4.30
文化和语言	12	4.28
商业楼宇的质量及供应	13	4.04
个人税制	14	3.89

资料来源：《全球金融中心指数（伦敦）》第 12 期，2012 年 9 月。

金融中心最重要的条件是良好的商业环境，因此表5的指标中，商业环境一项最为重要。而在商业环境指标体系中监管效率和监管水平是金融中心竞争力的决定性因素。57个细分指标中一些关键性指标对于金融中心的国际竞争力具有重要影响，表6的得分显示该项指标对于评估结果的影响程度。以纽约、伦敦建成国际金融中心的经验来看，金融中心所处的地理位置、本国货币在国际结算的地位、产业结构与规模、商业贸易业务规模、政策监管体制等因素对形成金融中心有较重要的影响。

（二）天津与深圳、上海、北京的竞争力分析

深圳、上海和北京是进入全球金融中心指数排名的三个内地城市。根据2014年第15期全球金融中心指数的排名，深圳排名第18位，上海排名第20位，北京排名第59位。从深圳的情况看，近年来深圳和香港的金融合作突飞猛进，这不仅强化了香港全球金融中心指数第3位的排名，而且连续两年大幅提升深圳在该指数的地位，2014年深圳排名第18位。在有效打通深港之间跨境资金流动的前提下，港、深两大金融中心将能对内辐射中国内地，对外辐射全球市场，足以构成纽约和伦敦之外的全球金融第三极。在金融产业规模上，深港两地2012年金融产业增加值相加达到700亿美元，接近伦敦的900亿美元；两地2012年末股票市场相加达到39820亿美元，超过东京、伦敦，是仅次于纽约的全球第二大股票市场。在经济腹地上，深港两地2012年GDP相加达到4723亿美元，也超过伦敦的经济规模。从上海的情况看，作为我国内地国际金融中心试点城市，上海在金融市场（证券市场、银行间同业拆借市场、期货市场、黄金市场等）、金融创新、金融机构和金融人才聚集等方面取得重要成果，未来伴随着中国（上海）自由贸易试验区的创新特征逐步显现、深化，预计将大幅提升上海金融中心的地位。从北京情况看，作为香港、深圳、上海之外跻身全球金融中心指数的最后一个中国金融中心城市，排名第59位（较上期上升10位）。作为国内外大型金融机构、跨国公司总部、金融监管部门、高科技企业（中关村）的聚集地，北京是我国的金融管理中心、信息发布中心、人民币结算中心、新兴的科技金融中心和互联网金融中心。以科技金融发展为例，根据清科研究中心的数据，2012年北京私募股权基金投资案例

数和投资金额达到 123 个和 33.47 亿美元，2012 年天津 PE 投资案例数和投资金额为 7 个和 4.26 亿美元，2013 年北京 PE 投资案例数和投资金额达到 132 个和 77.41 亿美元，2013 年天津 PE 投资案例数和投资金额达到 8 个和 0.54 亿美元。以互联网金融为例，P2P 网络借贷平台宜信、人人贷；众筹融资“点名时间”；在线金融产品销售平台 91 家金融超市的总部云集北京。将天津和深圳、北京、上海的金融业进行比较，有利于明确天津金融业的比较优势和发展方向。从表 7 可以看出，较之于内地三个金融中心城市，天津在专业技术人员配备、基础设施建设上仍有较大潜力可以挖掘。

表 7　北京、上海、深圳和天津的竞争力比较

类别	北京	上海	深圳	天津
训练有素的专业技术人员	√	√		
监管环境	√	√	√	√
进入国际金融市场的容易度	√	√	√	
基础设施	√	√		
客户的可获得性	√	√		√
公平公正的商业环境	√	√		√
政府回应	√	√	√	√
企业税制	√	√		√
运营成本			√	√
专业服务供应商的获取	√	√		√
生活质量		√	√	
商业楼宇的质量及供应			√	√
个人税制	√	√	√	

资料来源：本表由作者根据 GFCI 资料整理而成。

由表 7 可以看出，上海作为主要的金融中心乃至全国的金融中心，城市的金融建设和发展优于其他城市，不论是金融环境还是金融基础设施都给区域金融发展和经济发展带来了巨大的推动力；北京目前是全国的政治金融中心，金融建设和发展好于其他城市，所拥有的强大金融实力也给区域金融发展和经济发展带来了巨大的推动力。上海、北京、深圳的金融竞争力强于天津，其中北京处于绝对领先地位，在专业人员和基础设施等软硬件方面更具有突出优势，除此之外，在公司和个人税制方面北京和上海也走在了全国的前列。而深圳凭借天然的地理优势在全球金融中心建设的进程中也享有得天独厚的政策和经济优势。相比其他三大城市，天津在人才和基础设施等方面与北京、上海有一定的差距，但是天津运营成本较低，在楼宇的质量及供应方面存在着优势，在未来几年会大大缩小与北京和上海的差距。此外我们也应看到天津在近几年发展势头良好，在专业服务供应商的获取、企业税制、客户的可获得性、商业环境等方面都显现出较强的优势。下一步天津的发展应该侧重于基础设施和政策的改革。在政策方面探索对于个人税制的合理政策，学习上海、北京等城市的成功经验。引进各类优秀人才的同时也要加强本市金融人才的培养，使天津成为人才培养的乐土。从表 7 中可以看到，北京、上海、深圳、天津金融竞争力的优势各有不同，不同区域在经济和金融发展水平、基础设施建设、对外开放程度、企业融资模式等方面存在一定的梯度差异。

三　天津金融发展的纵向比较

2013 年，天津金融改革创新和金融业发展取得重大突破。机构门类逐步健全，发展环境不断改善，改革创新步伐加快，风险防范水平提高，圆满完成了各项任务。

（一）金融业务规模扩大，资产质量效益提高

2009～2013 年，天津金融业增加值保持着较快且平稳的上涨，从 2009 年的 421.18 亿元升至 2013 年的 1202.04 亿元，相比 2012 年增长 18.3%。全年的存款总额为 2976.68 亿元，同比增加 251.08 亿元；其中，单位存款新增 1918.19 亿元，占全部存款增加额的 64.4%，个人存款新增 914.35 亿元，占全部存款额的 30.7%。全年新增贷款总额为 2427.27 亿元，同比减少 39.03 亿元；其中，短期贷款新增数量为 1096.55 亿元，占比为 45.2%，而同时新增中长期贷款 911.74 亿元，占比为 37.6%，此外新增融资租赁为 469.74 亿元，占到总量的 19.4%。建立了以传统金融为基础，以现代金融为主干，多元化和开放型的金融服务体系。

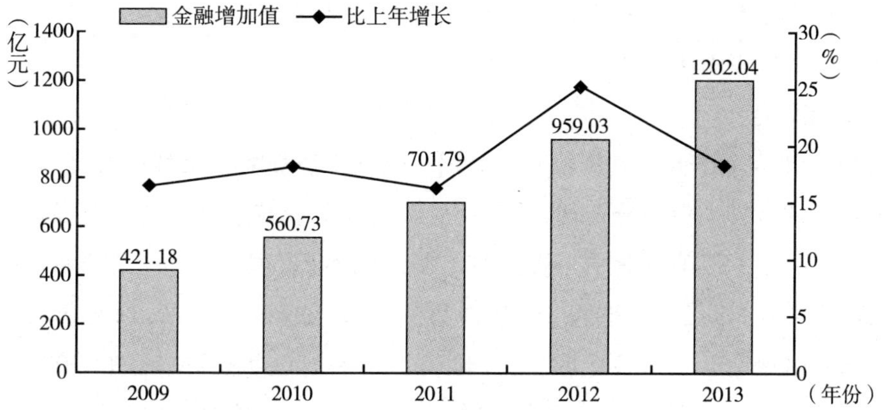

图 9　2009～2013 年天津金融业增加值及其增长速度

资料来源：天津统计局。

1. 银行业

如图 10 所示，2009 年天津市本外币各项存贷款余额分别为 13887.11 亿元和 11152.19 亿元。截至 2013 年末，天津市银行业金融机构资产总额 41271.19 亿元，同比增长 17.5%，与 2009 年的存贷款余额情况相比增加了近一倍。其中，本外币各项贷款余额 20857.80 亿元，同比增长 13.4%，增速较上年下降 2.1 个百分点。负债总额 39632.05 亿元，同比增长 17.5%。本外币各项存款余额 23316.56 亿元，同比增长 14.9%，增速较上年下降 0.5 个百分

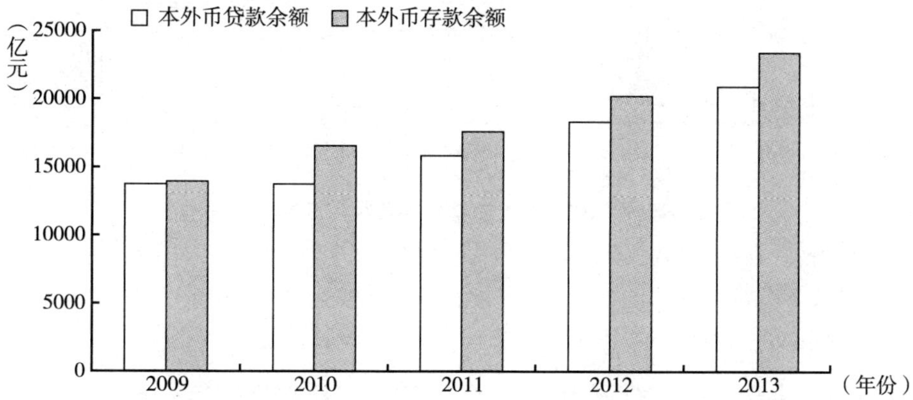

图 10　2009～2013 年天津市本外币各项存贷款余额

资料来源：天津统计局。

点。2013 年，天津市银行业金融机构实现净利润 580.68 亿元，同比增长 19.6%，增速较上年下降 4.7 个百分点。

2. 保险业

2013 年末全市共有 5 家保险总公司，包括新成立的 1 家资产管理类公司。此外天津共有各类保险分公司 49 家，保险支公司、营业部、营销服务部和专属机构 551 家，保险专业中介机构 102 家。保险业发展显著，全市全年原保险保费收入 276.80 亿元，增长 16.2%。其中，人身险收入 174.52 亿元，增长 18.4%，财产险收入 102.28 亿元，增长 12.7%。全年赔款和给付 102.00 亿元，增长 25.9%。其中，人身险赔付 43.03 亿元，增长 18.6%，财产险赔付 58.98 亿元，增长 31.8%。如图 11 所示，2009 年天津全年保费收入为 151.29 亿元，比上年增长 13.9%，进入 2010 年后，天津保险业有了较快发展，市场整合逐步完善，2010 年全年保费收入达到了近几年最快的上涨速度，41.5%，全年保费收入为 214.01 亿元。

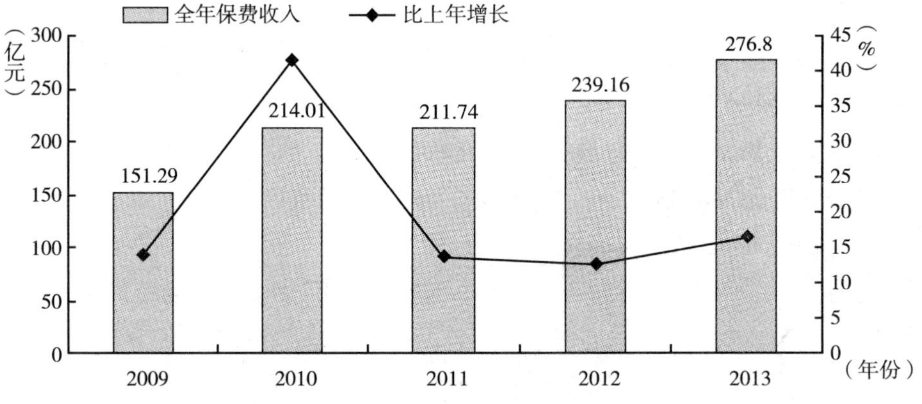

图 11　2009～2013 年天津全年保费收入及其增长速度

资料来源：天津统计局。

3. 证券业

2013 年末全市上市股票 38 只。全年各类证券交易额达 16696.40 亿元，同比增长 55.4%。其中，股票交易额 10373.49 亿元，增长 33.8%；债券交易额 464.55 亿元，增长 4.1 倍；基金交易额 417.82 亿元，增长 1.4 倍。年末证券账户开户286.35万户，增长0.8%。全年期货市场成交量6234.20万手，增长46.5%；成交额68628.24亿元，增长48.1%。如图12所示，从2009～2013年，天津证券交易额呈现出缓慢上升—快速下降—快速上升的趋势，2009年受到金融危机的影响，天津各大交易所的证券交易量在接下来的几年都出现了一定幅度的下降，而随着全国经济逐渐走出经济危机周期，2013年天津的股票、债券和基金都出现了较大幅度的增长，成交额超过了2009年全年水平。

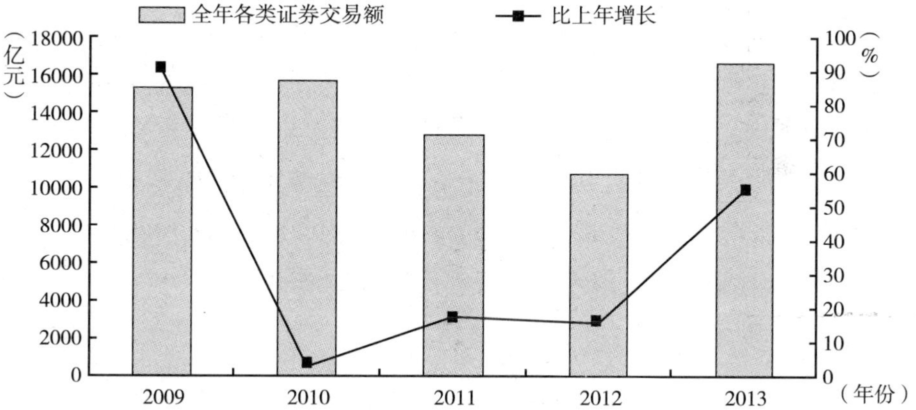

图12　2009～2013年天津各类证券交易额及其增长速度

资料来源：天津统计局。

4. 期货业

期货公司成交量由727.55万手增加到4525万手，成交额由3018.75亿元增加到71321亿元，保证金由5.23亿元增加到26.12亿元，期货交割库由8家增加到21家，开设了塑料、棕榈油等10个交易品种。

5. 租赁业

租赁公司由2家增加到22家，注册资本金由8.5亿元增加到255亿元，租赁合同余额由0.45亿元增加到1453亿元，占全国的24%。

（二）发展金融总部机构，健全金融服务体系

1. 支持法人金融机构增资扩股、拓展业务

渤海银行、天津银行、中德住房储蓄银行、渤海财产保险公司、光大永明

人寿保险公司先后增资扩股，面向全国拓展业务。设立泰达国际控股集团，并购湘财荷银证券基金公司，开展综合经营试点。设立天津滨海农村商业银行；天津农村商业银行完成农村信用社改革，服务“三农”能力显著提高。

2. 设立和引进新机构

设立日本爱和谊财产保险公司、韩国企业银行和韩国外换银行，成为在津的外资法人金融机构。先后设立4家村镇银行和48家小额贷款公司。发展融资担保业，融资担保公司由130家增加到233家，注册资本金由65亿元增加到139亿元。吸引长江租赁、联合信用、一德期货等机构总部入驻天津。

3. 创新金融经营模式

工银、民生、兴业、长江、渤海等租赁公司，相继创立新的金融服务手段，开创单船公司、单机公司、保税租赁、基础设施租赁等新型租赁模式，成为天津市重要的金融产业。易生卡公司发卡量超过20万张计78亿元，消费率超过80%。快钱公司创立第三方支付和保理融资模式，为中小企业提供产业链保理融资，累计完成融资36万笔计16.5亿元。

（三）积极发展产业金融，促进金融与产业结合

1. 发展科技金融

制定实施科技金融改革意见，明确科技企业、金融机构和政府部门的职能与作用，全力支持中小科技型企业发展。充分发挥政府的引导与保障职能，通过银行、融资担保、小额贷款、第三方保理等科技金融专营机构和科技企业融资平台共同作用，支持科技与金融紧密结合。

2. 发展消费金融

设立天津保障住房建设投资公司，负责整体危陋房屋的拆迁和保障性住房建设的任务。全国首只保障性住房投资基金由天津市房地产开发经营集团公司设立，基金规模达50亿元。典当业和个人消费贷款也在蓬勃发展，2013年全市共有典当企业103家，注册资本金达17亿元，典当交易额74亿元。个人消费贷款余额为1246亿元；与此同时捷信消费金融公司开始营业，小额消费信贷业务全面展开。

3. 发展农村金融

制定实施农村金融改革意见，着力发展农村政策性金融、商业性金融和合作性金融。各类金融机构在农村总共新设了 11 家分支机构，积极推广“三农”适用的金融产品，积极支持农业的发展，各类机构涉农贷款余额 1138 亿元。下一步继续鼓励农业发展银行在做大做强政策性业务的同时，积极发展商业性的业务。推动保险公司发展种植业、养殖业、农民家庭财产及中小学校方等责任保险。

4. 发展航运金融

积极发展船舶产业投资基金试点、船舶出口退税试点、船舶特案登记制度试点。扶持设立飞机租赁、航空产业基金，截至 2013 年基金管理公司和租赁公司拥有 127 架飞机和 150 艘船舶，总资产合计达到 706 亿元。未来天津将在整合航运企业和上市公司的基础上，调整完善税收、外汇、结算、海关、登记注册及监管等配套政策。

5. 支持小企业融资

制定实施中小企业多渠道融资意见，全方位和系统化地构建了服务于中小企业的金融体系。各银行总共设立了 19 家专营中小企业融资服务机构。同时天津支持鼓励小额贷款公司和融资担保机构为中小企业融资。帮助小企业提高抵押质押贷款能力以及贷款信用资质，支持小企业开展集合性债权融资业务。

（四）发展要素市场资本市场，促进资源优化配置

1. 发展要素市场

天津渤海商品交易所开发现货标准合约连续交易模式，有阿曼原油、热卷板、螺纹钢（西部）和焦炭、动力煤等各类大宗商品交易品种，一年的成交额累计达 2783 亿元。天津铁合金交易所开发硅铁、硅锰等品种交易，提供铁合金生产、流通、消费等配套服务，累计成交额 193 亿元，成交量 260 万吨。天津贵金属交易所积极推进贵金属交易的市场活跃度，在采用做市商制度保证大额交易的连续性的同时，还采取了现货延期交易和全天 24 小时交易模式，累计交易黄金、白银等贵金属达 1432.86 亿元。

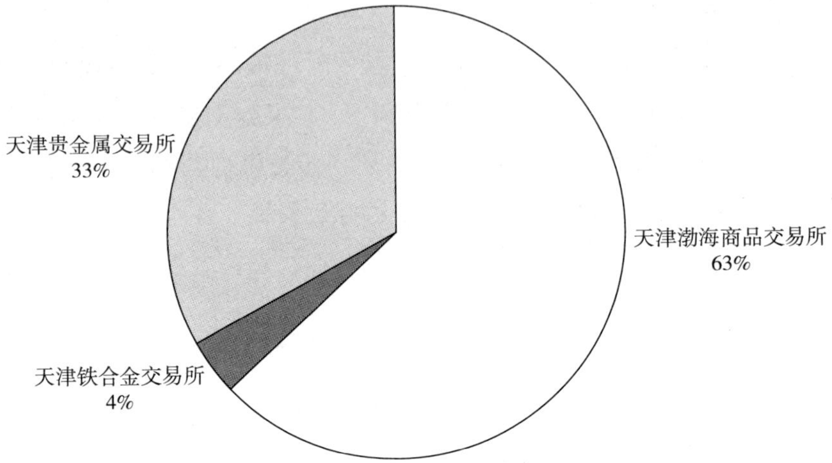

图 13　2013 年天津三大交易所产品成交额占比

资料来源：天津统计局。

2. 发展场外交易市场

推进天津股权交易所发展，以天津作为交易主场，设立内蒙古、山东等 5 家分公司，开设齐鲁股权交易中心，已有 13 家企业挂牌交易，总市值 107.98 亿元，累计为企业融资 15 亿元。建设天津滨海国际股权交易所，为中国企业国际融资洽谈会提供服务，先后设立深圳华南代表处和沈阳分公司，已有 173 个融资项目（企业）挂牌，涉及融资额 125.6 亿元，完成交易融资额 3.42 亿元。天津金融资产交易所是国内首家覆盖全国的金融资产交易平台，经营范围包括不良金融资产和金融产品交易以及金融咨询和服务，累计成交项目 77 个，累计成交额 6.61 亿元。

3. 发展排放权交易市场

经财政部、环保部同意，开展排放权交易综合试点，组织完成了我国第一笔二氧化硫、碳中和交易，在自愿减排公示查询系统的建设和开通方面走到了全国的最前端，开发中石油集团秦沈线天然气替代燃料油的 CDM 项目，设立企业自愿减排联合行动，建立温室气体核证、目标承诺与减排交易体系。

（五）总结

未来的一年，是天津发展至关重要的时期，全市金融改革创新面临机遇，也充满挑战，同时面临着需要着力解决的矛盾和问题。一是金融业综合实力还不强，金融增加值占全市地区生产总值的比重较低。二是法人金融机构总部少，产业集群化程度低，缺乏具有带动作用的金融业领军企业；现代金融产业还比较弱小，需要持续提高创新能力，加快拓展市场，增强综合竞争力。三是直接融资相对滞后，社会融资结构有待改善；急需加快企业特别是科技型企业上市步伐，扩大资本市场融资规模。四是部分中小（微小）企业需要加快进行公司化治理，着力改善财务状况，成为与金融机构对等的市场主体。

从国际看，全球金融危机尚未彻底化解，经济复苏和增长的速度还比较缓慢，实体经济处在深刻变化和调整之中，美国量化宽松政策将在中长期牵制世界经济发展。经济全球化和金融国际化，促使金融开放程度越来越高，天津金融发展面临前所未有的国际化挑战。

从国内看，发展中长期积累的不平衡、不协调、不可持续的问题逐渐显露，影响经济稳定、协调发展的因素还没有消除。其他中心城市的加速发展以及金融中心建设目标的提出，致使区域之间金融竞争日趋激烈，天津加快金融改革创新的任务既非常紧迫，又十分艰巨。

从天津市看，天津市政府将继续推进滨海新区开发开放，全力支持天津金融改革创新。全市整体经济社会发展处于上升期，过去五年积蓄的能量继续释放，推动金融改革创新的基础更加牢固。市委、市政府狠抓现代金融服务业发展的决心已定，全市人民对金融改革创新的成果充满期待。

B.8

分报告 7 2013 年的天津金融发展环境

摘　要：

近年来，受到全球社会经济变革的影响，金融业发展环境悄然变化。特别是国际金融危机和欧洲债务危机相继爆发后，世界各国纷纷反思原有金融发展模式的不足，开启转变金融发展方式之路。本报告围绕互联网金融、金融消费者保护、金融监管模式三个领域，深入分析新形势、新条件下互联网金融的发展和监管、金融消费者保护以及金融监管模式变革，把握全球金融业发展的最新趋势，为推动天津现代金融服务体系和金融创新运营中心建设提供经验借鉴。

关键词：

金融发展环境　互联网金融　金融消费者保护　金融监管模式

一　互联网金融的发展与监管

（一）中国互联网金融的发展历程

最近几年，我国互联网行业发展非常迅猛，金融业中处处离不开互联网技术的身影。互联网金融能够节省交易成本，并大大节约时间的耗费，而且，服务的边界被极大地拓展了。这些优势，让互联网金融成为当今时代的宠儿。

从 1996～2013 年，中国的互联网金融行业经历了不平凡的历程。从最初的互联网证券，到现如今尽人皆知的第三方支付平台，这个发展过程仅仅用了短短十几年的时间。以下是对我国互联网金融发展进程的基本描述。

表 1　我国互联网金融企业分类与创设时间

	第三方支付	众筹融资	网络银行	互联网证券	互联网保险	理财社区	互联网基金销售	网络股权平台	个人理财	P2P	金融超市
1996～1999				青海证券							
1998～1999			招商银行，建设银行	华泰证券	中德安联						
2000～2001			工商银行		PA18.com						
2002～2003	银联					东方财富网					
2004～2005	支付宝，快钱，财付通										
2006～2007	付汇天下				慧泽网		好买基金网，数米基金网			拍拍贷，宜信	
2008～2009	百付宝								挖财	红岭创投	
2010～2011	盛富通	天使汇				雪球财经				陆金所	91 金融超市
2012～2013	微信支付，新浪支付										

单单在我国，就已经存在形形色色不同模式的互联网金融了，像第三方支付、P2P 贷款平台和网络信贷机构等，都是互联网金融在现实当中不断发展、不断完善的成果。支付结算业务是最早的互联网金融模式。计算机和网络通信技术的应用极大地提高了我国金融行业的效率，这使得电子支付的产生与电子支付服务机构的出现成为了可能。互联网交易中的资金安全和流动问题伴随着第三方支付机构的出现从而迎刃而解，新的理念被灌输进金融领域。现在，在

基金、保险、企业支付、网购、费用代缴等传统的银行领域都可以看到第三方支付的身影，越来越多的第三方支付企业把银行企业与个人客户服务作为关键拓展领域，这些机构包括支付宝、财付通、快钱等。有关数据表明，截止到2013年上半年，第三方支付的市场规模已经有13409亿元之多，相比于上年同期增长了7.1%。

除此之外，信贷业务也是互联网金融的重要组成部分。“小贷+平台”的融资模式被阿里巴巴所创建，成为行业的典范，这解决了淘宝、天猫等网站用户在办理“订单贷款”和“信用贷款”两种业务时所面临的现实问题。基于平台上“卖家已发货”的订单进行申请的模式叫做“订单贷款”，而完全基于卖家信用的模式叫做“信用贷款”。截至目前，超过300亿元的贷款由阿里小贷所释放。更重要的是，金融信息的获取成本被大大地压低了，信用记录在人人贷等创新模式中一目了然，这相比于传统银行在信息筛选和处理方面具备更大的透明度，而且对银行的交易中介地位构成了极大的挑战，这有可能改变我国未来商业银行的经营模式。在强大的竞争压力下，银行也作出调整，大力运用互联网技术，传统渠道体系得到了拓展。“招商银行手机钱包”在2012年被正式发布，“善融商务”则是建设银行的新产品。在不久的将来，随着科学技术的不断发展，诸如移动支付、网上拍卖行、理财网站等越来越多的金融形式将走近人们的生活，这将对银行业带来更大的冲击。

（二）互联网金融的基本特征

1. 融合性

这个新的行业要求金融业与互联网行业相互渗透。简单拼合并不意味着整个系统得到了整合，相反，一个整合的系统是一个有机统一体。各种各样的要素主体共同构成了互联网金融体系，像银行、保险公司、证券公司等都是其不可或缺的组成部分，此外，像第三方支付平台、电子商务公司、搜索引擎公司等也属于互联网金融的范畴。竞争在各种互联网企业和各种金融机构之间激烈地展开，然而，合作也是互联网金融领域中的另一个主旋律。竞争与合作相伴相生。在现有的制度框架下，银行平台是一切机构资金划拨和结算核算的不可替代的最终途径。虽然互联网企业效率高，成本低，但如果没有传统金融机构的配合，必然不能发挥其优势。金融机构和互联网企业应该发挥各自所长，通过合营企业或联营企业等形式，在科学研究、数据处理、平台构建等方面取长补短，共同合作。在2013年2月，众安在线由阿里巴巴、中国平安、腾讯公司等9家公司合作建立，这是金融企业与互联网企业相互合作的良好实例。2013年9月，阿里巴巴与民生银行协议允许该银行在淘宝开展直销银行业务，这是又一个重大事件。

2. 多样性

互联网金融的模式多种多样。显而易见，金融机构的网络相互联结，彼此相互依赖，同时，互联网企业也有资格进入金融领域开展业务。形形色色的机构都是互联网金融领域的组成部分，这决定了它们的业务模式也一定是多种多样的。

通常意义上，互联网金融的基础子系统叫做金融互联网子系统。这种子系统具备众多优势，能够抵御较大的财务风险，具备完善的风险监控体系。以下是这种业务模式所涵盖的几个范畴：第一，互联网技术被运用到金融机构中，传统的金融产品可以通过互联网渠道进行出售，像电子银行、电子保险、电子证券都是这种模式的典型代表；第二，电子商务平台可以由银行、证券公司等金融机构自己构建，从而打入电商领域，众所周知，像建设银行推出的“善融商务”、交通银行推出的“交博汇”、招商银行推出的“非常e购”，都是这种模式的典型代表；第三，金融机构和互联网机构相互合作，彼此在销售平台上销售对方的产品，像天猫商城允许方正证券开设旗舰店，就是这种模式的典型代表。

在互联网金融系统当中，最活跃的子系统，要数便捷、高效、低成本的互联网企业金融子系统了，这其中涵盖了各式各样的业态模式。第一个类型是像支付宝、财付通、快钱、银联在线这样的第三方支付企业。需要强调的是，中国第三方支付的交易规模在2013年的前两个季度达6.91万亿元之多，在此之中有2.27万亿元是互联网支付的贡献。第二个类型是像阿里、苏宁以及京东商城、敦煌网这样的小额贷款模式。电商平台发达、行业经验丰富以及客户基础庞大是小额贷款模式的基本特征。第三个类型是通过收取手续费而提供单纯平台服务的第三方信息平台，最典型的是宜信。无论是P2P网贷、众筹模式，还是融360，都属于第三方信息平台。除了以上三个模式之外，还有像融资性担保、证券基金销售、互联网保险等其他的新业态。由于民营企业在互联网行业中的参与度高，互联网金融势必是一个竞争激烈和不断创新的领域，新的业务模式一定会在可预见的未来被发明并不断完善。

3. 突破地域和时间限制

空间和时间对于传统的金融行业构成了必然的约束，然而这种约束在互联网金融身上不起作用。一个地方，只要有互联网的存在，互联网金融服务就可以全天候不间断地在那里高效率地开展。影响金融投资的一个重要原因是信息，金融投资的成功与否，与信息传播的速度、质量的好坏、投资者对信息的解读等因素息息相关。互联网金融具备透明度高、可共享、传播速度快等特点，在云计算、大数据等高科技的帮助下，用户的信用状况、行为模式、投资偏好等信息都可在有限的时间内一目了然，个性化服务是可以期待的，这是相对于传统金融模式的巨大优势。

4. 独创的“碎片化理财”

长期以来，中小客户并不受到传统金融机构的足够重视，小额投资者的资产保值增值看起来成了一个遥不可及的目标，这一问题被如今互联网金融独创的“碎片化理财”所解决。此处以余额宝作为例子，来说明这个问题。2013年7月，《第32次中国互联网络发展状况统计报告》由中国互联网信息中心发布。资料显示，超过1亿人成为支付宝手机支付用户，接近1亿成为支付宝钱包用户，其中70.7%属于月收入不到3000元的网民人群，88.8%属于月收入不到5000元的网民人群，网上购物、网上支付已经成为了这类人群的日常习惯，碎片化理财无疑抓住了这一商机，将互联网作为竞争的舞台，用户的账户余额与货币基金被余额宝这种新生事物无缝对接，用户在购买商品的同时，不经意间，账户的资金已经实现了增值，这是一个具有很大吸引力的创举。

5. 信息便捷透明

相比于传统金融，产品创新的速度快是互联网金融的一大特点，在极短的时间里，余额宝、现金宝、活期宝等投资理财产品雨后春笋般相继诞生，P2P网络众筹等融资产品也迅速问世，并带来好评。这种优势被大数据和云计算技术所加强。资金供需双方被互联网金融所紧密联系，各种金融产品的市场供需状况、交易价格、交易规模、收益率等能够被迅速地告知给公众，双方信息变得对称，地位变得公平，代理冲突和逆向选择变得不那么容易发生了。除此之外，更加便捷的服务被源源不断地提供给用户。借助于方便快捷的“一键开户”流程，支付备用金的随时转入或转出成为了可能，无缝对接在购物与理财这两种曾经毫不相关的事物中被建立起来。与此相比，传统银行基金往往会设置起存金额，并且要限制申购与赎回时间，这非常不利于用户实现现金与基金之间的转账。

6. 低成本

实体网点的各种费用，在网络模式下不复存在。客户的信息能够以较低的成本得到，这使得投资门槛降低了，人力成本和店面成本可以得到节约，甚至彻底消除。互联网企业之所以参与金融领域，所能猎取的金融业务收入并非其初衷，它们的目的在于获得更多客户，从而让更多的数据流能够不断发掘，这可以吸引越来越多的广告商。互联网企业与融资人的成本费用都大大降低了，这些利润被让渡给了投资者，因此，投资者获得更高的收益率变得可能。

（三）互联网金融与金融互联网的比较分析

一般地，互联网金融是受互联网技术与精神的影响，从传统银行、证券、保险以及交易所等金融中介到无中介瓦尔拉斯一般均衡之间的所有金融交易和组织形式。互联网的金融形式与资本市场上的所谓直接融资有很大程度上的不同，并且，与通过商业银行的间接融资相比也有很大差异。这些不同点表现在很多方面。互联网金融与金融互联网的核心区别在于是否具有互联网精神，是否注重用户体验，是否以客户需求为导向等各项内容。以下是互联网金融与金融互联网之间的不同点分析。

表 2　互联网金融与金融互联网的差异性比较

不同点	互联网金融	金融互联网
发展理念与思维方式	互联网理念与思维方式	传统理念与思维方式
管理方式	现代化	传统保守
组织结构	独立、多变	分支多，相对稳定
出发点以及导向	以客户需求为导向	以盈利为导向
客户群体	年轻客户群	保守型客户群
用户体验	方便快捷，重视反馈	单向、缓慢
标准化	并存，追求变革	低端：标准化 高端：非标准化

续表

不同点	互联网金融	金融互联网
监管体制	亟待完善	相对成熟
交易金额与交易频率	金额小,频率高	金额大,频率低
价格策略	价格相对较低	价格相对较高
信息披露	透明,对称程度高	不透明,对称程度低
中介	去中介化	依赖中介
新技术应用速度	快	慢
安全性	相对较弱	相对较强
模式稳定性	相对较弱,更具备延展性	相对较强,创新难度较高

从上表中可以看出，在安全性以及监管体制方面，金融互联网显然要相对完善一些，然而，在除此之外的其他各个方面，互联网金融要具备明显的优势。

（四）互联网金融面临的问题

虽然，相比于传统金融，互联网金融有很多优点，但是其弊端也是不可回避的。匿名性是互联网金融的特点，这使得监管变得尤其困难。而且，互联网金融在我国是近几年才出现的新生事物，已经暴露了的问题可能仅仅是冰山一角，更多的问题等待我们去发现并解决，由于技术领域的限制，目前对于诸如欺诈等行为的监管并没有受到足够多的重视。互联网金融的监管，并没有出台相应的法律法规，也不存在一个经过整合的监管机构。

1. 立法滞后

金融创新因为互联网金融的发展，其进程正在不断加速，毫无疑问，互联网金融推动了整个金融行业的发展，但是，它给监管带来的困难也是相当大的。由于互联网具有很大程度上的虚拟性，这使得监管机构很难界定其会对金融带来多大的风险。互联网金融业务正在蓬勃发展，各式各样的投资模式、融资模式都在被不断地创设与发展，监管部门变得心有余而力不足。互联网金融与传统金融业差异巨大，我们很难对其创新进行一个明确的界定，多数情况下，纵使监管是存在的，也常常具有滞后性，不能针对目前的状况给出有效的答案。许多旧有的监管模式，甚至是监管思想，仍然在延续，相关的监管部门默许了“先发展，后规范”的基本模式，它们鼓励所谓的“创新”，害怕因为

"监管过度"从而对创新形成抑制作用。这种监管，到底应该把握在一个怎样的尺度上，是一个很难解决的问题，这将会成为相关机构在未来决策时的重要考量。

2. 取证困难

以往的金融业务都在柜台开展，但是全新的互联网金融却让这个习惯被打破，在互联网中，身份认证成为重中之重，这对于日后的相关责任追究是至关重要的。对于日后的经济纠纷，必须有足够的证据作为支撑，因此，它们必须被妥善保存。传统的可作为证据的材料大多数是纸质的，这已经被证实是一种有效的保存方式。然而电子证据相对于纸质证据，其可靠性往往容易受到质疑，伪造、篡改变得更加难以察觉，这不但使得监管在执行环节当中出现了障碍，更是对法律执行力的一种挑战。通常来讲，监管都是局限在一个行业之内，连货币市场与证券市场都是分业监管的，何况现在要加入虚拟的互联网，这大大增加了监管的难度。

3. 多头监管

多头监管是一个不可回避的问题，第三方支付业务的监管由中央银行负责，证券基金销售业务的监管由证监会开展，同样的，银行的运营监管则是银监会的管理范畴。各种类型的监管主体都对互联网金融这个新生的行业负有监管义务，但是，现实当中，谁都监管往往会导致谁都不监管，各个部门互相推诿，这严重地阻碍了整个行业的健康发展。2012 年 5 月，支付宝由央行颁发了第三方支付牌照，但是，支付宝开展基金销售业务是不合法的，必须有证监会的允许，支付宝才能够开展基金销售业务，在现实当中，"余额宝"广受质疑，其有一部分基金销售支付结算账户是未经证监会备案允许的，并且在此过程中，监督银行的监督协议也没有被提交。2011 年 9 月，《证券投资基金销售结算资金管理暂行规定》由中国证监会颁布，其中第 9 条规定"账户开立人应当自销售账户开立之日起 5 个工作日内将有关监督协议和账户信息报中国证监会及账户开立人所在地派出机构备案"。2013 年 3 月，《证券投资基金销售管理办法》由中国证监会颁布，其中第 29 条规定，"基金销售机构、基金销售支付结算机构、基金份额登记机构可以在具备基金销售业务资格的商业银行或者从事客户交易结算资金存管的指定商业银行开立基金销售结算专用账户”。余额宝根本就不符合这些规定当中所要求的必要流程，其身份受到广泛质疑。

4. 难以回避的市场风险

市场风险在互联网金融里仍然不能回避。传统金融产品价格变动会对金融产品带来无法避免的冲击，像利率这样的重要市场价格对于互联网金融产品起到了至关重要的作用。利率市场化水平正在不断升级，自 2013 年 7 月 20 日起，针对金融机构贷款利率的管制被全面放开，这意味着金融机构的存贷款利率就是市场利率。利率的管制被不断放开，带来的是货币市场的波动，利率，尤其是短期利率的不确定性正在不断增大。倘若互联网金融产品的收益率不能够长期维持其相对于传统金融产品的绝对优势，那么就会产生大量资金从互联网金融领域回归传统金融领域的现象，这使得流动性风险的爆发成为了可能，尤其在购物高峰阶段，大规模赎回现象的发生会导致市场流动性严重不足，这会使得短期利率升到一个非常高的价格。像资本充足率、准备金等监管制度对于互联网金融企业并没有约束效力，万一市场出现异常，风险蔓延的结果最终将难以控制。

5. 欺诈行为

许多 P2P 贷款平台已经突破了其经营界限，成为了融资担保机构，更有甚者竟然经营存贷款业务，成为了没有牌照的商业银行。信息披露不透明是针对这些 P2P 进行监管的过程当中所暴露出的最为严重的问题，诸如非法集资、非法吸收公众存款等现象严重危害了金融市场秩序，除此之外，各种欺诈行为，比如擅自挪用沉淀资金乃至于编造虚假债权和投资项目也层出不穷。一些网络融资平台所承诺的所谓收益率高得离谱，这些高收益来自于互联网企业的高额补贴，但是，这种收益是不可持续的，这种远高于货币市场正常收益率的承诺行为值得警惕。

6. 技术风险

一切互联网业务都难以避免像操作风险和安全风险这样的技术性风险的困扰。交易人员的操作失误会导致操作风险的发生，比较典型的代表是 2013 年 8 月的所谓“光大乌龙指”事件，股指由于巨量订单的推动而大幅波动，这给投资者带来了灾难性打击。众所周知，第三方支付平台客户众多，一次操作风险所带来的投资者损失是难以估量的。各种严重缺陷存在于当今的互联网技术当中，客户信息万一被黑客窃取，那么损失无疑是严重的，如果互联网平台系统本身的设计有缺陷，那么情况会更加严重，从而给客户的财产带来极大不确定性。

（五）构建制度

市场秩序必须维护，消费者权益必须得到保护，这决定了有关方面的监管必须加强。我国的互联网金融正发展得如火如荼，既要保证行业的高速增长，又不能使之失控。金融产品透明度难以提升、虚假信息乃至诈骗等问题迟迟不能解决，这是互联网金融监管所遇到的瓶颈。

1. 建立征信制度

2004 年，反洗钱局（该机构的国内任务是帮助司法部门对洗钱案件进行相关调查，与此同时对外强化国际反洗钱工作交流与协调）由中国人民银行设立。接着，《金融机构反洗钱规定》在 2006 年出台，《反洗钱现场检查管理办法（试行）》也在同年颁布，紧接着，2007 年《反洗钱调查实施细则（试行）》出台实施。除了以上几个规定之外，《非金融机构支付服务管理办法》和《支付机构反洗钱和反恐怖融资管理办法》也分别于 2010 年和 2012 年陆续颁布。对传统的金融机构其监管工作不能放松，相应地，对于支付机构的监管更要不断加强。以上的这些规定不应该一成不变，而是应该与时俱进，能够与反洗钱工作的具体实践相结合，与时代的发展同步。建立对于互联网金融企业的征信制度要纳入考虑范畴之内，并加紧实行，此外，还要建立相关的信用数据库，用来储存第三方支付和 P2P 融资平台参与方的有关数据，稳定的合作机制应该在互联网金融机构与银行之间被建立起来，如此，第三方存管才能够安全可靠。在此期间，反洗钱工作数据库也是一个重点工程，它可以帮助筛选出非法账户交易记录，并且提高对大额、可疑、复杂、跨区域资金转移监控力度，杜绝犯罪分子通过互联网进行洗钱。

2. 建立联网金融纠纷救济制度

消费者参与投资的门槛随着互联网金融的产生而被大大降低了，数以百万计的中小投资者涌入了金融市场，然而金融行业本身就是一个十分复杂的行业，而且互联网也具备很强的虚拟性与专业性，绝大多数的投资者对于专业的互联网技术并不了解，并且对于专业的金融领域知识知之甚少，由于互联网企业的虚假宣传以及夸张夸大的广告，很多投资人受到蒙蔽，过分轻信，从而遭受损失。针对这种情况，互联网金融纠纷救济制度是一个非常理想的选择，这可以帮助投资者维护自身的合法权益。对互联网金融企业在其经营期间的风险揭示与信息披露，必须通过加强立法和严格执法等方式进行强制性要求，如果互联网企业在风险揭示、信息披露方面存在违规操作，造成对投资者利益的侵害，必须有相关的措施予以补救。此外，像负责受理投诉的专业委员会、投诉咨询热线以及网络平台这样的畅通投诉渠道应该强制建立；由于互联网金融投资者对于行业知识的掌握比较薄弱，因此相关的教育是必要的，这样可以从根本上使消费者自身的维权意识得到提高。

3. 建立行业自律准则

虚拟性是互联网技术的主要特征，这使得互联网金融行业具备高度的不对称性，因此在监管的过程中，必须有多个部门协作才能完成整个监管过程。更加明细的监管规则应该由政府制定出来并监督其落实与实施，并且，要对互联网今后几年的发展方向有一个较为明确的规划，对于这个交叉行业的具体经营范围应该有相关的监管机构给出明确的界定，要对互联网金融行业的准入门槛进行一定程度的限制，可以制定相关的行业国家标准，对行业进行标准化管理，必要的情况下，可以引入互联网金融企业征信制度来评价其经营诚信程度，以构建一个公开、公正的市场。建议在互联网金融行业内部成立行业协会，这是低成本高效率的解决方案。2013 年 8 月，《互联网金融自律公约》出台，这是由几家互联网金融企业共同倡议的，这个公约对很多方面都进行了规定，像消费者权益保护、合规经营、风险管理、客户身份识别以及交易资金安全都是其规范的内容，一个更加完善的风险管理体系有赖于此。市场应该发挥其在资源配置中的决定性作用，这是党的十八届三中全会提出的明确要求，与此同时，这条规则也无一例外地适用于整个互联网金融行业，只有坚持以市场行业自律为主体，辅之以必要的政府监管，才能构建一个全方位的互联网金融监管体系。

4. 建立业务许可证制度

在中国经济高速增长的过去三十几年中，渐进式改革一直是我国各个领域的主旋律：通常先出台大致改革方案，而后在沿海经济发达地区先行先试，观察效果，积累可推广、可复制的经验，在时机成熟的时候再将试点扩大到全国。任何行业都是这个进程，互联网金融也不例外。像第三方支付许可证制度、基金销售许可证制度以及中间业务许可证制度等都可以被引进互联网金融的监管体制当中，对于参与金融业务的互联网企业，更加缜密的信息披露原则必须被制定并运用，此外要更加明确地对注册资本要求、技术协议规范以及网络设备标准等给出约束条件，还要对业务范围以及责任界定等作出一定限制，要求机构满足必要的资本充足率原则，让客户的隐私权得到充分的尊重和保障。对于那些财力雄厚，并且具备专业人才的互联网企业，在目前的阶段可以考虑向其颁发业务许可证，需要指出的是，第三方支付以及P2P融资平台的经营程式和资金流向必须在监管机构的严密监控之下，先在这部分互联网企业当中搞试点，在经验与时机都成熟的时候再考虑扩大推广，并且可以把准入门槛相应降低。分业经营配合分业监管是我国目前主要的金融监管模式，多头监管以及监管缺失夹杂其间，这非常不利于我国金融市场的健康发展，目前国际上金融监管的主流是混业经营配合混业监管，这要求我国的各监管机构必须做好沟通，协调一致，为将来的监管模式过渡做好准备。

二　后危机时代的金融消费者保护

（一）金融消费者保护的重要性

从雷曼“迷你债券”风波到“掠夺性贷款”，各式各样的金融产品被违规肆意销售，这种肆意销售行为严重践踏了金融消费者的合法权益，这体现出相关监管制度存在盲区。金融危机的爆发使各国的监管意识逐渐增强，如果为了保护金融机构而让渡金融消费者的利益，则无疑有失监管的公平性，而且对金融系统的稳定也是极为不利的。所以，在金融危机之后的日子里，针对金融消费者的保护成为了各国金融监管的主旋律。

（二）金融消费者保护的国际趋势

切实地落实对金融消费者的保护制度，尤其是针对那些中小消费者的保护，这是本次金融危机带给世界各主要经济体的教训。在这个紧要关头，消费者诉求被各国在制定金融监管法案的过程中被重视，像英国、美国等发达国家都纷纷加强了对于金融机构责任和义务的界定，金融消费者的权利被不断扩大，双方不对等的地位正在被逐渐完善的监管制度所扭转。在未来的很长一段时间内，世界各国都会继续坚持对于金融消费者保护的基本原则，并且探究更新更好的方法。

1. 设立专门的保护机构

金融危机改变了美国的金融监管思路：金融机构的贪婪以及对于金融消费者合法权益的漠视，很大程度上促成了这次危机的爆发。在2009年3月，能够整合现有监管制度并提出建设性意见的《金融监管改革白皮书》由美国财政部发布。传统的监管思路得到了充分的发扬和继承，尤其重要的是，此次监管还特别重视针对金融消费者的保护。诸如成立消费者金融保护署、让消费者得到更透明、更扼要的信息都被囊括在了本次监管法案的范畴里。奥巴马政府非常支持此次改革措施，国会对有关金融消费者的立法展开了讨论。2009年10月22日，成立消费者金融保护署的提案被众议院投票通过，这是在金融立法领域美国进行监管改革的一个伟大里程碑。消费者金融保护署的功能包含以下几点：保障消费者在信用卡、房屋抵押贷款等领域的权益，阻止金融机构违法行为的发生；禁止霸王条款，贷款合同要尽可能简洁明快，而且要实现标准化，信息必须公开而透明，对贷款合同中的复杂条款，必须经过严格的审查程序。

2. 增强保护的可执行性

各国都在不断强调对消费者的保护，加拿大成立了金融消费者管理局，澳大利亚建立了金融督察局，同样的，客户服务局在马来西亚诞生，这些机构负责细化消费者保护条款，并监督这些条款的落实，使其真正发生作用。英国金融监管局特别提出了金融产品“合理与适当”的原则来防范金融欺诈行为的发生，并且确保这些细则能够得到有效落实：这对于贷款人是一种保护措施。

英国金融监管局要求对于有关金融产品和金融服务的信息披露必须前置，如果利率等关键因素产生变更则必须提前通知客户，关于提前还款，不得额外对客户收取费用；对客户的投诉，要妥善地处理并解决。英国金融监管局要求众多金融机构，比如银行、券商和养老基金等，在2010年8月31日以前公布处理消费者投诉的相关措施；切实保护金融消费者的合法权益成为评价监管是否得力的重要指标。自从2009年开始，英国金融监管的ARROW评级里加入了平等待客的内容。《改革金融市场》白皮书由英国财政部公布，白皮书指出，如果金融服务和金融产品给大量的金融消费者带来损失，那么追讨损失是消费者维护自身权益的正当行为，情况严重时，这些违规的金融机构可能面临关停的惩罚。

3. 拓展保护的全新领域

各国不仅强调对于传统领域的保护，而且，对于新的盲点，越来越多的国家正在给予重视。新加坡金管局把保护消费者权益作为其目标并且一直致力于提升非上市投资产品的销售与营销标准，加强对这些领域的监管。监管的领域包含不在交易所内交易的票据、集体投资信托计划以及人寿保单。具体来讲，包含以下内容：金融机构必须确保自身所运用的广告等营销手段所传达的信息是真实的；如果金融产品发生重大变动，金融机构必须及时通知消费者；用来约束那些较为复杂的金融产品的标准要更加严格。《关于确保董事会和高级管理人员在公平销售中责任的指导》在2009年4月由MAS制定，这个规定为公平交易的度量方法提供了依据。从选择投资工具、营销、销售到咨询业务，公平交易原则都是适用的，对于客户投诉的处理和售后服务也被囊括其中。

（四）金融消费者保护的基本思路

如果要体系化地保障金融消费者权益，使其得到更好维护，那么就需从整体上入手，重新构建制度框架，这样才能使维权效率大大提高，同时降低维权成本。

1. 强化金融消费者概念

长期以来，个人所使用的身份标志的界定取决于不同的金融行业。对于那些到银行储蓄的人，我们称之为存款人；对于那些到保险公司购买保险的人，我们把他们称作保险相对人；对于那些在交易所买卖股票来赚取利润的人，我们称之为投资者。但是在如今，金融业务相互交叉，混业经营不断发展，存款人、保险相对人与投资人的界线变得越来越模糊，并且其意义也变得越来越小。事实上，选择一项金融产品与在商场里挑选商品的过程毫无二致，因为在金融市场中的消费者概念与在任何市场中的消费者概念是完全一样的。

2. 建立联动处理机制

事实已经证实，单个部门或者单一方式很难达到保护消费者合法权益的目的，政府、行业协会等各级组织必须协同工作，共同建立一个消费者权益纠纷化解机制。

首先，社会问题总是比法律条款更多更复杂，而且，法律条款拥有较强的边界开放性，如果没有一个专门的金融消费者保护机构是不行的，这是国际实践已经得出的结论，尤其是金融危机发生之后的几年。专门机构具有多个功能：负责保障与金融消费者相关法律的顺利执行；保障金融消费者保护法律的政策畅通；对消费者进行教导，让他们了解基本的金融知识，熟悉基本的金融产品；对金融消费者的投诉要妥善处理，严厉惩处触犯法律的金融机构；探究对行政程序的进一步完善。要保证专门机构的相对独立性，在人员编制、组织结构等方面给予其一定的自主性，这可以让其他部门的干预程度降到最低，同时有助于该机构独立地解决消费者所面临的问题。

其次，各个金融机构都应该针对消费者权益争议而建立相应的程序化解决方案，相应的金融专业委员会应该在消费者协会当中建立，这个下属机构可以在解决纠纷的过程中由于其专业性而起到较好的作用；行业自律组织也应该下设专门的消费者保护机构，争取在金融消费者权益保护方面有所突破，无论是一般性问题，还是个案，都应该得到妥善的处理，这样才能让金融消费者买得放心；可以对法院系统进行改革，引入经济审判厅制度，通过引进专业的高素质经济人才，提高法院对现代社会复杂金融纠纷的适应程度与解决能力。

3. 完善法规体系

消费者保护应该作为金融监管的核心。就我国当前现有法律法规而言，对金融机构自身的监管仍然是政府在监管过程中的主要考量，即使是立法机构，也大都把精力放在如何规范金融机构的行为上，而忽视了对于消费者权益的保护，消费者这个原本的弱势群体由于外生力量不足而变得更加无助。由此来看，我国应该加快制定金融法规的进程，建立整合的监管体系，并且把消费者保护作为核心。

不仅要创设相应的法规条款，还应当树立新的监管理念，对于既有的和新设立的法规不断地进行完善和修改。信息不对称、相对封闭等特征会伴随着金融行业的发展从始至终，这就要求金融机构必须在严格的监管之下履行诚信、告知、提示、保密等应尽的职责，依靠良好的制度生态，从源头上杜绝对金融消费者权益的侵害。

三　金融监管模式的最新发展趋势

（一）金融业经营模式及监管模式演变

通常意义来讲，分业经营和混业经营是两种主要的金融领域经营模式。混业经营指银行业、证券业、保险业等金融机构可以跨业经营，它分成全能银行与银行控股公司这两种形式：全能银行制度指由一个金融机构提供银行业、证券业、保险业中两种或两种类型以上的金融服务。金融集团制度指集团由母、子公司共同构成，并且金融业务在集团中的比重超过50%。金融集团又分成两类，母子公司和银行控股公司是金融集团的两种主要类型。金融机构作为母公司，跨业投资、控股不同行业子公司，这构成了母子公司的主要经营模式。与之相类似，自身不从事具体金融业务，同时控股不同行业的金融机构，这样的公司称为银行控股公司。分业经营意味着银行业、证券业、保险业等金融机构其业务只能局限在自身的行业范围之内。然而，在分业经营的模式之下，金融机构有能力把各种行业集成在一起混合经营，比如开展资产管理等跨行业、跨市场业务。金融监管体制必然受到金融经营模式的重大影响，但是，二者之间并不是完全的平行关系。金融监管体制可划分成不同类型，从不同的视角来观察，可分为统一监管和分业监管、机构监管和功能监管等。

在大萧条之前，金融行业竞争激烈，混业经营模式流行于各国，以提高行业竞争力。1929年发生了大萧条，美国遂于1933年颁布《格拉斯－斯蒂格尔法》，该条法律规定商业银行与投资银行业务必须严格分离，混业经营的时代终结了。然而在此期间，全能银行制度仍然盛行于一些欧洲大陆国家，比如德国。20 世纪 80 年代，产生了金融自由化浪潮，金融脱媒的呼声越来越高，英国金融领域发生了大变革，开始允许商业银行跨业并购，这相当于承认了综合性金融服务集团的存在。在 1998 年，金融监管权从英格兰银行转移到了英国金融服务局。20 世纪 90 年代，混业经营模式在日本逐步发展起来，产生了金融控股公司和交叉性金融业务等形式。此外，日本在 2000 年还成立了金融服务厅，金融监管得到了整合。1999 年美国颁布了《金融服务现代化法》，该法案允许符合条件的银行控股公司转化为金融控股公司，相应建立了伞形监管体制，使得牵头监管与功能监管相互结合，混业经营再次成为金融行业经营模式的主流。

自从 2008 年国际金融危机发生以来，一连串的监管改革在国际准则制定机构和各主要经济体展开，产生了更严格的监管措施以约束金融业混业经营行为。商业银行从事高风险业务受到严格限制，宏观审慎管理制度建立并完善起来，中央银行的监管功能得到了强化，系统重要性金融机构监管和风险处置得到了加强，此外，这些措施还鼓励国际范围内的金融监管合作。

综上所述，国际金融监管规则得到了完善，监管力度得到了加强，在这种情况下，分业经营并不会取代混业经营的主流地位，相反，分业经营会在新的监管模式下更好地发展。一些观点认为，应当分拆大型银行，乃至有彻底恢复《格拉斯 - 斯蒂格尔法》的呼声，但是从现实的角度来看，金融业回归到分业经营的状态并不符合金融业发展的客观需求，事实证明，混业经营相比于分业经营，更有利于维持金融机构的利润稳定性，同时，综合竞争力可以得到提高，并且客户多元化需求也能得到更好的满足。目前，多元化混业经营仍然是世界前 20 大银行集团、前 20 大保险公司的经营模式。规避金融机构“大而不能倒”的风险，这是金融危机发生之后，强化金融监管的目的所在。

（二）国内金融业经营模式和监管体制的现状

近几年来，我国经济实力不断增强，经济总量跃居世界第二，这要求我们建立于此相适应的现代金融服务体系，混业经营无疑更有利于推动我国经济持续稳定增长。在 2006 年和 2011 年，"稳步"和"积极稳妥"推进金融业综合经营试点分别在国家"十一五"和"十二五"规划当中相继提出。2012 年全国金融工作会议再次强调积极稳妥推进综合经营试点工作。我国金融业综合经营稳步发展是政策力量与市场力量互相结合的产物，这种综合经营的趋势近年来越发明显，具体表现为：第一，金融机构跨业投资步伐加快；第二，不同形式的金融控股公司逐步形成；第三，投资金融业的企业集团日益增多；第四，交叉性金融产品加速发展；第五，互联网金融快速发展促进综合经营。

在此期间，混业经营监管制度在我国被不断完善并发展。在持续推进综合经营以服务实体经济的进程中，人民银行、银监会、证监会、保监会等部门陆续发布了《商业银行设立基金管理公司试点管理办法》《信贷资产证券化试点管理办法》《银行并表监管指引（试行）》《保险集团公司管理办法（试行）》《保险机构投资设立基金管理公司试点办法》等规章制度。与此同时，我国正在稳步推进金融监管协调机制的建立和完善。在 2013 年 8 月，金融监管协调部际联席会议制度由人民银行会同银监会、证监会、保监会、外汇局依国务院的要求而共同建立。

（三）金融业经营模式与监管体制展望

如今的中国已经成为世界第二大经济体，经济实力不断增强，与此同时，金融业综合经营在我国开展试点已接近十余年，综合经营已经潜移默化地渗透到了金融领域的方方面面，并且总体上效果良好。从总体上来看，现行的分业监管体制符合我国经济与金融业发展的阶段性特征，但是，我国经济的持续快速发展要求金融监管必须与时俱进，不能一成不变，必须跟上经济发展的步伐，如果从这样的角度来看，那么，我国的金融监管体制还是有许多缺点和盲点的。因此，我们必须借鉴各国的先进理念，持续不断地深化改革，金融业综合经营试点必须积极稳步推进。要树立宏观审慎的经营管理理念，必须塑造可靠的金融监管制度，维护金融市场的持续健康发展，增强经济活力。

1. 完善宏观审慎管理制度，加强监管协调

当前，我国金融混业经营模式发展迅速，这使得传统分业监管的难度越来越大。我们必须尊重客观现实，充分发挥传统分业监管优势，更重要的是要运用宏观视角，从大局上予以根本把握，考虑不同金融市场和行业之间的区别和联系，把金融行业看成一个有机统一体。监管当局应该加强宏观审慎管理、强化中央银行监管职责，对高风险的金融业务根据其风险大小的不同予以不同程度的限制，此外，还要完善监管协调机制，让金融监管协调部际联席会议制度充分发挥其特有的功能，强化监管政策的互相配合，形成监管合力。

2. 坚持市场化改革方向，继续积极稳妥推进金融业综合经营试点

我国金融机构要想做大做强，健康发展，并在国际市场中成为佼佼者，就必须实行金融混业经营制度。监管当局一方面要注重对于金融风险的控制，另一方面，更要简政放权，充分发挥市场在金融资源配置中的决定性作用。对于金融机构、产品市场准入，可限制可不限制的，一律不限制；可少限制可多限制的，一律少限制。必须给予金融机构一定的自主性，使其市场定位和经营模式可以根据其各自的竞争优势自主选择。对高风险的业务要严格限制，在这个基础上，要鼓励金融业混业经营有序试点。选择资本雄厚、治理良好、内控和风险管理能力较强并拥有专业人才队伍的金融机构开展混业经营，使之逐步发展成大型金融集团，并参与国际金融领域的合作与竞争。允许金融机构发展交叉性金融业务，通过银证、银保、银基等行业合作发展，使自身服务领域得到拓展，促进直接融资发展，这样既能发挥其传统业务的优势，同时又能推动功能合理的金融市场体系的形成，使这个市场层次分明，错落有致。

3. 明确金融控股公司的监管主体，加强整体监管

监管当局以防范和化解整体风险作为出发点和落脚点，从整体上把机构监管和功能监管纳入考量范围。金融控股公司及其子公司的监管主体需要得到明确，此外，要对金融控股公司制定相关规则，尤其是对于资本充足率方面要高度重视，避免资本重复计算和资本套利，把杠杆程度控制在合理区间水平。要对关联交易等行为进行规范，提高市场透明度，让市场公允价值充分发挥其应有的主体作用，避免跨行业风险蔓延。要解决金融风险集中的问题，完善公司治理，强化对股东和管理层的资格要求，切实有效地保护中小股东和客户的合法权益。

4. 强化金融机构跨业投资监管，完善交叉性业务监管规则

要提高并表监管能力，必须建立更严格的监管标准对大型金融机构进行约束，完善资本、并购投资、风险拨备、杠杆率、流动性等风险监测指标体系。对跨业投资决策程序进行规范，对于金融控股公司合并报表设定审慎的资本充足率要求，提高对于金融风险的全方位监控水平。交叉性金融业务监管和风险防控的监管主体必须得到有效整合，避免因为多头监管而导致的监管失灵，制定一揽子业务规范以及统计体系，增强监管规则对同类交叉性业务的适应性，最大程度上杜绝监管套利的发生。要建立严格的表内外业务隔离机制，有效防止表外业务的风险蔓延。

5. 探索将金融控股公司作为综合经营的重要模式，鼓励中小机构坚持专业化经营

“母公司控股、子公司分业经营”的金融控股公司模式可以在有效监管的基础之上，充分地发挥各个行业的灵活性。我国目前采用的是分业经营和分业监管相结合的方式，金融控股公司是在现有框架下金融业态的良好尝试，并且已经被其他国家的实践所证明。此外，还要鼓励实体企业涉足金融行业，鼓励直接隶属于控股公司的财务公司等专门机构的创建和发展，这样既能让实体经济和虚拟经济风险分离，又能让金融服务实体经济的发展。近年来，市场主体和客户需求逐渐多元化，这要求金融机构不能像以往一样陷入同质化经营。对于中小金融机构，其经营模式应该符合其自身特色，而不应盲目追求规模上的扩大，应该探索和培育具备自身优势的特色业务，在客户对象、区域定位、产品创新等领域有所突破。差异经营和错位发展是未来我国各类金融机构发展的必然趋势。

B.9

分报告 8

2014 年天津金融发展对策

摘　要：

近一段时期，天津迎来京津冀协同发展、自由贸易区申报、服务经济体系建设和多领域深化改革的政策叠加机遇，为天津金融改革创新在多年征途中，蓄积实力再出发创造了极其难得的条件。贯彻党的十八届三中全会精神，天津需要紧密围绕市场在资源配置中的决定性作用，全面深化天津金融业改革开放，加快完善金融市场体系，开启金融改革创新和示范发展的新篇章。本报告建议依托自由贸易区申报，加快金融制度创新；依托京津冀协同发展，加快金融合作发展；依托综合改革创新区建设，加快金融创新步伐。

关键词：

金融制度创新　金融合作发展　金融开放　天津

近一段时期，天津迎来京津冀协同发展、自由贸易区申报、服务经济体系建设和多领域深化改革的政策叠加机遇，为天津金融改革创新在多年征途中，蓄积实力再出发创造了极其难得的条件。党的十八届三中全会明确提出全面深化改革，加快完善现代市场体系。金融作为现代经济的核心，是社会主义市场体系的重要组成部分。贯彻落实十八届三中全会精神，要紧密围绕市场在资源配置中的决定性作用，全面深化天津金融业改革开放，加快完善金融市场体系，不断提升金融业服务本市实体经济发展的能力，使之成为全面深化改革和转方式调结构的关键一招。2014 年，天津将牢牢把握京津冀协同发展、自由贸易区申报、滨海新区综合改革创新的战略机遇，开启金融改革创新和示范发展的新篇章。

一　依托自由贸易区申报，加快金融制度创新

（一）天津自由贸易区申报的背景

2007年12月，天津东疆保税港区一期封关后，天津就将建设自由贸易港区作为未来发展方向，提上重要的议事日程。2008年3月，国务院批复的《天津滨海新区综合配套改革试验总体方案》明确表示，东疆保税港区在“条件成熟时，进行建立自由贸易港区的改革探索”，为天津建设自由贸易区开辟道路。2011年，国务院批复的《天津北方国际航运中心核心功能区建设方案》，再次重申在天津东疆保税港区进行自由贸易区改革探索的目标。2012年天津市委十届二次会议，以及2013年初天津市推进滨海新区新一轮开发开放的十大任务，均将建设自贸区列为2013年市委市政府的重点工作。

党的十八届三中全会《中共中央关于全面深化改革若干重大问题的决定》明确提出“在推进现有试点基础上，选择若干具备条件的地方发展自由贸易园（港）区”，建立中国天津自由贸易试验区是落实上述要求的一项重大举措。2013年6月，商务部收到国务院办公厅批转的天津市人民政府建设自由贸易园区的有关请示。张高丽副总理、汪洋副总理等国务院领导同志先后批示要求商务部研究办理。2013年12月27日，李克强总理在天津听取建设自由贸易园区的有关汇报后表示，天津具备探索促进投资和服务贸易便利化的条件。

建设自贸区需要具备三个条件：一是要有海陆空交通枢纽，有保税区试验经验，有较强的物流聚集和配送能力，以及超前的金融服务能力；二是具有较大的辐射效益，天津所在的环渤海经济圈辐射的经济总量可以达到6万亿元；三是地方政府有远见和魄力，有相应的人才和技术，制定了详尽的发展规划。从目前情况看，天津具备了上述条件。

（二）自由贸易区目标及其金融创新思路

中国天津自由贸易试验区经过三至五年的改革探索，将试验区建设成为贸

易自由、投资便利、高端产业集聚、金融服务完善、法制环境规范、监管高效便利、辐射带动效应明显的国际一流自由贸易园区，在我国经济转型发展中发挥示范引领作用。自贸试验区具有以下特征：第一，体制机制创新。切实转变政府职能，深化行政体制改革；试点负面清单管理模式，推进投资体制改革；借鉴国际自由贸易园区和国内特殊经济区域建设经验，提出有利于促进贸易转型升级，提升人员资金等要素流动便利化程度的制度创新措施；推进金融领域开放创新；结合天津特色着力发展租赁业、国际航运业等；复制、推广部分中国上海自由贸易试验区内有利于实现中国天津自由贸易试验区建设目标的举措。第二，投资领域开放。结合天津产业基础和发展导向，扩大金融业等服务业领域开放，同时放宽先进制造业准入限制。第三，强化区域辐射带动功能。通过密切区域经济合作、大物流体系建设、构筑科技创新和人才聚集高地，带动环渤海协同发展和实现京津冀地区优化产业布局，科学调整城市功能，带动内陆腹地深入参与国际分工，加快经济转型升级。第四，加强监管防控风险。就试验区全区域和区内海关特殊监管区域，分别设计监管措施，创新监管模式。结合金融领域改革创新内容，专项设计建立健全金融风险防控体系的有关内容。依托自贸区申报契机，天津将积极深化金融领域开放创新。深化金融体制改革，培育新型金融市场，坚持风险可控、稳步推进，率先实现人民币国际化、利率市场化等方面的创新措施，做大做强租赁业，服务实体经济发展。

（三）自由贸易区项下金融发展的对策建议

1. 加快金融制度创新

在风险可控前提下，可在自贸区内人民币资本项目可兑换、金融市场利率市场化、人民币跨境使用等方面创造条件进行先行先试。在自贸区内金融机构资产方价格实行市场化定价。探索面向国际的外汇管理改革试点，建立与自贸区相适应的外汇管理体制，全面实现贸易投资便利化。在自贸区实行资本项目可兑换。在风险可控的前提下，通过分账核算方式，创新业务和管理模式。鼓励天津银行业机构加强和国内外战略合作伙伴的联系，研究探索离岸业务和在岸业务，参照上海自贸区资金吸收、管理、使用等方面的国家政策和监管规定，预先研究离岸、在岸业务分账式管理，努力成为金融机构了解国际金融创新的窗口桥梁。鼓励企业充分利用境内外两种资源、两个市场，实现跨境融资自由化。深化外债管理方式改革，促进跨境融资便利化。根据经营需要，注册在自贸区内的中外资企业、非银行金融机构以及其他经济组织，可按规定从境外融入本外币资金，完善全口径外债的宏观审慎管理制度，采取有效措施切实防范外债风险。稳步推进利率市场化。根据相关基础条件的成熟程度，推进自贸区利率市场化体系建设：完善区内居民自由贸易账户和非居民自由贸易账户本外币资金利率的市场化定价监测机制；将区内符合条件的金融机构纳入优先发行大额可转让存单的机构范围，在区内实现大额可转让存单发行的先行先试；条件成熟时，放开区内一般账户小额外币存款利率上限。建立自贸区金融改革创新和北方国际航运中心、北方对外开放门户建设的联动机制。

2. 增强金融服务功能

加快金融租赁业发展。大力发展融资租赁，扩大租赁品种和业务范围，建设服务全国的租赁资产交易平台，努力创建国家租赁业创新示范区。规范发展创新型交易市场，推动市场服务多元化和业务创新，促进各类资源合理配置、有效流转。完善航空租赁政策环境，进一步在全国发展航空租赁产业；允许和支持各类融资租赁公司在自贸区内设立项目子公司并开展境内外租赁服务。项目子公司纳入融资租赁出口退税试点范围，降低融资租赁门槛，放宽经营范围，鼓励跨境租赁，推进区内融资租赁国际化。发展金融租赁创新，发展要素市场，完善基金管理，做好金融风险防范，积极推进民营金融机构发展。积极引进租赁机构和人才，真正形成聚集效应。积极争取新机构来津发展。引导和鼓励工银、民生、兴业等全国性租赁公司在津设立核心业务部门或分部，加强租赁专业人才队伍建设。加快国家产业金融中心建设。加快于家堡国家级产业金融中心建设，积极创建国家产业金融综合改革示范区，搭建产业金融服务平台。争取科技企业境外投资外汇管理创新试点。积极参与“新三板”扩容发展，推动“四板”建设，健全要素市场。多渠道推动股权融资，提高直接融资比重。支持天津互联网金融创新中心建设。完善保险经济补偿机制。落实地方金融监管职责和风险处置责任。健全政府性债务“借用管还”机制，防范化解金融和债务风险。

3. 鼓励金融产品创新

鼓励天津银行业机构，建立以国际业务为发展定位的分支机构，开展离岸金融、国际贸易融资、外汇结算与结售汇等业务创新，结合未来自贸区相关客户群的潜在需求，为其量身定做专门的信贷政策、产品服务和业务流程。提供多样化风险对冲手段。自贸区内金融机构可按规定基于真实的币种匹配及期限匹配管理需要在区内或境外开展风险对冲管理。允许符合条件的区内企业按规定开展境外证券投资和境外衍生品投资业务。自贸区分账核算单元因向区内或境外机构提供本外币自由汇兑产生的敞口头寸，应在区内或境外市场上进行平盘对冲。自贸区分账核算单元基于自身风险管理需要，可按规定参与国际金融市场衍生工具交易。经批准，自贸区分账核算单元可在一定额度内进入境内银行间市场开展拆借或回购交易。鼓励保险产品创新。鼓励自贸区内保险机构开展人民币跨境再保险业务，支持研究探索巨灾保险机制。

4. 扩大金融服务业开放

在金融服务领域，允许符合条件的外资金融机构设立外资银行，符合条件的民营资本与外资金融机构共同设立中外合资银行，在条件具备时，适时在自贸区内试点设立有限牌照银行。支持符合条件的民营资本在区内设立自担风险的民营银行、金融租赁公司和消费金融公司等金融机构。鼓励符合条件的外资银行在自贸区内设立子行、分行、专营机构，允许区内外资银行支行升格为分行，研究推进适当缩短区内外资银行代表处升格为分行，以及外资银行分行从事人民币业务的年限要求。同时，在完善相关管理办法，加强有效监管的前提下，允许自贸区内符合条件的中资银行开办离岸业务。试点设立外资专业健康医疗保险机构，支持国际著名的专业性保险中介机构等服务机构以及从事再保险业务的社会组织和个人在区内依法开展相关业务，为保险业发展提供专业技术配套服务。融资租赁公司在自贸区内设立的单机、单船子公司不设最低注册资本限制。允许融资租赁公司兼营与主营业务有关的商业保理业务。

5. 加大外贸转方式的金融支持

努力提供优质高效的金融、保险、支付等配套服务，支持多种贸易方式发展。研究完善跨境贸易电子商务外汇监管等服务，探索多部门联合推动跨境贸易电子商务通关服务综合试点，积极深化和推进货物贸易、服务贸易外汇管理改革措施。深化跨国公司总部外汇资金集中运营管理试点，促进跨国公司设立区域性或全球性资金管理中心。深化国际贸易结算中心试点，拓展专用账户的服务贸易跨境收付和融资功能。积极推动国际贸易、仓储物流、加工制造等基础业务转型升级，发展离岸贸易、国际贸易结算、国际大宗商品交易、融资租赁、期货保税交割、跨境电子商务等新型贸易业务。鼓励自贸区内企业统筹开展国际国内贸易，鼓励内外贸一体化发展。加强进出口融资服务。鼓励银行加强与保险、融资性担保机构合作，鼓励各地建立进出口贷款风险分散和补偿机制；鼓励已建立中小企业贷款风险补偿资金的地区，对银行业金融机构、融资性担保机构的中小企业进出口贷款损失和担保代偿给予一定补偿。积极支持进出口企业通过首发上市、再融资、发行债券和私募债、融资租赁、信托、商标专用权质押、动产抵押等渠道扩大融资规模。提高贸易融资服务水平。金融主管部门引导支持金融机构按照风险可控、商业可持续的原则，为外贸龙头企业、高新技术出口企业以及有订单、有效益的中小企业及项目提供贷款。引导外贸企业灵活运用债务融资工具开展直接融资。支持发展着重为外贸企业提供增信服务的融资性担保机构。推动金融机构积极开办远期结售汇、人民币外汇掉期和人民币外汇期权等业务，帮助企业有效规避汇率波动风险。支持境内外租赁业务。取消金融类租赁公司境外租赁等境外债权业务的逐笔审批，实行登记管理。经批准，允许金融租赁公司及中资融资租赁公司境内融资租赁收取外币租金，简化飞机、船舶等大型融资租赁项目预付货款手续。扩大信用保险支持。扩大出口信用保险覆盖面，加大进出口小微企业支持力度，对部分小微企业出口信用保险保费补贴采取直拨。进一步加大对企业出口新兴市场的限额支持，不断创新保险产品，加快案件处理速度。

6. 加快金融“走出去”步伐

支持自贸区内银行业金融机构推进跨境投资金融服务，包括但不限于跨境并购贷款和项目贷款、内保外贷、跨境资产管理和财富管理业务、房地产信托投资基金等。支持自贸区内银行业金融机构发展跨境融资业务，包括但不限于大宗商品贸易融资、全供应链贸易融资、离岸船舶融资、现代服务业金融支持、外保内贷、商业票据等。支持自贸区内保险机构开展境外投资试点，积极研究在自贸区试点扩大保险机构境外投资范围和比例。便利个人跨境投资。允许自贸区内就业并符合条件的个人按规定开展包括证券投资在内的各类境外投资。鼓励在自贸区设立专业从事境外股权投资的项目公司，支持有条件的投资者设立境外投资股权投资母基金。促进企业跨境直接投资便利化。自贸区内企业开展跨境直接投资，可按天津市有关规定与前置核准脱钩，直接向银行办理所涉及的跨境收付、兑换业务。

二　依托京津冀协同发展，加快金融合作发展

（一）京津冀协同发展的背景

近几年来，京津冀交流合作频繁，围绕协同发展形成了多个合作发展协议。国家“十二五”规划提出，推进京津冀区域经济一体化发展，打造首都经济圈。但是，与我国的长三角、珠三角等区域相比，京津冀区域合作仍有较大的潜力可以挖掘。党中央从国家战略高度出发，提出京津冀协同发展的重大战略。2013 年 5 月，习近平总书记在天津市考察时指出，要积极推进京津冀区域合作，谱写新世纪社会主义现代化的“双城记”。2013 年 8 月，习近平总书记主持研究河北发展问题，强调指出要推动京津冀协同发展。2014 年 2 月 26 日，习近平总书记在北京专题听取京津冀协同发展工作汇报时，强调要着力加大对协同发展的推动，自觉打破自家“一亩三分地”的思维定式，抱成团朝着顶层设计的目标一起做，充分发挥环渤海地区经济合作发展协调机制的作用。

从现实条件看，京津冀不仅有着特殊、密切的历史渊源，而且在社会经济发展方面具有梯次性、互补性和共生性的特征，这就为合理配置要素，纠正市场失灵，实现区域协同发展打下了基础。从梯次性看，参照世界银行（Word Bank）对国家收入分组的标准，京津两地的人均收入水平已达富裕国家水平，而河北省尚处于中等收入水平。2013 年北京市第三产业比重达到 76. 9%，

而天津市和河北省分别为48.1%和35.5%，经济社会发展存在一定差距，梯次性为推动产业有序转移，可以实现三地互利共赢提供前提条件。从互补性看，京津冀要素禀赋不同，北京市教育、科技和文化资源丰富，天津市具有航运、物流和制造业优势，河北省拥有劳动力、土地等成本优势。加强京津冀合作将形成有效互补，突破资源环境瓶颈，实现区域共同发展。从共生性看，京津冀地区之间存在着相互依赖的特性。当前，空气污染严重、水资源紧缺等成为京津冀面对的共同问题，亟待加强区域合作，有序推进区域整体发展。

（二）京津冀协同发展下的金融实践

2013年5月，天津市与北京市、河北省分别签署了经济合作协议。其中，天津市与北京市提出“加快金融一体化进程。加强在完善金融组织体系、推动金融产品创新、建设金融要素市场、优化金融生态环境、建设金融信用体系和金融标准化、打击非法集资等方面的合作，不断拓宽金融合作领域，在更大范围内发挥金融的功能和作用”。天津市与河北省提出“推动创新金融产品、建设金融要素市场、打击非法集资、优化金融生态环境等方面的合作。”目前，天津与河北省两地共同设立了天交所渤海股权交易中心，大力推动了河北省非上市股份有限公司开展股权交易，有效拓宽了成长型中小企业的融资渠道。同时，京津冀三地已基本达成共识，拟在京津冀交汇处探索设立金融综合改革实验区。在实验区内试行金融活动同城化，推进票据交换同城化、生活缴费便利化，探索扩大跨区域投融资渠道。2009年，中国人民银行天津分行辖区建立了区域经济金融形势分析交流机制，实现区域内信息共享。当前，可以考虑建立京津冀区域经济金融一体化发展的权威性协调机构，负责制定京津冀区域经济金融发展战略和总体规划，提出区域合作的重要政策和措施，组织区域合作的重要事项，以克服京津冀地区现存不足，突破地域发展瓶颈。按照政府引导、市场主导的合作原则，通过建立长效的、常态的管理协调机制，为金融一体化搭建沟通平台，实现京津冀在金融业等领域的分工协作、联合发展。

（三）京津冀协同项下金融发展的对策建议

1. 以开放促进京津冀与自贸区接轨

以京津冀协同发展和自贸区申报为契机，加强京津金融合作，建立京津金融共同体。第一，发挥天津服务优势、载体优势和区位优势，主动承接非首都核心功能疏解，吸引、支持金融机构、跨国公司在津建立地区总部、运营中心、结算中心等功能性总部，提升资金结算、运营服务能力。开展外商投资企业资本金结汇管理改革试点，支持跨国公司外汇资金集中运营管理。第二，参与全国中小企业股份转让系统（“新三板”）建设扩容，力争承接“新三板”更多功能。第三，发挥自贸区申报优势和北京金融资源优势，在天津滨海新区和京津毗邻地区建立离岸金融市场，使京津共享政策、共同投资、共同管理、共享收益。支持金融企业在该市场中建立定位于国际金融业务的分支机构，以专业能力和定制服务支持北方企业发展。

2. 加快津京金融一体化进程

支持两地金融机构跨区域发展，引导金融机构对两地基础设施和重大产业项目提供融资服务。支持两地大宗商品及要素市场跨区域发展，鼓励北京、天津两地产权交易所、金融资产交易所、环境交易所等专业交易平台开展广泛合作，积极拓展并充分发挥京津场外交易市场功能和作用。在北京市大兴区、天津市武清区等京津交汇处探索建立金融一体化综合改革试验区，开展金融监管合作、金融创新联合化和金融活动同城化。加强津京高校金融学科办学合作，建立京津校长、教师和管理干部交流挂职机制，合作共建高校金融重点学科和品牌特色专业，互相开放重点实验室、精品课程等优质教育资源，合作开展大学生金融学科竞赛。

3. 拓宽津冀金融合作领域

推动天津与河北在创新金融产品、建设金融要素市场、打击非法集资、优化金融生态环境等方面的合作。支持两地金融机构跨区域发展。鼓励天津金融机构在河北发起组建村镇银行。共同组织银企对接活动，促进银团贷款，支持两地经济发展。鼓励探索河北特色资源和商品在渤海商品交易所挂牌上市。发挥天津场外交易市场功能和作用，积极为河北企业提供融资服务。鼓励两地创业投资公司、风险投资公司合作建立投资基金，探索科技金融新模式。共同争取国家在津冀交汇处探索建立金融一体化综合改革试验区，开展金融监管合作，实现金融创新联合化和金融活动同城化。

4. 推动环渤海地区金融交流合作

落实天津与山西、内蒙古等省区合作协议，加强碳金融、能源衍生品等领域的战略合作。充分利用天津港口优势和无水港布局，推动航运金融、离岸金融、海洋金融等功能向经济腹地延伸和辐射。支持有实力的金融机构到中西部设立分支机构，推进金融产业梯度转移。扎实做好金融对口帮扶工作。

三　依托综合改革创新区建设，加快金融创新步伐

（一）综合改革创新区金融创新背景

2006 年 5 月，国务院发布《关于推进天津滨海新区开发开放有关问题的意见》，《意见》指出："要鼓励天津滨海新区进行金融改革和创新。"按照意见精神，天津制定了一系列金融业及其配套产业的改革创新战略，促进天津金融业的跨越发展。2009 年国务院批复《天津滨海新区综合配套改革试验金融创新专项方案》，明确加快天津滨海新区金融先行先试步伐，努力建设与北方经济中心相适应的现代金融体系和全国金融改革创新基地。2013 年 12 月，李克强总理在天津视察时，提出将天津建立我国第一个政策优于上海自贸区并富有天津特色的综合改革创新区。2013 年中共天津市委十届四次全会提出，要大力推进投资与服务贸易便利化，加快投资、贸易、金融、监管等领域制度创新，建立贸易自由、投资便利、金融服务完善、高端产业聚集、法制运行规范、监管透明高效、辐射带动效应明显的综合改革创新区。立足天津的金融创新和运营中心功能，2014 年 5 月，天津市委书记孙春兰同志在全市加快现代服务业发展工作会议上前瞻性地提出了"构建与北方经济中心和滨海新区开发开放相适应的现代金融服务体系和金融创新运营中心"的思路。2014 年 7 月，市委书记孙春兰同志在中共天津市委十届五次全会上提出，按照中央统一

部署，积极参与顶层设计，完善我市功能定位，突出北方经济中心、现代制造中心、国际航运中心、金融创新运营中心等功能。

（二）综合改革创新区金融创新成果

1. 现代金融服务体系成形

第一、银行业机构体系更加健全。以天津滨新区为例，2013 年末，天津滨海新区共有 8 家银行业法人金融机构、4 家一级分行，17 家二级分行和 500 余家银行金融机构网点，3 家村镇银行正在积极筹建中，总部服务功能部门日益完善，目前已有农行客户服务中心、渣打科技营运中心、滨海农商行现金整理中心等多家总部级金融服务机构落户天津滨海新区。第二、新型金融业态加快聚集。2013 年末，天津滨海新区共有小额贷款公司 39 家、融资性担保公司 28 家、财务公司 2 家、金融租赁法人机构 5 家、融资租赁法人机构 167 家、股权投资企业及其管理机构 1197 家，并相继设立了消费金融、汽车金融、资产管理、登记结算、票据经济、金融外包、第三方支付等新型金融机构，与此同时，天津排放权交易所、天津矿业交易所、天津金融资产交易所，天津滨海柜台交易市场股份公司、天津股权交易所，天津文化艺术品交易所、贵金属交易所、铁合金交易所，滨海国际知识产权交易所等 9 家创新型交易所成立，多元化多层次金融服务体系初显。

2. 外汇改革创新成绩突出

第一、跨境人民币结算业务快速发展。2013 年，在外债和直接投资项目业务发展的带动下，天津滨海新区跨境人民币结算量进一步提升。全年结算额达 570.06 亿元，同比增长 76.5%，占天津市的 44.8%。自 2010 年 6 月试点启动至 2013 年末，共有 628 家企业办理了跨境人民币业务，境外结算地域涉及 52 个国家和地区，累计结算金额突破千亿元，占天津市的 49.3%。第二、资本金意愿结汇改革不断深化。2013 年末，中新天津生态城和东疆港保税港区资本金意愿结汇改革试点运行平稳，意愿结汇企业数量和资金规模继续稳步增长，企业类型逐渐丰富。截至 2013 年末，意愿结汇企业合计 37 家，意愿结汇金额合计 7.54 亿美元。其中 2013 年新增意愿结汇企业 7 家，意愿结汇金额 1.70 亿美元。意愿结汇试点企业由单一的房地产企业拓展到融资租赁、航运、物流等多种类型企业，粗略估算企业节约的财务成本最高可达 0.81 亿美元，政策试点效果显著。第三、外汇管理创新举措日益丰富。2013 年，天津滨海新区充分发挥先行先试政策优势，不断丰富外汇管理扶持举措，支持特色产业持续发展，支持东疆保税港区完成国内首笔飞机联合租赁模式交易，进一步巩固了区域融资租赁产业聚集优势。2013 年，融资租赁业新企业注册、借用外债资金规模等均居天津保税监管区域各行业首位，融资租赁产业跨境收支规模达 86.70 亿美元，同比增长 1.3 倍。此外，推动天津滨海新区首笔人民币对外汇期权备案业务成功开展，拓展了辖区银行产品链，丰富了企业外汇避险工具。

3. 特色金融创新优势明显

第一、金融创新特色鲜明。融资租赁，商业保理等金融创新行业领跑全国，截至 2013 年末，天津滨海新区融资租赁合同余额 4600 亿元，约占全国的四分之一，“东疆模式”聚集优势显现，全年新注册融资租赁公司 207 家，行业年税收贡献达 7.32 亿元。作为全国首个商业保理试点城市，天津滨海新区拥有第一家商业保理公司、第一家外资商业保理公司、中国第一批国际保理商会协会会员。全年新增商业保理公司 49 家，增幅将近一倍，累计注册达 102 家，注册资本金超过 90 亿元人民币。2013 年，中国贸易委员会商业保理专业委员会创新发展基地在天津滨海新区成立，为商业保理创新发展提供更多支持。第二、产业金融不断推进。天津滨海新区发挥产业资源与金融资本融合优势，航运金融、科技金融等产融结合成效显著。东疆保税港区探索飞机、船舶融资租赁业务发展。截至 2013 年末，各类租赁公司累计达 559 家（含单机公司 375 家、单船公司 97 家，总部型公司 78 家），注册资本达 134 亿元，累计完成 281 架飞机、9 台飞机发动机、50 艘船舶，3 座海上石油钻井平台租赁业务，租赁资产总额约 160 亿美元。滨海新高区作为“新三板”首批扩容试点区域之一，通过搭建企业债券融资、企业股权融资和股改上市服务三大融资服务平台，逐步形成较为完善的科技金融服务体系。截至 2013 年末，已有 21 家企业在新三板挂牌，共计发行各类债券 375 亿元。其中 2013 年新增 14 家，增幅达 2 倍。第三、创新型金融市场健康发展。天津滨海新区各类创新型金融市场规模逐步扩大，融资服务功能持续提升。截至 2013 年末，天交所累计挂牌企业412家，挂牌企业分布全国28个省115个地市，实现直接融资63.30亿元，带动实现间接融资153.75亿元，实现增信信贷融资121.52亿元。铁合金交易所2013年成交金额81.87亿元，累计成交金额594.31亿元。

（三）综合改革创新区项下金融发展对策建议

1. 深化金融改革创新

各类金融机构应不断深化金融创新改革，充分发挥金融改革先行先试优势，积极探索差异化经营，切实提高金融服务实体经济的能力，一要积极应对利率市场化，既要完善贷款利率定价体系、细化存款成本核算体系，也要加快调整业务结构，大力发展中间业务、资金业务和资本市场业务，逐步降低对存贷款业务的过分依赖。二要拓展金融业务新领域，丰富金融市场层次和产品、加快跨境金融业务创新，促进产业资本和金融资本紧密结合。三要积极发展专业金融业态，设立服务科技企业和小微企业的专营机构，成立航运金融中心，设立专门从事资金结算、支付清算、商业保理、电子商务和互联网金融等业务的非法人业务部。四要探索和鼓励非银行保理业务、中小微企业信贷风险补偿基金、小额贷款公司信贷资产转让试点、财政和国有出资融资性担保公司整合、村镇银行和农业贷款公司等的开展、设立和发展。努力争取在航运金融、融资租赁、私募基金、产业金融等重点领域取得新的重大突破，加快构建和完善现代金融服务体系。

2. 优化信贷资金投向

继续落实稳健的货币政策，将提高信贷政策的针对性、灵活性和有效性作为执行货币政策的切入点，保持金融对实体经济的支持力度、把握好国家产业政策及地方产业结构调整方向，引导金融机构准确把握信贷投放总量、节奏和结构、保持贷款总量适度增长，加强对重点产业、行业及重大项目的资金支持力度，权衡好宏观调控与支持区域经济发展的关系，引导信贷资金服务区域实体经济发展。天津金融机构需要进一步加强信贷资金与产业政策的协调配合，推动产业结构向高端化方向发展。加强对重点在建续建项目、现代服务业、科技创新、战略性新兴产业等经济社会发展重要领域的金融支持，把带动力强的重点项目和高端制造业、现代服务业作为提升产业能级、调整产业结构的重要抓手；整合金融资源支持小微企业发展，鼓励商业银行发行金融债券专项用于小微企业贷款；发展绿色信贷；拓展科技信贷；严格贯彻落实好差别化住房信贷政策。

3. 精细流动风险监测

在复杂的经济金融新形势下，天津金融机构要继续强化对流动性风险分析、判断的系统性和前瞻性，进一步加强流动性风险管理的精细化程度和专业化水平，应高度关注因宏观环境变化和业务结构调整所带来的风险特征变化，审慎、及时地完善风险管理体系和方法。应继续优化资产负债结构，提高资产的流动性和负债的稳定性；及时根据天津特色和各行实际改进流动性估算方法。引导商业银行统筹兼顾流动性与盈利性的经营目标，引导商业银行按宏观审慎要求合理安排资产负债总量和期限结构，合理把握一般贷款、票据融资等的配置结构和投放进度，谨慎控制信贷等资产扩张偏快可能导致的流动性风险，加强同业业务期限错配风险防范。同时，重点关注新增地方法人金融机构流动性监测指标的变动趋势及特点，及时发现并防控风险点。此外，应认真贯彻落实《关于商业银行理财产品进入银行间债券市场有关事项的通知》，进一步规范理财产品进入银行间债券市场的行为，严格规范理财产品投资，合理把控资产风险，建立健全风险管理体系。

4. 维护区域金融平稳运行

一是完善金融稳定协调机制。随着天津各类金融业态的聚类发展，金融综合化经营趋势继续深化，地方性金融机构不断增加，跨市场、跨系统、跨行业经营模式更加普通，区域性、系统性金融风险的监测难度逐渐增大。为此，应进一步完善金融稳定协调机制，加强对流动性的日常监测，探索地方法人金融机构宏观审慎评估体系和流动性预警方案。同时，关注地方政府融资平台和房地产等重点领域潜在风险，维护区域金融平稳有序运行。二是完善应急处置预案，研究建立商业银行自营贷款期限超过十年、异地贷款、异地房地产开发项目贷款等报备制度，完善新区商业银行金融稳定重大事项报告制度和相关应急预案，为防范和化解重点领域和行业的借贷风险做好应对准备。三是继续开展风险提示工作，针对重点性、苗头性问题对商业银行及时下发风险提示，督促商业银行建立完善内控制度，积极防范重点企业与行业的信贷风险，提高资产质量。四是进一步完善信贷数据监测体系，细化主体结构和指标设置，增强信贷数据监测的实用性和针对性，加强信贷数据监测分析等日常性工作。五是关注贸易融资规范政策的效果。持续关注贸易融资规范政策出台后的政策效果。2013 年 12 月 6 日，外汇局发布《关于完善银行贸易融资业务外汇管理有关问题的通知》，旨在加强贸易融资外汇管理，打击虚假贸易融资。需持续关注银行外汇政策执行效果，结合现场检查，外汇检查，加大对银行、企业违规行为的处罚力度，对辖内银行形成政策履职评估反馈机制，保证银行从了解客户、审慎监管的原则出发，切实履行好代为监管职责。同时，要关注并研究政策执行后，对银行、企业经营环境的影响。

专　题　篇

Special Reports

· 天津金融发展研究 ·

B.10
专题报告9
天津建设北方金融创新运营中心研究

摘　要：

近一段时期，天津迎来京津冀协同发展、自由贸易区申报的政策叠加机遇，为落实中央部署、实现城市定位，天津积极构建与北方经济中心和滨海新区开发开放相适应的现代金融服务体系和金融创新运营中心。金融创新运营中心是指一个区域内在金融创新和运营服务上呈现交融开放特征，处于集聚辐射中枢地位的城市。金融创新运营中心的建设，既有对于天津滨海新区综合配套改革试验项下金融改革创新的继承与深化，又有京津冀协同发展、自贸区申报、服务经济体系建设项下金融合作、金融开放、金融运营的探索和发展。建议从拓展功能，繁荣业态，注重协同，建设载体，扩大开放等方面入手，推进金融创新运营中心建设。

关键词：
金融创新运营中心　京津冀　自由贸易区　天津

一　研究背景、目的和意义

（一）研究背景

自世界经济开始复苏至今，经济衰退恢复之路曲折艰难，对全球范围内供给和需求的影响将延续多年，对美国经济影响尤为深远。衰退不可避免地加重了欧美发达国家的预算负担和就业压力，争夺国际市场，主导规则制定，促进外贸出口，提升国内储蓄不仅成为发达经济体复苏本国经济的重要手段，而且成为目前全球政治经济错综复杂局面的深层根源。伴随发达国家经济增长放缓，包括中国在内的新兴市场国家的影响有所提升，这些经济体的改革创新有望为世界经济复苏带来新的动力。目前，由于受到全球经济大循环的影响，我国经济运行存在下行压力，但处于合理区间。面对国内外复杂形势，党中央国务院顺势而为，转变思路，坚持“冷静扎实办好自己的事”，以“三个主动”① 和“四个准确把握②”，赢得我国经济发展和国际竞争的主动。为今后一段时期，全面深化改革，调整产业结构，促进区域协调发展创造了良好的环境。

近一段时期，天津迎来京津冀协同发展、自由贸易区申报、服务经济体系建设和多领域深化改革的政策叠加机遇，市委市政府科学研判国内外形势与本市社会经济发展中的新特点新任务，书写积蓄实力再出发的崭新篇章。2014年5月，天津市委书记孙春兰同志在全市加快现代服务业发展工作会议上前瞻

① 2014年1月，中央经济工作会议指出“要冷静扎实办好自己的事，……以转变经济发展方式的主动、调整经济结构的主动、改革开放的主动，赢得在经济发展上的主动和国际竞争中的主动”。

② 2014年7月，习近平总书记提出“四个准确把握”：即准确把握改革发展稳定的平衡点，准确把握近期目标和长期发展的平衡点，准确把握改革发展的着力点，准确把握经济社会发展和改善人民生活的结合点。

性地提出了“构建与北方经济中心和滨海新区开发开放相适应的现代金融服务体系和金融创新运营中心”的思路。2014 年 7 月，市委书记孙春兰同志在中共天津市委十届五次全会上提出，“按照中央统一部署，积极参与顶层设计，完善我市功能定位，突出北方经济中心、现代制造中心、国际航运中心、金融创新运营中心等功能”。作为“四个中心”建设的重要内容之一，金融创新运营中心的建立和运行将为建设其他中心，完善城市功能，增强天津整体竞争力提供高效的金融保障。

（二）研究目的

本课题立足国际国内，特别是天津面临的新环境、新形势、新任务，深入研究北方金融创新运营中心的具体内涵、特征、结构和功能，明确北方金融创新运营中心在京津冀协同发展、自由贸易区试验、多领域深化改革和服务经济体系建设中的地位和作用；结合天津城市定位要求和天津实际特征，分析天津建设北方金融创新运营中心的主要差距、瓶颈制约和难点问题；研究得出构建与北方经济中心和滨海新区开发开放相适应的现代金融服务体系和金融创新运营中心的总体思路、奋斗目标；制定北方金融创新运营中心定位评价指标体系和评价标准；提出一个体系一个中心建设的路径选择、工作重点，以及具有科学性、前瞻性、针对性和可行性的对策建议；研究天津在机遇叠加、政策叠加优势下，北方金融创新运营中心与北方经济中心、国际航运中心、现代制造中心和北方对外开放门户联动发展的重大举措。

（三）研究意义

本课题基于金融地理学、金融创新、城市经济学、演化经济学等前沿理论和最新文献，深入研究北方金融创新运营中心的具体内涵和功能属性；体现金融创新运营中心这一区域金融中心新形态的独特性和开创性；分析金融创新运营中心发展的影响因素和作用机制；揭示金融创新运营中心形成与演变的客观规律；构建反映金融创新运营中心与其他城市功能联动发展的理论模型，揭示北方金融创新运营中心与区域经济中心、国际航运中心、现代制造中心、区域对外开放门户等其他城市功能之间的联动机制。对于推动区域金融理论创新和城市经济学、金融地理学等交叉、边缘领域发展具有重要的学术价值。

本课题在明确、深化和集成新形势下北方金融创新运营中心的具体内涵和地位作用的基础上，制定北方金融创新运营中心定位指标体系，科学、客观、全面地测度和评价北方金融创新运营中心的功能定位和主要特征。结合天津城市定位要求和市情特征，分析北方金融创新运营中心建设的差距、瓶颈和难点问题。研究提出构建与北方经济中心和滨海新区开发开放相适应的现代金融服务体系和金融创新运营中心的总体思路、定位目标、路径选择、对策建议，以及与天津其他功能定位联动发展的重大举措，为市委市政府推进城市功能升级，尤其是北方金融创新运营中心建设提供决策参考和督导依据，具有积极、深远的现实意义。

二　理论基础和文献综述

（一）理论基础

金融创新运营中心研究是一个介于城市经济学、金融地理学和区域金融学的交叉问题和新兴研究领域，前期研究成果较少，课题组通过广泛、深入地梳理经济学家有关金融中心形成演变，金融创新、深化和发展的经典理论，为金融创新运营中心研究建立了深厚的理论基础。

1. 金融中心形成理论

早在20世纪初，鲍威尔（Powell，1915）即在其著作《货币市场的演进》中详细描述了银行聚集并集中在伦敦的金融结构演进过程。进入20世纪后半叶以来，金融中心研究再度兴起。首先，关于金融中心的聚集效益。金德尔伯格（Kindleberger，1973）、杨小凯（1991）运用经济分析方法证明集中交易能够大幅度提高交易效率。弗农（Vernon，1960）利用近距离沟通便利解释了金融等服务业聚集于大城市的原因。金德尔伯格（Kindleberger，1973）认为金融中心的外部规模经济效益将实现金融聚集的自我强化。经济学家们的理论分析揭示了金融机构集中设立于一些大城市或从一些地区迁移到大城市的根源。其次，关于金融企业的区位选择。戴维斯（E. P. Davis，1988）率先将企业选址理论运用于金融中心形成研究。金融企业在对区位进行决策时，将综合考虑供给需求因素和技术进步因素。经济学家顾问组（Economists Advisory Group，1984）研究了经营地点对不同种类金融机构竞争能力的影响。最后，地方政府在金融中心形成中的作用。经济史学家格拉斯（Gras，1922）提出都市发展阶段论，认为金融业处于都市发展的最高阶段，具有较其他行业更大的集中度。对于发达地区的大城市而言，将金融中心纳入城市发展规划是有历史依据的。

2. 金融创新相关理论

历史上，四位最重要的金融学家针对金融创新提出各自不同的观点。米勒（Miller，1986）将金融创新的特征归结为可获得的金融产品和过程（基本上）“不能预见的改进”。他认为重大金融创新即使在初始动力消失后仍能继续发展。罗斯（Ross，1989）认为金融创新可以达到重组其证券组合以获得更满意的证券结构和风险披露的目的，其模型可以解释许多证券创新。西尔伯（Silber，1975、1981、1983）把创新性的金融工具和过程看成是公司试图减少他们所面临的金融限制的手段。金融工程可以对新的或更严格的限制做出反应。范霍恩（Van Horne，1985）认为要使一种新的金融工具或过程成为真正的创新，必须使市场更有效率或更完全，而这取决于金融工程学的进展。综合西方学者的观点，可将推动金融创新的因素分为十类：（1）降低金融风险；（2）代理成本的减少；（3）发行成本的减少；（4）可以被发行者或（和）投资者用来减少税负的税收不对称；（5）规章或法律的变动；（6）利率水平及其波动；（7）价格和汇率水平及其波动；（8）学术研究；（9）会计利益；（10）技术进步和其他因素。

在20世纪70、80年代的20年中，金融创新带来了种类繁多的（几乎是惊人的）新证券。表1列出了许多种类的证券创新，并从前面所列出的因素中找出能对之进行解释的主要因素。芬纳蒂（1988）描述了这些证券和资产的创新性贡献。

3. 金融发展相关理论

金融发展理论主要研究金融发展与经济发展之间的关系，探索发展中国家

表 1　各类金融创新的影响因素识别

创新	风险再分担/证券收益率减少	代理成本的减少	交易费用的减少	税收不对称	规章或法律的变动	利率水平及其波动	价格和汇率水平及其波动	学术研究	会计利益	技术进步和其他因素
可调整利率的可转换票据				√					√	
可调整利率的优先股票	√			√	√	√				
可调整/可变利率抵押	√					√				
全归储蓄者的存单					√	√				
AMERICUS TRUST	√				√					
年金票据										√
拍卖利率资本券				√	√					
拍卖利率票据/债券	√	√	√			√				
拍卖利率优先股票	√			√		√				
多头和空头存单	√		√							
有上限的浮动利率票据	√					√				
抵押商业票据	√									
有担保的抵押债务/房地产抵押投资渠道	√		√		√					
抵押优先股票	√			√		√				
不动产担保的商业票据	√									
商品联系债券	√				√		√			
可转换可调整的优先股票	√			√		√				
可转换可交易的优先股票			√	√					√	
可转换抵押/降价期权贷款			√			√				

续表

创新	风险再分担/证券收益率减少	代理成本的减少	交易费用的减少	税收不对称	规章或法律的变动	利率水平及其波动	价格和汇率水平及其波动	学术研究	会计利益	技术进步和其他因素
可转换重设性信用债券		√								
货币互惠信贷	√				√					
大幅贴现/零息票债券	√			√		√				
延付利息债券	√			√	√					√
直接向公众销售债券			√		√					
股息再投资计划			√	√	√					√
美元提单	√					√				
双重货币债券	√				√					
雇员持股计划			√	√	√				√	√
欧洲货币债券						√				
欧洲票据/欧洲商业票据	√		√							
可交易的拍卖利率优先股票	√		√	√		√				
可交易的再上市优先股票	√		√	√		√				
可交易的可变利率票据			√			√				
外汇交易期权	√							√		
可展期票据	√		√							
金融期货	√							√		√
浮动利率/可调整利率票据	√					√				
浮动利率可展期票据	√		√			√				
浮动利率，评级敏感票据	√	√				√				

续表

创新	风险再分担/证券收益率减少	代理成本的减少	交易费用的减少	税收不对称	规章或法律的变动	利率水平及其波动	价格和汇率水平及其波动	学术研究	会计利益	技术进步和其他因素
免税的浮动利率票据	√					√				
外币债券	√					√				
外币的期货和期权	√							√		√
远期汇率协议	√					√				
黄金贷款	√						√			
高收益率(垃圾)债券			√			√		√		
递增利率票据		√								
指数化的货币期权票据/主要汇率联系证券	√				√	√				
指数化的浮动利率优先股票	√			√		√				
指数偿债基金债券	√		√			√				√
利息率上限/下限/范围	√					√				
利息率期货	√					√		√		
利息率重设债券		√								
利息率掉期	√				√	√				
信用证/担保契约信贷支持	√									√
法定可转化/资产合同债券				√	√					
主要有限合伙				√						
中期票据			√							
货币市场票据	√					√				

续表

创新	风险再分担/证券收益率减少	代理成本的减少	交易费用的减少	税收不对称	规章或法律的变动	利率水平及其波动	价格和汇率水平及其波动	学术研究	会计利益	技术进步和其他因素
抵押担保债券	√									
抵押过手债券	√		√							
可转让定期存单			√							
不可赎回长期债券	√									
期货合同期权	√					√		√		
搭配普通股票	√									
参加债券	√	√								
支持实物的债券			√							√
永久债券	√		√							
恶意卖出债券		√								
可卖出/可调整投标保证金	√		√			√				
可卖出普通股票	√	√							√	
可卖出可转换债券	√	√				√				
可卖出可展期票据	√	√	√							
不动产担保债券	√									
实际收益证券	√		√				√			
应收款项担保证券	√									√
再上市交易的优先股票	√									
再上市交易的重设票据	√	√	√							
连续的零息票债券	√			√		√				

续表

创新	风险再分担/证券收益率减少	代理成本的减少	交易费用的减少	税收不对称	规章或法律的变动	利率水平及其波动	价格和汇率水平及其波动	学术研究	会计利益	技术进步和其他因素
上架登记程序			√		√	√				
单点可调整利率股票	√		√	√		√				
标准普尔指数票据	√						√			
标明利率拍卖优先股票	√	√		√		√				
逐步卖出债券	√					√				
股票指数期货和期权	√						√	√		
剥离式抵押债券	√				√					
剥离式市政债券	√				√	√				
剥离式美国国库券	√			√	√	√				
综合的可转换债券				√					√	
学费期货	√						√			
分类交易的股票单位	√			√						
通用商业票据	√									
可变息票/利率可更新票据	√		√		√					
可变的累积优先股票	√	√	√	√		√				
可变期限票据	√					√				
债券购买许可证	√					√				
获利曲线/最大利率票据	√				√	√				
可转换的无息债券				√						√

资料来源：芬纳蒂（1988）。

应采取的金融政策，主要包括金融结构理论、金融深化和金融抑制理论。金融发展理论的先驱雷蒙德·戈德史密斯（Raymond W. Goldsmith，1969）在其《金融结构与金融发展》一书中提出了金融结构的概念。戈德史密斯认为金融结构的变化形成金融发展道路，而金融发展能加速经济的增长；随后，罗纳德·麦金农（Ronald I. McKinnon，1973）和爱德华·肖（Edward S. Shaw，1973）分别提出了“金融抑制理论”（Financial Repression）和“金融深化理论”（Financial Deepening）。麦金农和肖认为，经济发展是金融发展的前提和基础，而金融发展又是经济发展的动力和手段。当政府过多干预金融活动抑制金融体系发展时，金融将阻碍经济发展，当政府放松管制，金融自由化政策促进金融发展时，金融将在经济发展中起到积极作用。这些理论的产生不仅丰富了对金融中心的解释，也在一定程度上推动了金融中心的发展。

4. 金融中心竞争理论

首先，金融中心的层级。里德（Reed，1981）开启量化金融中心研究之先河。其通过一系列识别变量对国际金融中心的地位进行评估，并分成5个级别：省市一级的金融中心、国内地区性金融中心、全国的金融中心、区域国际金融中心和世界性金融中心。这些层级可以是某个国际金融中心发展的不同历史阶段，也可以是世界上同时存在的金融中心的不同级别。层级是由中心市场的高效率收益（引力）和距离带来的成本（阻力）之间的平衡关系决定的。其次，金融中心之间的竞争。金融中心城市间的竞争实际上是指同一层级金融中心城市之间通过金融机构和市场份额的竞争，提升其所处层级地位的努力。金融中心城市间的竞争地位受到内外部环境、经济周期和政府政策的影响。最后，影响金融中心竞争力的公共政策。地方政府政策因素包括：地区成本优势、人力资源的规模与质量、电信设施的先进性与安全可靠性，监管环境与税收制度。

（二）文献综述

1. 国外文献综述

（1）金融中心形成因素的文献综述

萨森（Sassen，2001）认为全球城市体系建设的供给引导因子已经成为国际金融中心形成的普遍解释。在供给引导的途径中产生的金融中心往往是政府有意识建设的结果。格罗特等（Grote，MH，ete.，2002）使用价值链方法分析了金融技术变化对金融中心空间布局的影响。赵（Zhao，2005）基于中国案例，认为信息不对称是影响金融中心发展和跨国公司选址的重要因素。王与丹尼唐（Wang，Danny Tan，2007）探讨了信息腹地因素对金融集聚和金融中心发展的影响。尚普、埃克（Schamp，Ei Re W.，2009）认为考虑到金融经济具体部门和生产网络的特点，使得集群方法不能像研究工业问题那样直接应用于金融研究。需要综合考虑一个大型城市的集聚优势和城市群中一个小型区域（即金融区）的网络外部性，分析金融中心问题。

（2）金融中心竞争力的文献综述

格罗特、迈克尔（Grote，Michael H.，2008）研究发现法兰克福金融中心对外国银行的吸引力呈现倒“U”形，认为未来欧洲二线金融中心的地位将下降。恩格伦、埃瓦尔德（Engelen，Ewald，2009）运用新经济地理学和比较政治经济学方法，研究了证券虚拟交易对法兰克福等二线金融中心的影响。瑟托勒里、尼古拉（Cetorelli，Nicola，2013）利用社会网络分析方法评估了世界各地金融中心的相对重要性。认为新兴市场经济体金融中心的崛起，主要源于全球市场条件的改善，而非美国金融中心竞争力的降低。卡雷曼与巴斯（Karreman，Bas，2012）通过中国内地企业上市的地理选择，研究香港、上海、深圳的竞争力。认为香港作为国际金融中心的吸引力是最大的，上海和深圳在竞争力上不相上下，尽管新战略让深圳证券交易所在吸引规模较小的企业上略胜一筹。Z/Yen 咨询公司（2014）发布了最新一期（第 15 期）全球金融中心指数（GFCI15），对全球 83 个金融中心的竞争力进行排名。

（3）关于离岸金融中心的文献综述

多纳吉（Donaghy，M，2003）认为离岸金融中心是金融全球化的结果。罗斯、安德鲁等（Rose，Andrew K.，2007）分析了离岸金融市场形成原因和结果，认为离岸金融中心可能鼓励来源国的不良行为，也可能促进市场竞争和金融深化。马西安得罗、多纳托（Masciandaro，Donato，2008）认为具有较高的政治稳定、较低的犯罪率、实施普通法司法体系等因素的地方比较容易形成离岸金融中心。拉鲁德、迈尔那（Larudee，Mehrene，2009）认为由于美国的富裕阶层和大型公司利用离岸金融中心的“避税天堂”功能，使得该国的收入和财富的两极分化更加严重。雷恩、菲利普（Lane，Philip R.，2011）评估了小型国际金融中心在国际金融体系中的地位。

（4）关于金融中心特征的文献综述

斯普福德、彼特（Spufford，Peter，2006）认为金融中心的成长需要以工商业为基础，一旦工商业转移到其他地区，金融中心地位可维持一段时间，但终将走向衰落。罗兰贝格咨询公司（2011）认为13～19世纪，海洋贸易重心的转移成为国际金融中心起源时期金融中心在欧洲大陆转移的关键因素。沃伊齐克、达瑞兹（Wojcik，Dariusz，2009）研究发现处于金融中心的企业比在其他省份的企业更可能实现股票的公开发行。认为发行方与中介机构的沟通便利、专业劳动力市场、公司治理激励和制度因素是解释初级股票市场的金融中心“偏好”的原因。库里、克劳蒂亚等（Curi，Claudia，2013）探讨了本国或东道国因素是否可以解释在卢森堡金融中心运营的银行机构技术效率差异。

2. 国内文献综述

国内有关金融创新运营中心的研究始于上世纪80年代。目前可检索的较早文献是陈彪如（1985）的《远东国际金融中心的形成与发展》。此后，国内学者围绕金融中心理论、金融中心建设、金融中心评价、区域金融创新等领域展开研究，形成一批有价值的成果。

（1）关于金融中心发展的文献综述

首先，李扬（2003）、潘英丽（2003）、连建辉等（2005）、善豪杰等（2010）、杨长江等（2011）、闫彦明（2013）等学者对金融中心的形成演化机理进行了理论分析，薛波（2007）认为国际金融中心研究陷入“理论衰落”。其次，褚伟（2007）、贺瑛（2008）、高山（2009）、肖本华（2010）、汪川（2014）等学者对国际金融中心的形成发展进行了经验研究。再次，胡坚（2003）、张泽慧（2005）、姚洋（2007）、陆红军（2007）、程婧瑶（2013）等学者就金融中心评价指标体系进行了深入研究。然后，吴念鲁（2008）、俞肇熊（2009）、吴晓求（2010）、何帆（2011）、孙南申（2012）、陆红军（2013）、黄韬（2014）等学者就我国国际金融中心的建设路径及条件进行探讨。王浩（2005）、赵晓斌（2006）、李亚敏（2007）等学者研究了跨国公司总部集聚与国际金融中心发展的关系。杨咸月（2005）、苏宁（2008）、王洪

（2009）等就金融中心与城市群协同发展进行了研究。

（2）关于区域金融发展的文献综述

周小川（2013）认为中国金融自上而下和自下而上两种改革并存、互补，介绍了天津滨海新区金融先行先试、上海国际金融中心建设等金融改革中自下而上的组成部分。范从来（2005）、陈跃进（2006）、艾洪德（2008）、张永鹏（2009）、郑青（2009）、陈红霞（2010）、王叙果（2011）、孙建红（2011）、马德功（2012）等学者提出了在我国一些地区建设区域金融中心的构想，孙国茂（2013）进一步指出区域金融中心实现路径是强化政府引导下的自然形成模式，政府的作用是制度设计与供给。王仁祥（2005）、倪鹏飞（2005）、王力（2009）、梁小珍（2011）、综合开发研究院课题组（2013）等就我国区域金融中心的竞争力进行了深入研究。蒋瑞波等（2012）、周天芸等（2014）实证研究了区域金融中心与区域经济增长的关系。陈时兴（2012）、汪云沾（2013）、蒋岳祥（2013）就我国前海、温州等区域金融改革创新进行了深入探讨。

（3）关于天津金融创新的文献综述

王爱俭（2014）提出的建设天津金融创新运营中心的建议和王爱俭（2009）提出的天津现代金融服务体系建设对策，得到天津市黄兴国市长的重要批示。张晨光（2008）、王爱俭（2009）、林铁钢（2010）、李文增（2010）等学者就天津现代金融服务体系和金融改革创新进行了深入研究。王爱俭等（2013）编制发布天津市第一个金融发展指数，测度了2006～2013年天津金融业发展速度和景气状况，全面记录了天津金融改革创新的成就和轨迹。同时，一些学者就天津金融改革创新的具体领域进行了深入研究，如李敏强，刘子利（2012）提出促进航运金融市场发展的政策建议；苗润雨等（2014）基于社会融资规模视角分析了天津金融发展；林铁钢（2013）对动产融资统一登记公示平台进行了研究；王曼怡（2010）就中心商务区金融集聚问题进行了研究；林铁钢（2010），张湧泉（2012）对天津碳金融发展进行了研究。周立群等（2003）、王爱俭（2011）对天津金融竞争力进行了定量研究。姬孟祥、王爱俭（2013）构建了于家堡金融区建设发展评价指标体系。

三　北方金融创新运营中心的内涵

金融创新运营中心是指一个区域内在金融创新和运营服务上呈现交融开放特征，处于集聚辐射中枢地位的城市。金融创新运营中心的内涵中蕴涵着4个主要概念：金融创新、运营服务、交融开放、集聚辐射。

（一）金融创新

《帕尔格雷夫经济学大辞典》将“金融创新”定义为，“当一个新的产品或服务被人们广泛接受用来替代或补充已有的金融工具、机构或业务流程时，就可以称之为创新性的，而不只是新的或新颖的，这和任何其他创新性产品或服务一样。……金融创新重要的不是一种产品或过程（这通常是不明显）的创新，而是创新在市场中扩散”。

立足天津，伴随天津滨海新区金融先行先试不断向纵深推进，天津金融改革创新在开展金融工具、市场、机构或业务流程创新，尤其是促进创新在市场中的扩散方面处于全国前列。“金融创新”无疑是天津金融业的一项重要功能。

（二）运营服务

西方学者过去将提供服务的活动称为“运营”（Operation），而将与工厂联系在一起的有形产品生产称为“生产”（Production）或“制造”（Manufacturing）。近年来，伴随着新工业革命的爆发，现代制造业和生产性服务业在分工中实现各自发展并深刻地融合在一起，生产与服务的边界愈发模糊，因此现代西方学者将生产和服务均称为“运营”，或“运营服务”。

立足天津，随着天津滨海新区开发开放和京津冀协同发展，中国经济第三增长极使地区实体经济快速崛起，为金融运营服务提供了广阔的市场潜力，同时，天津发挥政策与服务优势，培育国际化、便利化的营商环境、交通环境和教育环境，为金融企业的投资、运营和创新活动提供“保姆式”服务，使以租赁、基金、结算、交易为代表的一大批金融运营中心拔地而起。“运营服务”成为天津金融业的又一项重要功能。

（三）交融开放

立足国内外新形势、新任务，天津金融创新和运营服务功能建设将呈现出“交融开放”的新特征、新优势。其中，交融是指金融创新运营中心的内外部因素相互作用，共同促进中心发展。从内部看，金融创新提升运营能力和服务水平，运营服务确保金融创新的价值实现；从外部看，金融创新运营中心与京津冀协同发展、自贸区申报、服务经济体系建设相互促进。开放是指金融创新运营中心以开放、竞争激发金融创新活力，以更高标准的开放促进京津冀与自贸区接轨。积极推进外资准入前国民待遇和负面清单管理模式，扩大金融服务等领域对外开放；扩大金融业对内开放，支持民营资本进入金融业。“交融开放”彰显金融创新运营中心建设的开创性和独特性。

（四）集聚辐射

国际金融中心研究权威查尔斯·金德尔伯格（Charles P. Kindleberger）认为金融中心以集中交易为显著特征，集中交易必然提高市场流动性，从而降低融资成本和投资风险；金融中心不仅可以跨时结算个人或企业的储蓄与投资，还可以影响不同地域之间资金的交付与转移；金融中心充当了资金交易的中介，而国际金融中心则提供了专业化的国际借贷和国家之间支付的服务。金融中心的本质是金融资源的聚集与金融功能的辐射。

立足天津，新形势下天津将继续加快金融创新步伐，力争在一个较大区域内成为金融创新和运营服务活动集聚辐射的中枢城市。其中，集聚是指对于大型金融机构、跨国公司、创新型机构的总部（或地区总部、功能总部），证券、外汇、货币、衍生品等市场业务，以及金融业、专业服务业高端人才的聚集，形成一个金融集聚服务区；辐射是指凭借金融总部、业务和人才的中枢地位，向周边市场扩散金融业务、组织、知识、标准和人才，推动京津冀乃至中国北方的金融协同发展。“集聚辐射”既是衡量天津金融创新和运营服务能力的标准，也是新阶段天津金融发展的目标。

（五）北方金融创新运营中心

综上所述，本课题认为北方金融创新运营中心的内涵是国家战略指导下，集聚于天津、服务京津冀、辐射中国北方、面向海内外，呈现交融开放特征的金融创新和运营服务枢纽。北方金融创新运营中心是新形势下深化金融改革和开放的“试验场”，必然为新一轮区域金融创新，为京津冀协同发展和实现天津功能定位注入新的动力与活力。

四　北方金融创新运营中心的目标

金融创新运营中心的目标可以归纳为8个字，即交互、开放、法制、升级。

第一，交互是指金融创新运营中心的内外部因素相互作用，共同促进中心发展。一方面是金融创新与运营服务的相互作用。运营服务从金融创新中获得新的工具、市场、机构和流程，提升运营能力和服务水平；金融创新在运营服务过程中得到价值实现。金融创新离不开政策因素和服务优势的支持①，同时，金融创新应该服务实体企业，而非一味吹大资产“泡沫”。另一方面是金融创新运营中心与京津冀协同发展、自贸区申报、服务经济体系建设的相互影响。后者为金融创新运营中心发展提供机遇和条件，中心为后者目标的实现赋予充实有力的金融内涵。

第二，开放是指金融创新运营中心的建设需要以开放、竞争激发区域金融创新活力，以更高标准的开放促进京津冀与自贸区接轨。一方面，吸收借鉴国际知名自由贸易区和中国（上海）自由贸易试验区经验，积极推进外资准入前国民待遇和负面清单管理模式，扩大金融服务等领域对外开放；另一方面，

① “金融创新过程是由许多实际因素共同促成的，其中比较重要的有：利率波动性增加、税收和管理法规频发变动。此外，美、英等国放松对金融服务业的管制以及全世界投资银行竞争加剧，这些趋势也使得金融机构更加重视提供新证券”，引自《帕尔格雷夫经济学大辞典》。

扩大金融业对内开放，支持民营资本进入金融业。

第三，法制是指金融创新运营中心的发展需要坚持立法先行，以法制保障加快政府职能转变。一方面，探索建立与国际高标准投资和金融规则体系相适应的行政管理体系；另一方面，建立一口受理、综合审批和高效运作的服务模式，建设信息网络平台，形成协同管理的机制优势。为金融创新运营中心建设提供完善的体制机制环境。

第四，升级是指金融创新运营中心是金融改革创新基地的继承和发展。一方面，从突出金融创新功能到突出金融创新和运营服务的复合功能，确保了金融创新的规范、持续运转；另一方面，从突出金融创新基地到突出金融创新运营中心（从基地到中枢），确保了金融企业投资、运营、创新所享受的服务水平以及金融企业运营活动所服务的市场范围均有提升。具体来看，金融创新运营中心将在参与推进金融改革的同时，加快金融创新和运营服务能力提升，使之成为打造中国金融升级版的先行先试区。

五　天津构建北方金融创新运营中心的基础和条件

近年来，天津以建设与北方经济中心和滨海新区开发开放相适应的现代金融服务体系和全国金融改革创新基地为己任，深入推进金融改革创新，金融业创新、运营和服务能力显著提升，为天津建设金融创新运营中心，形成与现代化大都市相适应的现代服务体系奠定了扎实基础。

（一）金融业态繁荣发展，金融质量快速上升

伴随天津实体经济持续较快发展，天津成为国内发展较快的金融集聚服务区，大量金融机构将全国性、区域性总部或分支机构落户天津，金融业态日益丰富，金融规模持续扩张，金融效益稳步提升。

1. 金融业态发展显著

第一，截至2013年末，全市共有股份制商业银行、城市商业银行、信托公司、财务公司、金融租赁公司等银行业法人金融机构32家。第二，证券公司、证券营业部、投资咨询公司和证券信用评级公司、基金管理公司、期货公

司和期货营业部147家。第三，保险公司和专业中介机构149家。天津市初步形成以银行、证券、保险、信托基金、期货、财务公司和金融租赁公司为主体的多业态金融机构体系。

2. 金融总量快速提升

第一，2013年底，全市银行业本外币存款余额23316.6亿元，比2006年末增长2.4倍，7年平均增速为19.2%；贷款余额20857.8亿元，增长2.9倍，年均增长21.2%。第二，2013年天津金融市场交易总量25689.5亿元，比2006年增长5.4倍；保费收入276.8亿元，比2006年增长1.63倍。第三，2013年，天津社会融资规模达到4910亿元，比2010年增加697亿元，3年平均增速为5.2%。

3. 金融效益稳健提升

第一，截至2013年末，天津市银行业金融机构总资产额达到4.1万亿元，比2006年末增长4.1倍。第二，不良贷款率为0.6%，比2006年末下降4.63个百分点。第三，金融业对经济增长的贡献进一步增强，2013年金融业增加值占GDP的比重为8.4%，占第三产业的比重为17.4%，分别比2006年提高了4.1个和6.7个百分点。

（二）金融改革创新突出，成绩保持全国前列

近年来，天津积极发挥金融先行先试的政策优势和深化改革创新的服务优势，在产业金融发展、金融市场建设、金融国际化等方面开展有益探索，多项工作保持我国前列。

1. 产业金融取得重大突破

第一，截至2013年末，总部在天津的各类融资租赁公司达到206家，约占全国的20.1%；租赁合同余额5750亿元，约占全国的27.4%，同比增长55.4%。第二，2013年，在天津注册的金融租赁公司达5家，占全国金融租赁企业总数的21.7%。第三，以渤海产业投资基金和船舶产业投资基金为代表的产业投资基金、创业投资基金、物权投资基金和对冲基金等私募基金企业已经形成了完整的私募基金产业链。

2. 创新型市场建设发展显著

第一，在我国率先建立排放权交易市场和股权交易所，设立渤海商品交易所、铁合金交易所、贵金属交易所、金融资产交易所和矿业权交易所等资本要素市场，初步形成重要产品的市场竞价交易体系。以天津股权交易所为例，截至2013年末，天交所累计挂牌企业412家，总市值347.2亿元，市场累计融资额63.3亿元。第二，2013年6月，天津成功举办第七届中国企业国际融资洽谈会，此次融洽会意向融资额356亿元，比2012年增长120亿元。中国国际租赁产业博览会暨中国租赁年会作为重要内容首次亮相此次融洽会。第三，积极参与全国中小企业股份转让系统（“新三板”）建设，加强京津金融合作。截至2013年末，天津已有22家企业在“新三板”挂牌。

3. 金融国际化取得新进展

第一，自2010年6月试点至2013年末，天津市银行累计办理跨境人民币结算业务2427.4亿元。2013年，全市办理跨境人民币结算业务突破千亿元，达到1272.1亿元，同比增长1.01倍，占同期银行代客国际收支结算量的11.5%，成为仅次于美元的第二大跨境收付货币。第二，2013年末，外资银行机构达到26个，比2012年增加3个。第三，中新生态城和东疆保税港区外商投资企业资本金结汇改革试点取得阶段性成果。第四，作为全国唯一允许融资租赁货物出口退税的试点地区，东疆保税港区借助融资租赁作为推动外贸转型升级的重要途径。继2012年末天津以融资租赁方式实现外贸出口18亿美元，实现租赁外贸零突破后，2014年1～4月，天津以融资租赁方式带动飞机进口，实现进口27.5亿美元，对全市进口增长贡献率达38%。

（三）金融生态环境优化，金融体系保持稳健

2013年，天津市多种措施并举，全面推进金融生态环境建设，社会信用体系、金融制度环境、金融管理体制建设取得积极进展，为守住不发生系统性风险的底线奠定坚实基础。

1. 征信基础设施建设日趋完善

第一，2013 年末，国家金融信用信息基础数据库共收录天津市 22 万户企业和 940 万自然人的信用信息，成为金融机构信贷决策的重要信息支撑。第二，建立银行重点客户信贷信息监测系统，实现了对银行重点客户贷款“借、用、管、还”的动态监测。第三，20 家小额贷款公司和融资性担保公司首批获准接入金融信用信息基础数据库。信用服务市场得到发展。全市 106 家融资担保机构开展信用评级，其信用等级成为监管部门实施差别化管理和金融机构与其开展不同层级合作的重要参考。

2. 金融政策法规环境不断优化

第一，政府及有关部门研究出台了多项鼓励金融机构发展的政策措施，制定了综合配套改革试验总体方案和金融业总体发展规划。第二，启动了“农村金融服务站”项目建设，在固定场所为农民提供小额金融业务的新型支农金融服务模式，填补了农村金融服务的空白点。目前已建设金融服务站 800 余个，有效改善天津市农村地区基础金融服务。第三，天津推动动产权属统一登记先行先试工作取得阶段性成果，《天津市动产权属登记公示查询办法（试行）》获批实行，这标志着天津实行动产权属统一登记取得突破性进展，对全国具有示范效应。

3. 金融管理体制不断完善

第一，各金融监管机构建立起了稳定的信息交流、共享机制，在防止和协同解决金融监管中的盲点、防范和化解交叉性金融业务风险等方面进行了积极探索。第二，金融监管机构与地方有关部门加强工作联系，建立了金融稳定工作协调机制和反洗钱工作协调机制，及时查处金融违规行为，确保金融稳定。第三，银行机构内控管理和业务流程改革不断深化，促进风险、资本、收益的相互匹配和动态平衡。

六　建设北方金融创新运营中心的建议

金融创新运营中心的建设，既有对于天津滨海新区综合配套改革试验项下金融改革创新的继承与深化，又有京津冀协同发展、自贸区申报、服务经济体系建设项下金融合作、金融开放、金融运营的探索和发展。各项措施侧重突出，联系密切，搭配协调，是发挥区域金融创新和运营服务集聚辐射作用，协同推进金融创新运营中心与北方经济中心、现代制造中心、国际航运中心等功能建设的基石。

1. 拓展功能

发挥天津金融业比较优势和政策优势，拓展租赁、基金、市场等运营功能和服务范围。第一，以自贸区申报为契机，营造与国际接轨的租赁业政策服务环境，在海关特殊监管区域内，建立租赁综合服务平台①和资产交易平台，试点租赁资产权属登记、退出机制、资产证券化和资产流转，完善租赁业会计、税收政策。第二，依托毗邻首都“全国科技创新中心”的优势，加强政府、企业、大学、科研机构在技术、理念、资金上的交互促进，培育壮大区域创新生态系统，为基金运营服务提供充足的项目基础。第三，以新“国九条”出台为契机，加快金融要素市场建设。探索开展国际金融资产交易；支持设立适应大宗商品中远期期货市场发展需要的金融机构，逐步允许境外企业参与商品期货交易；依法合规设立跨境贵金属交易平台；探索外商股权投资企业在资本金结汇、投资、基金管理等方面的新模式；发展人民币海外投贷基金，为国内企业海外投资并购提供操作平台和综合服务。

2. 繁荣业态

以现代服务经济体系建设为契机，促进创新型金融机构发展和新兴金融业态繁荣，形成新兴金融业态的创新运营中心。第一，推动金融服务业对符合条件的民营资本和外资金融机构全面开放。支持设立民营和外商独资金融机构，简化市场准入程序，对民营银行和中小型金融机构实行差别化管理。第二，培育资产金融行业组织，促进存量债权类资产有效有序交易流转。第三，支持商业保理业务发展，允许商业保理公司参照外资融资租赁公司的外债管理办法在境外融资，探索适合保理业务发展的外汇和外债管理模式。第四，试点设立有限牌照银行，探索设立海洋开发、航运发展专业化银行。第五，着力发展与现代大物流体系相适应的交易结算和物流金融。第六，创新发展农村金融，坚持

① 综合服务平台为租赁业提供代理、融资、保险、评估、法律、会计、报关等各类配套业务。

本土化、民营化、专业化方向，拓展村镇银行服务功能，完善农村金融服务体系。第七，立足余额宝、天使汇（众筹融资）实践成果，通过出台规划和政策，探索建立领先的互联网金融综合服务区，吸引互联网金融项目落户天津。

3. 注重协同

以京津冀协同发展和自贸区申报为契机，加强京津金融合作，建立京津金融共同体。第一，发挥天津服务优势、载体优势和区位优势，主动承接非首都核心功能，疏解，吸引、支持金融机构、跨国公司在津建立地区总部、运营中心、结算中心等功能性总部，提升资金结算、运营服务能力。开展外商投资企业资本金结汇管理改革试点，支持跨国公司外汇资金集中运营管理。第二，参与全国中小企业股份转让系统（“新三板”）建设扩容，力争承接“新三板”更多功能。与此同时，加强京津冀地区创新型市场领域的交流合作，在条件允许的情况下，推动同类型市场并购、联合，提升创新型市场的规模效应和竞争优势。第三，发挥自贸区申报优势和北京金融资源优势，在天津滨海新区和京津毗邻地区建立离岸金融市场，使京津共享政策、共同投资、共同管理、共享收益。支持金融企业在该市场中建立定位于国际金融业务的分支机构，以专业能力和定制服务支持北方企业发展。

4. 建设载体

以金融创新运营中心建设为契机，推动于家堡金融区开发建设，建成国际一流、全国领先、功能完善、服务健全的金融改革创新基地和金融创新运营中心载体。第一，依托于家堡综合配套服务优势（严格高效兑现政策）和有望纳入自贸区试验的政策优势，提高金融机构聚集度和影响力。第二，推进于家堡金融区深度开发，深化与滨海新区中心商务区的联动发展。第三，建立全国性金融资讯信息服务平台，建设金融信息服务产业基地。第四，依托于家堡作为 APEC 首个低碳示范城镇的定位，加快绿色金融、低碳经济创新发展。第五，发挥于家堡金融区环境禀赋，优化、落实住房、户籍、税收等人才优惠政策，聚集一批具有国际视野、勇于创业干事的金融领军人物和高端人才。第六，开展与伦敦金融城等地合作，创办金融业、专业服务业等高水准、国际化的职业教育和培训项目。

5. 扩大开放

依托自贸区申报优势，深化金融制度创新，稳步扩大金融开放，推动人民币国际化、利率市场化和离岸金融市场发展。第一，在未来的自贸区内（以下简称区内），率先开展利率市场化试点。第二，推动人民币跨境业务发展。允许区内金融机构开展人民币跨境双向贷款业务。探索离岸人民币回流机制，允许区内企业开展离岸人民币贷款业务和债务融资，额度不纳入外债指标管理。允许区内企业的境外母公司可按规定在境内市场发行人民币债券。对区内注册的属于同一集团的关联企业，实行外债额度总额管理。企业境外融资不调入境内使用的，额度不纳入外债指标管理。开展人民币跨境再保险业务。第三，加快培育离岸金融市场，鼓励境内外符合条件的金融机构设立离岸业务机构，简化离岸账户审批流程，探索金融机构账户管理新模式，发展信贷、保险、证券、基金、信托、货币、同业、黄金和衍生品等多种离岸业务。第四，支持符合一定条件的单位和个人按照规定双向投资于境外证券期货市场。

B.11

专题报告 10
新世纪环渤海港口群发展综述

摘　要：

环渤海区域的港口群是中国 5 个沿海港口群体中最大的港口群，也是世界上运营规模最大的港口群。本报告通过量化分析环渤海港口群 2001～2012 年的统计数据，揭示其进入新世纪以来港口总量、结构和特征方面的变化，进而分析港口群整体的演变和发展过程。通过实证分析发现，环渤海港口群存在大型港口布局稀疏不均、环境污染和港口腹地重载型铁路建设滞后等问题。认为环渤海港口应在合理布局港口，控制供给总量，降低环境污染，完善港口运输通道及配套设施等方面采取应对措施。

关键词：

环渤海　海港　港口群

按照国家发展与改革委员会和中国交通部 2006 年的《全国港口布局规划》，全国有 5 个沿海港口群体。其中，环渤海港口群的规模最大，它是支撑我国华北、东北、西北地区经济发展的重要水陆交通枢纽和物流集疏体系。

在环渤海区域，有海岸线的行政区划，涉及辽宁省、河北省、山东省和天津市，即“三省一市”。本研究将依据中国统计年鉴、交通部行业公报、中国港口年鉴和“三省一市”的港口统计数据，对环渤海港口（2000～2012）进行系统的实证分析。

一　环渤海港口群描述

（一）河北省港口的基本情况

河北省沿海的陆域面积大约为1.15万平方公里，水域面积7000平方公里，沿海岸线资源约487公里（沿海公路约303公里）。其中，宜于建设港口的深水岸线约80.9公里。河北省主要有唐山（京唐、曹妃甸、丰南3个港区）、秦皇岛和黄骅3个港口。

进入21世纪以来，河北省港口迎来高速发展期。2000年，全省沿海港口货物吞吐量突破1亿吨，在此后的11年中，港口货物吞吐量成倍增长（见表1），到2011年底，全省港口的货物吞吐能力约为6亿吨，货物吞吐量突破7亿吨。

表1　全国沿海、环渤海沿海及河北省沿海港口吞吐量变化情况（2000～2011）

内容＼年份	2000	2001	2002	2003	2004	2005	2006	2007	2008	2009	2010	2011
全国沿海港口的货物吞吐量（亿吨）	12.90	14.50	17.16	20.64	25.38	30.09	35.30	40.42	44.89	48.74	56.45	63.60
环渤海沿海港口货物吞吐量（亿吨）	5.00	5.80	6.59	7.91	9.86	12.00	14.22	17.00	19.41	21.73	25.59	29.08
河北省沿海港口货物吞吐量（亿吨）	1.08	1.26	1.44	1.80	2.25	2.73	3.38	4.00	4.41	5.09	6.78	7.11
河北省占全国沿海港口的份额（%）	8.37	8.69	8.39	8.72	8.87	9.07	9.58	9.90	9.82	10.44	12.01	11.18
河北省占环渤海沿海港口份额（%）	21.60	21.72	21.85	22.76	22.82	22.75	23.77	23.53	22.72	23.42	26.49	24.45

2011年，河北省沿海的唐山港、秦皇岛港和黄骅港，分别完成了3.12亿吨、2.88亿吨和1.11亿吨的货物吞吐量，分列环渤海港口群的第4、第5和第9位。

（二）辽宁省港口的基本情况

辽宁省沿海岸线 2920 公里（含 628 公里岛屿岸线），规划港口岸线 523.5 公里（深水岸线 278.2 公里），海域面积 15.02 万平方公里，其中渤海部分 7.83 万平方公里，北黄海 7.19 万平方公里。陆域面积 14.6 万平方公里。辽宁沿海主要有大连、营口、盘锦、锦州、葫芦岛及丹东等 6 个城市。

截止到 2011 年底，全省沿海港口共有泊位 384 个（货物吞吐能力 4.5 亿~5 亿吨），其中万吨级以上泊位 173 个。集装箱吞吐能力约 700 万 TEU。除沿海港口外，全省内河航道主要集中在鸭绿江、辽河及小凌河的部分河段，可以通航靠泊。

进入 21 世纪以来，辽宁省港口迎来高速发展期。2000 年，全省沿海港口货物吞吐量 1.36 亿吨，在此后的 11 年中，港口货物吞吐量快速增长（见表 2），2011 年，全省沿海港口的年货物吞吐量为 7.82 亿吨。占全国沿海港口的 12.3%，占环渤海沿海港口的 26.9%。

表 2　全国沿海、环渤海沿海及辽宁省沿海港口吞吐量变化情况（2000~2011）

内容＼年份	2000	2001	2002	2003	2004	2005	2006	2007	2008	2009	2010	2011
全国沿海港口的货物吞吐量（亿吨）	12.90	14.50	17.16	20.64	25.38	30.09	35.30	40.42	44.89	48.74	56.45	63.60
环渤海沿海港口货物吞吐量（亿吨）	5.00	5.80	6.59	7.91	9.86	12.00	14.22	17.00	19.41	21.73	25.59	29.08
辽宁省沿海港口货物吞吐量（亿吨）	1.36	1.48	1.65	1.94	2.50	3.02	3.57	4.15	4.87	5.53	6.78	7.82
辽宁省占全国沿海港口的份额（%）	10.54	10.21	9.62	9.40	9.85	10.04	10.11	10.27	10.85	11.35	12.01	12.30
辽宁省占环渤海沿海港口份额（%）	27.20	25.52	25.04	24.53	25.35	25.17	25.11	24.41	25.09	25.45	26.49	26.89

“十一五”期间，辽宁省港口完成固定资产投资687亿元，新增泊位124个，新增港口吞吐能力2.7亿吨。以辽宁沿海港口布局规划为基本原则，以各沿海港口总体规划为框架，各个港口体系已基本形成；港口码头结构性调整基本完成，码头功能布局进一步优化，大型化和专业化泊位均接近或超过占全部泊位总数的50%，航道和锚地条件得到较大改善，港口规模和能力得到大幅度提升，基本适应了经济发展和腹地运输需求的增长；港口资源整合初见成效。辽宁港口群竞争力显著提升。

“十二五”期间：辽宁省要加快全省港口，特别是新开发港区的建设，完善和加强港口分层次布局；提升沿海港口群整体竞争实力；提高行业服务质量和管理水平，广泛采用信息技术和现代管理手段，建立节能环保的港口发展模式，为旅客和货物提供全方位的安全保障。

辽宁省计划投资906.3（沿海879.8）亿元，新增泊位277个（沿海215个），新增吞吐能力5.78（沿海5.72）亿吨，其中，新增集装箱吞吐能力477万TEU。到2015年，生产性泊位617个，货物吞吐能力10.2亿吨，其中集装箱吞吐能力1144万TEU。

主要任务：以集装箱、煤炭、铁矿石接卸码头建设为重点，完善码头布局结构；推进丹东海洋红港区、锦州龙栖湾港区、葫芦岛绥中港区和盘锦荣兴港区等新港区建设；改善港口通航条件，提升进出港航道等级；加强集疏运体系建设，实现各种运输方式高效衔接。

截止到2011年底，在辽宁省沿海的各个城市中，港口货物吞吐总量（按城市隶属关系统计）超过亿吨的分别为：大连市和营口市，在环渤海区域位列第3和第5。

（三）山东省港口介绍

山东省沿海岸线约3808公里（含296个岛屿岸线），海域面积15.95万平方公里，陆域面积6.4万平方公里。涉及日照、青岛、烟台、威海、潍坊、东营及滨州等市。截止到2011年底，全省沿海港口共有生产性泊位501个，其中万吨级以上泊位211个（年吞吐能力约5.3亿吨）。除沿海港口外，全省内河航道约2183公里，通航里程1150公里，其中三级及以上航道约272公里，内河泊位276个，吞吐能力4576万吨。

进入21世纪以来，山东省港口迎来高速发展期。2000年，全省沿海港口货物吞吐量1.6亿吨，在此后的11年中，港口货物吞吐量快速增长（见表3），2011年，全省沿海港口的年货物吞吐量为9.62亿吨（全省港口货物吞吐量10.26亿吨）。

表3　全国沿海、环渤海沿海及山东省沿海港口吞吐量变化情况（2000～2011）

内容＼年份	2000	2001	2002	2003	2004	2005	2006	2007	2008	2009	2010	2011
全国沿海港口的货物吞吐量（亿吨）	12.90	14.50	17.16	20.64	25.38	30.09	35.30	40.42	44.89	48.74	56.45	63.60
环渤海沿海港口货物吞吐量（亿吨）	5.00	5.80	6.59	7.91	9.86	12.00	14.22	17.00	19.41	21.73	25.59	29.08
山东省沿海港口货物吞吐量（亿吨）	1.60	1.93	2.20	2.56	3.05	3.84	4.70	5.75	6.58	7.31	8.64	9.62
山东省占全国沿海港口的份额（%）	12.40	13.31	12.82	12.40	12.02	12.76	13.31	14.23	14.66	15.00	15.31	15.13
山东省占环渤海沿海港口份额（%）	32.00	33.28	33.38	32.36	30.93	32.00	33.05	33.82	33.90	33.64	33.76	33.08

“十一五”期间，山东省着手规划山东半岛蓝色经济区，并在“十二五”的开局之年向全社会公布了《山东半岛蓝色经济区发展规划》（2011）。在该规划中，对于山东沿海港口的发展，提出了明确的定位和具体的要求：

以青岛港为龙头，优化港口结构，整合港航资源，加快港口公用基础设施及大型化、专业化码头建设，培植具有国际竞争力的大型港口集团，形成以青岛港为核心，烟台港、日照港为骨干，威海、潍坊、东营、滨州、莱州等港为支撑的东北亚国际航运综合枢纽。

青岛港要以国际集装箱干线（运输）业务、能源和大宗干散货储运集散为重点，依托青岛前湾保税港区，拓展港口物流、保税、信息、商贸等服务功能，建设成为现代化的综合性大港和东北亚国际航运枢纽港。

烟台要进一步巩固提升区域性能源原材料进出口口岸、渤海海峡客货滚装运输中心、陆海铁路大通道重要节点和我国北方地区重要的集装箱支线港地位，加快西港区建设，提高烟台保税港区建设水平，发展成为环渤海地区的现代化大型港口。

日照港要提高大宗散货和油品港口地位，进一步扩大集装箱业务，服务大宗散货中转储运和集装箱支线运输。威海港要建成环渤海地区的集装箱喂给港和面向日韩的重要港口。东营港、潍坊港、滨州港、烟台港莱州港区要依据《黄河三角洲高效生态经济区发展规划》确定的功能定位，加强深水泊位、航道、防波堤等公用基础设施建设，完善功能，提高吞吐能力，形成分工明确的黄河三角洲港口群。

截止到 2011 年底，山东省沿海城市中，港口货物吞吐量超过亿吨的分别为：青岛市、日照市和烟台市，在环渤海区域的港口排位中，位列第 2、第 5 和第 7。

（四）天津港的基本情况

天津港位于海河与渤海湾交汇处，并处于连接东北、往来西北大通道的交会点，也是亚欧大陆桥的东端起点之一。天津港腹地有密集的城市群及京津两个特大型城市。门类基本齐全的现代制造业分布在京津冀地区，高端制造业集中于京津走廊内。

天津港的水域陆域面积各约 100 平方公里。沿海自然岸线约 92.7 公里。沿海港口在正常年份受冰、风、浪、潮、雨及海流等方面的影响相对比较小，港口码头全年的正常营运和船舶在港区（包括锚地、航道及港池附近）安全航行能得到充分保障。

天津港是全国的枢纽港之一和中国北方规模最大的综合型港口，是完成各类物品储运、贸易及配送的物流中心，更是环渤海区域内重要的“水—陆”交通枢纽。天津港正按照国家的定位，建设我国北方国际航运中心和国际物流中心。

天津港的主要功能体现在：实现“水—陆”之间的货物装卸与流转；实

现“水—陆”两大类运载方式的联合运输；实现大宗贸易，尤其是为国际贸易的具体流程提供各种物流服务（主要包括金融、信息、技术、解决方案等方面）。

截至2011年底，天津港拥有泊位154个，码头长度32714米。其中：生产性泊位143个，码头长度31366米，万吨级泊位98个（全部为生产性泊位）。2011年，共完成货物吞吐量45338万吨，集装箱吞吐量1159万TEU。

1. 历史沿革

天津港的发端可追溯到东汉。曹操为伐乌桓（今辽西一带），在206年下令开凿河道，修建码头，港口雏形显现。隋朝隋炀帝在605年下令开凿运河，促进了天津的港航发展。唐、宋、金三朝，港口顺海河逐渐下移至“三会海口”（今军粮城），海港雏形显现。

1214年，金朝为保障中都（今北京）及漕运安全，在三汊河口建直沽寨，在军粮城设港口，天津海港正式诞生。到1316年，天津已成为北方漕运枢纽。按照“海滨津渡”的意思，直沽寨更名为海津镇，并成为元大都的重要门户。“津门”由此而来。

元朝时的三汊口，已有大量码头、粮库、盐仓等设施，漕船已拥满河道。随着天后宫（古称娘娘庙）的兴建，海河、南运河及子牙河周边的街市日渐繁华。三汊口一带的码头已呈现出“晓日三汊口，连樯集万艘”的繁荣景象。

1404年底，海津镇更名为天津，意为“天子”渡过河津（朱棣靖难在三汊口一带渡河），并于1405年初正式设天津“卫”（明朝的军事建制）。1725年，天津改“卫”为州，1731年升“州”为府。1860年天津港被辟为通商口岸。

1861年天津设海关，英、法在租界地建码头，主权港沦为殖民港。随外运入侵，传统漕运收不抵支，渐被取代。原三汊口港区也由于河窄水浅，大船不能上溯，港区功能渐失，兴盛了700多年的漕运枢纽衰落。1901年清政府下令停止漕运。

随着各国船舶越来越多地进出天津港，并由转口贸易转为直接贸易。到

1936年底，天津外贸总值约占全国贸易总额10%以上，天津港已成为全国第二大港。自天津港辟为通商口岸到日寇侵占前的进出口贸易额，如表4所示：

表4　1861～1936年天津港进出口贸易统计

内容＼年份	1861	1871	1881	1891	1901	1911	1921	1931	1936
贸易额(万美元)	547.56	1855.77	2160.63	3704.85	4941.14	11653.66	22477.92	19668.05	5672.30

1937年“卢沟桥事变”后，天津港成为日寇军需转运基地。从1938年日寇开始扩建海港，到1945年日本投降时，建成17公里防波堤，1座码头和1座船闸。此后因国民党破坏，到1949年1月天津解放时，天津港呈“死港”状态。

新中国成立后，1950年9月天津区港务局成立。1951年9月天津港复建，次年10月一期工程告竣，港口吞吐能力240万吨，能驶靠万吨轮。1952年10月17日举行开港典礼。10月25日毛主席视察港口。1952年完成货物吞吐量74万吨。

1974年天津港货物吞吐量突破1000万吨；开放之初（1979年）货物吞吐量为1270万吨。从1980年开始，天津港从稳步增长到快速增长，集装箱业务也开始起步（4月1日集装箱码头有限公司成立），并一直呈快速增长。具体统计如表5：

表5　1979～2000年天津港吞吐量统计

内容＼年份	1979	1980	1981	1982	1983	1984	1985	1986	1987	1988	1989
货物吞吐量(万吨)	1270	1192	1175	1287	1506	1611	1856	1818	1725	2109	2437
集装箱吞吐量(万TEU)	0.91	1.58	2.56	4.19	6.13	8.48	14.94	16.26	16.25	21.41	26.58
内容＼年份	1990	1991	1992	1993	1994	1995	1996	1997	1998	1999	2000
货物吞吐量(万吨)	2063	2377	2927	3716	4647	5787	6188	6789	6818	7299	9566
集装箱吞吐量(万TEU)	28.67	33.98	39.35	48.19	63.10	70.2	82.3	93.6	101.8	130.2	170.8

2001年，中国加入世界贸易组织，天津港迎来“腾飞阶段”。特别是天津滨海新区上升为国家发展战略，港口货物吞吐量、外贸货物吞吐量和集装

箱吞吐量都大幅度增长（如表6）。到2010年，天津港运营规模位居全国第3和世界第5。

表6　2001～2010年天津港吞吐量统计

年份 内容	2001	2002	2003	2004	2005	2006	2007	2008	2009	2010
天津市港口货物吞吐量(亿吨)	1.14	1.29	1.62	2.06	2.41	2.58	3.09	3.56	3.81	4.13
天津市港口外贸吞吐量(亿吨)	0.62	0.70	0.88	1.09	1.24	1.40	1.70	1.85	1.95	2.06
天津市集装箱吞吐量(万TEU)	201.1	240.8	301.5	381.5	480.1	594.8	710.2	850.2	870.4	1008.6

2. 发展环境

到2011年底，天津港的运营规模虽已位列世界前5，并实现了较快发展，但天津港仍面临一系列挑战，如资源的整合与合理配置、产业结构与港区布局的调整、陆域的交通网络的优化等，还需要进一步完善。天津港的使命依然任重道远。

（1）岸线资源

天津市的自然岸线资源约为172.7公里，其中海岸带长约92.7公里（已利用75.6公里），内河通航部分的岸线约为80公里（已利用24.4公里）。截止到2011年底：天津市已拥有232.3公里岸线（已利用138.8公里）。岸线资源的详细利用情况，见表7：

表7　天津市岸线资源利用情况

使用分类	沿海岸线(公里)		海河岸线(公里)		合计(公里)	
港口及临港工业	46.2	约占沿海总岸线的73.43%	18.5	约占海河总岸线的32.75%	64.7	约占27.85%
渔业、养殖	48.0		0.8		48.8	约占21.02%
旅游	11.8		2.0		13.8	约占5.94%
生活岸线	6.5		4.9		11.4	约占4.91%
未开发利用岸线	40.7		53.8		93.5	
合计	153.2		80.0		232.3	

注：未开发利用岸线包括停止使用的盐滩。

图 1 显示，天津市可开发利用的岸线资源主要集中在沿海（为一南北走向的弧形带，等深线基本与海岸平行，地质构成为泥沙淤积，基本属于相对稳定、平衡的海岸结构）。按海岸带的地理区位，大体分为 5 段自然岸线，形成 7 条人工岸线。

自然岸线

按照其地理区位、自然条件及功能定位，天津市的海岸带分布如图 1 所示。

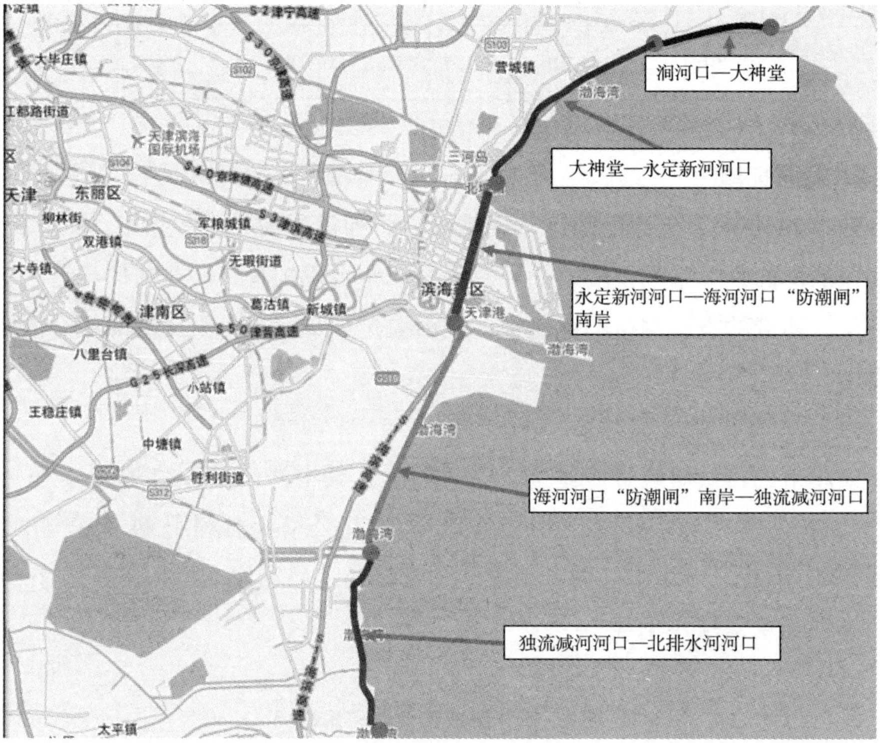

图 1　天津市的海岸带分布

①涧河口—大神堂，海岸带长约 10 公里，基本未开发；②大神堂—永定新河河口，海岸带长约 23 公里，已使用岸线 12. 2 公里；③永定新河河口—海河河口“防潮闸”南岸，海岸带长约 15 公里，其中，天津港集团围海建造了约 27. 4 公里岸线；④海河河口“防潮闸”南岸—独流减河河口，海岸带长约

24公里，正在围海建设大沽口港区和高沙岭港区；⑤独流减河河口—北排水河口，海岸带长约15公里，其中，已使用岸线12.7公里。

人工岸线

天津港沿海的人工岸线，从北到南，已形成7个区段，其基本情况如下：

①中心渔港岸线。占用自然岸线2.1公里，到2011年底，已填海建造人工岸线3.2公里。

②北塘港区岸线。规划占用自然岸线约13.2公里，已使用自然岸线2.3公里。

③东疆北疆岸线。占用自然岸线14.5公里。目前，东疆港区建成人工岸线18.8公里，北疆港区建成人工岸线19.1公里，全部为深水岸线。

④南疆港区岸线。占用自然岸线1.0公里。港区北侧已形成码头岸线9.9公里（规划进一步向东填海造陆，南北两侧可形成人工港口岸线24.8公里）。全部为港口深水岸线。其中，南侧中东部8.0公里岸线为预留港口岸线。

⑤临港工业区岸线。自然岸线7.5公里（规划人工岸线25.5公里，全部为深水岸线）。

⑥临港产业区岸线。自然岸线16.8公里（规划人工岸线47.3公里，全部为深水岸线）。

⑦大港—南港岸线。自然岸线10.4公里（规划人工岸线32.1公里，全部为深水岸线）。

港区资源

截至2011年底，天津港已有海河、北疆、南疆、东疆、大沽、大港和汉沽等7个港区处于运营状态，2个港区（高沙岭、北塘）处在规划建设阶段。到“十二五”末，天津港的“1港9区”将全部投入运营。

（2）腹地资源

天津港隶属建城600多年的天津市。天津市拥有约1.2万平方公里的土地资源，1个副省级区（滨海新区），12个市辖区、3个市辖县，240个乡、镇、街一级行政区。2011年末全市常住人口1354.58万人（户籍人口996.44万）。

天津市被国家定位为：“北方和环渤海地区经济中心，国际港口与生态城市”。2011年的GDP 11307亿元，地方财政收入1455亿元。第一产业增加值

159 亿元；第二产业增加值 5878 亿元；第三产业增加值 5154 亿元。三次产业结构为 1.4∶52.5∶46.1。

天津是中国近代工业的发祥地之一，也是中国传统的老工业基地，更是当前我国重要的工业城市。目前，天津市已形成航空航天、石油化工、装备制造、电子信息、生物医药、新能源、新材料、国防工业等八大新兴支柱产业。

（3）交通条件

天津港的海上主航道长约 44 公里，最深处 -21.0 米，最浅处 -10.0 米（海河船闸处），航道底宽最宽达 260 米。25 万吨级船舶可全天候进出港，30 万吨级油轮（吃水 -22.4 米）可乘潮进出港。内河航道 -7 ~ -4 米（仅能部分通行 3000 吨级以下的船舶）。

铁路方面，天津境内有 6 条国铁干线，通行里程约 500 公里。根据国铁总体规划，到“十二五”末，天津铁路通行里程将达到 1318 公里，铁路货运站将建成“4 主 4 辅 4 专业 4 港湾”的格局。到 2020 年，天津铁路枢纽的货运吞吐能力和线路运能，将达到 56630 万吨。

公路方面，截止 2011 年底，天津公路网有 10 条高速公路（1103 公里），二级以上高等级公路 1274 公里，全市公路通车里程为 4243 公里。到 2020 年，天津市的公路将形成“九横五纵”、1360 公里的高速公路网络和 3350 公里的普通干线网络。

二　环渤海各港口的发展现状

（一）河北省港口的发展现状

黄骅港从 21 世纪之初开始起步，经过 10 多年的高速发展，到 2011 年底，黄骅港累计投资 184 亿元，已经成为我国重要的能源输出港。2011 年，港口运营规模在环渤海港口群中，位列第 9，跨入亿吨港行列。与国家批准建港时的功能定位相匹配。

1. 港口规模

截至2011年底，生产性泊位26个，其中万吨级以上泊位达到19个，岸线长度超过6000米。泊位的吞吐能力超过亿吨。其中，煤炭港区的码头岸线约4000米，泊位15个，吞吐能力超过8000万吨。综合港区和散杂港区处在起步阶段。

2. 港口布局

截至2011年底，黄骅港已形成煤炭港区、散货港区、综合港区与河口港区等4个港区。综合港区的北部，保留了港口远期发展的岸线。在上述的4个港区中，煤炭港区是黄骅港的核心，约占目前港口总吞吐能力的80%。

黄骅港的河口港区，起步于1986年，但规模比较小，截止到2011年底，有岸线2800余米，港口泊位8个，主要为中小散杂泊位及液体化工泊位，吞吐能力425万吨。河口港区还为船舶修理及配套提供服务，是中小型船舶的服务区。

3. 运营状况

黄骅港自开港以来，到2011年底，累计完成货物吞吐量5.9亿吨，其中，煤炭吞吐量累计完成5.7亿吨。从贸易类型看，外贸吞吐量累计完成约8000万吨。黄骅港近10年来的货物吞吐量统计数据如表8所示：

表8　2002～2011年环渤海及黄骅港口各项指标统计

内容＼年份	2002	2003	2004	2005	2006	2007	2008	2009	2010	2011	均值
环渤海港口货物吞吐量（亿吨）	6.59	7.92	9.78	12.00	14.23	17.00	19.52	21.84	25.68	29.08	
比上年增长（%）	13.43	20.18	23.48	22.70	18.58	19.47	14.82	11.73	17.58	13.24	17.52
黄骅港口货物吞吐量（亿吨）	0.17	0.32	0.46	0.68	0.81	0.83	0.80	0.84	0.94	1.11	
黄骅港口货物吞吐量年增速（%）		88.24	43.75	47.83	19.12	2.47	-3.61	5.00	11.90	18.09	25.87
黄骅港港口占环渤海的份额（%）	2.58	4.04	4.70	5.67	5.69	4.88	4.10	3.85	3.66	3.82	

注：环渤海港口年均增长率是10年均值；黄骅港年均增长率是9年均值。

黄骅港煤炭港区的运营主体是神华黄骅港务公司，于1997年3月由中国神华能源股份有限公司和河北建设交通投资有限责任公司共同出资组建。神华公司占 70% 的股份；散杂港区和综合港区的投资建设，呈现多元化的趋势。

（二）辽宁省港口的发展现状

大连港经过改革开放以来 30 多年的快速发展，尤其是进入 21 世纪以来的高速发展，已经与全球 500 多个港口实现通达。2011 年，共完成货物吞吐量 33691 万吨，在全球港口生产规模的排名中，位列第 9，国际化和枢纽港的地位已经确立。

1. 港口规模

截止到 2011 年底，大连港拥有泊位 223 个，码头岸线长度 37855 米。其中：生产性泊位 198 个（万吨级泊位 79 个，全部为生产性泊位），码头岸线长度 33978 米，码头泊位的吞吐能力和航道的通行能力约 2.5 亿吨，与当年完成的吞吐量基本相适应。

2. 港区布局

根据大连港的最新规划，大连港有 12 个港区，分别是：大窑湾、登沙河、皮口、花园口、庄河、栗子房、太平湾、长兴岛、松木岛、三十里堡、双岛湾和旅顺新港港区。其中，大窑湾的“一岛三湾”为大连市目前的核心港区。大连市主要港区的功能定位如下：

（1）大连市区

大连市区的“一岛三湾”（大孤山半岛，大窑湾、鲇鱼湾、大连湾）所构成的港区是大连港的核心，也是一个综合性港区，陆域面积 80 平方公里，水域面积 420 平方公里，港口通过能力 1.56 亿吨。主要功能是承担集装箱、原油、铁矿石业务。

按照大连市的港口规划，到 2020 年规划期末，“一岛三湾”港区将形成各类生产性泊位 127 个，大型集装箱码头通过能力将达到 2000 万 TEU（标准箱），原油、铁矿石等大型专业化码头通过能力将达到 9000 万吨。

（2）瓦房店市

隶属瓦房店市的长兴岛港区位于大连市西北部，地处渤海。港口岸线 70 公里，规划用地 190 平方公里，其中临港工业区面积 12 平方公里，码头岸线

8.3公里，可供建设深水泊位30个；商业港区面积100平方公里，码头岸线长33.5公里，可供建设深水泊位110余个。

长兴岛港区以工业港起步，侧重发展大型的临海石化、冶金、造船和装备制造产业基地，借助临海工业的发展，逐步开发深水岸线扩大商业港功能，远景承担大连港公共运输功能，进一步扩张与转移的主要承接地和新的港口发展重心。

（3）旅顺口区

旅顺口区内涉及2个港区，即旅顺港区（包括老铁山和新港区）及双岛湾港区。旅顺港区主要承担客运及滚装运输；双岛湾港区主要是“烟大”铁路线的水陆交换节点。形成岸线约10公里，规划用地26平方公里，规划布置30万吨散货泊位。

双岛湾港区的定位：大连港服务临港工业的港区之一，大连国际航运建设的战略储备，旅顺口区扩大对外开放和优化产业布局的基础依托。布局以装备制造为主的临港产业，承担其原料及产成品港口业务，具备装卸、仓储及运输组织等现代物流功能。

（4）普兰店市

普兰店市内涉及的主要港区是皮口港区。占用岸线约1.5公里，海上引堤约4公里，陆域面积约3平方公里，海域使用面积约12平方公里。皮口港区的基本功能是长海县各岛与辽东半岛陆地之间的水陆交通枢纽，通过滚装船实现陆岛之间的客货交换。

（5）其他港区

大连市除了以上主要港区外，还有松木岛、三十里堡、登沙河、花园口、庄河等小型港区。另外，大连市的港口规划中，将建设太平湾（大连市西北角，与营口市相邻）和栗子房（大连市东北角，与丹东市相邻）两个核心港区。

3. 运营状况

2011年，大连市的港口完成货物吞吐量3.3691亿吨，其中，外贸货物吞吐量1.1018亿吨，约占总货物吞吐量的32.7%；集装箱吞吐量640万标准箱（TEU）。大连市港口上述三项指标11年来的统计数据如表9所示：

表 9　2001～2011 年环渤海及大连市港口的各项指标统计

年份 内容	2001	2002	2003	2004	2005	2006	2007	2008	2009	2010	2011	均值
环渤海港口货物吞吐量(亿吨)	5.81	6.59	7.92	9.78	12.00	14.23	17.00	19.52	21.84	25.68	29.08	
比上年增长(%)	15.97	13.43	20.18	23.48	22.70	18.58	19.47	14.82	11.73	17.58	13.24	17.38
大连港口货物吞吐量(亿吨)	1.00	1.09	1.26	1.45	1.71	2.00	2.23	2.46	2.72	3.14	3.37	
大连港口货物吞吐量年增速(%)	10.60	8.00	16.14	15.19	17.70	17.33	11.17	10.33	10.64	15.42	7.30	12.71
大连港口占环渤海的份额(%)	17.21	16.54	15.91	14.83	14.25	14.05	13.12	12.60	12.45	12.22	11.59	
环渤海港口外贸吞吐量(亿吨)	2.51	2.85	3.47	3.98	4.77	5.75	6.78	7.36	8.54	9.65	8.64	
比上年增长(%)	20.67	13.55	21.75	14.70	19.85	20.55	17.91	8.55	16.03	13.00	-10.47	14.19
大连市港口外贸吞吐量(亿吨)	0.31	0.38	0.49	0.49	0.64	0.70	0.82	0.79	0.98	1.08	1.07	
比上年增长(%)	-8.76	25.03	26.42	1.08	29.78	9.93	17.18	-3.58	23.44	10.80	-1.48	11.80
大连港口占环渤海的份额(%)	12.35	13.33	14.12	12.31	13.42	12.17	12.09	10.73	11.48	11.19	12.38	
环渤海港口集装箱吞吐量(万TEU)	642.3	810.8	1000.3	1272.5	1616.6	2043.2	2500.0	2980.3	3052.0	3572.9	4135.5	
比上年增长(%)	21.97	26.23	23.37	27.21	27.04	26.39	22.36	19.21	2.41	17.07	15.75	20.82
大连市集装箱吞吐量(万TEU)	121.7	135.2	167.1	221.1	268.8	321.2	381.3	452.6	457.7	526.2	640.0	
比上年增长(%)	20.38	11.09	23.59	32.32	21.57	19.49	18.71	18.70	1.13	14.97	21.63	18.51
大连港口占环渤海的份额(%)	18.95	16.67	16.70	17.38	16.63	15.72	15.25	15.19	15.00	14.73	15.48	

表 9 显示：大连市港口运营的 3 项总量指标，11 年的平均增速都低于环渤海港口群的平均增速；在环渤海港口群中的市场份额，除外贸吞吐量在 12% 左右波动外，其余两项指标整体呈波动中递减。这也从一个侧面反映振兴老工业基地的难度。

（三）山东省港口的发展现状

青岛港经过改革开放以来 30 多年的快速发展，尤其是进入 21 世纪以来的高速发展，已经与全球 500 多个港口实现通达。2011 年，共完成货物吞吐量

37971万吨，在全球港口生产规模的排名中，位列第7，国际化和枢纽港的地位已经确立。

1. 港口规模

截止到2011年底，青岛港拥有泊位81个，码头岸线长度20518米。其中：生产性泊位75个（万吨级泊位59个，全部为生产性泊位），码头岸线长度19500米，码头泊位的吞吐能力和航道的通行能力，可适应约4亿吨的吞吐量。

2. 港区布局

根据青岛港的最新规划，青岛港有3个港点（积米崖、大湾、鳌山）7个港区（前湾、海西湾、黄岛、老港、四方、鳌山湾、董家口，前5个集中在胶州湾内）。港区布局基本形成以胶州湾港口为核心，鳌山湾和董家口港区为两翼，其他港点为补充的格局。

青岛港各港点、港区的主要功能定位如下。

（1）港点功能

在青岛市众多的港点中，积米崖港（胶南灵山湾积米崖村）、大湾港（胶南灵山湾大湾村）和鳌山港（墨市崂山湾柴岛村）以服务地方经济、旅游和客运服务为主。主要停靠小型船舶。其他港点基本用于客运（轮渡、班轮、游船等）服务。

（2）前湾港区

前湾港区位于胶州湾西南侧，西侧码头岸线与青岛保税区相接。南经大涧山至显浪嘴南侧，码头岸线16.7公里，规划用地19平方公里，规划布置55个泊位。主体功能以国际集装箱干线业务为主，同时承担铁矿石、煤炭等大宗干散货业务，兼顾通用散杂货类业务。

（3）黄岛港区

黄岛港区位于胶州湾西侧、黄岛半岛最东端。码头岸线10.1公里，规划用地5.2平方公里，规划布置37个泊位（主要集中在黄岛的东南角，30万吨油轮采用单点系泊、远离陆域的海上泊位）。黄岛港区主体功能定位为：以原油、成品油和液体化工品业务为主。

（4）老港港区

老港港区位于胶州湾东岸，由青岛最早的大、中、小港等构成。老港港区的码头岸线（大港—团岛）约23.6公里，占地约6.44平方公里，28个货用泊位。老港港区由于吃水不足、航道等级低，其主体功能定位为：以中小型船舶承运的散杂货和内贸集装箱业务为主。

（5）四方港区

四方港区位于老港港区北部，与其一河（海泊河）之隔，向北延伸至李村河口。自然岸线约2公里，规划码头岸线长约4.93公里，用地5.6平方公里，布置17个泊位。未来将与老港港区中的大港共同承担散杂货业务和内贸集装箱业务。

（6）海西湾港区

海西湾港区位于薛家岛湾内，北起显浪嘴，顺岸向西南延伸（与连江路基本平行）至湾底（大造船规划区），再折向薛家岛东南海岸。码头岸线14.7公里，规划用地11平方公里，主要为修造船、海洋工程及临港工业服务。保留渔港码头区。

（7）鳌山湾港区

鳌山湾位于青岛市东北部，即墨市辖区内。海岸线西起黄埠滩，沿海岸向东北延伸，再折向东南至女岛，岸线长约18.5公里，规划用地53.1平方公里，规划布置47个泊位。主要功能定位为：以集装箱业务为主、兼顾散杂货业务的综合性港区。

（8）董家口港区

董家口港区位于青岛市西南部、胶南市（现已并入黄岛区）辖区。港区位置在棋子湾与琅琊台湾的交汇点处，与日照市相邻。码头岸线23.8公里（不含预留作业区岸线），规划用地约56平方公里，布置47个泊位。功能定位为：以大宗散杂货、液体化工品业务为主的综合性港区。

3. 运营状况

2011年，青岛港投资66亿元（政府网公布的投资计划），主营业务收入176.37亿元，利润总额28.74亿元。拥有75个生产性泊位，其中59个为万吨级及其以上泊位，主要的泊位为散杂货、液散货、集装箱等类型。

2011年，青岛港口完成货物吞吐量3.80亿吨，其中，外贸货物吞吐量2.66亿吨，约占总货物吞吐量的70%；集装箱吞吐量1302万标准箱（TEU）。青岛港上述三项指标10年来的统计数据如表10所示：

表10　2001~2011年环渤海及青岛港口各项指标统计

内容＼年份	2001	2002	2003	2004	2005	2006	2007	2008	2009	2010	2011	均值
环渤海港口货物吞吐量(亿吨)	5.81	6.59	7.92	9.78	12.00	14.23	17.00	19.52	21.84	25.68	29.08	
比上年增长(%)	15.97	13.43	20.18	23.48	22.70	18.58	19.47	14.82	11.73	17.58	13.24	17.38
青岛港口货物吞吐量(亿吨)	1.04	1.23	1.41	1.63	1.87	2.24	2.65	3.00	3.17	3.50	3.80	
青岛港口货物吞吐量年增速(%)	20.93	17.31	15.57	15.60	14.72	19.79	18.30	13.21	5.00	11.11	8.57	14.56
青岛港口占环渤海的份额(%)	17.90	18.51	17.80	16.67	15.58	15.74	15.59	15.37	14.42	13.63	13.07	
环渤海港口外贸吞吐量(亿吨)	2.51	2.85	3.47	3.98	4.77	5.75	6.78	7.36	8.54	9.65	8.64	
比上年增长(%)	20.67	13.55	21.75	14.70	19.85	20.55	17.91	8.55	16.03	13.00	-10.47	14.19
青岛市港口外贸吞吐量(亿吨)	0.71	0.83	1.02	1.21	1.43	1.70	1.91	2.08	2.21	2.58	2.66	
比上年增长(%)	29.09	16.90	22.89	18.63	18.18	18.88	12.35	8.90	6.25	16.74	3.10	15.63
青岛港口占环渤海的份额(%)	28.29	29.12	29.39	30.40	29.98	29.57	28.17	28.26	25.88	26.74	30.79	
环渤海港口集装箱吞吐量(万TEU)	642.3	810.8	1000.3	1272.5	1616.6	2043.2	2500.0	2980.3	3052.0	3572.9	4135.5	
比上年增长(%)	21.97	26.23	23.37	27.21	27.04	26.39	22.36	19.21	2.41	17.07	15.75	20.82
青岛市集装箱吞吐量(万TEU)	264.0	341.0	424.0	514.0	631.2	770.2	946.6	1002.4	1026.2	1201.2	1302.0	
比上年增长(%)	24.53	29.17	24.34	21.23	22.80	22.02	22.90	5.89	2.37	17.05	8.39	18.24
青岛港口占环渤海的份额(%)	41.10	42.06	42.39	40.39	39.04	37.70	37.86	33.63	33.62	33.62	31.48	

青岛港隶属青岛市和山东省，业务管理归属青岛市交通运输委员会。2011年，青岛港主营业务收入176.37亿元。青岛港集团隶属青岛市国资委，在2011年的全国500强中，排位485位（按2010年的营业收入1464587万元进行排名）。

虽然青岛港的成就显著，但还存在一些约束与问题。在“硬约束”方面，岸线陆域的山地比较多；陆上建设成本相对比较高，老港区腹地比较狭小、海水平均深度比较浅；铁路网络相对不足、淡水资源相对短缺等，都对青岛港的发展有一定的限制。

在“软环境”方面：青岛港与周边港口在区位、功能及规模等方面存在同质化，如董家口港区与日照、连云港的部分功能相重叠，腹地资源相似，在市场资源受限的情况下，将导致港口的运营效率下降，投巨资建设的港口资源会出现利用率不足。

（四）天津港发展现状

天津港经过改革开放以来30多年的快速发展，尤其是进入21世纪以来的高速发展，已经与全球500多个港口实现通达。2011年，年货物吞吐量达到4.53亿吨，已经在全球港口生产规模的排名中，位列第4，国际化和枢纽港的地位已经确立。

1. 港口规模

截止到2011年底，天津港拥有泊位154个，码头岸线长度32714米。其中：生产性泊位143个（万吨级泊位98个，全部为生产性泊位），码头岸线长度31366米，码头泊位的设计吞吐能力约5亿吨，航道通行能力与之相匹配。

2. 港区布局

截止到2011年底，天津港有7个港区（6个海港区、1个河港区）运营，基本现状是：

（1）北疆港区

北疆港区位于新港航道北侧，永定新河口以南，西至海滨大道，东与东疆港区共轭“反F形”北港池。主体功能以集装箱业务为主，兼顾钢铁、粮食、商品汽车等货类，是大型综合性港区。北疆港区的基本指标见表11：

表11　北疆港区主要指标

项目	岸线长度（米）	用地面积（平方公里）	泊位数量（个）	年通过能力（万吨）	年通过能力（万TEU）	年通过能力（万辆）	备注
合　计	19110	29.40	69	3940	1600	200	
1. 通用杂货作业区	6022	0.97	29	3790			已建
2. 集装箱作业区	9964	6.80	32		1600		
东突提码头	(3164)	1.72	(12)		(380)		已建
保税区东码头	(3300)	1.50	(10)		(660)		已建、在建、规划
北突提码头	(3500)	3.58	(10)		(560)		规划
3. 汽车滚装作业区	2153	1.29	8	150		200	已建、规划
4. 支持系统区	970	1.80	—				
5. 天津港保税区	—	5.00	—				
6. 物流用地	—	13.54	—				

注：年通过能力（万吨）中不含万TEU的折算值。

北疆港区依托天津港保税区、北疆集装箱物流中心、汽车滚装码头，重点提供集装箱和商品汽车类的保税仓储、“水—水”转运、航运配载、金融商贸等现代物流服务。兼顾快速分拨、流通加工及货物集疏等业务。

（2）东疆港区

东疆港区位于北疆港区东侧，与北疆港区共轭“反F形”北港池。东疆港区东西宽约3公里，南北长约10公里，其东侧海域已建成北防波堤。东疆港区的陆域部分主要分为：集装箱业务区、物流加工区、邮轮母港区等。

东疆港区主体功能定位为：依托东疆保税港区和滨海新区综合改革配套试验区的优势，先行先试海关特殊监管区的各类政策，大力开展国际物流、保税仓储、出口加工、国际贸易、航运服务以及国际邮轮等业务。其主要指标见表12。

根据东疆港区的规划，拟从永定新河河口南导堤（治导线固化工程），并依托东疆北堤，向东侧续建东疆第二港岛，进一步增加东疆港区的发展空间。并在第二港岛集装箱作业区北侧布置服务于第二港岛码头的支持系统区。

表 12　东疆港区主要指标

项目	岸线长度	用地面积	泊位数量	年通过能力			备注
	（米）	（平方公里）	（个）	（万吨）	（万 TEU）	（万辆）	
合　计	18805	56.24	46	2640	150		
1. 东疆北港池集装箱作业区	8640	9.06	24	1540			
其中：北港池东侧岸线	(6630)	(7.16)	(18)	(1300)			
北支二港池北侧岸线	(2010)	(1.90)	(6)	(240)		近期杂货	
2. 第二港岛集装箱作业区	5650	5.20	16	1100			
3. 邮轮码头区	2015	1.40	6		150		
4. 支持系统区	2500	1.08	—				
5. 物流加工区	—	39.50	—				

（3）南疆港区

南疆港区位于新港航道南岸，为东西长 15 公里、南北宽 1.3 ~2 公里的狭长人工岛。港区主体功能定位为：开展大宗干散货（煤炭、铁矿石为主）、石化（原油及制品、液体化工产品为主）及相关产品等类的储运业务及配套的物流服务。其主要指标见表 13：

表 13　南疆港区主要指标

项目		岸线长度	用地面积	泊位数量	年通过能力	备注
		（公里）	（平方公里）	（个）	（万吨）	
合　计		26.21	25.66	44	35890	
一、港区北侧		14.23	16.64	31	34290	
其中	干散货作业区	7.80	10.92	24	27000	
	原油码头区	1.38	2.29	3	5400	
	石化作业区	1.23	1.48	4	1890	
	支持系统区	3.82	1.95	—	—	
二、港区南侧		11.98	5.81	13	1600	
其中	石化作业区	3.53	1.46	13	1600	
	支持系统区	0.50	0.10	—	—	
	预留发展区	7.95	4.25			
三、其他用地			3.21			

注：不计预留发展区的泊位数和年通过能力。

根据南疆港区的定位、南北岸线的利用现状和开发条件，北侧岸线是南疆港区的重点，南侧岸线视陆域条件和需求适当、适度开发。结合需求预测，港区北侧保留支持系统区和石化作业区，并依托在建的30万吨级原油码头发展大型原油码头区。

南疆港区将根据功能定位追求干散货作业区的集约化发展，但考虑到南疆港区腹地陆域集疏运条件较差，开发需求也不明朗等因素，并根据滨海新区的发展要求，南疆散货物流中心将逐步调整，逐渐削减货物储运的功能。

（4）大沽口港区

大沽口港区可利用岸线约26公里。用地面积约21平方公里。其主要功能是服务于临港工业，重点为造船修船、装备制造、粮油加工等临港工业，兼顾钢铁、建材、液体化工品的装卸储运。有关港口的人工岸线、泊位、通过能力等指标，如表14所示。

（5）大港港区

大港港区也称南港港区，自然岸线长约10.4公里。通过填海造陆，形成港口岸线32.1公里，港区面积22.63平方公里，全部为深水岸线。主要发展石化产业和通用泊位区。支持系统的码头，安排500米岸线。大港港区的主要指标如表15所示：

表14　大沽口港区主要指标

项目	岸线长度	用地面积	泊位数量	年通过能力			备注
	（米）	（平方公里）	（个）	（万吨）	（万TEU）	（万辆）	
合　计	25504	21.26	33	6820			
1. 通用泊位西区	2530	1.54	11	1620			
2. 石化作业区	1550	1.06	5	1000			
3. 粮油泊位区	874	0.82	3	1200			
4. 装备制造业发展区	16400	13.16	—	—			
5. 通用泊位东区	3500	4.60	14	3000			
6. 支持系统区	650	0.08	—	—			

表15　大港港区主要指标

项目	岸线长度	用地面积	泊位数量	年通过能力			备注
	（公里）	（平方公里）	（个）	（万吨）	（万TEU）	（万辆）	
合　计	32.1	22.63	45	6000			
1. 石化作业区	10.5	5.30	37	5000			
2. 通用泊位区	1.8	1.03	8	1000			
3. 预留发展区	19.3	16.30					
6. 支持系统区	0.5						

注：未计预留发展区泊位与年吞吐能力。

（6）汉沽港区

汉沽港区2011年10月开港，占用自然岸线2.1公里，规划布置14个5000～10000吨级泊位（已建成6个），港区面积5.83平方公里，核心部分为中心渔港。其主要功能是为水产品集散、冷藏、交易及冷链加工提供服务，兼顾休闲渔业。

（7）海河港区

海河港区是内河港区，也是天津港最早投入使用的港区。但随着海河水资源的逐渐枯竭，沿海港区的高速扩张，海河港区不断萎缩，截止到2011年底，在80公里的通航岸线中，只有6.7公里岸线（北岸6.5公里）仍在运营。

3. 运营状况

截止到2011年底，天津港口资产总额累计超过500亿元，拥有143个生产性泊位，其中98个为万吨级泊位。主要的泊位为散杂货、液散货、集装箱、滚装和邮轮母港（客运）等类型，相应的岸线设施与此泊位类型配套。

2011年，天津港口完成货物吞吐量4.53亿吨，其中，进港2.27亿吨，出港2.26亿吨，外省市经由天津口岸进出口总额占比为59.8%；外贸吞吐量约占1/2。从货类来看，煤炭及其制品约占总吞吐量的1/4，集装箱吞吐量约占1/4。天津港10年来的数据见表16。

天津港隶属天津滨海新区，业务管理归属天津交通与港口管理局。天津港的运营主体是天津港口集团，隶属天津市国资委。其业务主要集中在北疆、南疆、东疆、海河4个港区。其他港区分属于不同行政管理部门和投资运作主体。

天津港口集团上市公司①的基本情况如下：截至2011年年末，拥有码头岸线长度15452米，泊位62个，其中集装箱泊位13个（最大水深达－16米，可停靠第六代集装箱船），散杂货泊位42个，其他泊位7个。设计吞吐能力26058万吨。

上市公司资产总额227.73亿元，总股本16.75亿股，股东权益144.42亿元。2011年完成货物吞吐量29067万吨，其中散杂货吞吐量23436万吨，集装箱吞吐量589.1万TEU。营业收入127.23亿元，归属于上市公司股东的净利润9.30亿元。

---

① 根据上市公司2011年年报整理。

表16　2001～2011年环渤海及天津港口各项指标统计

年份 内容	2001	2002	2003	2004	2005	2006	2007	2008	2009	2010	2011	均值
环渤海港口货物吞吐量(亿吨)	5.81	6.59	7.92	9.78	12.00	14.23	17.00	19.52	21.84	25.68	29.08	
比上年增长(%)	15.97	13.43	20.18	23.48	22.70	18.58	19.47	14.82	11.73	17.58	13.24	17.38
天津港口货物吞吐量(亿吨)	1.14	1.29	1.62	2.06	2.41	2.58	3.09	3.56	3.81	4.13	4.53	
天津港口货物吞吐量年增速(%)	18.75	13.16	25.58	27.16	16.99	7.05	19.77	15.21	7.02	8.40	9.69	15.34
天津港口占环渤海的份额(%)	19.62	19.58	20.45	21.06	20.08	18.13	18.18	18.24	17.45	16.08	15.58	
环渤海港口外贸吞吐量(亿吨)	2.51	2.85	3.47	3.98	4.77	5.75	6.78	7.36	8.54	9.65	8.64	
比上年增长(%)	20.67	13.55	21.75	14.70	19.85	20.55	17.91	8.55	16.03	13.00	-10.47	14.19
天津市港口外贸吞吐量(亿吨)	0.62	0.70	0.88	1.09	1.24	1.40	1.70	1.85	1.95	2.06	2.23	
比上年增长(%)	19.23	12.90	25.71	23.86	13.76	12.90	21.43	8.82	5.41	5.64	8.25	14.36
天津港口占环渤海的份额(%)	24.70	24.56	25.36	27.39	26.00	24.35	25.07	25.14	22.83	21.35	25.58	
环渤海港口集装箱吞吐量(万TEU)	642.3	810.8	1000.3	1272.5	1616.6	2043.2	2500.0	2980.3	3052.0	3572.9	4135.5	
比上年增长(%)	21.97	26.23	23.37	27.21	27.04	26.39	22.36	19.21	2.41	17.07	15.75	20.82
天津市集装箱吞吐量(万TEU)	201.1	240.8	301.5	381.5	480.1	594.8	710.2	850.2	870.4	1008.6	1158.8	
比上年增长(%)	17.74	19.74	25.21	26.53	25.85	23.89	19.40	19.71	2.38	15.88	14.89	19.20
天津港口占环渤海的份额(%)	31.31	29.70	30.14	29.98	29.70	29.11	28.41	28.53	28.52	28.23	28.02	

虽然天津港的成就显著，但还存在一些约束与问题。在“硬约束”方面，岸线资源少；港建成本高（吹填工程投资巨大），运营成本高（如80%以上是依靠公路系统完成）；自身区域狭小，受国铁网络、内河航道枯竭和水资源短缺等方面的限制。

在“软环境”方面：主观上一些港区的功能雷同，且多头开发运作，导致港口及岸线的使用效率下降，资源浪费较为突出。客观上，天津港与周边港口在区位、功能及规模等方面存在同质化，且自身货源明显不足，对域外的依赖程度比较大。

三 环渤海区域港口群的整体演化过程

按照交通部的统计指标，反映港口运营特征的指标主要有：总货物吞吐量、外贸吞吐量和不同货类的吞吐量（主要涉及干散、液散、件杂、滚装和集装箱等5类），其中代表港口技术装备水准的是集装箱吞吐量。下面对港口的特征性指标展开分析。

（一）环渤海区域港口总吞吐量的演化分析

进入新世纪以来，全国港口和环渤海三省一市港口群累计完成的货物吞吐量如表17所示：

表17 2000～2012年全国及环渤海区域港口群的吞吐量变化情况

单位：亿吨，%

内容＼年份	2000	2001	2002	2003	2004	2005	2006
全国港口货物吞吐量	22.1	24.0	28.0	33.0	41.72	48.54	55.70
比上年增长		8.60	16.67	17.86	26.42	16.35	14.75
环渤海港口群吞吐量	5.10	5.92	6.77	8.01	10.06	12.23	14.60
比上年增长		16.08	14.36	18.32	25.59	21.57	19.38
占全国港口份额	23.08	24.67	24.19	24.30	24.11	25.20	26.21
内容＼年份	2007	2008	2009	2010	2011	2012	均值
全国港口货物吞吐量	64.10	70.22	76.57	89.32	100.41	107.76	
比上年增长	15.08	9.55	9.04	16.65	12.42	7.32	14.23
环渤海港口群吞吐量	17.55	19.93	22.24	26.26	29.76	32.57	
比上年增长	20.21	13.56	11.59	18.08	13.33	9.44	16.79
占全国港口份额	27.38	28.38	29.05	29.40	29.64	30.22	

注：年均增长率不包括2000年的统计数据。

表 17 显示：在新世纪，环渤海港口群货物吞吐量的年均增速达到 16.79%，比全国港口平均增速高 2.56 个百分点；在全国港口总吞吐量中所占的比重，从 23.08% 增加到 30.22%。这反映出，环渤海区域的港口运营高于全国港口发展的平均水平。

进入新世纪以来，全国沿海及环渤海沿海港口群累计完成的货物吞吐量如表 18 所示：

表 18　2000～2012 年全国沿海和环渤海沿海港口群吞吐量及增长速度的演化过程

单位：亿吨，%

内容＼年份	2000	2001	2002	2003	2004	2005	2006
全国沿海港口吞吐量	12.9	14.5	17.2	20.64	25.38	30.09	35.30
比上年增长		12.40	18.62	20.00	22.97	18.56	17.31
环渤海沿海港吞吐量	5.00	5.80	6.59	7.91	9.86	12.00	14.22
比上年增长		16.00	13.62	20.03	24.65	21.70	18.50
占全国沿海份额	38.76	40.00	38.40	38.32	38.85	39.88	40.28

内容＼年份	2007	2008	2009	2010	2011	2012	均值
全国沿海港口吞吐量	40.42	44.89	48.74	56.45	63.60	68.80	
比上年增长	14.50	11.06	8.58	15.82	12.67	8.18	15.06
环渤海沿海港吞吐量	17.00	19.41	21.73	25.59	29.10	31.86	
比上年增长	19.55	14.18	11.95	17.76	13.72	9.48	16.76
占全国沿海份额	42.06	43.24	44.58	45.33	45.75	46.31	

注：年均增长率不包括 2000 年的统计数据。

表 18 显示，环渤海沿海港口货物吞吐量的年均增速比全国沿海港口的年均增速高 1.7 个百分点；环渤海沿海港口在全国沿海港口货物吞吐量中的比重，从 2000 年的 38.76% 增加到 2012 年的 46.31%。这表明环渤海沿海港口的运营，高于全国沿海港口的平均水平。

（二）环渤海区域沿海港口的外贸吞吐量分析

进入新世纪，全国港口、全国沿海港口及环渤海区域沿海港口的外贸吞吐量如表 19 所示：

表 19　2000～2012 年环渤海港口群外贸货物吞吐量的演化过程

内容＼年份	2000	2001	2002	2003	2004	2005	2006
全国港口外贸吞吐量(亿吨)	5.70	6.60	7.80	9.70	11.55	13.67	16.14
比上年增长(%)		15.79	18.18	24.36	19.07	18.35	18.07
占全国港口吞吐量比重(%)	25.79	27.50	27.86	29.39	27.68	28.16	28.98
沿海港口外贸吞吐量(亿吨)	5.20	6.00	7.10	8.84	10.56	12.53	14.75
比上年增长(%)		15.38	18.33	24.51	19.46	18.66	17.72
占沿海港吞吐量比重(%)	40.31	41.38	41.28	42.83	41.61	41.64	41.78
环渤海港外贸吞吐量(亿吨)	2.27	2.65	3.02	3.74	4.35	5.24	6.09
比上年增长(%)		16.74	13.96	23.84	16.31	20.46	16.22
占全国港口外贸的份额(%)	39.82	40.15	38.72	38.56	37.66	38.33	37.73
占全国沿海外贸的份额(%)	43.65	44.17	42.54	42.31	41.19	41.82	41.29
占环渤海总吞吐量比重(%)	44.51	44.76	44.61	46.69	43.24	42.85	41.71

内容＼年份	2007	2008	2009	2010	2011	2012	均值
全国港口外贸吞吐量(亿吨)	18.49	19.86	21.80	25.01	27.86	30.56	
比上年增长(%)	14.56	7.41	9.77	14.72	11.40	9.69	15.11
占全国港口吞吐量比重(%)	28.85	28.28	28.47	28.00	27.75	28.36	28.08
沿海港口外贸吞吐量(亿吨)	16.91	18.25	19.94	22.88	25.44	27.86	
比上年增长(%)	14.64	7.92	9.26	14.74	11.19	9.51	15.11
占沿海港吞吐量比重(%)	41.84	40.65	40.91	40.53	40.00	40.49	41.17
环渤海港外贸吞吐量(亿吨)	7.12	7.72	8.83	10.11	10.86	12.20	
比上年增长(%)	16.91	8.43	14.38	14.50	7.42	12.34	15.13
占全国港口外贸的份额(%)	38.51	38.87	40.50	40.42	38.98	39.92	
占全国沿海外贸的份额(%)	42.11	42.30	44.28	44.19	42.69	43.79	
占环渤海总吞吐量比重(%)	40.57	38.74	39.70	38.50	36.49	37.46	41.53

注：增长速度均值中不含 2000 年的统计指标；环渤海港口的外贸吞吐量基本都是沿海港口完成的。

表 19 的统计数据表明：

一是环渤海港口群外贸吞吐量的年均增速，与全国港口及全国沿海港口外贸吞吐量的年均增速基本持平。因此，环渤海港口在全国港口和沿海港口的外贸吞吐量中所占的市场份额，分别围绕着 39% 和 43% 上下波动，正负差值均在 3 个百分点内。

二是环渤海港口群的外贸吞吐量在环渤海港口总货物吞吐量中所占的比重，在波动中递减，10 年中（从 2003 年开始）最大差值超过 10 个百分点（46.69% 下降到 36.49%）。这也间接地表明环渤海区域的内贸增长幅度要大于外贸的增长幅度。

三是环渤海港口的外贸吞吐量，在环渤海港口总货物吞吐量中的比重均值

（41.53%）高于全国港口外贸吞吐量在全国港口总货物吞吐量的比重均值（28.08%），略高于全国沿海港口外贸吞吐量在全国沿海港口总货物吞吐量的比重均值（41.17%）。

（三）环渤海港口的集装箱吞吐量情况分析

进入新世纪，全国港口、沿海港口及环渤海区域港口的集装箱吞吐量如表20 所示：

表 20　2000～2012 年全国港口、沿海港口及环渤海港口集装箱吞吐量变化情况

内容 \ 年份	2000	2001	2002	2003	2004	2005	2006
全国港口集装箱吞吐量(万 TEU)	2348	2748	3721	4867	6160	7564	9361
比上年增长(%)		17.04	35.41	30.80	26.57	22.79	23.76
全国港口集装箱吞吐量(亿吨)	2.11	2.50	3.40	4.39	5.51	6.94	8.89
换算系数(吨/TEU)	9.00	9.10	9.10	9.00	8.90	9.20	9.50
占全国港口总吞吐量的比重(%)	9.56	10.42	12.15	13.32	13.21	14.30	15.96
沿海港口集装箱吞吐量(万 TEU)	2061	2470	3376	4455	5662	7002	8579
比上年增长(%)		19.84	36.68	31.96	27.09	23.67	22.52
沿海港集装箱换算吞吐量(万吨)	1.85	2.25	3.07	4.01	5.04	6.44	8.15
占沿海港总吞吐量的比重(%)	14.34	15.52	17.89	19.43	19.86	21.40	23.09
环渤海集装箱吞吐量(万 TEU)	532	645	803	1007	1271	1625	2043
比上年增长(%)		21.21	24.51	25.45	26.20	27.86	25.75
占全国港口的份额(%)	22.7	23.5	21.6	20.7	20.6	21.5	21.8
占沿海港口的份额(%)	25.8	26.1	23.8	22.6	22.4	23.2	23.8
环渤海集装箱换算吞吐量(万吨)	4788	5870	7307	9063	11312	14950	19409
占环渤海总吞吐量的比重(%)	9.58	10.12	11.09	11.45	11.46	12.46	13.65

内容 \ 年份	2007	2008	2009	2010	2011	2012	均值
全国港口集装箱吞吐量(万 TEU)	11449	12834	12244	14613	16367	17747	
比上年增长(%)	22.31	12.10	-4.60	19.35	12.00	8.43	18.83
全国港口集装箱吞吐量(亿吨)	10.95	12.62	12.75	15.32	17.71	19.81	
换算系数(吨/TEU)	9.60	9.80	10.40	10.50	10.82	11.16	
占全国港口总吞吐量的比重(%)	17.08	17.97	16.65	17.15	17.64	18.38	
沿海港口集装箱吞吐量(万 TEU)	10466	11670	11016	13145	14632	15797	
比上年增长(%)	22.00	11.50	-5.60	19.33	11.31	7.96	19.02
沿海港集装箱换算吞吐量(万吨)	10.05	11.44	11.46	13.80	15.83	17.63	
占沿海港总吞吐量的比重(%)	24.86	25.48	23.51	24.45	24.89	25.63	
环渤海集装箱吞吐量(万 TEU)	2507	2981	3052	3571	4126	4731	

续表

内容 \ 年份	2007	2008	2009	2010	2011	2012	均值
比上年增长(%)	22.68	18.91	2.40	16.99	15.49	14.65	20.18
占全国港口的份额(%)	21.9	23.2	24.9	24.5	25.2	26.7	
占沿海港口的份额(%)	23.9	25.5	27.7	27.2	28.2	30.0	
环渤海集装箱换算吞吐量(万吨)	24000	29207	31741	37515	44643	52798	
占环渤海总吞吐量的比重(%)	14.16	15.05	14.61	14.65	15.36	16.21	

注：1. 年增长率均值中不含2000年的统计指标；
2. 换算系数=集装箱按重量统计吞吐量÷集装箱按标准箱（TEU）统计吞吐量；
3. 集装箱换算吞吐量=换算系数×集装箱按标准箱（TEU）统计吞吐量。

表20的统计数据表明：

一是环渤海港口集装箱吞吐量的年均增速20.18%，比全国港口年均增速高1.35个百分点，比全国沿海港口的年均增速高1.16个百分点；在全国港口的市场份额在20.6%～26.7%波动，在沿海港口的市场份额在22.4%～30.0%波动，均呈递增趋势。

二是环渤海集装箱吞吐量（按重量）约占环渤海港口总吞吐量的比重(9.58%～16.21%)，在波动中增长，13年增加了约6.63个百分点；但对比全国港口和全国沿海港口货物吞吐量的结构，环渤海集装箱吞吐量在总吞吐量中的比重，略低于全国水平，远低于全国沿海水平。

四 按行政区划分析环渤海货物吞吐量

环渤海区域有海岸线的行政区划涉及“三省一市”，以下仅分析“三省一市”沿海港口数据。

（一）环渤海区域“三省一市”货物吞吐量分析

进入新世纪，环渤海区域“三省一市”沿海港口货物吞吐量的演化过程如表21所示：

表21　2000～2012年环渤海区域“三省一市”港口总货物吞吐量统计

单位：亿吨，%

内容＼年份		2000	2001	2002	2003	2004	2005	2006
环渤海沿海吞吐量		5.01	5.81	6.59	7.92	9.78	12.00	14.23
比上年增长		16.00	13.62	20.03	24.65	21.70	18.50	
其中	天津市	0.96	1.14	1.29	1.62	2.06	2.41	2.58
	年增长率	18.75	13.16	25.58	27.16	16.99	7.05	
	占环渤海份额	19.16	19.62	19.58	20.45	21.06	20.08	18.13
	山东省沿海	1.60	1.93	2.20	2.56	3.05	3.84	4.70
	年增长率	20.63	13.99	16.36	19.14	25.90	22.40	
	占环渤海份额	31.94	33.22	33.38	32.32	31.19	32.00	33.03
	河北省沿海	1.08	1.26	1.44	1.80	2.25	2.73	3.38
	年增长率	16.67	14.29	25.00	25.00	21.33	23.81	
	占环渤海份额	21.56	21.69	21.85	22.73	23.01	22.75	23.75
	辽宁省沿海	1.37	1.48	1.66	1.94	2.42	3.02	3.57
	年增长率	8.03	12.16	16.87	24.74	24.79	18.21	
	占环渤海份额	27.35	25.47	25.19	24.49	24.74	25.17	25.09

内容＼年份		2007	2008	2009	2010	2011	2012	均值
环渤海沿海吞吐量		17.00	19.52	21.84	25.68	29.10	31.86	
比上年增长		19.55	14.18	11.95	17.76	13.72	9.48	16.76
其中	天津市	3.09	3.56	3.81	4.13	4.53	4.77	
	年增长率	19.77	15.21	7.02	8.40	9.71	5.30	14.51
	占环渤海份额	18.18	18.24	17.45	16.08	15.57	14.97	
	山东省沿海	5.75	6.58	7.39	8.73	9.62	10.67	
	年增长率	22.34	14.43	12.31	18.13	11.30	10.90	17.32
	占环渤海份额	33.82	33.71	33.84	34.00	33.06	33.49	
	河北省沿海	4.00	4.50	5.09	6.03	7.13	7.62	
	年增长率	18.34	12.50	13.11	18.47	18.16	6.85	17.79
	占环渤海份额	23.53	23.05	23.31	23.48	24.50	23.92	
	辽宁省沿海	4.16	4.88	5.55	6.79	7.82	8.80	
	年增长率	16.53	17.31	13.73	22.34	15.30	12.60	16.88
	占环渤海份额	24.47	25.00	25.41	26.44	26.87	27.62	

备注：年均增长率不包括2000年的统计数据。

表21的统计数据分析表明：

一是河北省沿海港口货物吞吐量的年均增速最快（17.79%），山东省其次（17.32%），辽宁省第三（16.88%），以上三个省的沿海港口吞吐量均高于环渤海港口的平均水平（16.76%）；天津市第四（14.51%），低于环渤海港口平均水平2.25个百分点。

二是山东省沿海港口的货物吞吐量在环渤海区域占的市场份额最多，大约为31%～34%；辽宁省其次，市场份额为24.5%～27.6%；河北省第三，市场份额为21.6%～24.5%；天津市的市场份额从21%下滑到15%，2005年后呈逐年衰减趋势。

三是各区域港口货物吞吐量每年增速的波动幅度都比较大。天津市的波动幅度最大（最高25.58%，最低5.30%，相差20.28个百分点）；山东省的波动幅度最小（最高25.90%，最低10.90%，相差15个百分点）；辽宁省和河北省居中。

（二）环渤海区域“三省一市”外贸吞吐量分析

环渤海区域内“三省一市”沿海港口的外贸吞吐量，如表22所示：

表22　2000～2012年环渤海区域“三省一市”的外贸吞吐量变化情况

单位：亿吨，%

内容 \ 年份		2000	2001	2002	2003	2004	2005	2006
环渤海外贸吞吐量		2.27	2.65	3.02	3.74	4.35	5.24	6.09
比上年增长			16.74	13.96	23.84	16.31	20.46	16.22
1	天津市	0.52	0.62	0.70	0.88	1.08	1.23	1.40
	比上年增长		18.69	13.53	24.99	23.22	14.07	13.45
	占环渤海的比重	22.91	23.40	23.18	23.53	24.83	23.47	22.99
2	山东省	0.84	1.03	1.21	1.48	1.80	2.32	2.87
	比上年增长		23.07	17.34	22.46	21.17	29.19	23.61
	占环渤海的比重	37.00	38.87	40.07	39.57	41.38	44.27	47.13
3	辽宁省	0.50	0.47	0.57	0.73	0.77	0.96	1.00
	比上年增长		-6.09	20.19	28.22	5.48	25.27	3.56
	占环渤海的比重	22.03	17.74	18.87	19.52	17.70	18.32	16.42
4	河北省	0.41	0.52	0.54	0.65	0.70	0.72	0.82
	比上年增长		29.02	3.06	20.90	7.84	2.26	14.37
	占环渤海的比重	18.06	19.62	17.88	17.40	16.09	13.74	13.46

续表

内容＼年份		2007	2008	2009	2010	2011	2012	均值
环渤海外贸吞吐量		7.12	7.72	8.83	10.11	10.86	12.20	
比上年增长		16.91	8.43	14.38	14.50	7.42	12.34	15.13
1	天津市	1.68	1.82	1.96	2.07	2.23	2.43	
	比上年增长	20.31	8.58	7.61	5.48	7.73	9.04	13.89
	占环渤海的比重	23.60	23.58	22.20	20.47	20.53	19.92	
2	山东省	3.37	3.69	4.15	4.82	5.25	5.90	
	比上年增长	17.18	9.62	12.55	16.16	8.90	12.32	17.80
	占环渤海的比重	47.33	47.80	47.00	47.68	48.34	48.36	
3	辽宁省	1.18	1.21	1.42	1.68	1.74	1.76	
	比上年增长	18.40	2.00	16.74	18.67	3.10	1.32	11.49
	占环渤海的比重	16.57	15.67	16.08	16.62	16.02	14.43	
4	河北省	0.89	1.00	1.29	1.53	1.64	2.10	
	比上年增长	8.73	11.55	29.59	18.64	6.74	28.69	15.12
	占环渤海的比重	12.50	12.95	14.61	15.13	15.10	17.21	

备注：均值中不含2000年的统计指标。

表22的统计数据显示：

一是港口的外贸货物吞吐量年均增速，山东省（17.80%），高于环渤海平均水平（15.13%）2.67个百分点；河北省（15.12%），基本与环渤海平均水平持平；天津市（13.89%）和辽宁省（11.49%），分别比环渤海的平均水平低1.24和3.64个百分点。

二是“三省一市”沿海港口的外贸吞吐量市场占有率，山东省在波动中递增，2012年底达到48.36%；天津市在波动中缓慢递减，到2012年底跌至19.92%；河北省的波动幅度（12.50%~19.62%）比较大；辽宁省在波动中衰减（22.03%~14.43%）。

三是环渤海“三省一市”沿海港口的外贸吞吐量，每年的增速具有比较大的波动（波动幅度超过环渤海沿海港口的平均水平—大约±8%）。这表明环渤海区域的外贸市场尚不成熟。这也从另一个侧面反映出，环渤海港口之间的竞争比较激烈。

（三）环渤海区域“三省一市”港口集装箱吞吐量的情况

进入新世纪，环渤海区域的“三省一市”，其集装箱吞吐量的变化情况，如表23所示：

表23　2000～2012年环渤海港口集装箱吞吐量变化情况

单位：万TEU；%

内容＼年份		2000	2001	2002	2003	2004	2005	2006
环渤海集装箱吞吐量		532	645	803	1007	1271	1625	2043
比上年增长			21.21	24.51	25.45	26.20	27.86	25.75
其中	山东省	237	292	376	478	581	753	951
	比上年增长		23.05	28.84	27.17	21.51	29.47	26.30
	占环渤海的比重	44.55	45.27	46.82	47.47	45.71	46.34	46.55
	天津市	171	201	243	302	382	480	595
	比上年增长		17.74	20.84	24.07	26.57	25.85	23.81
	占环渤海的比重	32.14	31.16	30.26	29.99	30.06	29.54	29.12
	辽宁省	122	149	175	221	299	378	468
	比上年增长		22.33	17.52	26.38	35.02	26.54	23.88
	占环渤海的比重	22.93	23.14	21.90	21.95	23.54	23.26	22.91
	河北省	2.0	2.3	4.7	5.8	8.2	14.0	29.5
	比上年增长		16.16	105.2	22.03	42.88	70.35	110.4
	占环渤海的比重	0.37	0.36	0.59	0.58	0.65	0.86	1.44

内容＼年份		2007	2008	2009	2010	2011	2012	均值
环渤海集装箱吞吐量		2507	2981	3052	3571	4126	4731	
比上年增长		22.68	18.91	2.40	16.99	15.49	14.65	20.18
其中	山东省	1165	1322	1312	1531	1691	1898	
	比上年增长	22.57	13.43	-0.73	16.70	10.45	12.24	19.25
	占环渤海的比重	46.47	44.35	42.99	42.87	40.98	40.12	
	天津市	710	850	870	1009	1159	1230	
	比上年增长	19.40	19.73	2.36	15.88	14.89	6.14	18.11
	占环渤海的比重	28.32	28.51	28.51	28.26	28.09	26.00	
	辽宁省	582	744	812	969	1200	1513	
	比上年增长	24.25	27.82	9.18	19.31	23.87	26.04	23.51
	占环渤海的比重	23.21	24.96	26.61	27.14	29.08	31.98	
	河北省	49.3	64.8	57.5	62.0	76.2	90.0	
	比上年增长	67.12	31.44	-11.27	7.83	22.90	18.11	41.93
	占环渤海的比重	1.97	2.17	1.88	1.74	1.85	1.90	

备注：年增速均值中不含2000年的统计指标。

表23的统计数据显示：

一是从集装箱吞吐量的年均增速看，河北省最快（41.93%），辽宁省其次（23.51%），均高于环渤海沿海港口平均增速；山东省第三（19.25%），天津市第四（18.11%），分别比环渤海的平均增速慢0.93个百分点和2.07个百分点。

二是从市场份额来看，山东省最大（40.12%～47.47%），河北省最小（0.36%～2.17%），天津市与辽宁省的市场份额，2010年后位置改变。从市场份额整体的变化来看，山东省“先增后减”，缓慢减少；天津市持续下滑，河北省持续递增。辽宁省在2007年后快速增长。

三是从集装箱吞吐量增速的波动来看：河北省的波动最大，与环渤海区域其他“两省一市”相对稳定的变化趋势，形成比较大的反差。这说明河北省港口的集装箱业务正处在市场培育的初期。辽宁省虽在高速增长中，但波动幅度相对比较小。

五　按地理区位分析环渤海货物吞吐量

按照环渤海的地理区位，环渤海区域的港口群大体可以划分为，辽东半岛港口群、山东半岛港口群和渤海西岸三个港口群。每个港口群都有年货物吞吐量超过3亿吨的综合性枢纽港，所占的比重也大体相当。具体分析见表24：

表24　2000～2012年环渤海三大区域港口总货物吞吐量的比较

单位：亿吨；%

内容 \ 年份		2000	2001	2002	2003	2004	2005	2006
环渤海沿海吞吐量		5.01	5.81	6.59	7.92	9.78	12.00	14.23
比上年增长			16.00	13.62	20.03	24.65	21.70	18.50
1	辽东半岛	1.37	1.48	1.66	1.94	2.42	3.02	3.57
	年增长率(%)		8.03	12.16	16.87	24.74	24.79	18.21
	区域份额(%)	27.35	25.47	25.19	24.49	24.74	25.17	25.09
2	山东半岛	1.60	1.93	2.20	2.56	3.05	3.84	4.70
	年增长率(%)		20.63	13.99	16.36	19.14	25.90	22.40
	区域份额(%)	31.94	33.22	33.38	32.32	31.19	32.00	33.03
3	渤海西岸	2.03	2.39	2.73	3.42	4.31	5.14	5.96
	年增长率(%)		17.73	14.23	25.27	26.02	19.26	15.95
	区域份额(%)	40.52	41.14	41.43	43.18	44.07	42.83	

续表

内容 \ 年份		2007	2008	2009	2010	2011	2012	均值
环渤海沿海吞吐量		17.00	19.52	21.84	25.68	29.10	31.86	
比上年增长 19.55		14.18	11.95	17.76	13.72	9.48	16.76	
1	辽东半岛	4.16	4.88	5.55	6.79	7.82	8.80	
	年增长率(%)	16.53	17.31	13.73	22.34	15.30	12.60	16.88
	区域份额(%)	24.47	25.00	25.41	26.44	26.87	27.62	
2	山东半岛	5.75	6.58	7.39	8.73	9.62	10.67	
	年增长率(%)	22.34	14.43	12.31	18.13	11.30	10.90	17.32
	区域份额(%)	33.82	33.71	33.84	34.00	33.06	33.49	
3	渤海西岸	7.09	7.97	8.90	10.17	11.66	12.39	
	年增长率(%)	18.96	12.41	11.67	14.27	14.65	6.26	15.13
	区域份额(%)	41.88	41.71	40.83	40.75	39.60	40.07	38.89

备注：年增速均值中不含 2000 年的统计值。

需要说明的是：辽东半岛港口群主要包括锦州、盘锦、营口、大连、丹东等港口；山东半岛港口群主要包括潍坊、莱州、烟台（含龙口、蓬莱等）、威海、青岛、日照等港口；渤海西岸主要包括天津、唐山、秦皇岛、葫芦岛、黄骅、滨州、东营等港口。

但是由于辽宁省的葫芦岛港、山东省的滨州港和东营港的吞吐量都比较小，因此在三大港口群的吞吐量统计，辽宁省港口仍以辽东半岛为基数，山东省沿海港口仍以山东半岛为基数，渤海西岸港口群以天津市港口与河北省港口总和为基数。

表 24 的数据分析表明：山东半岛港口群的年均增速（17.32%）最快，辽东半岛港口群的年均增速（16.88%）其次，渤海西岸港口群的年均增速（15.13%）第三；辽东半岛和山东半岛在环渤海占的市场份额，在波动中略有增加，渤海西岸在波动中略有减少。

六　按港口规模分析环渤海的结构变化

截止到 2012 年底，在环渤海区域内，港口的运营规模超过 1 亿吨的有 9 个，它们分别是：天津港、青岛港、大连港、唐山港、营口港、日照港、烟台港（包括龙口港和蓬莱港）、秦皇岛港和黄骅港。其中前5个港口的年货物吞吐量又超过3亿吨。

（一）环渤海9大港口总货物吞吐量分析

进入新世纪，环渤海9大港口货物吞吐量变化情况，如表25所示：

表25　2000～2012年环渤海9大港口吞吐量变化情况

单位：亿吨；%

内容＼年份		2000	2001	2002	2003	2004	2005	2006
环渤海港口吞吐量		5.01	5.80	6.59	7.91	9.86	12.00	14.22
比上年增长(%)			16.00	13.62	20.03	24.65	21.70	18.50
1	天津港吞吐量	0.96	1.14	1.29	1.62	2.06	2.41	2.58
	比上年增长(%)		18.75	13.16	25.58	27.16	16.99	7.05
	环渤海份额(%)	19.16	19.62	19.58	20.45	21.06	20.08	18.13
2	青岛港吞吐量	0.87	1.04	1.23	1.41	1.63	1.87	2.24
	比上年增长(%)		20.93	17.31	15.57	15.60	14.72	19.79
	环渤海份额(%)	17.37	17.90	18.51	17.80	16.67	15.58	15.74
3	大连港吞吐量	0.97	1.00	1.09	1.26	1.45	1.71	2.00
	比上年增长(%)		3.09	9.00	15.60	15.08	17.93	16.96
	环渤海份额(%)	19.36	17.21	16.54	15.91	14.83	14.25	14.05
4	唐山港吞吐量	0.09	0.11	0.15	0.21	0.26	0.34	0.51
	比上年增长(%)		22.17	32.94	42.18	25.25	28.98	52.39
	环渤海份额(%)	1.80	1.90	2.22	2.63	2.64	2.80	3.61
5	营口港吞吐量	0.23	0.25	0.31	0.40	0.59	0.75	0.95
	比上年增长(%)		11.11	24.09	28.21	49.11	26.08	25.74
	环渤海份额(%)	4.59	4.48	4.86	5.05	6.03	6.42	6.89
6	日照港吞吐量	0.31	0.35	0.38	0.45	0.51	0.84	1.10
	比上年增长(%)		29.63	8.57	18.42	13.33	64.71	30.95
	环渤海份额(%)	6.19	6.02	5.77	5.68	5.21	7.00	7.73
7	烟台市吞吐量	0.37	0.40	0.41	0.48	0.72	0.85	1.02
	比上年增长(%)		9.30	3.18	16.42	50.39	17.77	20.30
	环渤海份额(%)	7.39	6.88	6.22	6.06	7.36	7.08	7.17
8	秦皇岛港吞吐量	0.97	1.13	1.12	1.26	1.50	1.69	2.02
	比上年增长(%)		16.00	-1.19	12.49	19.69	12.41	19.44
	环渤海份额(%)	19.36	19.48	17.00	15.91	15.34	14.08	14.20

续表

内容＼年份		2000	2001	2002	2003	2004	2005	2006
环渤海港口吞吐量		5.01	5.80	6.59	7.91	9.86	12.00	14.22
比上年增长(%)			16.00	13.62	20.03	24.65	21.70	18.50
9	黄骅港吞吐量	0.17	0.32	0.46	0.68	0.81		
	比上年增长(%)		88.24	43.75	47.83	19.12		
	环渤海份额(%)	2.58	4.04	4.70	5.67	5.69		

内容＼年份		2007	2008	2009	2010	2011	2012	均值
环渤海港口吞吐量		17.00	19.41	21.73	25.59	29.10	31.86	
比上年增长(%)		19.55	14.18	11.95	17.76	13.72	9.48	16.76
1	天津港吞吐量	3.09	3.56	3.81	4.13	4.53	4.77	
	比上年增长(%)	19.77	15.21	7.02	8.40	9.71	5.30	14.51
	环渤海份额(%)	18.18	18.24	17.45	16.08	15.57	14.97	
2	青岛港吞吐量	2.65	3.00	3.15	3.50	3.80	4.08	
	比上年增长(%)	18.30	13.21	5.00	11.11	8.57	9.50	14.13
	环渤海份额(%)	15.59	15.37	14.42	13.63	13.07	12.81	
3	大连港吞吐量	2.23	2.46	2.72	3.14	3.37	3.79	
	比上年增长(%)	11.50	10.31	10.57	15.44	7.30	12.54	12.11
	环渤海份额(%)	13.12	12.60	12.45	12.23	11.58	11.90	
4	唐山港吞吐量	0.68	1.07	1.76	2.51	3.12	3.65	
	比上年增长(%)	31.81	58.17	64.24	42.73	24.53	16.82	36.85
	环渤海份额(%)	3.98	5.51	8.08	9.79	10.73	11.46	
5	营口港吞吐量	1.22	1.51	1.76	2.26	2.61	3.01	
	比上年增长(%)	28.81	23.58	16.69	28.27	15.53	15.42	24.39
	环渤海份额(%)	7.18	7.74	8.06	8.80	8.97	9.45	
6	日照港吞吐量	1.31	1.51	1.81	2.27	2.53	2.81	
	比上年增长(%)	19.09	15.27	19.87	25.41	11.45	11.24	22.33
	环渤海份额(%)	7.71	7.74	8.29	8.84	8.70	8.82	
7	烟台市吞吐量	1.31	1.47	1.69	2.09	2.43	2.70	
	比上年增长(%)	28.52	11.81	15.15	23.20	16.75	11.03	18.65
	环渤海份额(%)	7.71	7.53	7.74	8.14	8.35	8.47	
8	秦皇岛港吞吐量	2.49	2.52	2.49	2.63	2.88	2.63	
	比上年增长(%)	21.27	1.37	-1.10	5.43	9.40	-8.49	8.89
	环渤海份额(%)	14.65	12.91	11.40	10.24	9.90	8.25	
9	黄骅港吞吐量	0.83	0.80	0.84	0.94	1.11	1.25	
	比上年增长(%)	2.47	-3.61	5.00	11.90	18.09	12.16	24.50
	环渤海份额(%)	4.10	3.85	3.66	3.82	3.92		
上述9港的份额(%)		95.21	93.62	93.47	93.68	93.10	93.00	93.25
		93.00	92.22	92.27	91.72	90.65	90.05	

备注：年增速均值中不含2000年的统计值；黄骅港从2002统计，年均增速按10年平均。

表 25 的统计数据表明：

一是进入新世纪以来，在环渤海港口中，培育出 9 个年货物吞吐量超过 1 亿吨的港口（其总量约占环渤海总吞吐量的 90% ~95%），其中，8 个超过 2 亿吨，5 个超过 3 亿吨，2 个超过 4 亿吨。因此，环渤海港口群已经成为全国、乃至全世界规模最大的港口群。

二是新兴港异军突起。如：唐山港年均增速 36.85%，营口港年均增速 24.39%，这两个港口的年货物吞吐量均已突破 3 亿吨。再如：日照港年均增速 22.33%，年货物吞吐量均接近 3 亿吨，而黄骅港年均增速 24.50%，用 9 年时间，货物吞吐量超过 1 亿吨。

（二）环渤海 9 大港口建设情况分析

进入新世纪以来，环渤海上述 9 个港口的建设情况，见表 26。

以上统计数据，可以清晰地显示环渤海 9 大港口在进入新世纪后规模扩张的过程，也是进一步研究各个港口运营效率的重要基础。另外，万吨级泊位所占的比重，可以从一个侧面反映一个港口的结构、规模化的程度以及现代化的水平。

（三）环渤海 9 大港口码头运营效率分析

码头运营效率最直接的指标是：单位长度码头岸线完成的货物吞吐量。它是港口装卸水平、作业组织、泊位功能及类型的综合体现。考虑到某年度统计的码头岸线，新增部分要到下一年度发挥作用，所以本文的运营效率分析，采用 $T/(T-1)$，即：T 年的货物吞吐量与（$T-1$）年度的码头岸线进行比较。具体统计数据见表 27。

一是在新世纪，环渤海 9 大港口的运营规模，在高速扩张过程中，基本都经历了码头运营效率的递增阶段。总体上看，于 2010 年前后，各大港口码头陆续进入运营效率衰减期。这是各大港口运营企业和地方政府值得认真研究的重要信息。

二是新兴港口的后发优势相对比较明显。黄骅、唐山、日照 3 个港口码头的运营效率，进入“十一五”后，基本保持在 2.5（万吨/米）左右。而其他

表 26　2000～2011 年环渤海 9 大港口建设情况

内容	年份	2000	2001	2002	2003	2004	2005	2006	2007	2008	2009	2010	2011	备注
天津港	码头岸线(米)	11896	12631	13565	13544	18380	18962	22871	25607	26357	26736	30567	31366	1、码头岸线、泊位等均只统计用于港口生产的数据。 2、有些港口的数据变化幅度大,是兼并了一些小港口。 3、统计数据来自国家统计年鉴和中国港口统计年鉴。 4、统计表中的全部万吨级泊位都是生产性泊位。 5 万吨级泊位包括万吨级以上所有泊位(含万吨级)。
	生产性泊位(个)	64	66	68	68	98	100	119	129	128	124	140	143	
	万吨级泊位(个)	49	50	52	52	52	54	65	71	75	80	95	98	
青岛港	码头岸线(米)	9522	10147	10147	11539	12005	13018	13380	14969	15618	18749	19500	19500	
	生产性泊位(个)	46	43	43	47	49	52	54	59	63	73	75	75	
	万吨级泊位(个)	30	32	32	36	37	40	42	48	48	57	59	59	
大连港	码头岸线(米)	14547	14372	14543	24611	26119	26119	31112	31746	33168	33318	33686	33978	
	生产性泊位(个)	73	73	74	175	192	192	191	194	198	196	200	198	
	万吨级泊位(个)	39	39	40	55	57	57	73	74	76	78	78	79	
唐山港	码头岸线(米)	2332	2332	2988	2988	3419	4154	4444	6444	9561	10901	10901	13449	
	生产性泊位(个)	11	11	13	13	15	17	18	26	38	44	44	53	
	万吨级泊位(个)	11	11	13	13	15	17	18	25	35	41	41	50	
营口港	码头岸线(米)	4924	4924	5124	4848	4953	4758	7846	9349	10685	11187	13244	14731	
	生产性泊位(个)	27	27	29	27	28	26	36	43	49	50	63	69	
	万吨级泊位(个)	16	16	16	16	16	15	25	30	33	34	38	44	
日照港	码头岸线(米)	3198	3198	3459	5194	5794	6994	7838	8993	9294	10914	11625	11989	
	生产性泊位(个)	18	18	19	27	30	28	31	36	37	44	47	48	
	万吨级泊位(个)	10	10	11	17	19	24	27	31	32	39	40	41	
烟台港	码头岸线(米)	4816	5777	5777	6225	6225	6974	7961	12048	12897	13866	14166	16140	
	生产性泊位(个)	29	33	33	34	34	40	46	70	71	74	75	82	
	万吨级泊位(个)	15	19	19	21	21	23	25	39	42	45	46	53	
秦皇岛	码头岸线(米)	7086	7368	7368	7368	9110	10628	12248	12245	12394	14750	14750	14750	
	生产性泊位(个)	35	37	37	37	43	48	52	52	54	66	66	66	
	万吨级泊位(个)	27	27	27	27	33	38	42	42	42	42	42	42	
黄骅港	码头岸线(米)	422	1202	1202	1428	2268	2946	2946	2946	2946	3188	4204	5570	
	生产性泊位(个)	4	7	7	8	11	14	14	14	14	16	20	25	
	万吨级泊位(个)		3	3	4	7	10	10	10	10	10	10	19	

表 27　2001～2012 年环渤海 9 大港口码头运营效率统计

内容	年份	2000	2001	2002	2003	2004	2005	2006	2007	2008	2009	2010	2011	2012	备注
天津港	吞吐量(亿吨)	0.96	1.14	1.29	1.62	2.06	2.41	2.58	3.09	3.56	3.81	4.13	4.53	4.77	本统计表中以2000年为基准年，不参加统计；每个自然年度下对应的码头岸线长度，均为上一年度的统计值；码头岸线均按总量统计，未按照码头岸线的类型进行分类统计。
	码头岸线(米)		11896	12631	13565	13544	18380	18962	22871	25607	26357	26736	30567	31366	
	效率(万吨/米)		0.96	1.02	1.19	1.52	1.31	1.36	1.35	1.39	1.45	1.55	1.48	1.52	
青岛港	吞吐量(亿吨)	0.87	1.04	1.23	1.41	1.63	1.87	2.24	2.65	3.00	3.15	3.50	3.72	4.08	
	码头岸线(米)		9522	10147	10147	11539	12005	13018	13380	14969	15618	18749	19500	19500	
	效率(万吨/米)		1.09	1.21	1.39	1.41	1.56	1.72	1.98	2.01	2.02	1.87	1.91	2.09	
大连港	吞吐量(亿吨)	0.97	1.00	1.09	1.26	1.45	1.71	2.00	2.23	2.46	2.72	3.14	3.37	3.79	
	码头岸线(米)		14547	14372	14543	24611	26119	26119	31112	31746	33168	33318	33686	33978	
	效率(万吨/米)		0.69	0.76	0.87	0.59	0.65	0.77	0.72	0.77	0.82	0.94	1.00	1.12	
唐山港	吞吐量(亿吨)	0.09	0.11	0.15	0.21	0.26	0.34	0.51	0.68	1.07	1.76	2.51	3.12	3.65	
	码头岸线(米)		2332	2332	2988	2988	3419	4154	4444	6444	9561	10901	10901	13449	
	效率(万吨/米)		0.47	0.63	0.70	0.87	0.98	1.23	1.52	1.66	1.84	2.30	2.86	2.71	
营口港	吞吐量(亿吨)	0.23	0.25	0.31	0.40	0.60	0.75	0.95	1.22	1.51	1.76	2.26	2.61	3.01	
	码头岸线(米)		4924	4924	5124	4848	4953	4758	7846	9349	10685	11187	13244	14731	
	效率(万吨/米)		0.51	0.64	0.78	1.23	1.52	1.98	1.56	1.61	1.65	2.02	1.97	2.04	
日照港	吞吐量(亿吨)	0.31	0.29	0.33	0.45	0.51	0.84	1.10	1.31	1.51	1.81	2.27	2.53	2.81	
	码头岸线(米)		3198	3198	3459	5194	5794	6994	7838	8993	9294	10914	11625	11989	
	效率(万吨/米)		0.92	1.04	1.30	0.98	1.45	1.57	1.87	1.68	1.95	2.07	2.17	2.34	
烟台港	吞吐量(亿吨)	0.37	0.40	0.41	0.48	0.72	0.85	1.02	1.31	1.47	1.69	2.09	2.43	2.70	
	码头岸线(米)		4816	5777	5777	6225	6225	6974	7961	12048	12897	13866	14166	16140	
	效率(万吨/米)		0.83	0.71	0.83	1.16	1.37	1.47	1.65	1.22	1.31	1.50	1.72	1.67	
秦皇岛	吞吐量(亿吨)	0.97	1.13	1.12	1.26	1.50	1.69	2.02	2.49	2.52	2.49	2.63	2.88	2.63	
	码头岸线(米)		7086	7368	7368	7368	9110	10628	12248	12245	12394	14750	14750	14750	
	效率(万吨/米)		1.59	1.52	1.70	2.04	1.86	1.90	2.03	2.06	2.01	1.78	1.95	1.78	
黄骅港	吞吐量(亿吨)		0.006	0.17	0.31	0.45	0.68	0.81	0.83	0.80	0.84	0.94	1.11	1.25	
	码头岸线(米)		422	1202	1202	1428	2268	2946	2946	2946	2946	3188	4204	5570	
	效率(万吨/米)		0.13	1.38	2.59	3.18	2.99	2.76	2.83	2.71	2.84	2.96	2.65	2.24	

港口码头运营效率，峰值年份略大于 2（万吨/米），多数年份处在 2（万吨/米）以下。

三是综合性港口的码头运营，相对于以能源业务为主的码头运营，效率低一些。如：大连港的峰值 1.12（万吨/米），天津港的峰值 1.55（万吨/米）；而黄骅港的峰值达到 3.18（万吨/米），唐山港的峰值达到 2.86（万吨/米）。效率上的差距比较明显。

（四）环渤海 7 大港口外贸吞吐量分析

在环渤海区域内，外贸吞吐量形成规模的港口主要有：青岛港、天津港、日照港、唐山港、大连港、烟台港和营口港。截至 2012 年底，这 7 个港口的外贸吞吐量，都在 5000 万吨以上。进入新世纪以来，上述 7 大港口的外贸吞吐量演化，如表 28 所示：

表 28　2000～2012 环渤海区域规模以上港口外贸货物吞吐量变化情况

单位：万吨；%

内容 \ 年份		2000	2001	2002	2003	2004	2005	2006
环渤海沿海吞吐量（亿吨）		2.27	2.65	3.02	3.74	4.35	5.24	6.09
比上年增长			16.74	13.96	23.84	16.31	20.46	16.22
1	青岛港外贸吞吐量	5765	7016	8236	10249	12128	14178	16833
	比上年增长		21.71	17.39	24.45	18.33	16.90	18.73
	占环渤海的比重	25.40	26.48	27.27	27.40	27.88	27.06	27.64
2	天津港外贸吞吐量	5135	6123	7007	8758	10792	12310	13967
	比上年增长		19.23	14.44	24.99	23.22	14.07	13.46
	占环渤海的比重	22.62	23.11	23.20	23.42	24.81	23.49	22.93
3	日照港外贸吞吐量	1395	1705	1942	2355	3366	5868	8185
	比上年增长		22.27	13.85	21.29	42.94	74.34	39.02
	占环渤海的比重	6.15	6.43	6.43	6.30	7.74	11.20	13.44
4	唐山港外贸吞吐量	189	247	228	498	710	1200	1752
	比上年增长		31.07	-7.73	118.15	42.77	68.92	46.01
	占环渤海的比重	0.83	0.93	0.75	1.33	1.63	2.29	2.88

续表

年份 内容		2000	2001	2002	2003	2004	2005	2006
5	大连港外贸吞吐量	3371	3076	3845	4861	4914	6377	7010
	比上年增长		-8.76	25.03	26.42	1.08	29.78	9.93
	占环渤海的比重	14.85	11.61	12.73	13.00	11.30	12.17	11.51
6	烟台港外贸吞吐量	954	1088	1326	1435	1524	1788	2387
	比上年增长		14.03	21.83	8.21	6.21	17.36	33.48
	占环渤海的比重	4.20	4.11	4.39	3.84	3.50	3.41	3.92
7	营口港外贸吞吐量	986	992	1086	1408	1942	2168	2308
	比上年增长		0.60	9.46	29.69	37.90	11.68	6.44
	占环渤海的比重	4.34	3.74	3.60	3.76	4.46	4.14	3.79

年份 内容		2007	2008	2009	2010	2011	2012	均值
环渤海沿海吞吐量（亿吨）		7.12	7.72	8.83	10.11	10.86	12.20	
比上年增长		16.91	8.43	14.38	14.50	7.42	12.34	15.13
1	青岛港外贸吞吐量	19017	20664	22210	25541	26621	28505	
	比上年增长	12.97	8.66	7.48	15.00	4.23	7.08	14.41
	占环渤海的比重	26.71	26.77	25.15	25.26	24.51	23.36	
2	天津港外贸吞吐量	16803	18245	19633	20709	22310	24326	
	比上年增长	20.31	8.58	7.61	5.48	7.73	9.04	14.01
	占环渤海的比重	23.60	23.63	22.23	20.48	20.54	19.94	
3	日照港外贸吞吐量	9517	9980	12687	15204	16689	19832	
	比上年增长	16.65	48.61	27.13	19.84	9.77	18.83	29.55
	占环渤海的比重	13.37	12.93	14.37	15.04	15.37	16.26	
4	唐山港外贸吞吐量	4000	5477	10171	11395	14281	18902	
	比上年增长	128.3	36.92	90.69	12.03	25.32	32.36	52.07
	占环渤海的比重	5.62	7.09	11.52	11.27	13.15	15.49	
5	大连港外贸吞吐量	8214	7920	9777	10833	10673	11018	
	比上年增长	17.17	-3.58	23.44	10.80	-1.48	3.23	11.09
	占环渤海的比重	11.51	11.54	10.26	11.07	10.72	9.83	9.03
6	烟台港外贸吞吐量	3400	3829	4489	5783	7547	7466	
	比上年增长	42.43	12.62	17.23	28.82	30.50	-1.07	19.30
	占环渤海的比重	4.78	4.96	5.08	5.72	6.95	6.12	

续表

内容 \ 年份		2007	2008	2009	2010	2011	2012	均值
7	营口港外贸吞吐量	2775	2685	3441	4868	5415	5066	
	比上年增长	20.25	−3.26	28.17	41.48	11.23	−6.44	15.60
	占环渤海的比重	3.89	3.48	3.90	4.82	4.99	4.15	
7港外贸吞吐量合计		1.78	2.02	2.37	2.96	3.54	4.39	5.24
		6.37	6.88	8.24	9.43	10.35	11.51	
7港占环渤海的份额		78.39	76.40	78.38	79.05	81.32	83.76	86.11
		89.50	89.12	93.33	93.31	95.34	94.36	

表28的统计数据表明：环渤海7个主要港口的外贸吞吐量，在环渤海区域的外贸吞吐量中，所占的市场份额呈递增趋势，2011年达到峰值(95.34%)，这表明环渤海区域的外贸货物，在向上述7个港口聚集。“规模港”的聚集效应十分明显。

具体分析各个港口，外贸货物吞吐量的年均增速：唐山港52.07%，日照港29.55%，烟台港19.30%，位列前三，均超过环渤海的平均增速(15.13%)，市场份额也随之增加。而大连港、天津港和青岛港的年均增速都低于环渤海外贸吞吐量的平均增速。

（五）环渤海区域集装箱吞吐量达到一定规模的港口

在环渤海区域，集装箱吞吐量达到一定规模的港口（截至2012年底，达到50万TEU）有9个，分别是青岛港、天津港、大连港、营口港、烟台港、日照港、丹东港、锦州港和威海港。此外，河北省三个港口合计，接近100万TEU。相关统计见表29。

表29的统计数据显示：

一是环渤海区域9个城市的集装箱吞吐量，在环渤海区域市场占有率超过99%，其中，青岛、天津、大连和营口4个城市的港口集装箱吞吐量所拥有的市场份额比较大，2012年底分别拥有30.65%、26%、17.04%和10.25%，累计达83.94%；

表 29　2000～2012 环渤海区域规模以上港口集装箱吞吐量变化情况

单位：万 TEU；%

内容 \ 年份		2000	2001	2002	2003	2004	2005	2006
环渤海集装箱吞吐量		532	645	803	1007	1271	1625	2043
比上年增长			21.21	24.51	25.45	26.20	27.86	25.75
1	青岛港吞吐量	212	264	341	424	514	631	770
	比上年增长		24.53	29.17	24.34	21.23	22.80	22.02
	占环渤海的比重	39.85	40.99	42.68	42.11	40.47	38.83	37.69
2	天津港吞吐量	171	201	243	302	382	480	595
	比上年增长		17.60	19.74	25.21	26.57	25.81	23.89
	占环渤海的比重	32.14	31.21	30.16	29.99	30.08	29.54	29.12
3	大连港吞吐量	101	122	135	167	221	269	321
	比上年增长		20.38	11.09	23.59	32.32	21.57	19.49
	占环渤海的比重	18.98	18.94	16.90	16.58	17.40	16.55	15.71
4	营口港吞吐量	15.7	21.1	33.5	40.3	58.1	78.7	101
	比上年增长		34.39	58.77	20.30	44.17	35.46	28.34
	占环渤海的比重	2.95	3.28	4.19	4.00	4.57	4.84	4.94
5	烟台港	16.9	17.1	21.7	32.7	37.1	69.4	117
	比上年增长		1.18	26.90	50.69	13.46	87.06	68.59
	占环渤海的比重	3.18	2.66	2.72	3.25	2.92	4.27	5.73
6	日照港吞吐量	3.5	4.1	6.0	9.6	13.4	21.4	25.3
	比上年增长		17.14	46.34	60.00	39.58	59.70	18.22
	占环渤海的比重	0.66	0.64	0.75	0.95	1.06	1.32	1.24
7	丹东港吞吐量	4.3	4.5	5.1	6.8	10.3	12.0	15.0
	比上年增长		4.42	14.03	33.00	51.25	16.50	25.00
	占环渤海的比重	0.81	0.70	0.64	0.68	0.81	0.74	0.73
8	锦州港吞吐量	0.77	1.7	4.7	7.2	10.3	20.1	31.1
	比上年增长		124.7	172.8	51.91	43.65	95.15	54.73
	占环渤海的比重	0.01	0.26	0.59	0.71	0.81	1.24	1.52
9	威海港吞吐量	4.9	6.7	8.0	8.7	16.4	29.1	38.2
	比上年增长		36.73	19.40	8.75	88.51	77.44	31.27
	占环渤海的比重	0.92	1.04	1.00	0.91	0.98	1.88	1.87

续表

内容＼年份		2007	2008	2009	2010	2011	2012	均值
环渤海集装箱吞吐量		2507	2981	3052	3571	4126	4731	
比上年增长		22. 68	18. 91	2. 40	16. 99	15. 49	14. 65	20. 18
1	青岛港吞吐量	947	1002	1026	1201	1302	1450	
	比上年增长	22. 90	5. 89	2. 37	17. 05	8. 39	11. 37	17. 67
	占环渤海的比重	37. 77	33. 61	33. 62	33. 63	31. 56	30. 65	
2	天津港吞吐量	710	850	870	1009	1159	1230	
	比上年增长	19. 40	19. 71	2. 38	15. 88	14. 89	6. 14	18. 10
	占环渤海的比重	28. 32	28. 51	28. 51	28. 26	28. 09	26. 00	
3	大连港吞吐量	381	453	458	526	640	806	
	比上年增长	18. 71	18. 70	1. 13	14. 97	21. 63	26. 00	19. 13
	占环渤海的比重	15. 20	15. 01	14. 73	15. 51	17. 04		
4	营口港吞吐量	137	204	254	334	403	485	
	比上年增长	35. 74	48. 50	24. 61	31. 57	20. 82	20. 28	33. 58
	占环渤海的比重	5. 46	6. 84	8. 32	9. 35	9. 77	10. 25	
5	烟台港	125	153	140	154	171	185	
	比上年增长	6. 93	22. 56	-8. 55	9. 99	10. 90	8. 25	24. 83
	占环渤海的比重	4. 99	5. 13	4. 59	4. 31	4. 14	3. 91	
6	日照港吞吐量	3. 5	4. 1	6. 0	9. 6	13. 4	21. 4	25. 3
	比上年增长		17. 14	46. 34	60. 00	39. 58	59. 70	18. 22
	占环渤海的比重	0. 66	0. 64	0. 75	0. 95	1. 06	1. 32	1. 24
7	丹东港吞吐量	18. 0	22. 0	26. 0	31. 9	70. 9	125	
	比上年增长	20. 00	22. 22	18. 18	22. 69	122. 3	76. 45	35. 50
	占环渤海的比重	0. 72	0. 74	0. 85	0. 89	1. 72	2. 64	
8	锦州港吞吐量	45. 1	65. 0	73. 8	75. 5	83. 9	86. 9	
	比上年增长	45. 02	44. 12	13. 54	2. 30	11. 13	3. 58	55. 22
	占环渤海的比重	1. 80	2. 18	2. 42	2. 11	2. 03	1. 84	
9	威海港吞吐量	50. 0	60. 3	62. 1	69. 5	48. 2	55. 8	
	比上年增长	30. 89	20. 60	2. 99	11. 92	-30. 7	15. 77	26. 14
	占环渤海的比重	1. 99	2. 01	2. 03	1. 95	1. 17	1. 18	
河北省	河北 3 港吞吐量	49. 3	64. 8	57. 5	62. 0	76. 2	90. 0	
	比上年增长	67. 12	31. 44	-11. 3	7. 83	22. 90	18. 11	41. 93
	占环渤海的比重	1. 97	2. 17	1. 88	1. 74	1. 85	1. 90	
合计		532	645	803	1004	1271	1625	2043
		2505	2945	3050	3569	4094	4685	
占环渤海的份额		100	100	100	99. 7	100	100	100
		99. 9	98. 8	99. 9	99. 9	99. 2	99. 0	

备注：均值中不含 2000 年的统计指标。

二是青岛港（17.67%）、天津港（18.1%）和大连港（19.13%）集装箱吞吐量的平均增速，要低于环渤海集装箱吞吐量的平均增速（20.18%）；而其他港口集装箱吞吐量的年均增速都超过24%，但有些港口的增速波动比较大。

三是集装箱吞吐量的市场份额，青岛、天津和大连三个城市2000年底在环渤海区域占到91%，2010年底为76.6%，2012年底为73.7%，整体呈递减趋势。而其他城市的市场份额，由9%增加到25.3%，净增14.3个百分点。

七　对环渤海区域港口发展的整体评价

环渤海拥有全国最大的港口群。腹地涵盖京津等20余个城市。人口规模约2.8亿人①（其中城市人口规模约1.6亿人），约占全国（大陆）人口的21%。

2001～2012年，环渤海沿海港口货物吞吐量的年均增速16.8%，高于全国沿海港口15.1%的年均增速，在全国沿海港口的市场份额分别从“九五”末的38.8%，发展到“十五”末的39.9%，再扩大到“十一五”末的45.3%，到2012年底达到46.3%。

这间接地反映出，环渤海区域整体的经济发展速度比全国沿海其他区域的平均水平要快，大量的经济实体在向环渤海区域聚集。整体发展态势良好。但是，从港口数据也可以看出，环渤海经济的加速发展期将进入尾声，高速发展期也将进入速度递减阶段。

这是各级地方政府需要重视的信号。另外，从上述的实证分析中，还可以看出，环渤海港口群的发展存在的一些问题：

一是大型港口布局稀疏不均、局部过密，而且在“十二五”期间，一些港口还在按照高速发展的惯性建设港口。所以在环渤海区域，将可能产生港口供给的结构性过剩，甚至总量型过剩。这将导致港口之间的恶性竞争，并使港

① 根据2010年第六次全国人口普查主要数据公报（第1号）整理，国家统计局2011年4月28日。

口的资源效率会进一步降低。

二是大型港口发展带来的污染问题，已经损害到沿海旅游资源和沿海养殖业。环渤海沿海的现状是旅游海岸带与煤炭、矿石、化工码头相生相伴；海滨浴场建在大型港口的夹缝之中，浴场的海水浑浊不堪。这些问题都是值得关注与思考的。

三是大型港口腹地的运输大通道建设，尤其是重载型铁路通道建设，跟不上港口的发展速度。这导致港口区域的公路交通拥堵频率比较高，汽车运输违规运营问题也时常发生。例如：汽车运输超载比较严重（现在多采取白天集结、夜里抢运的方式）。

所以，环渤海港口所在区域的各级政府部门，应对上述问题给予足够的重视，并深入研究相关对策，并重点在合理布局港口，控制供给总量，降低环境污染，完善港口运输通道及配套设施等方面，要有相应的技术措施与管理办法。

参考文献

[1] 邓焕彬、朱善庆：《全国沿海主要港口吞吐量与地区经济发展关系研究》，《港口经济》2008 年第 2 期。

[2] 交通运输部：《交通运输“十二五”发展规划》2011 年第 4 期。

[3] 贾大山：《2000～2010 年沿海港口吞吐量发展特点》，《中国港口》2008 年第 2～3 期。

[4] 贾大山：《沿海港口吞吐量与能力适应性发展评价和展望》，《中国港口》2010 年第 11 期。

[5] 王侃等：《环渤海港口群（2001～2010）发展综述》，《环渤海年鉴》，2012 年第 12 期。

B.12

专题报告11 中国滨海金融协同创新中心纪实

聚焦金融　面向区域　协同创新

——中国滨海金融协同创新中心纪实

摘　要：

“中国滨海金融协同创新中心”是为贯彻落实国家教育部、财政部实施的“高等学校创新能力提升计划（2011计划）”，由天津财经大学联合南开大学、中央财经大学、中国人民银行金融研究所、中国社会科学院金融研究所、中国银行国际金融研究所、天津市金融服务办公室、天津市滨海新区人民政府和环渤海区域合作市长联席会等单位，于2012年9月，协同组建的全国第一个面向区域金融改革创新的协同创新中心。作为哲学社会科学的协同创新中心，中心发挥高校、科研院所、行业企业多方联合、多点集成的综合优势，主动对接中国区域经济，特别是滨海新区经济发展需求，对中国金融改革，尤其是对滨海新区金融改革先行先试进行开拓性研究。

关键词：

中国滨海金融协同创新中心　区域金融　金融创新　协同创新

一　“中国滨海金融协同创新中心”之诞生记

2012年9月25日星期二，这个大学开学季的普通一天对于每个“中国滨海金融协同创新中心”成员而言有着极其特殊的意义。因为对于“中心”团队而言，此前194个日日夜夜的不懈努力、刻苦工作终于在这一天有了一个结果，一个令人振奋自豪的成果：全国首个面向区域金融改革创新的协同创新中心正式挂牌成立。在成立大会上，这个面向区域发展的哲学社会科学协同创新中心如初生婴孩儿般发出了自己清脆、响亮的“第一声”：“中心”将以机制体制改革创新为突破口，着力打造具有国际水准的中国滨海金融理论与技术方法研究、人才培养、科研成果应用转化的协同创新平台。未来蓝图的展开，让“中国滨海金融协同创新中心”旋即成为社会关注的璀璨“新星”，同时更被政府部门、学术界、金融业界和社会公众寄予厚望。

是何种契机、何种缘由促成了“中国滨海金融协同创新中心”的诞生？回答这个问题，需要将时钟拨回到三年零二个月之前。2011年4月24日，时任国家主席的胡锦涛同志在清华大学百年校庆大会上发表重要讲话，提出“要积极推动协同创新，通过体制机制创新和政策项目引导，鼓励高校同科研机构、企业开展深度合作，建立协同创新的战略联盟，促进资源共享，联合开展重大科研项目攻关，在关键领域取得实质性成果”。2012年3月，国家教育部、财政部发布了“教技〔2012〕6号”文件，正式启动实施“高等学校创新能力提升计划”（即“2011计划”），力图充分发挥高校优势，联合国内外创新力量，构建协同创新的新模式与新机制，形成有利于协同创新的文化氛围。在全球新一轮科技革命前夜，启动协同创新战略恰逢其时，为“协同创新中心”成立创造历史机遇。

在确立“中心”类型和领域的过程中，“中心”筹备团队广泛听取协同单位和社会各界的意见，开展多次高水平的研讨论证会，最终将建设一个面向区域金融改革创新的协同创新中心作为未来的主攻方向。客观地讲，“中心”面向区域、聚焦金融定位目标的确立，具有深刻的历史背景、扎实的基础条件和远大的发展潜力。自2006年天津滨海新区开发开放纳入国家战略以来，天津先后迎来国家综合配套改革试验、京津冀协同发展、自贸区探索建设等千载难逢的机遇。作为深化改革的重点领域，天津金融先行先试处在全国前列。金融机构体系、市场体系日趋完善，金融基础设施和金融生态环境不断优化，金融业在服务经济社会过程中取得了重大发展。2014年5月9日，孙春兰书记在天津加快现代服务业发展工作会议上提出“继续加快金融创新步伐，……构建与北方经济中心和滨海新区开发开放相适应的现代金融服务体系和金融创新运营中心”。金融业新定位的创造性提出标志着天津金融改革创新进入崭新阶段。正是置于这个时代背景，“中心”牢牢树立以区域金融创新自下而上推进中国金融业改革开放，使中华民族跻身于世界金融强国之林的使命。

为贯彻落实国家领导人在清华大学百年校庆大会上的重要讲话精神，积极推进“2011 计划”，按照“国家急需、世界一流”的总体要求，坚持“需求导向”“全面开放”“深度融合”与“创新引领”的基本原则，进一步发挥高校、科研院所、行业企业多方联合、多点集成的综合优势，以天津财经大学、南开大学、中央财经大学、中国人民银行金融研究所和中国社会科学院金融研究所为基础，联合中国银行国际金融研究所、天津市金融服务办公室、天津市滨海新区人民政府、环渤海区域合作市长联席会以及十余家金融机构协同组建了“中国滨海金融协同创新中心”。探索科学的区域金融理论、构建先进的区域金融制度、促进稳定的区域金融运行、培育卓越的区域金融精英、塑造包容的区域金融文化成为“中心”责无旁贷的任务。

作为哲学社会科学的协同创新中心，“中心”依托天津财经大学、南开大学、中央财经大学的经济学、管理学两个学科门类的国家级重点学科和教育部人文社会科学重点研究基地，充分发挥中国人民银行金融研究所和中国社会科学院金融研究所等单位信息支持、思想库和智囊团的作用，围绕中国滨海金融这一国家重大发展战略需求，以体制机制改革创新为突破口，建立协同创新平台。针对中国金融改革，尤其是对滨海新区金融改革先行先试进行开拓性的研究，从而更好地为实现中国金融发展战略提供智力支持与人才支撑。

具体来看，“中心”这座连接学术界、政府机构、金融业界的桥梁，将通过人才培养、科学研究、学科建设“三位一体”优化建设，特别是通过特聘研究员，强化科研团队的学科导向与联络服务功能，建立以创新质量和贡献为导向的科研评价机制等措施，逐步形成在全国独具特色的学术品牌，发表在国内外产生重大影响的学术论文，出版经得起历史检验的学术著作，为政府提供有价值的政策建议。

首先，在科技产出方面，“中心”作为促进区域经济发展、推动中国金融创新的前沿阵地，将从解决国家重大急需出发，通过与金融机构、政府部门金融需求直接对接，强化实现协同创新平台理论研究与应用对策研究相结合的有机拓展，有效促进协同创新成果向先进生产力的转化。立足中国金融发展的现实需求和重要现实问题，注重原始创新，发表具有重要影响的学术论文，出版具有重要影响的学术著作，并定期举办中国滨海金融协同战略联盟论坛，以中国滨海金融创新报告等一系列高质量研究成果为载体，形成“中国滨海金融”特色学术品牌。其次，在人才培养方面，“中心”可以有效地实现高校之间理论经济学、应用经济学以及其他相关学科交叉，实现理论研究与政府、企业等实践需求的结合，健全“寓教于研、教研结合、以研促教”的人才培养模式，通过学科交叉与融合、产学研紧密合作等途径，以高水平科学研究来支撑、培养适应现代经济社会发展需要的“国际化、复合型、创新型”拔尖金融人才。最后，在学科发展方面，“中心”将通过两个周期的建设，围绕领军人物，建设学术水平高、结构合理的协作创新团队，促进金融优势学科的发展。围绕大项目带大团队促大人才的思路，结合国家金融发展“十二五规划”提出的金融发展需求，开展重大项目研究。以研究促进人才培养，以研究凝练学科方向，以研究促进学科实力提升，把“中国滨海金融协同创新中心”打造成在国内外具有重大影响的学术高地与理论创新高地。

为了确保未来蓝图的实现，“中心”在筹建之始就开展了与自身功能定位相适应的框架设计、机制创新，并汇集了必要的优质资源。

第一，“中国滨海金融协同创新中心”组织架构。“中国滨海金融协同创新中心”以人才培养、科学研究、学科建设“三位一体”的创新能力提升为核心，实行理事会领导、学术委员会对重大学术问题把关的主任（首席专家召集人）负责制。理事会由天津财经大学、南开大学、中央财经大学、中国人民银行金融研究所、中国社会科学院金融研究所、中国银行国际金融研究所、天津市金融办、滨海新区政府与环渤海区域合作市长联席会派员共同组成。理事单位除了“三个三”（三所高校、三大科研机构和三个政府职能部门），还包括十余家金融机构组成战略联盟。“中心”下设七个协同创新研究平台，即：中国滨海金融发展与金融学科建设平台、中国滨海金融改革与开放研究平台、中国滨海保险创新发展与示范效应研究平台、中国金融体制改革与滨海金融体制创新研究平台、滨海金融支持实体经济发展研究平台、环渤海经济发展与区域金融中心建设研究平台、京津冀协同发展研究平台。

第二，“中国滨海金融协同创新中心”制度创新。在人才培养方面，“中心”努力健全寓教于研的拔尖创新人才培养模式、健全寓教于社会实践的拔尖创新人才培养模式、积极探索国际化人才培养模式。在科学研究方面，改变单纯以论文、获奖为主的考核评价机制，注重原始创新和解决国家重大需求的实效，建立以创新质量和贡献为导向的科研评价机制，将评价结果与个人收入分配、奖惩、升迁、聘任结合起来。在学科建设方面，“中心”充分利用协同创新平台的学科优势，优化以学科交叉融合为导向的资源配置方式，在整合发挥现有经济管理优势特色学科的基础上，对重大的、跨单位、跨区域问题，突破学校内部以及学校外部的体制机制壁垒，积极吸纳国内外其他优势特色学科资源参与“中心”的构建，建立联合攻关机制。

第三，“中国滨海金融协同创新中心”资源优势。“中国滨海金融协同创新中心”以协同单位资源为主要支撑，同时吸纳其他学科和国内外专家参与中心建设。首先，以天津财经大学、南开大学、中央财经大学的经济学、管理学两个学科门类的 3 个一级学科国家重点学科和 3 个二级学科国家重点学科，5 个教育部人文社会科学重点研究基地为依托，充分发挥中国人民银行金融研究所、中国社会科学院金融研究所和中国银行国际金融研究所的信息支持、思想库和智囊团作用，围绕中国滨海金融这一国家重大发展战略需求，以机制体制改革创新为突破口，为着力打造具有国际水准的中国滨海金融理论与技术方法研究、人才培养、科研成果应用转化的协同创新平台提供重要科研支持。其次，天津财经大学、南开大学、中央财经大学、中国人民银行金融研究所、中国社会科学金融研究所和中国银行国际金融研究所推荐经济管理类的资深教授、长江学者、研究员等优秀人才作为“中心”协同创新的重要骨干。最后，协同创新中心各单位均拥有大量重要的文献资料和国内外最新、最权威的金融和经济数据，能够为金融研究数据处理、模型检验和模型模拟提供较好的实验环境。协同创新单位在教学科研实验用房、仪器设备、后勤服务等方面给予了充裕的保障，有较好的实验平台、仪器设备、图书资料以及中心用房等条件保障。

二　“中国滨海金融协同创新中心”之培育记

自 2012 年 9 月成立至今，“中国滨海金融协同创新中心”在培育之路上不觉走过近两载春秋，回首过往的成就与点滴，仿佛一个又一个扎实、矫健、从容、自信的步伐，让“中心”在建设发展的大道上越走越好。一份份沉甸甸的学术成果，一次次高水准的学术会议，一件件有价值的政策建议，都是诠释“中心”成长壮大的最直接有力的注脚。过去近两年中，“中心”得到了社会各界的鼎力支持以及各协同单位的全力配合，累计获得天津市人民政府、天津市滨海新区人民政府、天津财经大学等单位一千多万元的资助，汇集了协同院校、科研院所、地方政府及金融机构的各类高端资源，秉承“高起点、高水准、有特色”的原则，建设创新平台和创新团队，主动对接中国特别是天津市、滨海新区金融发展需求，对中国金融改革，尤其是对滨海新区金融改革先行先试进行开拓性研究，成为天津市政府比较倚重的研究基地。

为了形成协同创新的长效机制，“中心”切实开展了大刀阔斧、立竿见影式的体制机制改革。先后建立了以创新质量和贡献为导向的科研评价机制，完善了“年薪激励、合同管理、项目牵引、目标考核”人才引进新机制，全面实行聘任（聘用）制度，实施人才市场定价聘用制度，推进管理服务人才职员制。以开放式学术中心和基地为载体，吸引国内外优秀人才前来访学、开展项目合作等，以原始创新、解决重大需求为主要因素来构建成果评价体制，对成果和人员进行分类评价；打破知识产权壁垒，实行科研成果共享制；并引入第三方评价机制；设置了清晰严格的重大协同创新考核指标（①协同创新人才集聚能力和团队整体协同创新能力；②拔尖创新人才的协同培养成效；③围绕区域金融改革重大需求的金融学科群交叉与发展成效；④标志性协同创新研究成果及其转化、应用和服务效益）。合理制度的推出和创新文化的培育，犹如一个“看不见”的指挥棒，显著提升了“中心”的运营效率以及科研人员的科研绩效，为实现“中心”愿景蓝图提供了实实在在的制度保障。

在全国人大代表、政协委员、天津财经大学副校长、中国滨海金融协同创新中心主任王爱俭教授的带领下，“中心”紧密围绕“一二三四五六”奋斗目标，即以“体制机制改革为核心”（一个核心），以“主动对接服务中国特别是环渤海区域金融发展需求”“建设具有示范效应的全国金融改革创新基地”为目标（两个目标），全面提升滨海金融领域的“科学研究”“学科建设”“人才培养的创新能力”（三位一体），通过中心“建设技术路径优化”“学科专业水平提升”“办学管理能力强化”“核心竞争力打造”（四维推进），完成五大任务（①以机制体制改革创新为突破口，着力打造具有国际水准的协同创新平台，②形成大金融学科群和学科交叉融合在促进滨海金融研究方面的适度超前发展，③中心将以优质高效的决策咨询服务于理论创新与经济社会发展，④力争取得一批重大标志性成果，成为在国内外有重大影响的学术高地与理论创新高地，⑤实现高等学校创新能力的显著与持续提升，支撑创新型国家和人力资源强国建设）和六项工作，取得了十分显著的培育效果。

2012年9月25日，“中心”成功召开第一届理事会、学术委员会第一次会议，公布了“中国滨海金融协同创新中心”首批十大重点课题。2013年9月8日，天津市委书记孙春兰、市长黄兴国庆祝教师节到天津财经大学，对中国滨海金融协同创新中心做了重要指示，对中心工作给予高度肯定。近两年，中心紧跟国际金融发展前沿，遵循“需求导向”“全面开放”“深度融合”与“创新引领”的基本原则，密切围绕中国滨海金融这一国家重大发展战略需求，努力完成“一二三四”的建设成果，坚持继承与发展，改革与创新，在科研成果、学术交流和资料信息建设、服务社会的重大决策咨询等方面取得了重要的成绩。实施了一批具有先导性、创造性、全局性的重大项目研究，凝练优秀科研队伍，创新体制机制与管理，通过大力建设“学研政产”战略联盟，不断提升科研成果的质量和水平，全力以赴为天津特别是滨海新区金融事业的发展服务。形成一个指数（天津金融发展指数）、两本蓝皮书（天津、滨海金融蓝皮书）、三个刊物（《滨海金融专报》《观点与学术动态》《区域金融创新》）、四个创新（聘请一批专家、建立一个机制、研究一批项目、建设一个数据库）的“一二三四”的品牌成果，逐渐成为在全国有影响的学术高地和创新高地。

（一）“一个指数”让政府公众“心中有杆秤”

为切实服务区域经济和社会发展，全面实现天津金融业的定位目标，中国滨海金融协同创新中心结合自身统计学科——全国重点学科的优势，首次推出了全面、动态的“天津金融发展指数”，引发社会各界的广泛关注。“天津金融发展指数”从金融市场、金融机构、金融人才、金融创新和金融生态环境 5 个维度全面测度和客观评价天津金融业的发展现状、趋势和能力，具有反映金融发展速度和景气程度的双重内涵。通过这些指数，政府、企业能够直观地看到天津金融市场的活跃度、发展前景，以及需要改进的地方，从而在决策及投资时作出更准确的判断，就如同心中有了“一杆秤”。在“天津金融发展指数”编制过程中，课题组成员夜以继日地紧张工作，在方法选取、指标设计、数据收集和指数编制上付出大量汗水和辛劳。这次课题研究，大大提升了中国滨海金融协同创新中心研究团队的自信心与凝聚力，为此后开展协同创新打下坚实基础。2014 年 9 月 24 日，中国首届巴塞尔年会上，该中心将发布第二期天津金融发展指数。

（二）“两本蓝皮书”记述区域金融创新轨迹

如何让社会各界了解天津及滨海新区的金融状况？中国滨海金融协同创新中心工作人员一直视其为己任。他们相继编纂的《天津金融发展报告》《滨海金融发展报告》将天津及滨海新区金融发展水平和特征提供给政府和研究机构，既便于决策者了解天津及滨海金融改革创新的基本情况、着力点和突破点，也有利于政策研究者深化对金融改革实验区建设的认识，填补了业界历史上的空白。《天津金融发展报告》按照天津的城市定位与金融创新与发展的布局，从金融机构蓬勃发展、金融市场建设、金融产品升级、金融创新成效显著、金融生态环境优化以及金融人才集聚等方面进行深入分析，全面展现了天津金融创新的成绩与发展的潜力。《滨海金融发展报告》总结了滨海新区在金融创新探索领域取得的巨大进步，深刻剖析了滨海新区在金融建设过程中还需进一步挖掘和深化之处，通过借鉴国内外先进经验，总结出更多适合滨海新区发展的路径和方式，并针对可能出现的金融风险，提出相应的管控措施。中心“蓝皮书系列”现已出版2012、2013两版，最新的2014年版本正在全力编写中。

（三）“三个刊物”建立金融学术争鸣服务平台

天津财经大学金融系学生杜强平时最喜欢翻看的刊物就是《区域金融创新》。这本由中国滨海金融协同创新中心发行的刊物里，有大量前沿性的金融问题研究方面的文章，对他和同学们开展学术研究有很大帮助。据介绍，中心共有“三个刊物”：《滨海金融专报》搭建资政平台，服务政府部门决策，现已出版四期；《观点与动态》收集前沿性、现实性区域金融问题的研究，受到学生的广泛欢迎，现已发布三期；在广泛搜集评价滨海金融学术资料的基础上，编写了学术系列文献《区域金融创新》，现已出版发行两辑。“三个刊物”如同牵引科研发展的“三驾马车”，建立起服务社会的金融高端资讯平台，受到各界高度赞誉和积极评价。

（四）“四个创新”引来滋养事业发展的源头活水

中国滨海金融协同创新中心有“四个创新”，成为中心事业发展的源头活水。创新之一是“聘一批专家”。除了日常的工作人员外，中心还聘请了一大批专兼专家，包括巴曙松、张杰、王国刚、李维安、肖红叶、金中夏、宗良、史建平、梁琪、戴金平、李健、李志辉等国内著名学者。此外，中心还积极吸纳国内外优势力量，通过学术交流、合作研究等多种形式与知名专家学者和国内外机构建立了合作关系，实现了每学期三次学术讲座。著名经济学家吴念鲁教授、王松奇教授、易诚研究员、叶永刚教授以及诺贝尔奖获得者P. R. Shukla教授曾先后应邀来访，为中心的人才团队建设添薪助燃。创新之二是“设一套机制”。中心积极进行运行机制的探索，初步形成了“机构开放、人员流动、内外联合、竞争创新、学研政产一体化”的运行机制和“三位一体”的创新平台管理模式。中心日常实行中心主任负责制；围绕产出科研精品，科研项目管理实行课题组组长负责制，科研项目验收实行中期检查和最终检查相结合的动态质量管理办法；人事制度方面，中心实行全员聘任制和人员流动制，所有专兼职人员均打破终身制，实行聘任，实现了“带课题进中心，完课题出中心”的人员流动机制。创新之三是“立一批项目”。两年来，中心共启动课题30余项，科研经费累计400多万元。为强化重大课题牵引，以中心为单位，在国内顶级期刊《经济研究》发表多篇论文。针对国家重大发展战略问题，以中心为单位完成研究报告80余篇，成果近二百万字。中心研究人员还多次参与天津及滨海金融改革方案等重大问题的讨论，为决策部门提供了《天津城市定位指标体系研究》《关于京津冀区域金融合作的功能定位与机制优化的建议》《于家堡金融区功能定位和建设发展研究》《经济结构调整与滨海金融优质项目源培育研究》《科技型中小企业立体融资体系建设》等研究报告，受到实际工作部门的好评，在业界产生了一定的影响。创新之四是“建一个数据库”。目前，“中心”与中国人民银行天津分行已初步达成合作意向，联合建设天津金融数据库。该数据库将天津金融行业数据及宏观经济数据、统计数据进行加工整理，建立能够为金融教学、研究、金融投资等提供标准统一数据与专业化配套服务的“数据平台”。此外，中心还努力建设辐射全国的金融学术信息库，现已联合天津财经大学图书馆合作建设“中国滨海金融信息港”，从事滨海金融信息资料的整理、集成和加工，目前已建立起了包括近几年来的报刊题录、电子图书、学术论文、国内外硕博论文、重要评论等若干数据库在内的信息港基本框架，以期在不久的将来为科研教学和实际工作人员提供个性化服务。

三　“中国滨海金融协同创新中心”之指数记

近年来，天津以加快推进滨海新区开发开放为首要任务，全面加快金融改革创新，为实现中央对天津定位要求不懈奋斗。进入“十二五”时期以来，天津金融业根据自身定位目标，不断发挥比较优势和政策优势，突出自身特色，大胆先行先试，在金融市场、金融机构、金融人才、金融创新、金融生态环境建设方面取得重大突破，多项工作走在全国前列。

为了明确天津金融业的定位目标内涵，科学、客观、全面测度金融业发展和景气状况，逐层解构金融发展景气状况促进行业协调发展，观测天津金融业定位实现水平，服务政府和企业决策。2013年初，中国滨海金融协同创新中心前瞻性地确立了“天津金融发展指数”项目，组织协同单位及政府部门、金融业界、科研院所、中介机构的专家学者30余人成立项目组，开展该项目的研究和攻关。在项目推进过程中，天津市委常委、常务副市长崔津渡，市委常委、市委教育工委书记朱丽萍等领导同志对该项研究给予高度肯定和重要批示。

2013年11月，“中心”牵头组织了该项目的通讯评审和会议评审，天津市政府副秘书长陈宗胜教授、市委研究室主任王小宁教授、天津市统计局局长杜西平先生等30多位评审专家对于该成果给予高度评价，成为指数报告权威性的重要保障。从一定意义上说，天津金融发展指数是天津金融业集体智慧的结晶。

2013年12月23日，中国滨海金融协同创新中心在天津财经大学举行了“天津金融发展指数”发布会。在此次发布会上，“中心”主任、天津金融发展指数项目组首席专家王爱俭教授指出，“2013年末，党的十八届三中全会胜利召开，掀开了中国全面推动金融改革、开放和发展的新篇章，在这一历史时刻，正式发布天津金融发展指数，对于承前启后推动天津金融业改革创新显得尤为迫切”。项目组按照可比口径指标与数据，经过全面统计和分析，科学地测度2006～2012年天津金融发展程度。

从发展速度看，以2006年作为基期（1000点），2007～2011年，天津金融发展指数分别为1381点、1602点、1945点、2397点、2867点。2012年该指数达到3360点，相对2006年增幅达236.0%，6年平均增速达22.4%，是天津GDP平均增速的1.1倍，是我国GDP平均增速的1.4倍；以上年为基期能够更加清晰地识别景气情况。其中，2007年景气程度达到高点，较2006年增长38.1%，其后2008年增速略有回调，但仍比上年增长15.9%，此后4年增速维持在20%左右，保持了快速发展的良好态势。

从指数发展结构看，金融市场指数领衔增长（2012年达7383点，6年平均增速39.5%），金融创新水平不断提升（2012年达2872点，年均增速19.2%），金融机构指数较快发展（2012年达2539点，年均增速16.8%），金融人才和金融生态环境指数平稳发展（2012年分别达到1477点和1416点，年均增速分别为6.7%和6.0%）。

从2012年景气程度看，天津金融业保持稳健发展，2012年同比增速为17.2%，景气度良好。金融市场指数保持快速增长，2012年同比增速为30.3%。金融创新指数增速明显提升，2012年同比增速为24.1%，比2006～2011年18.3%的年均增速提升5.8个百分点。金融机构指数稳健增长，同比增速为11.6%。金融人才和金融生态环境指数同比增速分别为2.7%和4.3%，呈现平稳发展态势。

总之，自“十一五”时期以来，天津金融业整体发展势头强劲，在经历了2007年快速发展和2008年略有放缓后，金融业连续4年保持平稳增长。2012年，天津金融业稳步发展，金融市场成为亮点领跑各指数，推动天津金融业发展。金融创新快速发展，各类金融机构与金融人才不断聚集，金融生态环境持续优化。

编制天津金融发展指数，项目组构建客观评价为主、主观评价为辅的指标体系，包括5个一级指标、35个二级指标和101个三级指标，涵盖金融市场、机构、人才、创新、生态环境等内容，按照指标客观重要性以及天津金融战略导向，使用专家打分法设置权重系数。通过权威机构、公开渠道、调查问卷等途径，获得原始客观数据及主观评价，利用逐级加权平均法构建指数计算模型，获得金融发展指数。该指数反映金融发展水平和景气程度两种内涵，其中发展水平记录金融业发展轨迹，突出指数的连续性；景气程度刻画金融业行情冷暖，突出指数的前瞻性。通过释放发展和景气信号，预判金融业发展前景。

作为“中心”的一项代表性成果，天津金融发展指数在诸多方面进行了有益尝试与创，在反映该成果理论、现实意义的同时，彰显了“中心”的科研能力和探索精神。

第一，功能作用明确。天津金融发展指数研究在本质上属于新兴金融中心纵向发展速度和景气状况的研究，具有显著的创新性和挑战性，为了确保研究的科学和缜密，项目组深入研究和借鉴了以上海金融景气指数为代表的纵向发展类指数和以全球金融中心指数（GFCI）、新华—道琼斯国际金融中心发展指数（IFCD INDEX）、CDI中国金融中心指数（CDI CFCI）为代表的横向竞争力比较类指数的编制方法和应用经验，获得丰富的研究思路和指标样本。在与天津金融监管部门、金融专业人士、统计工作者深入沟通、交流基础上，结合天津金融业定位、现代金融体系发展经验和金融改革创新成果，演绎并凝练出天津金融业发展的核心要素和关键目标。通过选取代表性强、可操作性好的指标，降低评价对象（天津金融发展态势和景气程度）的复杂性，实现了天津金融业定位内涵核心、金融发展状态景气程度与各级指数一一对应式的可度量化，较为科学地达成研究初衷。

第二，研究方法创新。与发端于上世纪80年代的传统金融中心指数不同，本指数应用于处在快速成长期，秉承特定发展思路和要求，突出金融改革创新基地核心功能的天津金融业的量化评价，弥补了传统金融指数侧重于评价成熟型金融中心的空白，发展了金融发展指数研究方法和应用经验。在编制本指数过程中，选取纵向比较的综合评价指数方法，运用基于相邻年份数据对比的数据标准化方法，和专家评分指标权重设定方法，与使用SUV（支持向量机）方法的“全球金融中心指数”，选用横向比较的综合评价指数的“新华—道琼斯国际金融中心发展指数”“CDI中国金融中心指数”不同。同时，项目组采用数据来源稳定、连续规范、口径统一、易于采集的数据来源，确保该成果功能的实现。为了确保天津金融发展指数研究的科学合理，该研究还将开展金融中心发展指数、国内外新兴金融中心形成演化等基础性研究，夯实研究基础。

第三，实用价值突出。该研究将天津金融业发展状态、景气程度作为评价导向和重点，兼顾反映天津金融业实现定位过程中“创新引领”“规模集约”“快速发展”“服务实体经济”等特征因素，实现了天津金融发展与定位目标内涵的集成和融合。作为一个开放、包容的系统，本指数伴随应用领域和新兴金融中心发展阶段变化，不断瞄准金融专业人士优先考虑的因素，适时、适度地对金融发展指数指标体系进行修订、调整，确保及时、客观反映天津金融业发展速度、景气程度及支撑地区金融业持续成长的基础性因素。作为金融业的晴雨表和风向标，金融发展指数指标体系中每个指标都是跟踪天津金融业发展状态的有益工具，同时也是金融监管部门、金融机构内部交流以及对外交流的重要媒介，为推动天津金融业持续快速发展提供监测工具。

第四，应用前景广泛。作为一项具有前瞻性的研究，该成果通过深入调研和严谨分析，发展了金融中心，尤其是处于快速发展期、定位内涵丰富、突出金融改革创新核心功能的新兴金融中心发展指数的研究，为此后观测和评价其他地区新兴金融中心发展状况和景气程度制定了一定的标准或参照。基于数据收集的完善以及基于实践检验下的持续优化，项目组将定期连续发布天津金融发展指数。这不仅可以达成天津金融业定位实现程度、金融业发展速度与景气状况的纵向对比，还为实现多个新兴金融区竞争力的横向比较埋下伏笔。项目组相信，伴随着天津金融发展指数的逐步应用和优化，将有望成为在国内外具有一定影响力和知名度的金融发展指数，为评估更多城市金融业的发展景气状况提供标准和依据。

当前，天津正处于朝着更高目标、更高水平迈进的崭新阶段，要贯彻落实党的十八大、十八届二中、三中全会精神，牢牢把握综合配套改革试验、京津冀协同发展和综合改革创新区建设的历史机遇，继续加快金融改革创新步伐，构建与北方经济中心和天津滨海新区开发开放相适应的现代金融服务体系和金融创新运营中心，以此加快实现中央对于天津的城市定位，并为自下而上推动中国金融改革开放及加快区域金融发展积累经验、提供示范。

四　“中国滨海金融协同创新中心”之专报记

作为目前天津市人民政府比较倚重的研究基地，“中心”坚持不懈地对国家综合配套改革试验、京津冀协同发展和自贸区建设背景下滨海新区金融先行先试进行开拓性研究，向市领导及各级主管部门提交了一系列专题报告，收获了较好的效果。

天津财经大学副校长、“中心”主任王爱俭教授在“关于加快于家堡金融区建设发展的建议”中指出，开发建设于家堡金融区是市委市政府贯彻落实中央部署，实现天津城市功能定位的重大举措。为了进一步加快金融发展方式转变，提高金融服务辐射范围，推进于家堡金融区建设发展，特提出如下建议：第一，依托地区禀赋优势，确保金融改革创新重点领域实现突破。加快发展融资租赁业务，私募股权投资，要素交易市场，海洋金融，科技金融等现代产业金融业务，尽快使金融区成为国家级现代产业金融中心；积极发展国际金融创新，提高跨境人民币结算规模和外汇交易量，推动离岸金融业务发展，紧密结合涉外金融保险发展与对外贸易、国际投资发展方式转变，增强涉外金融服务能力和辐射范围；加快金融区资产管理业务发展；大力发展金融后台服务业务；构建风险预警系统和应对金融风险的长效机制，实现金融风险可控条件下的金融改革创新发展。第二，增强金融服务功能，提升金融区的竞争力以及影响力。鼓励引进和扶持会计、法律、资产评估、管理咨询、会展业、教育培训等专业服务业，积极推动本市中介服务机构总部向于家堡金融区集聚；支持民营和外资金融机构和专业服务机构发展，充分发挥其在隐性知识、运营效率和创新活力方面的优势，支持实体经济（尤其是中小和微型企业）发展；吸引国际著名信用评级机构，以及大型财经资讯公司落户于家堡，利用信用和财经讯息发布能力，扩大于家堡的影响力和知名度；加快于家堡全国或地区性的金融市场后台支持体系建设。第三，优化金融生态环境，为促进天津创新驱动、内生发展树立榜样。加强现有优惠政策落实力度，向服务型社会管理方式转型；加快实施金融改革创新奖、金融人才（青年人才和高端人士）公寓等规划内容；充分重视创新实践，设计激励制度，对各类创新型金融人才和社会管理人才，给予重视和支持；加强金融司法制度建设，维护金融权益，打击各类金融犯罪，使金融区形成良好的法治秩序。

中国人民银行金融研究所所长、“中心”特聘研究员金中夏研究员在“关于京津冀区域金融合作的功能定位与机制优化的建议”中提出，京津冀金融合作需要立足自身定位改进合作机制，寻求更多的利益共同点，按照政府引导、市场主导的合作原则，制定覆盖整个区域的金融合作规划，建立长效的利益协调机制。第一，京津冀在区域金融合作的功能定位。北京要进一步巩固既有的金融决策中心的优势，借助总部经济发展，提升金融信息中心的地位；天津要充分利用国家战略政策优势，建设环渤海地区金融市场，积极开展金融创新，推动航运金融等产业金融发展，完善金融产业体系和金融服务体系，承接北京释放的金融产业；河北要以自身经济潜力和政策优势及资源优势和成本优势发展金融服务体系，与京津形成有梯次的金融发展格局。第二，建立京津冀区域金融合作机制。①推动金融市场一体化建设。突破细分市场实现一体化（包括同城支付结算系统的一体化、产权交易市场一体化和票据市场一体化，辅之以征信系统一体化），在京津与河北的环首都经济圈试点，然后逐步推到河北沿海和冀中南经济区，最后实现整个京津冀区域的金融合作一体化。②注重区际协调，建立区域金融合作的协调机制。地方政府在减少对金融的干预的同时应推动建立金融信息资源共享平台和金融联席会议制度，开展政策对话，加强人员往来，实现信息共享，完善经济金融信息交流渠道和内容。③加强联合监管，推进金融制度创新。逐步形成监管当局宏观监管、同业行会相互约束、金融机构自我约束及社会监督相结合的四位一体监督系统，建立健全区域金融风险监测机制。④构建良好的区域金融合作生态环境。依托信贷登记咨询系统，建立跨区域信贷登记咨询系统查询机制；探索建立跨区域企业资信统一评级标准，以及跨区域信用担保认定体系，提高金融资本流动的决策效率和安全性；构建跨区域电子货币支付系统和即时外汇兑付系统，为跨区域的资金流动提供便捷的清算通道。

“中心”主任王爱俭教授在“关于进一步实现天津航运金融转型发展的政策建议”中指出，天津市航运金融的运行和发展具有一定的特性，也存在着许多制约因素。天津应当以航运金融为突破口，加强航运金融领域的完善发展，并以航运金融为核心带动其他金融领域进步，最终辐射天津整体产业，实现天津经济大跨步发展。

第一，加快推动机构与市场建设、完善航运金融服务体系。吸引并培养国内外优秀航运金融机构服务天津航运业，大力发展船舶交易、船舶管理、航运经纪、保险公估、海事法律服务、船检、诉讼仲裁等中介机构，推进天津海事仲裁中心和天津理算及法律服务中心建设；加快天津人民币离岸市场建设，拓宽航运企业投融资渠道，通过离岸账户进行境外外币和人民币筹资，吸引境外资金，放宽对法律、会计等中介服务机构的市场准入条件；发展天津航运保险市场，完善天津航运金融服务体系，引入国外专业航运保险机构；鼓励航运保险产品的创新，对涉及航运保险业务方面内容实施税收优惠。第二，加大金融服务创新力度，推动航运事业快速发展。推广船舶产业投资基金，强化金融支持实体经济力度，建立更多的船舶产业投资基金；推动航运衍生品创新，进一步活跃航运金融市场，加快避险金融产品的研发；创新航运金融监管服务体系，提高航运金融监管效率，建立航运金融监管联席会议制度，由银监局、证监局、保监局以及天津市金融办等金融监管机构参与，对天津航运金融运行进行合作监管，实现不同监管领域的无缝对接，建立天津与香港金融监管合作协调机制。第三，优化天津航运金融生态环境，打造航运中心品牌。进一步放宽航运企业、仓储物流企业、保险企业、融资租赁企业享受营业税减免或出口退税的注册地和业务种类限制，继续深化服务贸易外汇管理改革，完善对航运企业外汇收付汇的管理，促进航运企业提高资金管理效率，降低管理成本；完善外籍高端人才认定程序，在高校增设航运金融专业，建立航运金融专业学科体系，加强对现有从业人员的继续教育，强化从业人员技能。

“中心”主任王爱俭教授在“以投资与贸易便利化为核心、航运金融为支点带动天津综合改革创新区发展”中指出，打造功能完善的现代化国际港口城市、建设拥有雄厚经济实力的北方经济中心是天津下一步城市定位的重要举措。为进一步加强天津航运事业完善、促进天津综合改革创新区特色发展，特提出如下建议：

第一，以航运事业发展为突破口，探索综合改革创新区投资管理、贸易便利和航运枢纽的全新发展模式。①充分利用天津先行先试的国家政策优势，创新航运领域管理模式，提高航运事业运行效率。在现有管理体制下建立天津综合改革创新区航运事业管理机构，具体落实航运事业发展过程中的各项行政任务，研究并组织实施航运产业发展规划和政策措施，协调海关、海事、税务及工商等部门在综合改革创新区航运事业领域的行政管理工作。②以天津先进航运事业发展为基础，探索全球范围内高效投资管理模式。扩大航运企业投资渠道，取消或暂停投资者对航运企业投资的资质要求、股比限制及经营范围限制等准入措施限制；在航运产业领域优先探索负面清单模式；由天津市政府制定境外投资开办航运企业和境外投资项目备案办法，对境外航运领域投资项目实行备案制。

第二，以海洋知识与航运金融为核心，最大化发挥天津航运领域比较优势。①建立以海洋知识为基础高端航运服务业价值网，充分发挥高端航运服务业核心竞争力。加强天津航运机构与国外先进成熟的航运机构组织之间的交流与深入合作；建立天津海事学院，大力支持科研部门与天津本土航运企业开展协同创新工作；设立海事创新基金，资助海洋研发和创新活动；推出海洋知识人才吸引计划，为建设全球海洋知识枢纽提供人力资源基础。②规划航运中心发展路线图，实现天津航运事业大跨步发展。通过海洋知识研发新的航运生产运行技术，提高航运领域生产力，形成国际航运领域比较优势，吸引全球航运业务来津开展；利用完善的金融服务体系为航运事业的知识研发、产业生产提供充足的资本支持。

附　录

Appendix

一　天津金融发展指数客观指标体系

指标体系					
一级指标名称	一级指标权重(%)	二级指标名称(%)	二级指标权重(%)	三级指标名称	三级指标权重(%)
1. 金融市场	42	1. 市场总量	20	金融市场交易总量(沪深两市交易总额)	30
				社会融资规模	20
				金融业增加值	20
				金融业增加值占 GDP 比重	30
		2. 股票市场	10	股票市场交易量(交易所)	70
				股票市场融资额	15
				境内上市公司数(含 A、B 股)	15
		3. 债券市场	13	债券市场交易量(交易所)	70
				当年国内债券筹资额	30
		4. 保险市场	5	保险深度	50
				保险密度	50
		5. 货币市场	10	货币市场交易额	100
		6. 期货市场	6	期货市场交易额	100
		7. 基金市场	4	基金市场交易额	100
		8. 外汇市场	3	外汇市场交易额	100

续表

指标体系					
一级指标名称	一级指标权重(%)	二级指标名称(%)	二级指标权重(%)	三级指标名称	三级指标权重(%)
		9. 黄金市场	3	黄金市场交易额	100
		10. 信托市场	9	法人信托公司资产总额	100
		11. 银行卡市场	5	银行卡累计消费量	100
		12. 金融开放	12	外资银行机构数	10
				外资银行资产规模	40
				海外上市公司数(H股)	10
				跨境贸易人民币结算量	20
				外资保险公司机构数	10
				天津市法人单位境外发债额	10
2. 金融机构	33	1. 机构总量	5	金融机构总数	100
		2. 银行机构	40	法人商业银行数(中资)	10
				商业银行机构数	20
				银行业金融机构资产总额	20
				本外币贷款余额	25
				本外币存款余额	20
				不良贷款率	5
		3. 保险机构	20	法人保险公司数	10
				保险公司机构数	20
				法人保险公司保费收入	30
				保费收入	40
		4. 证券公司	15	法人证券公司数	5
				证券公司营业部数	50
				法人证券公司资产总额	45
		5. 期货公司	6	法人期货公司数	5
				期货公司营业部数	50
				法人期货公司手续费净收入	45
		6. 共同基金	4	法人基金管理公司数	5
				法人基金管理公司管理资产总额	95
		7. 信托公司	10	法人信托公司数	100

续表

指标体系					
一级指标名称	一级指标权重(%)	二级指标名称(%)	二级指标权重(%)	三级指标名称	三级指标权重(%)
3. 金融人才	10	1. 人才总量	40	金融从业人员数	20
				金融从业人员占地区的比重	70
				大学毕业生人数	10
		2. 人才质量	20	金融从业人员高等学历比例	100
		3. 人才引力	40	金融从业人员工资水平	100
4. 金融创新	15	1. 整体创新	5	金融重大先行先试试点数	100
		2. 机构创新	50	融资租赁法人机构数	15
				金融租赁公司数	5
				融资租赁合同余额	15
				产业基金公司数	10
				PE/VC 公司数	10
				私募股权基金本地投资案例数	5
				私募股权基金本地投资金额	5
				财务公司数	5
				小额贷款公司数	10
				融资性担保公司数	10
				典当公司数	5
				商业保理公司数	5
		3. 市场创新	30	创新型交易市场个数	5
				创新型交易市场总成交额	50
				创新型交易市场交易品种数	15
				中国企业国际融资洽谈会意向融资额	10
				天津股权交易市场成交额	10
				新三板挂牌公司数	5
				离岸金融市场交易额	5
		4. 产品创新	15	企业债发行额	10
				公司债发行额	10
				金融债发行额	5
				中小企业私募债发行额	10

续表

指标体系					
一级指标名称	一级指标权重(%)	二级指标名称(%)	二级指标权重(%)	三级指标名称	三级指标权重(%)
				非公开定向债务融资工具发行额	5
				资产支持票据发行额	10
				小微企业贷款余额	5
				小微企业贷款余额比例	5
				商业银行中间业务收入占总收入比例	10
				法人基金管理公司新基金产品数	10
				新发行结构性理财产品数	10
				法人保险公司新保险产品数	10
5. 金融生态		1. 金融中介	10	万人执业律师人数	20
				万人律师事务所数	20
				万人注册会计师数	20
				万人会计师事务所数	20
				万人专业保险中介机构数	20
		2. 信用环境	5	资信评级公司	20
				个人征信系统收录信息数	40
				企业征信系统收录信息数	40
		4. 产业支撑	50	地区生产总值	15
				人均地区生产总值	10
				进出口总额	10
				工业增加值	15
				高新技术产业产值占规模以上工业产值比重	10
				服务业增加值占 GDP 比率	15
				实际直接利用外资	10
				港口货物吞吐量	15
		5. 物价水平	20	办公室租用成本	50
				居民消费价格指数	50
		6. 宜居城市	15	空气质量(空气质量达到或好于二级的天数占全年比重)	20
				建成区绿化覆盖率	30
				万人城市轨道交通	30
				影院个数	20

二 天津金融发展指数主观指标体系

一级指标（权重）	权重（%）	二级指标（权重）	权重（%）	三级指标	权重（%）
金融人才	10	人才质量	35	金融人才质量	80
		人才总量	40	金融人才充裕度	30
		人才引力	25	金融人才引进力度	50
金融创新	15	整体创新	10	整体金融创新	40
				金融创新人才充裕度	40
		产品创新	15	创新产品数量	30
		创新内部要素	25	金融机构创新能力	20
				组织形式创新程度	20
				技术创新程度	20
				服务创新程度	20
				管理创新程度	20
		创新外部要素	10	监管部门推动创新力度	50
				高校合作创新推动力度	50
金融生态	20	中介环境	12	信用评级服务	9
				资产评估服务	9
				融资担保服务	9
				投资咨询服务	9
				资讯信息服务	9
				会计审计服务	9
				金融法律服务	9
		信用环境	8	公民信用意识	22
				企业信用状况	22
				信用文化建设	22
				信用数据库建设	22

续表

一级指标（权重）	权重（%）	二级指标（权重）	权重（%）	三级指标	权重（%）
		政府服务	20	税收优惠相关政策	15
				政府补贴政策	15
				金融发展奖励政策	10
				金融人才奖励政策	10
				金融区域布局和基础设施建设政策	10
				金融配套服务产业相关政策	15
				金融监管	15
				政府推动信用环境建设活动	10
		法律环境	10	全国金融法律规章	25
				天津市金融法规、规章	25
				金融执法	25
				金融诉讼仲裁环境	25

三　天津金融发展指数调查问卷

尊敬的专家：

您好！感谢您拨冗参加此次调查问卷。本次调查问卷是中国滨海金融协同创新中心开展的“天津金融发展指数课题”的重要部分，调查结果将有效指导指数编制和相关指标评分。请您结合自身专业和从业经验对本问卷进行作答，课题组将对您的回答完全保密，再次感谢您的支持与配合。（答题提示：如果您不确定某个问题的答案，可以不予回答）

第一部分　受访者基本情况

一　您所在行业是：

□银行业　□证券业（含期货、基金）　□保险业

□其他金融行业　□中介服务业　□科研机构

□政府部门　□监管机构　□行业协会

□其他

二　您的职位是：

□高层管理人员　□中层管理人员　□研究人员

□行业专家

三　您所在机构的性质是：

□国有企业　□外资企业　□合资企业

□民营企业　□事业单位　□政府部门

四　您所在机构的员工总数是：

□小于 100 人　□100 ~ 500 人　□500 ~ 1000 人

□1000 ~ 2000 人　□2000 ~ 5000 人　□5000 人以上

第二部分　指数要素发展程度评价

五　您认为天津金融市场满足天津经济发展需要方面的表现：

□非常差　□较差　□一般

□较好　□非常好

六　为推进天津金融发展，您认为下列金融市场中应重点优先发展的前三位分别为：______、______、______（请在下列复选框中，任选 3 个填入 1、2、3，可在横线处填写下面未列出的选项）。

□市场总量　□股票市场　□债券市场

□保险市场　□货币市场　□期货市场

□基金市场　□外汇市场　□黄金市场

□产权市场　□信托市场　□金融开放

七　与上年相比,您认为天津金融机构促进天津金融发展的表现：

本市法人金融机构：□严重恶化　□较为恶化　□无变化

□较为改善　□显著改善

本市外地金融机构：□严重恶化　□较为恶化　□无变化

□较为改善　□显著改善

八、为推进天津金融发展，您认为下列金融机构中应重点优先发展的前三位分别为：______、______、______（请在下列复选框中，任选 3 个填入 1、2、3，可在横线处填写下面未列出的选项）。

□银行机构　　□保险机构　　□证券公司

□期货公司　　□共同基金　　□信托公司

九、与上年相比，您认为天津金融人才方面的表现：

金融人才质量：□严重恶化　□较为恶化　□无变化

□较为改善　□显著改善

金融人才充裕度：□严重恶化　□较为恶化　□无变化

□较为改善　□显著改善

金融人才引进力度：□严重恶化　□较为恶化　□无变化

□较为改善　□显著改善

十、为了推进天津金融发展，您认为下列金融人才方面应重点优先引进或培养的前三位分别为：______、______、______（请在下列复选框中，任选3个填入1、2、3，可在横线处填写下面未列出的选项）。

□高端管理人才　　□中级管理人才　　□研究人才

□专业技术人才

十一、与上年相比，您认为天津下列金融创新方面的表现：

整体金融创新　□严重恶化　□较为恶化　□无变化

□较为改善　□显著改善

创新产品数量　□严重恶化　□较为恶化　□无变化

□较为改善　□显著改善

金融机构创新能力　□严重恶化　□较为恶化　□无变化

□较为改善　□显著改善

金融创新人才充裕度　□严重恶化　□较为恶化　□无变化

□较为改善　□显著改善

监管部门推动创新力度　□严重恶化　□较为恶化　□无变化

□较为改善　□显著改善

技术创新程度　□严重恶化　□较为恶化　□无变化

□较为改善　□显著改善

服务创新程度　□严重恶化　□较为恶化　□无变化

□较为改善　□显著改善

管理创新程度 □严重恶化 □较为恶化 □无变化
□较为改善 □显著改善
组织形式创新程度 □严重恶化 □较为恶化 □无变化
□较为改善 □显著改善
高校合作创新推动力度 □严重恶化 □较为恶化 □无变化
□较为改善 □显著改善

十二、为加快天津金融发展，您认为下列金融创新要素中应重点优先推进的前三位分别为：______、______、______（请在下列复选框中，任选 3 个填入 1、2、3，可在横线处填写下面未列出的选项）。

□创新产品数量 □金融机构创新能力 □创新型金融人才
□监管部门创新推动 □技术创新 □服务创新
□管理创新 □组织形式创新 □高校合作创新

十三、与上年相比，您认为天津信用环境方面的表现：

公民信用意识 □严重恶化 □较为恶化 □无变化
□较为改善 □显著改善
企业信用状况 □严重恶化 □较为恶化 □无变化
□较为改善 □显著改善
信用文化建设 □严重恶化 □较为恶化 □无变化
□较为改善 □显著改善
信用数据库建设 □严重恶化 □较为恶化 □无变化
□较为改善 □显著改善

十四、为推进天津金融发展，您认为下列信用环境要素中应重点优先建设的前三位分别为：______、______、______（请在下列复选框中，任选 3 个填入 1、2、3，可在横线处填写下面未列出的选项）。

□公民信用意识 □企业信用状况 □信用文化建设
□信用数据库建设

十五、与上年相比，您认为天津中介服务环境方面的表现：

信用评级服务 □严重恶化 □较为恶化 □无变化
□较为改善 □显著改善

资产评估服务 □严重恶化 □较为恶化 □无变化
□较为改善 □显著改善

融资担保服务 □严重恶化 □较为恶化 □无变化
□较为改善 □显著改善

投资咨询服务 □严重恶化 □较为恶化 □无变化
□较为改善 □显著改善

资讯信息服务 □严重恶化 □较为恶化 □无变化
□较为改善 □显著改善

会计审计服务 □严重恶化 □较为恶化 □无变化
□较为改善 □显著改善

金融法律服务 □严重恶化 □较为恶化 □无变化
□较为改善 □显著改善

十六、为推进天津金融发展，您认为下列中介环境要素中应重点优先发展的前三位分别为：______、______、______（请在下列复选框中，任选 3 个填入 1、2、3，可在横线处填写下面未列出的选项）。

□信用评级服务 □资产评估服务 □融资担保服务
□投资咨询服务 □资讯信息服务 □会计审计服务
□金融法律服务

十七、与上年相比，您认为天津政府管理服务金融方面的表现：

税收优惠政策 □严重恶化 □较为恶化 □无变化
□较为改善 □显著改善

政府补贴政策 □严重恶化 □较为恶化 □无变化
□较为改善 □显著改善

金融奖励政策 □严重恶化 □较为恶化 □无变化
□较为改善 □显著改善

金融人才奖励政策 □严重恶化 □较为恶化 □无变化
□较为改善 □显著改善

金融区域布局和基础设施建设政策
□严重恶化 □较为恶化 □无变化

☐较为改善 ☐显著改善

金融配套服务产业政策 ☐严重恶化 ☐较为恶化 ☐无变化

☐较为改善 ☐显著改善

金融监管 ☐严重恶化 ☐较为恶化 ☐无变化

☐较为改善 ☐显著改善

政府推动信用环境建设活动

☐严重恶化 ☐较为恶化 ☐无变化

☐较为改善 ☐显著改善

十八、为推进天津金融发展，您认为下列行政管理环境要素中应重点优先加强的前三位分别为：______、______、______（请在下列复选框中，任选3个填入1、2、3，可在横线处填写下面未列出的选项）。

☐税收优惠政策 ☐政府补贴政策 ☐金融机构奖励政策

☐政府推动信用环境建设 ☐金融监管 ☐金融配套服务产业政策

☐金融人才奖励政策 ☐金融区域布局和基础设施建设政策

十九、与上年相比，您认为天津金融法制环境方面的表现：

全国金融法律规章 ☐严重恶化 ☐较为恶化 ☐无变化

☐较为改善 ☐显著改善

天津金融法规规章 ☐严重恶化 ☐较为恶化 ☐无变化

☐较为改善 ☐显著改善

金融执法 ☐严重恶化 ☐较为恶化 ☐无变化

☐较为改善 ☐显著改善

金融诉讼仲裁环境 ☐严重恶化 ☐较为恶化 ☐无变化

☐较为改善 ☐显著改善

二十、为推进天津金融发展，您认为下列法律环境要素中应重点优先发展改善的前三位分别为：______、______、______（请在下列复选框中，任选3个填入1、2、3，可在横线处填写下面未列出的选项）。

☐全国金融法律规章 ☐天津金融法规规章 ☐金融执法

☐金融诉讼仲裁环境

第三部分　指数要素重要性评价

二十一、请您对下列金融发展要素的重要性进行排序（请在下列复选框中，依重要性程度，依次填写1～5）：

□金融市场　　□金融机构　　□金融人才

□金融创新　　□金融生态环境

二十二、请您对下列金融市场各子市场和要素的重要性进行评价：

市场总量　□非常不重要　□较不重要　□一般

□较重要　□非常重要

股票市场　□非常不重要　□较不重要　□一般

□较重要　□非常重要

债券市场　□非常不重要　□较不重要　□一般

□较重要　□非常重要

保险市场　□非常不重要　□较不重要　□一般

□较重要　□非常重要

货币市场　□非常不重要　□较不重要　□一般

□较重要　□非常重要

期货市场　□非常不重要　□较不重要　□一般

□较重要　□非常重要

基金市场　□非常不重要　□较不重要　□一般

□较重要　□非常重要

外汇市场　□非常不重要　□较不重要　□一般

□较重要　□非常重要

黄金市场　□非常不重要　□较不重要　□一般

□较重要　□非常重要

信托市场　□非常不重要　□较不重要　□一般

□较重要　□非常重要

金融开放　□非常不重要　□较不重要　□一般

□较重要　□非常重要

二十三、请您对下列金融机构要素的重要性进行排序：（请在下列复选框中，依重要性程度，依次填写1~7）：

□机构总量　　□银行机构　　□保险机构
□证券公司　　□期货公司　　□共同基金
□信托公司

二十四、请您对下列金融人才要素的重要性进行评价：

金融人才质量	□非常不重要	□较不重要	□一般
	□较重要	□非常重要	
金融人才充裕度	□非常不重要	□较不重要	□一般
	□较重要	□非常重要	
金融人才引进力度	□非常不重要	□较不重要	□一般
	□较重要	□非常重要	

二十五、请您对下列金融创新要素的重要性进行评价：

创新试点	□非常不重要	□较不重要	□一般
	□较重要	□非常重要	
机构创新	□非常不重要	□较不重要	□一般
	□较重要	□非常重要	
市场创新	□非常不重要	□较不重要	□一般
	□较重要	□非常重要	
产品创新	□非常不重要	□较不重要	□一般
	□较重要	□非常重要	

二十六、请您对下列金融生态环境要素的重要性进行排序：（请在下列复选框中，依重要性程度，依次填写1~7）：

□金融中介　　□信用环境　　□产业支撑　　□商业环境
□宜居城市　　□政府服务　　□法律环境

希望您能根据个人情况填写联系方式，感谢您的合作！

姓　　名　　　　职务职称
电　　话　　　　电子邮件
工作单位

四　天津金融发展指数原始数据

指标体系			数据								
一级指标名称	二级指标名称	三级指标名称	2006	2007	2008	2009	2010	2011	2012	2013	单位
1. 金融市场	1. 市场总量	金融市场交易总量(沪深两市交易总额)	3997.5	15007.1	10042.0	17132.3	17872.6	15872.6	13897.5	25689.5	亿元
		社会融资规模	3793.2	3894.1	3997.6	4103.9	4213.0	3183.0	4440.0	4910.0	亿元
		金融业增加值	186.9	288.2	368.1	461.2	573.0	756.5	1001.6	1202.0	亿元
		金融业增加值占 GDP 比重	4.3	5.5	5.5	6.1	6.2	6.7	7.8	8.4	%
	2. 股票市场	股票市场交易量(交易所)	2806.8	12664.2	7645.0	15645.3	16266.6	12287.6	8620.2	11710.0	万元
		股票市场融资额	11.6	556.7	85.3	54.0	72.0	32.2	37.4	45.1	亿元
		境内上市公司数(含 A、B 股)	24.0	29.0	28.0	30.0	36.0	37.0	38.0	38.0	个
	3. 债券市场	债券市场交易量(交易所)	710.5	699.6	1027.1	416.6	1189.3	3318.7	5039.5	13495.1	万元
		当年国内债券筹资额	71.2	107.0	54.0	226.1	342.0	323.0	612.5	1032.8	亿元
	4. 保险市场	保险深度	2.4	3.0	2.8	2.0	2.4	1.9	1.8	1.9	%
		保险密度	978.5	1353.5	1493.4	1231.8	1682.5	1563.2	1685.3	1880.2	元/人
	5. 货币市场	货币市场交易额	13561.6	27173.7	37293.9	44911.9	41499.5	45157.6	49962.6	58056.1	亿元
	6. 期货市场	期货市场交易额	3000.0	6413.0	6448.0	16649.0	43447.0	41574.0	47387.0	73260.3	亿元
	7. 基金市场	基金市场交易额	39.1	185.4	75.2	81.9	97.4	202.1	237.8	483.7	亿元
	8. 外汇市场	外汇市场交易额	21.5	41.8	69.9	37.0	39.5	73.9	85.0	124.9	亿美元
	9. 黄金市场	黄金市场交易额	36.6	44.5	54.0	65.6	101.3	120.5	117.6	117.6	亿元
	10. 信托市场	法人信托公司资产总额	159.6	174.6	278.2	459.1	866.5	1110.6	2341.6	3996.8	亿元

续表

指标体系			数据								
一级指标名称	二级指标名称	三级指标名称	2006	2007	2008	2009	2010	2011	2012	2013	单位
	11. 银行卡市场	银行卡累计消费量	375.2	771.4	1189.9	1552.3	2413.9	3082.0	3802.8	3802.8	亿元
	12. 金融开放	外资银行机构数	19.0	17.0	19.0	22.0	22.0	22.0	23.0	26.0	个
		外资银行资产规模	282.0	338.0	403.0	480.0	644.0	779.0	901.1	1028.3	亿元
		海外上市公司数(H股)	2.0	2.0	2.0	2.0	2.0	3.0	3.0	3.0	个
		跨境贸易人民币结算量	0.0	0.0	0.0	40.7	101.6	430.8	632.6	1272.1	亿元
		外资保险公司机构数	2.0	3.0	6.0	8.0	10.0	11.0	11.0	11.0	个
		天津市法人单位境外发债额	0.0]0.0	0.0	0.0	0.0	0.0	62.9	62.9	亿元	
2. 金融机构	1. 机构总量	金融机构总数	2981.0	3115.0	3235.0	3200.0	3343.0	3503.0	3554.0	3554.0	个
	2. 银行机构	法人商业银行数(中资)	2.0	3.0	4.0	5.0	8.0	8.0	10.0	10.0	个
		商业银行机构数	2065.0	2139.0	2187.0	2106.0	2211.0	2250.0	2244.0	2244.0	个
		银行业金融机构资产总额	0.8	1.0	1.1	1.6	2.0	2.8	3.5	4.1	万亿
		本外币贷款余额	5415.7	6543.8	7689.1	13774.1	13774.1	15924.7	18396.8	20857.8	亿元
		本外币存款余额	6839.2	8242.1	9954.2	13887.1	16499.3	17586.9	20293.8	23316.6	亿元
		不良贷款率	5.3	5.3	2.3	1.4	1.2	0.9	0.6	0.7	%
	3. 保险机构	法人保险公司数	3.0	3.0	4.0	4.0	4.0	4.0	5.0	5.0	个
		保险公司机构数	372.0	426.0	491.0	520.0	531.0	577.0	591.0	600.0	个
		法人保险公司保费收入	11.5	38.1	49.7	40.1	58.4	61.5	70.4	70.4	亿元
		保费收入	105.2	150.9	175.6	151.3	214.0	211.7	238.2	276.8	万元
	4. 证券公司	法人证券公司数	1.0	1.0	1.0	1.0	1.0	1.0	1.0	1.0	个
		证券公司营业部数	74.0	71.0	73.0	87.0	98.0	102.0	105.0	107.0	个
		法人证券公司资产总额	61.2	127.3	92.8	137.1	128.8	107.5	116.2	140.8	亿元
	5. 期货公司	法人期货公司数	6.0	6.0	6.0	6.0	6.0	6.0	6.0	6.0	个

续表

指标体系			数据								
一级指标名称	二级指标名称	三级指标名称	2006	2007	2008	2009	2010	2011	2012	2013	单位
		期货公司营业部数	7.0	7.0	12.0	18.0	19.0	20.0	21.0	25.0	个
		法人期货公司手续费净收入	4693.5	5295.3	5974.3	6740.3	9288.1	8616.8	9679.7	9960.9	万元
	6. 共同基金	法人基金管理公司数	1.0	1.0	1.0	1.0	1.0	1.0	1.0	1.0	个
		法人基金管理公司管理资产总额	1.9	60.0	33.9	45.0	75.2	74.0	99.5	1943.6	亿元
	7. 信托公司	法人信托公司数	2.0	2.0	2.0	2.0	2.0	2.0	2.0	2.0	个
3. 金融人才	1. 人才总量	金融从业人员数	8.1	9.1	9.7	9.8	11.8	12.5	13.5	15.6	万人
		金融从业人员占地区的比重	1.4	1.5	1.5	1.5	1.6	1.6	1.7	1.8	%
		大学毕业生人数	8.2	9.1	11.9	10.1	11.5	10.9	11.3	12.1	万人
	2. 人才质量	金融从业人员高等学历比例	43.0	55.0	61.0	63.0	65.0	67.0	69.0	69.0	%
	3. 人才引力	金融从业人员工资水平	59796.0	77259.0	69862.0	74068.0	89166.0	97006.0	104335.0	104335.0	元
4. 金融创新	1. 整体创新	金融重大先行先试试点数	1.0	1.0	1.0	1.0	1.0	2.0	3.0	3.0	个
	2. 机构创新	融资租赁法人机构数	2.0	5.0	7.0	15.0	26.0	57.0	116.0	197.0	个
		金融租赁公司数	1.0	1.0	2.0	2.0	3.0	3.0	3.0	5.0	个
		融资租赁合同余额	0.5	0.5	352.0	846.0	1453.0	2300.0	3700.0	5750.0	亿元
		产业基金公司数	1.0	1.0	2.0	2.0	2.0	2.0	2.0	2.0	个
		PE/VC 公司数	183.8	274.7	410.6	613.6	917.0	2048.0	2048.0	2048.0	个
		私募股权基金本地投资案例数	4.4	4.8	5.1	5.6	6.0	6.0	7.0	8.0	个
		私募股权基金本地投资金额	0.6	1.9	5.5	16.4	48.5	109.6	426.4	54.4	百万美元
		财务公司数	2.0	3.0	4.0	4.0	4.0	3.0	4.0	4.0	个
		小额贷款公司数	0.0	0.0	0.0		19.0	33.0	63.0	100.0	个
		融资性担保公司数	195.0	195.0	195.0	221.0	128.0	121.0	130.0	130.0	个
		典当公司数	58.0	58.0	58.0	58.0	58.0	119.0	145.0	166.0	个

续表

指标体系			数据								
一级指标名称	二级指标名称	三级指标名称	2006	2007	2008	2009	2010	2011	2012	2013	单位
		商业保理公司							49	96	个
	3. 市场创新	创新型交易市场个数	10.0	10.0	10.0	10.0	10.0	10.0	10.0	10.0	个
		创新型交易市场总成交额	22.1	24.5	27.2	30.1	33.4	37.0	41.0	45.0	万亿元
		创新型交易市场交易品种数	88.9	104.6	200.0	200.0	156.0	258.0	236.0	356.0	种
		中国企业国际融资洽谈会意向融资额	12.4	12.4	12.4	12.4	12.4	12.4	11.8	11.8	亿元
		天津股权交易市场成交额	1.0	1.0	1.0	1.0	1.0	1.0	1.0	1.0	亿元
		新三板挂牌公司数							7	22	个
		离岸金融市场交易额	0.3	0.5	0.8	1.2	1.7	2.6	3.9	5.9	亿元
	4. 产品创新	企业债发行额	0.0	45.0	28.0	180.7	48.0	78.0	75.0	—	亿元
		公司债发行额	3.9	12.0	6.0	10.0	0.0	0.0	20.0	—	亿元
		金融债发行额	0.0	0.0	0.0	27.0	10.0	0.0	46.0	—	亿元
		中小企业私募债发行额	0.0	0.0	0.0	0.0	0.0	0.0	4.0	—	亿元
		非公开定向债务融资工具发行额	0.0	0.0	0.0	0.0	0.0	0.0	225.0	338.0	亿元
		资产支持票据发行额	0.0	0.0	0.0	0.0	0.0	0.0	20.0	—	亿元
		小微企业贷款余额	429.9	568.8	752.6	932.6	1050.6	1955.4	2306.3	2886.7	亿元
		小微企业贷款余额比例	12.9	13.6	14.3	11.9	11.1	18.2	17.8	17.8	%
		商业银行中间业务收入占总收入比例	6.8	9.3	11.4	12.0	13.1	14.8	17.1	17.1	%
		法人基金管理公司新基金产品数	1.0	1.0	3.0	4.0	6.0	7.0	10.0	14.0	个
		新发行结构性理财产品数	1.0	4.0	5.0	11.0	12.0	188.0	501.0	501.0	个
		法人保险公司新保险产品数	102.0	579.0	226.0	136.0	2236.0	125.0	528.0	528.0	个

续表

指标体系			数据								
一级指标名称	二级指标名称	三级指标名称	2006	2007	2008	2009	2010	2011	2012	2013	单位
5. 金融生态	1. 金融中介	万人执业律师人数	1. 8298	1. 9022	2. 0094	2. 1881	2. 4126	2. 6893	2. 5786	2. 5786	人/万人
		万人律师事务所数	0. 2251	0. 2296	0. 2338	0. 2500	0. 2694	0. 2915	0. 2795	0. 2795	个/万人
		万人注册会计师数		1. 2386	1. 2772	1. 2728	1. 2902	1. 2531	1. 2490	1. 2490	人/万人
		万人会计事务所数		0. 0798	0. 0706	0. 0700	0. 0693	0. 0657	0. 0623	0. 0623	个/万人
		万人专业保险中介机构数	0. 0670	0. 0825	0. 0748	0. 0700	0. 0631	0. 0686	0. 0672	0. 0672	个/万人
	2. 信用环境	资信评级公司	7. 0	7. 0	5. 0	5. 0	5. 0	6. 0	8. 0	8. 0	个
		个人征信系统收录信息数	849. 1	862. 1	875. 3	888. 6	902. 2	916. 0	930. 0	940. 0	万人
		企业征信系统收录信息数	19. 1	19. 5	19. 8	20. 2	20. 6	21. 0	21. 4	22. 0	万户
	4. 产业支撑	地区生产总值	4344. 3	5252. 8	6719. 0	7521. 9	9224. 5	11307. 3	12893. 9	14370. 2	亿元
		人均地区生产总值	41163. 0	46122. 0	58656. 0	62574. 0	72994. 0	85213. 0	93173. 0	99607. 0	元/人
		进出口总额	645. 7	715. 5	805. 4	639. 4	822. 0	1033. 9	1156. 2	1285. 3	万美元
		工业增加值	2292. 7	2661. 9	3418. 9	3622. 1	4410. 9	5430. 8	6123. 1	6678. 6	亿元
		高新技术产业产值占规模以上工业产值比重	31. 8	28. 0	28. 4	30. 0	30. 6	31. 1	29. 9	30. 8	%
		服务业增加值占 GDP 比率	40. 2	40. 5	37. 9	45. 3	46. 0	46. 2	47. 0	48. 1	%
		实际直接利用外资	41. 3	52. 8	74. 2	90. 2	108. 5	130. 6	150. 2	168. 3	亿美元
		港口货物吞吐量	2. 6	3. 1	3. 6	3. 8	4. 1	4. 5	4. 8	5. 0	亿吨
	5. 物价水平	办公室租用成本	96. 4	101. 6	108. 2	104. 7	107. 6	119. 8	132. 1	130. 3	元/平米×月
		居民消费价格指数	101. 5	104. 2	105. 4	99. 0	103. 6	104. 9	102. 7	103. 1	%
	6. 宜居城市	空气质量(空气质量达到或好于二级的天数占全年比重)	83. 6	87. 7	88. 2	84. 1	84. 4	87. 7	83. 3	40. 0	%

续表

指标体系			数据								
一级指标名称	二级指标名称	三级指标名称	2006	2007	2008	2009	2010	2011	2012	2013	单位
		建成区绿化覆盖率	37.0	37.3	37.5	30.3	32.1	34.5	34.9	34.9	%
		万人城市轨道交通	0.0670	0.0637	0.0672	0.0643	0.0614	0.0618	0.0981	0.0981	公里/万人
		影院个数	30.0	27.0	27.0	33.0	51.0	56.0	62.0	62.0	个
指标体系	数据										
一级指标名称	二级指标名称	三级指标名称	2006	2007	2008	2009	2010	2011	2012	2013	单位
1. 金融市场	1. 市场总量	金融市场交易总量(沪深两市交易总额)	3997.5	15007.1	10042.0	17132.3	17872.6	15872.6	13897.5	25689.5	亿元
		社会融资规模	3793.2	3894.1	3997.6	4103.9	4213.0	3183.0	4440.0	4910.0	亿元
		金融业增加值	186.9	288.2	368.1	461.2	573.0	756.5	1001.6	1202.0	亿元
		金融业增加值占 GDP 比重	4.3	5.5	5.5	6.1	6.2	6.7	7.8	8.4	%
	2. 股票市场	股票市场交易量(交易所)	2806.8	12664.2	7645.0	15645.3	16266.6	12287.6	8620.2	11710.0	万元
		股票市场融资额	11.6	556.7	85.3	54.0	72.0	32.2	37.4	45.1	亿元
		境内上市公司数(含 A、B 股)	24.0	29.0	28.0	30.0	36.0	37.0	38.0	38.0	个
	3. 债券市场	债券市场交易量(交易所)	710.5	699.6	1027.1	416.6	1189.3	3318.7	5039.5	13495.1	万元
		当年国内债券筹资额	71.2	107.0	54.0	226.1	342.0	323.0	612.5	1032.8	亿元
	4. 保险市场	保险深度	2.4	3.0	2.8	2.0	2.4	1.9	1.8	1.9	%
		保险密度	978.5	1353.5	1493.4	1231.8	1682.5	1563.2	1685.3	1880.2	元/人
	5. 货币市场	货币市场交易额	13561.6	27173.7	37293.9	44911.9	41499.5	45157.6	49962.6	58056.1	亿元
	6. 期货市场	期货市场交易额	3000.0	6413.0	6448.0	16649.0	43447.0	41574.0	47387.0	73260.3	亿元
	7. 基金市场	基金市场交易额	39.1	185.4	75.2	81.9	97.4	202.1	237.8	483.7	亿元
	8. 外汇市场	外汇市场交易额	21.5	41.8	69.9	37.0	39.5	73.9	85.0	124.9	亿美元
	9. 黄金市场	黄金市场交易额	36.6	44.5	54.0	65.6	101.3	120.5	117.6	117.6	亿元
	10. 信托市场	法人信托公司资产总额	159.6	174.6	278.2	459.1	866.5	1110.6	2341.6	3996.8	亿元

续表

指标体系			数据								
一级指标名称	二级指标名称	三级指标名称	2006	2007	2008	2009	2010	2011	2012	2013	单位
	11. 银行卡市场	银行卡累计消费量	375.2	771.4	1189.9	1552.3	2413.9	3082.0	3802.8	3802.8	亿元
	12. 金融开放	外资银行机构数	19.0	17.0	19.0	22.0	22.0	22.0	23.0	26.0	个
		外资银行资产规模	282.0	338.0	403.0	480.0	644.0	779.0	901.1	1028.3	亿元
		海外上市公司数(H股)	2.0	2.0	2.0	2.0	2.0	3.0	3.0	3.0	个
		跨境贸易人民币结算量	0.0	0.0	0.0	40.7	101.6	430.8	632.6	1272.1	亿元
		外资保险公司机构数	2.0	3.0	6.0	8.0	10.0	11.0	11.0	11.0	个
		天津市法人单位境外发债额	0.0	0.0	0.0	0.0	0.0	0.0	62.9	62.9	亿元
2. 金融机构	1. 机构总量	金融机构总数	2981.0	3115.0	3235.0	3200.0	3343.0	3503.0	3554.0	3554.0	个
	2. 银行机构	法人商业银行数(中资)	2.0	3.0	4.0	5.0	8.0	8.0	10.0	10.0	个
		商业银行机构数	2065.0	2139.0	2187.0	2106.0	2211.0	2250.0	2244.0	2244.0	个
		银行业金融机构资产总额	0.8	1.0	1.1	1.6	2.0	2.8	3.5	4.1	万亿
		本外币贷款余额	5415.7	6543.8	7689.1	13774.1	13774.1	15924.7	18396.8	20857.8	亿元
		本外币存款余额	6839.2	8242.1	9954.2	13887.1	16499.3	17586.9	20293.8	23316.6	亿元
		不良贷款率	5.3	5.3	2.3	1.4	1.2	0.9	0.6	0.7	%
	3. 保险机构	法人保险公司数	3.0	3.0	4.0	4.0	4.0	4.0	5.0	5.0	个
		保险公司机构数	372.0	426.0	491.0	520.0	531.0	577.0	591.0	600.0	个
		法人保险公司保费收入	11.5	38.1	49.7	40.1	58.4	61.5	70.4	70.4	亿元
		保费收入	105.2	150.9	175.6	151.3	214.0	211.7	238.2	276.8	万元
	4. 证券公司	法人证券公司数	1.0	1.0	1.0	1.0	1.0	1.0	1.0	1.0	个
		证券公司营业部数	74.0	71.0	73.0	87.0	98.0	102.0	105.0	107.0	个
		法人证券公司资产总额	61.2	127.3	92.8	137.1	128.8	107.5	116.2	140.8	亿元
	5. 期货公司	法人期货公司数	6.0	6.0	6.0	6.0	6.0	6.0	6.0	6.0	个
		期货公司营业部数	7.0	7.0	12.0	18.0	19.0	20.0	21.0	25.0	个
		法人期货公司手续费净收入	4693.5	5295.3	5974.3	6740.3	9288.1	8616.8	9679.7	9960.9	万元

续表

指标体系			数据								
一级指标名称	二级指标名称	三级指标名称	2006	2007	2008	2009	2010	2011	2012	2013	单位
	6. 共同基金	法人基金管理公司数	1.0	1.0	1.0	1.0	1.0	1.0	1.0	1.0	个
		法人基金管理公司管理资产总额	1.9	60.0	33.9	45.0	75.2	74.0	99.5	1943.6	亿元
	7. 信托公司	法人信托公司数	2.0	2.0	2.0	2.0	2.0	2.0	2.0	2.0	个
3. 金融人才	1. 人才总量	金融从业人员数	8.1	9.1	9.7	9.8	11.8	12.5	13.5	15.6	万人
		金融从业人员占地区的比重	1.4	1.5	1.5	1.5	1.6	1.6	1.7	1.8	%
		大学毕业生人数	8.2	9.1	11.9	10.1	11.5	10.9	11.3	12.1	万人
	2. 人才质量	金融从业人员高等学历比例	43.0	55.0	61.0	63.0	65.0	67.0	69.0	69.0	%
	3. 人才引力	金融从业人员工资水平	59796.0	77259.0	69862.0	74068.0	89166.0	97006.0	104335.0	104335.0	元
4. 金融创新	1. 整体创新	金融重大先行先试试点数	1.0	1.0	1.0	1.0	1.0	2.0	3.0	3.0	个
	2. 机构创新	融资租赁法人机构数	2.0	5.0	7.0	15.0	26.0	57.0	116.0	197.0	个
		金融租赁公司数	1.0	1.0	2.0	2.0	3.0	3.0	3.0	5.0	个
		融资租赁合同余额	0.5	0.5	352.0	846.0	1453.0	2300.0	3700.0	5750.0	亿元
		产业基金公司数	1.0	1.0	2.0	2.0	2.0	2.0	2.0	2.0	个
		PE/VC 公司数	183.8	274.7	410.6	613.6	917.0	2048.0	2048.0	2048.0	个
		私募股权基金本地投资案例数	4.4	4.8	5.1	5.6	6.0	6.0	7.0	8.0	个
		私募股权基金本地投资金额	0.6	1.9	5.5	16.4	48.5	109.6	426.4	54.4	百万美元
		财务公司数	2.0	3.0	4.0	4.0	4.0	3.0	4.0	4.0	个
		小额贷款公司数	0.0	0.0	0.0		19.0	33.0	63.0	100.0	个
		融资性担保公司数	195.0	195.0	195.0	221.0	128.0	121.0	130.0	130.0	个
		典当公司数	58.0	58.0	58.0	58.0	58.0	119.0	145.0	166.0	个
		商业保理公司							49	96	个
	3. 市场创新	创新型交易市场个数	10.0	10.0	10.0	10.0	10.0	10.0	10.0	10.0	个
		创新型交易市场总成交额	22.1	24.5	27.2	30.1	33.4	37.0	41.0	45.0	万亿元
		创新型交易市场交易品种数	88.9	104.6	200.0	200.0	156.0	258.0	236.0	356.0	种

续表

指标体系			数据								
一级指标名称	二级指标名称	三级指标名称	2006	2007	2008	2009	2010	2011	2012	2013	单位
		中国企业国际融资洽谈会意向融资额	12.4	12.4	12.4	12.4	12.4	12.4	11.8	11.8	亿元
		天津股权交易市场成交额	1.0	1.0	1.0	1.0	1.0	1.0	1.0	1.0	亿元
		新三板挂牌公司数							7	22	个
		离岸金融市场交易额	0.3	0.5	0.8	1.2	1.7	2.6	3.9	5.9	亿元
	4. 产品创新	企业债发行额	0.0	45.0	28.0	180.7	48.0	78.0	75.0	—	亿元
		公司债发行额	3.9	12.0	6.0	10.0	0.0	0.0	20.0	—	亿元
		金融债发行额	0.0	0.0	0.0	27.0	10.0	0.0	46.0	—	亿元
		中小企业私募债发行额	0.0	0.0	0.0	0.0	0.0	0.0	4.0	—	亿元
		非公开定向债务融资工具发行额	0.0	0.0	0.0	0.0	0.0	0.0	225.0	338.0	亿元
		资产支持票据发行额	0.0	0.0	0.0	0.0	0.0	0.0	20.0	—	亿元
		小微企业贷款余额	429.9	568.8	752.6	932.6	1050.6	1955.4	2306.3	2886.7	亿元
		小微企业贷款余额比例	12.9	13.6	14.3	11.9	11.1	18.2	17.8	17.8	%
		商业银行中间业务收入占总收入比例	6.8	9.3	11.4	12.0	13.1	14.8	17.1	17.1	%
		法人基金管理公司新基金产品数	1.0	1.0	3.0	4.0	6.0	7.0	10.0	14.0	个
		新发行结构性理财产品数	1.0	4.0	5.0	11.0	12.0	188.0	501.0	501.0	个
		法人保险公司新保险产品数	102.0	579.0	226.0	136.0	2236.0	125.0	528.0	528.0	个
5. 金融生态	1. 金融中介	万人执业律师人数	1.8298	1.9022	2.0094	2.1881	2.4126	2.6893	2.5786	2.5786	人/万人
		万人律师事务所数	0.2251	0.2296	0.2338	0.2500	0.2694	0.2915	0.2795	0.2795	个/万人
		万人注册会计师数		1.2386	1.2772	1.2728	1.2902	1.2531	1.2490	1.2490	人/万人
		万人会计事务所数		0.0798	0.0706	0.0700	0.0693	0.0657	0.0623	0.0623	个/万人

续表

指标体系			数据								
一级指标名称	二级指标名称	三级指标名称	2006	2007	2008	2009	2010	2011	2012	2013	单位
		万人专业保险中介机构数	0.0670	0.0825	0.0748	0.0700	0.0631	0.0686	0.0672	0.0672	个/万人
	2. 信用环境	资信评级公司	7.0	7.0	5.0	5.0	5.0	6.0	8.0	8.0	个
		个人征信系统收录信息数	849.1	862.1	875.3	888.6	902.2	916.0	930.0	940.0	万人
		企业征信系统收录信息数	19.1	19.5	19.8	20.2	20.6	21.0	21.4	22.0	万户
	4. 产业支撑	地区生产总值	4344.3	5252.8	6719.0	7521.9	9224.5	11307.3	12893.9	14370.2	亿元
		人均地区生产总值	41163.0	46122.0	58656.0	62574.0	72994.0	85213.0	93173.0	99607.0	元/人
		进出口总额	645.7	715.5	805.4	639.4	822.0	1033.9	1156.2	1285.3	万美元
		工业增加值	2292.7	2661.9	3418.9	3622.1	4410.9	5430.8	6123.1	6678.6	亿元
		高新技术产业产值占规模以上工业产值比重	31.8	28.0	28.4	30.0	30.6	31.1	29.9	30.8	%
		服务业增加值占 GDP 比率	40.2	40.5	37.9	45.3	46.0	46.2	47.0	48.1	%
		实际直接利用外资	41.3	52.8	74.2	90.2	108.5	130.6	150.2	168.3	亿美元
		港口货物吞吐量	2.6	3.1	3.6	3.8	4.1	4.5	4.8	5.0	亿吨
	5. 物价水平	办公室租用成本	96.4	101.6	108.2	104.7	107.6	119.8	132.1	130.3	元/平米×月
		居民消费价格指数	101.5	104.2	105.4	99.0	103.6	104.9	102.7	103.1	%
	6. 宜居城市	空气质量(空气质量达到或好于二级的天数占全年比重)	83.6	87.7	88.2	84.1	84.4	87.7	83.3	40.0	%
		建成区绿化覆盖率	37.0	37.3	37.5	30.3	32.1	34.5	34.9	34.9	%
		万人城市轨道交通	0.0670	0.0637	0.0672	0.0643	0.0614	0.0618	0.0981	0.0981	公里/万人
		影院个数	30.0	27.0	27.0	33.0	51.0	56.0	62.0	62.0	个

B.13

后　记

《天津金融发展报告（2014）》是在中国滨海金融协同创新中心领导专家的指导下完成的。本报告在撰写过程中得到了天津财经大学、南开大学、中央财经大学、中国人民银行金融研究所、中国社会科学院金融研究所、中国银行国际金融研究所、天津市金融服务办公室、天津市滨海新区人民政府和环渤海区域合作市长联席会等协同单位的鼎力帮助。本书在出版过程中得到社会科学文献出版社恽薇主任的大力支持，在此表示真诚感谢。本报告由王爱俭、杜强担任主编，负责本报告的组织编写和审定；林文浩、刘通午、李向前、马亚明、庞镭担任副主编，负责报告的撰写和统编。各部分执笔人分别为：总报告（王爱俭、吴敬、林文浩），分报告1（杜强、李向前），分报告2（高晓燕、鲍兰兰、林章悦），分报告3（李宗圆、林远），分报告4（王学龙、刘安琪），分报告5（孟洁、徐文琪），分报告6（郭强、刘晓依），分报告7（张霄卿、孙强），分报告8（孟昊、郑铭），专题报告1（王璟怡、刘瑒、邓黎桥），专题报告2（王侃），专题报告3（杨帆、林文浩）。作为一个前景广阔、令人兴奋的研究领域，天津金融发展系列年度报告倾注了参加编写同志的热情与心血，我们期望持续坚持这项研究，以此促进学术界更为重视区域金融创新和天津金融发展。我们和社会各界一起展望着中国区域金融的未来！

中国皮书网

www.pishu.cn

发布皮书研创资讯，传播皮书精彩内容

引领皮书出版潮流，打造皮书服务平台

栏目设置：

- □ 资讯：皮书动态、皮书观点、皮书数据、 皮书报道、皮书新书发布会、电子期刊
- □ 标准：皮书评价、皮书研究、皮书规范、皮书专家、编撰团队
- □ 服务：最新皮书、皮书书目、重点推荐、在线购书
- □ 链接：皮书数据库、皮书博客、皮书微博、出版社首页、在线书城
- □ 搜索：资讯、图书、研究动态
- □ 互动：皮书论坛

中国皮书网依托皮书系列“权威、前沿、原创”的优质内容资源，通过文字、图片、音频、视频等多种元素，在皮书研创者、使用者之间搭建了一个成果展示、资源共享的互动平台。

自2005年12月正式上线以来，中国皮书网的IP访问量、PV浏览量与日俱增，受到海内外研究者、公务人员、商务人士以及专业读者的广泛关注。

2008年、2011年中国皮书网均在全国新闻出版业网站荣誉评选中获得“最具商业价值网站”称号。

2012年，中国皮书网在全国新闻出版业网站系列荣誉评选中获得“出版业网站百强”称号。

权威报告　热点资讯　海量资源

当代中国与世界发展的高端智库平台

皮书数据库　www.pishu.com.cn

皮书数据库是专业的人文社会科学综合学术资源总库，以大型连续性图书——皮书系列为基础，整合国内外相关资讯构建而成。该数据库包含七大子库，涵盖两百多个主题，囊括了近十几年间中国与世界经济社会发展报告，覆盖经济、社会、政治、文化、教育、国际问题等多个领域。

皮书数据库以篇章为基本单位，方便用户对皮书内容的阅读需求。用户可进行全文检索，也可对文献题目、内容提要、作者名称、作者单位、关键字等基本信息进行检索，还可对检索到的篇章再作二次筛选，进行在线阅读或下载阅读。智能多维度导航，可使用户根据自己熟知的分类标准进行分类导航筛选，使查找和检索更高效、便捷。

权威的研究报告、独特的调研数据、前沿的热点资讯，皮书数据库已发展成为国内最具影响力的关于中国与世界现实问题研究的成果库和资讯库。

皮书俱乐部会员服务指南

1. 谁能成为皮书俱乐部成员？

- 皮书作者自动成为俱乐部会员
- 购买了皮书产品（纸质皮书、电子书）的个人用户

2. 会员可以享受的增值服务

- 加入皮书俱乐部，免费获赠该纸质图书的电子书
- 免费获赠皮书数据库100元充值卡
- 免费定期获赠皮书电子期刊
- 优先参与各类皮书学术活动
- 优先享受皮书产品的最新优惠

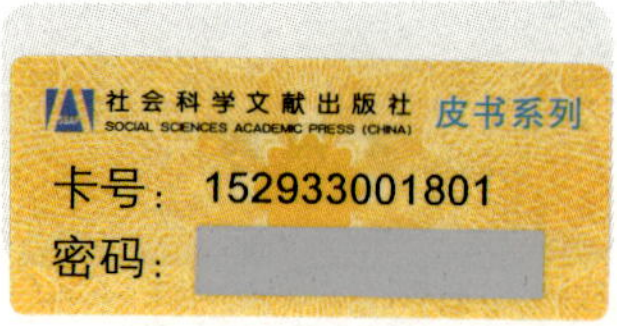

3. 如何享受增值服务？

（1）加入皮书俱乐部，获赠该书的电子书

第1步 登录我社官网（www.ssap.com.cn），注册账号；

第2步 登录并进入“会员中心”—“皮书俱乐部”，提交加入皮书俱乐部申请；

第3步 审核通过后，自动进入俱乐部服务环节，填写相关购书信息即可自动兑换相应电子书。

（2）免费获赠皮书数据库100元充值卡

100元充值卡只能在皮书数据库中充值和使用

第1步 刮开附赠充值的涂层（左下）；

第2步 登录皮书数据库网站（www.pishu.com.cn），注册账号；

第3步 登录并进入“会员中心”—“在线充值”—“充值卡充值”，充值成功后即可使用。

4. 声明

解释权归社会科学文献出版社所有

皮书俱乐部会员可享受社会科学文献出版社其他相关免费增值服务，有任何疑问，均可与我们联系
联系电话：010-59367227　企业QQ：800045692　邮箱：pishuclub@ssap.cn
欢迎登录社会科学文献出版社官网（www.ssap.com.cn）和中国皮书网（www.pishu.cn）了解更多信息

权威·前沿·原创

社会科学文献出版社

皮书系列

2014年

盘点年度资讯　预测时代前程

社会科学文献出版社 学术传播中心 编制

社长致辞

我们是图书出版者，更是人文社会科学内容资源供应商；

我们背靠中国社会科学院，面向中国与世界人文社会科学界，坚持为人文社会科学的繁荣与发展服务；

我们精心打造权威信息资源整合平台，坚持为中国经济与社会的繁荣与发展提供决策咨询服务；

我们以读者定位自身，立志让爱书人读到好书，让求知者获得知识；

我们精心编辑、设计每一本好书以形成品牌张力，以优秀的品牌形象服务读者，开拓市场；

我们始终坚持“创社科经典，出传世文献”的经营理念，坚持“权威、前沿、原创”的产品特色；

我们“以人为本”，提倡阳光下创业，员工与企业共享发展之成果；

我们立足于现实，认真对待我们的优势、劣势，我们更着眼于未来，以不断的学习与创新适应不断变化的世界，以不断的努力提升自己的实力；

我们愿与社会各界友好合作，共享人文社会科学发展之成果，共同推动中国学术出版乃至内容产业的繁荣与发展。

社会科学文献出版社社长
中国社会学会秘书长

2014 年 1 月

“皮书”起源于十七、十八世纪的英国，主要指官方或社会组织正式发表的重要文件或报告，多以“白皮书”命名。在中国，“皮书”这一概念被社会广泛接受，并被成功运作、发展成为一种全新的出版形态，则源于中国社会科学院社会科学文献出版社。

皮书是对中国与世界发展状况和热点问题进行年度监测，以专家和学术的视角，针对某一领域或区域现状与发展态势展开分析和预测，具备权威性、前沿性、原创性、实证性、时效性等特点的连续性公开出版物，由一系列权威研究报告组成。皮书系列是社会科学文献出版社编辑出版的蓝皮书、绿皮书、黄皮书等的统称。

皮书系列的作者以中国社会科学院、著名高校、地方社会科学院的研究人员为主，多为国内一流研究机构的权威专家学者，他们的看法和观点代表了学界对中国与世界的现实和未来最高水平的解读与分析。

自 20 世纪 90 年代末推出以经济蓝皮书为开端的皮书系列以来，至今已出版皮书近 1000 余部，内容涵盖经济、社会、政法、文化传媒、行业、地方发展、国际形势等领域。皮书系列已成为社会科学文献出版社的著名图书品牌和中国社会科学院的知名学术品牌。

皮书系列在数字出版和国际出版方面成就斐然。皮书数据库被评为“2008~2009 年度数字出版知名品牌”；经济蓝皮书、社会蓝皮书等十几种皮书每年还由国外知名学术出版机构出版英文版、俄文版、韩文版和日文版，面向全球发行。

2011 年，皮书系列正式列入“十二五”国家重点出版规划项目，一年一度的皮书年会升格由中国社会科学院主办；2012 年，部分重点皮书列入中国社会科学院承担的国家哲学社会科学创新工程项目。

经　济　类

经济类皮书涵盖宏观经济、城市经济、大区域经济，
提供权威、前沿的分析与预测

经济蓝皮书

2014 年中国经济形势分析与预测

李　扬 / 主编　　2013 年 12 月出版　　定价 :69.00 元

◆　本书课题为“总理基金项目”，由著名经济学家李扬领衔，联合数十家科研机构、国家部委和高等院校的专家共同撰写，对 2013 年中国宏观及微观经济形势，特别是全球金融危机及其对中国经济的影响进行了深入分析，并且提出了 2014 年经济走势的预测。

世界经济黄皮书

2014 年世界经济形势分析与预测

王洛林　张宇燕 / 主编　　2014 年 1 月出版　　定价 :69.00 元

◆　2013 年的世界经济仍旧行进在坎坷复苏的道路上。发达经济体经济复苏继续巩固，美国和日本经济进入低速增长通道，欧元区结束衰退并呈复苏迹象。本书展望 2014 年世界经济，预计全球经济增长仍将维持在中低速的水平上。

工业化蓝皮书

中国工业化进程报告（2014）

黄群慧　吕　铁　李晓华　等 / 著　2014 年 11 月出版　估价 :89.00 元

◆　中国的工业化是事关中华民族复兴的伟大事业，分析跟踪研究中国的工业化进程，无疑具有重大意义。科学评价与客观认识我国的工业化水平，对于我国明确自身发展中的优势和不足，对于经济结构的升级与转型，对于制定经济发展政策，从而提升我国的现代化水平具有重要作用。

金融蓝皮书

中国金融发展报告（2014）

李　扬　王国刚 / 主编　2013 年 12 月出版　　定价 :65.00 元

◆　由中国社会科学院金融研究所组织编写的《中国金融发展报告（2014）》，概括和分析了 2013 年中国金融发展和运行中的各方面情况，研讨和评论了 2013 年发生的主要金融事件。本书由业内专家和青年精英联合编著，有利于读者了解掌握 2013 年中国的金融状况，把握 2014 年中国金融的走势。

城市竞争力蓝皮书

中国城市竞争力报告 No.12

倪鹏飞 / 主编　　2014 年 5 月出版　　定价 :89.00 元

◆　本书由中国社会科学院城市与竞争力研究中心主任倪鹏飞主持编写，汇集了众多研究城市经济问题的专家学者关于城市竞争力研究的最新成果。本报告构建了一套科学的城市竞争力评价指标体系，采用第一手数据材料，对国内重点城市年度竞争力格局变化进行客观分析和综合比较、排名，对研究城市经济及城市竞争力极具参考价值。

中国省域竞争力蓝皮书

“十二五”中期中国省域经济综合竞争力发展报告

李建平　李闽榕　高燕京 / 主编　　2014 年 3 月出版　定价 :198.00 元

◆　本书充分运用数理分析、空间分析、规范分析与实证分析相结合、定性分析与定量分析相结合的方法，建立起比较科学完善、符合中国国情的省域经济综合竞争力指标评价体系及数学模型，对 2011~2012 年中国内地 31 个省、市、区的经济综合竞争力进行全面、深入、科学的总体评价与比较分析。

农村经济绿皮书

中国农村经济形势分析与预测 (2013~2014)

中国社会科学院农村发展研究所　国家统计局农村社会经济调查司 / 著

2014 年 4 月出版　　定价 :69.00 元

◆　本书对 2013 年中国农业和农村经济运行情况进行了系统的分析和评价，对 2014 年中国农业和农村经济发展趋势进行了预测，并提出相应的政策建议，专题部分将围绕某个重大的理论和现实问题进行多维、深入、细致的分析和探讨。

西部蓝皮书

中国西部发展报告（2014）

姚慧琴　徐璋勇 / 主编　　2014 年 7 月出版　　定价 :89.00 元

◆　本书由西北大学中国西部经济发展研究中心主编，汇集了源自西部本土以及国内研究西部问题的权威专家的第一手资料，对国家实施西部大开发战略进行年度动态跟踪，并对 2014 年西部经济、社会发展态势进行预测和展望。

气候变化绿皮书

应对气候变化报告（2014）

王伟光　郑国光 / 主编　　2014 年 11 月出版　　估价 :79.00 元

◆　本书由社科院城环所和国家气候中心共同组织编写，各篇报告的作者长期从事气候变化科学问题、社会经济影响，以及国际气候制度等领域的研究工作，密切跟踪国际谈判的进程，参与国家应对气候变化相关政策的咨询，有丰富的理论与实践经验。

就业蓝皮书

2014 年中国大学生就业报告

麦可思研究院 / 编著　王伯庆　周凌波 / 主审
2014 年 6 月出版　定价 :98.00 元

◆　本书是迄今为止关于中国应届大学毕业生就业、大学毕业生中期职业发展及高等教育人口流动情况的视野最为宽广、资料最为翔实、分类最为精细的实证调查和定量研究；为我国教育主管部门的教育决策提供了极有价值的参考。

企业社会责任蓝皮书

中国企业社会责任研究报告（2014）

黄群慧　彭华岗　钟宏武　张　蒽 / 编著
2014 年　11 月出版　估价 :69.00 元

◆　本书系中国社会科学院经济学部企业社会责任研究中心组织编写的《企业社会责任蓝皮书》2014 年分册。该书在对企业社会责任进行宏观总体研究的基础上，根据 2013 年企业社会责任及相关背景进行了创新研究，在全国企业中观层面对企业健全社会责任管理体系提供了弥足珍贵的丰富信息。

社会政法类

社会政法类皮书聚焦社会发展领域的热点、难点问题，
提供权威、原创的资讯与视点

社会蓝皮书

2014 年中国社会形势分析与预测

李培林　陈光金　张　翼 / 主编　2013 年 12 月出版　定价 :69.00 元

◆　本报告是中国社会科学院“社会形势分析与预测”课题组 2014 年度分析报告，由中国社会科学院社会学研究所组织研究机构专家、高校学者和政府研究人员撰写。对 2013 年中国社会发展的各个方面内容进行了权威解读，同时对 2014 年社会形势发展趋势进行了预测。

法治蓝皮书

中国法治发展报告 No.12（2014）

李　林　田　禾 / 主编　　2014 年 2 月出版　　定价 :98.00 元

◆　本年度法治蓝皮书一如既往秉承关注中国法治发展进程中的焦点问题的特点，回顾总结了 2013 年度中国法治发展取得的成就和存在的不足，并对 2014 年中国法治发展形势进行了预测和展望。

民间组织蓝皮书

中国民间组织报告（2014）

黄晓勇 / 主编　　2014 年 11 月出版　　估价 :69.00 元

◆　本报告是中国社会科学院“民间组织与公共治理研究”课题组推出的第五本民间组织蓝皮书。基于国家权威统计数据、实地调研和广泛搜集的资料，本报告对 2013 年以来我国民间组织的发展现状、热点专题、改革趋势等问题进行了深入研究，并提出了相应的政策建议。

社会保障绿皮书

中国社会保障发展报告（2014）No.6

王延中 / 主编　2014 年 9 月出版　定价 :79.00 元

◆　社会保障是调节收入分配的重要工具，随着社会保障制度的不断建立健全、社会保障覆盖面的不断扩大和社会保障资金的不断增加，社会保障在调节收入分配中的重要性不断提高。本书全面评述了 2013 年以来社会保障制度各个主要领域的发展情况。

环境绿皮书

中国环境发展报告（2014）

刘鉴强 / 主编　2014 年 5 月出版　定价 :79.00 元

◆　本书由民间环保组织“自然之友”组织编写，由特别关注、生态保护、宜居城市、可持续消费以及政策与治理等版块构成，以公共利益的视角记录、审视和思考中国环境状况，呈现 2013 年中国环境与可持续发展领域的全局态势，用深刻的思考、科学的数据分析 2013 年的环境热点事件。

教育蓝皮书

中国教育发展报告（2014）

杨东平 / 主编　2014 年 5 月出版　定价 :79.00 元

◆　本书站在教育前沿，突出教育中的问题，特别是对当前教育改革中出现的教育公平、高校教育结构调整、义务教育均衡发展等问题进行了深入分析，从教育的内在发展谈教育，又从外部条件来谈教育，具有重要的现实意义，对我国的教育体制的改革与发展具有一定的学术价值和参考意义。

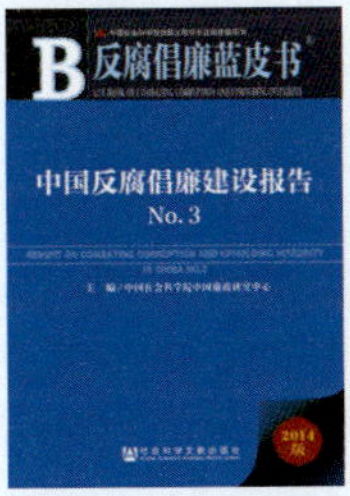

反腐倡廉蓝皮书

中国反腐倡廉建设报告 No.3

李秋芳 / 主编　2014 年 1 月出版　定价 :79.00 元

◆　本书抓住了若干社会热点和焦点问题，全面反映了新时期新阶段中国反腐倡廉面对的严峻局面，以及中国共产党反腐倡廉建设的新实践新成果。根据实地调研、问卷调查和舆情分析，梳理了当下社会普遍关注的与反腐败密切相关的热点问题。

行业报告类

行业报告类皮书立足重点行业、新兴行业领域，
提供及时、前瞻的数据与信息

房地产蓝皮书

中国房地产发展报告 No.11（2014）

魏后凯　李景国 / 主编　　2014 年 5 月出版　　定价 :79.00 元

◆　本书由中国社会科学院城市发展与环境研究所组织编写，秉承客观公正、科学中立的原则，深度解析 2013 年中国房地产发展的形势和存在的主要矛盾，并预测 2014 年及未来 10 年或更长时间的房地产发展大势。观点精辟，数据翔实，对关注房地产市场的各阶层人士极具参考价值。

旅游绿皮书

2013~2014 年中国旅游发展分析与预测

宋　瑞 / 主编　　2013 年 12 月出版　　定价 :79.00 元

◆　如何从全球的视野理性审视中国旅游，如何在世界旅游版图上客观定位中国，如何积极有效地推进中国旅游的世界化，如何制定中国实现世界旅游强国梦想的线路图？本年度开始，《旅游绿皮书》将围绕“世界与中国”这一主题进行系列研究，以期为推进中国旅游的长远发展提供科学参考和智力支持。

信息化蓝皮书

中国信息化形势分析与预测（2014）

周宏仁 / 主编　　2014 年 8 月出版　　定价 :98.00 元

◆　本书在以中国信息化发展的分析和预测为重点的同时，反映了过去一年间中国信息化关注的重点和热点，视野宽阔，观点新颖，内容丰富，数据翔实，对中国信息化的发展有很强的指导性，可读性很强。

企业蓝皮书

中国企业竞争力报告（2014）

金　碚 / 主编　　2014 年 11 月出版　　估价 :89.00 元

◆　中国经济正处于新一轮的经济波动中，如何保持稳健的经营心态和经营方式并进一步求发展，对于企业保持并提升核心竞争力至关重要。本书利用上市公司的财务数据，研究上市公司竞争力变化的最新趋势，探索进一步提升中国企业国际竞争力的有效途径，这无论对实践工作者还是理论研究者都具有重大意义。

食品药品蓝皮书

食品药品安全与监管政策研究报告（2014）

唐民皓 / 主编　　2014 年 11 月出版　　估价 :69.00 元

◆　食品药品安全是当下社会关注的焦点问题之一，如何破解食品药品安全监管重点难点问题是需要以社会合力才能解决的系统工程。本书围绕安全热点问题、监管重点问题和政策焦点问题，注重于对食品药品公共政策和行政监管体制的探索和研究。

流通蓝皮书

中国商业发展报告（2013~2014）

荆林波 / 主编　　2014 年 5 月出版　　定价 :89.00 元

◆　《中国商业发展报告》是中国社会科学院财经战略研究院与香港利丰研究中心合作的成果，并且在 2010 年开始以中英文版同步在全球发行。蓝皮书从关注中国宏观经济出发，突出中国流通业的宏观背景反映了本年度中国流通业发展的状况。

住房绿皮书

中国住房发展报告（2013~2014）

倪鹏飞 / 主编　　2013 年 12 月出版　　定价 :79.00 元

◆　本报告从宏观背景、市场主体、市场体系、公共政策和年度主题五个方面，对中国住宅市场体系做了全面系统的分析、预测与评价，并给出了相关政策建议，并在评述 2012~2013 年住房及相关市场走势的基础上，预测了 2013~2014 年住房及相关市场的发展变化。

国别与地区类

国别与地区类皮书关注全球重点国家与地区，
提供全面、独特的解读与研究

亚太蓝皮书

亚太地区发展报告（2014）

李向阳 / 主编　　2014 年 1 月出版　　定价 :59.00 元

◆　本书是由中国社会科学院亚太与全球战略研究院精心打造的又一品牌皮书，关注时下亚太地区局势发展动向里隐藏的中长趋势，剖析亚太地区政治与安全格局下的区域形势最新动向以及地区关系发展的热点问题，并对 2014 年亚太地区重大动态作出前瞻性的分析与预测。

日本蓝皮书

日本研究报告（2014）

李　薇 / 主编　　2014 年 3 月出版　　定价 :69.00 元

◆　本书由中华日本学会、中国社会科学院日本研究所合作推出，是以中国社会科学院日本研究所的研究人员为主完成的研究成果。对 2013 年日本的政治、外交、经济、社会文化作了回顾、分析与展望，并收录了该年度日本大事记。

欧洲蓝皮书

欧洲发展报告 (2013~2014)

周　弘 / 主编　　2014 年 6 月出版　　定价 :89.00 元

◆　本年度的欧洲发展报告，对欧洲经济、政治、社会、外交等方面的形势进行了跟踪介绍与分析。力求反映作为一个整体的欧盟及 30 多个欧洲国家在 2013 年出现的各种变化。

拉美黄皮书

拉丁美洲和加勒比发展报告（2013~2014）

吴白乙 / 主编　2014 年 4 月出版　定价 :89.00 元

◆　本书是中国社会科学院拉丁美洲研究所的第 13 份关于拉丁美洲和加勒比地区发展形势状况的年度报告。本书对 2013 年拉丁美洲和加勒比地区诸国的政治、经济、社会、外交等方面的发展情况做了系统介绍，对该地区相关国家的热点及焦点问题进行了总结和分析，并在此基础上对该地区各国 2014 年的发展前景做出预测。

澳门蓝皮书

澳门经济社会发展报告（2013~2014）

吴志良　郝雨凡 / 主编　2014 年 4 月出版　定价 :79.00 元

◆　本书集中反映 2013 年本澳各个领域的发展动态，总结评价近年澳门政治、经济、社会的总体变化，同时对 2014 年社会经济情况作初步预测。

日本经济蓝皮书

日本经济与中日经贸关系研究报告（2014）

王洛林　张季风 / 主编　2014 年 5 月出版　定价 :79.00 元

◆　本书对当前日本经济以及中日经济合作的发展动态进行了多角度、全景式的深度分析。本报告回顾并展望了 2013~2014 年度日本宏观经济的运行状况。此外，本报告还收录了大量来自于日本政府权威机构的数据图表，具有极高的参考价值。

美国蓝皮书

美国研究报告（2014）

黄　平　倪　峰 / 主编　2014 年 7 月出版　定价 :89.00 元

◆　本书是由中国社会科学院美国所主持完成的研究成果，它回顾了美国 2013 年的经济、政治形势与外交战略，对 2013 年以来美国内政外交发生的重大事件以及重要政策进行了较为全面的回顾和梳理。

地方发展类

地方发展类皮书关注大陆各省份、经济区域，
提供科学、多元的预判与咨政信息

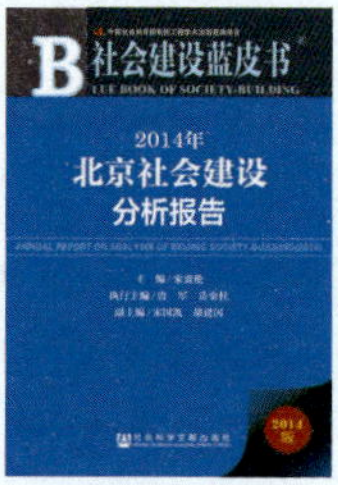

社会建设蓝皮书

2014 年北京社会建设分析报告

宋贵伦　冯　虹 / 主编　2014 年 7 月出版　定价 :79.00 元

◆　本书依据社会学理论框架和分析方法，对北京市的人口、就业、分配、社会阶层以及城乡关系等社会学基本问题进行了广泛调研与分析，对广受社会关注的住房、教育、医疗、养老、交通等社会热点问题做出了深刻的了解与剖析，对日益显现的征地搬迁、外籍人口管理、群体性心理障碍等内容进行了有益探讨。

温州蓝皮书

2014 年温州经济社会形势分析与预测

潘忠强　王春光　金　浩 / 主编　2014 年 4 月出版　定价：69.00 元

◆　本书是由中共温州市委党校与中国社会科学院社会学研究所合作推出的第七本“温州经济社会形势分析与预测”年度报告，深入全面分析了 2013 年温州经济、社会、政治、文化发展的主要特点、经验、成效与不足，提出了相应的政策建议。

上海蓝皮书

上海资源环境发展报告（2014）

周冯琦　汤庆合　任文伟 / 著　2014 年 1 月出版　定价：69.00 元

◆　本书在上海所面临资源环境风险的来源、程度、成因、对策等方面作了些有益的探索，希望能对有关部门完善上海的资源环境风险防控工作提供一些有价值的参考，也让普通民众更全面地了解上海资源环境风险及其防控的图景。

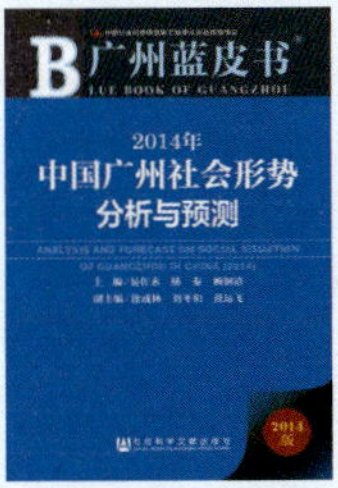

广州蓝皮书

2014 年中国广州社会形势分析与预测

张　强　陈怡霓　杨　秦 / 主编　2014 年 5 月出版　定价 :69.00 元

◆　本书由广州大学与广州市委宣传部、广州市人力资源和社会保障局联合主编，汇集了广州科研团体、高等院校和政府部门诸多社会问题研究专家、学者和实际部门工作者的最新研究成果，是关于广州社会运行情况和相关专题分析与预测的重要参考资料。

河南经济蓝皮书

2014 年河南经济形势分析与预测

胡五岳 / 主编　2014 年 3 月出版　定价 :69.00 元

◆　本书由河南省统计局主持编纂。该分析与展望以 2013 年最新年度统计数据为基础，科学研判河南经济发展的脉络轨迹、分析年度运行态势；以客观翔实、权威资料为特征，突出科学性、前瞻性和可操作性，服务于科学决策和科学发展。

陕西蓝皮书

陕西社会发展报告（2014）

任宗哲　石　英　牛　昉 / 主编　2014 年 2 月出版　定价 :65.00 元

◆　本书系统而全面地描述了陕西省 2013 年社会发展各个领域所取得的成就、存在的问题、面临的挑战及其应对思路，为更好地思考 2014 年陕西发展前景、政策指向和工作策略等方面提供了一个较为简洁清晰的参考蓝本。

上海蓝皮书

上海经济发展报告（2014）

沈开艳 / 主编　2014 年 1 月出版　定价 :69.00 元

◆　本书系上海社会科学院系列之一，报告对 2014 年上海经济增长与发展趋势的进行了预测，把握了上海经济发展的脉搏和学术研究的前沿。

广州蓝皮书

广州经济发展报告（2014）

李江涛　朱名宏 / 主编　　2014 年 5 月出版　定价 :69.00 元

◆　本书是由广州市社会科学院主持编写的“广州蓝皮书”系列之一，本报告对广州 2013 年宏观经济运行情况作了深入分析，对 2014 年宏观经济走势进行了合理预测，并在此基础上提出了相应的政策建议。

文 化 传 媒 类

文化传媒类皮书透视文化领域、文化产业，
探索文化大繁荣、大发展的路径

新媒体蓝皮书

中国新媒体发展报告 No.4(2013)

唐绪军 / 主编　　2014 年 6 月出版　　定价 :79.00 元

◆　本书由中国社会科学院新闻与传播研究所和上海大学合作编写，在构建新媒体发展研究基本框架的基础上，全面梳理 2013 年中国新媒体发展现状，发表最前沿的网络媒体深度调查数据和研究成果，并对新媒体发展的未来趋势做出预测。

舆情蓝皮书

中国社会舆情与危机管理报告（2014）

谢耘耕 / 主编　　2014 年 8 月出版　　定价 :98.00 元

◆　本书由上海交通大学舆情研究实验室和危机管理研究中心主编，已被列入教育部人文社会科学研究报告培育项目。本书以新媒体环境下的中国社会为立足点，对 2013 年中国社会舆情、分类舆情等进行了深入系统的研究，并预测了 2014 年社会舆情走势。

经济类

产业蓝皮书
中国产业竞争力报告（2014） No.4
著(编)者:张其仔　2014年11月出版 / 估价:79.00元

长三角蓝皮书
2014年率先基本实现现代化的长三角
著(编)者:刘志彪　2014年11月出版 / 估价:120.00元

城市竞争力蓝皮书
中国城市竞争力报告No.12
著(编)者:倪鹏飞　2014年5月出版 / 定价:89.00元

城市蓝皮书
中国城市发展报告No.7
著(编)者:潘家华 魏后凯　2014年9月出版 / 估价:69.00元

城市群蓝皮书
中国城市群发展指数报告(2014)
著(编)者:刘士林 刘新静　2014年10月出版 / 估价:59.00元

城乡统筹蓝皮书
中国城乡统筹发展报告（2014）
著(编)者:程志强、潘晨光　2014年9月出版 / 估价:59.00元

城乡一体化蓝皮书
中国城乡一体化发展报告（2014）
著(编)者:汝信 付崇兰　2014年11月出版 / 估价:59.00元

城镇化蓝皮书
中国新型城镇化健康发展报告（2014）
著(编)者:张占斌　2014年5月出版 / 定价:79.00元

低碳发展蓝皮书
中国低碳发展报告（2014）
著(编)者:齐晔　2014年3月出版 / 定价:89.00元

低碳经济蓝皮书
中国低碳经济发展报告（2014）
著(编)者:薛进军 赵忠秀　2014年5月出版 / 定价:69.00元

东北蓝皮书
中国东北地区发展报告（2014）
著(编)者:马克　黄文艺　2014年8月出版 / 定价:79.00元

发展和改革蓝皮书
中国经济发展和体制改革报告No.7
著(编)者:邹东涛　2014年11月出版 / 估价:79.00元

工业化蓝皮书
中国工业化进程报告（2014）
著(编)者: 黄群慧 吕铁 李晓华 等
2014年11月出版 / 估价:89.00元

工业设计蓝皮书
中国工业设计发展报告（2014）
著(编)者: 王晓红　于炜　张立群
2014年9月出版 / 估价:98.00元

国际城市蓝皮书
国际城市发展报告（2014）
著(编)者:屠启宇　2014年1月出版 / 定价:69.00元

国家创新蓝皮书
国家创新发展报告（2014）
著(编)者:陈劲　2014年9月出版 / 定价:59.00元

宏观经济蓝皮书
中国经济增长报告（2014）
著(编)者:张平 刘霞辉　2014年10月出版 / 估价:69.00元

金融蓝皮书
中国金融发展报告（2014）
著(编)者:李扬 王国刚　2013年12月出版 / 定价:65.00元

经济蓝皮书
2014年中国经济形势分析与预测
著(编)者:李扬　2013年12月出版 / 定价:69.00元

经济蓝皮书春季号
2014年中国经济前景分析
著(编)者:李扬　2014年5月出版 / 定价:79.00元

经济蓝皮书夏季号
中国经济增长报告（2013~2014）
著(编)者:李扬　2014年7月出版 / 定价:69.00元

经济信息绿皮书
中国与世界经济发展报告（2014）
著(编)者:杜平　2013年12月出版 / 定价:79.00元

就业蓝皮书
2014年中国大学生就业报告
著(编)者:麦可思研究院　2014年6月出版 / 定价:98.00元

流通蓝皮书
中国商业发展报告（2013~2014）
著(编)者:荆林波　2014年5月出版 / 定价:89.00元

民营经济蓝皮书
中国民营经济发展报告No.10（2013～2014）
著(编)者:黄孟复　2014年9月出版 / 估价:69.00元

民营企业蓝皮书
中国民营企业竞争力报告No.7（2014）
著(编)者:刘迎秋　2014年9月出版 / 估价:79.00元

农村绿皮书
中国农村经济形势分析与预测（2013~2014）
著(编)者:中国社会科学院农村发展研究所
国家统计局农村社会经济调查司 著
2014年4月出版 / 定价:69.00元

农业应对气候变化蓝皮书
气候变化对中国农业影响评估报告No.1
著(编)者:矫梅燕　2014年8月出版 / 定价:98.00元

企业公民蓝皮书
中国企业公民报告No.4
著(编)者:邹东涛　2014年11月出版 / 估价:69.00元

企业社会责任蓝皮书
中国企业社会责任研究报告（2014）
著(编)者:黄群慧 彭华岗 钟宏武 等
2014年11月出版 / 估价:59.00元

气候变化绿皮书
应对气候变化报告（2014）
著(编)者:王伟光 郑国光　2014年11月出版 / 估价:79.00元

区域蓝皮书
中国区域经济发展报告（2013~2014）
著(编)者:梁昊光　2014年4月出版 / 定价:79.00元

人口与劳动绿皮书
中国人口与劳动问题报告No.15
著(编)者:蔡昉　2014年11月出版 / 估价:69.00元

生态经济（建设）绿皮书
中国经济（建设）发展报告（2013~2014）
著(编)者:黄浩涛 李周　2014年10月出版 / 估价:69.00元

世界经济黄皮书
2014年世界经济形势分析与预测
著(编)者:王洛林 张宇燕　2014年1月出版 / 定价:69.00元

西北蓝皮书
中国西北发展报告（2014）
著(编)者:张进海 陈冬红 段庆林
2013年12月出版 / 定价:69.00元

西部蓝皮书
中国西部发展报告（2014）
著(编)者:姚慧琴 徐璋勇　2014年7月出版 / 定价:89.00元

新型城镇化蓝皮书
新型城镇化发展报告（2014）
著(编)者:沈体雁 李伟 宋敏　2014年9月出版 / 估价:69.00元

新兴经济体蓝皮书
金砖国家发展报告（2014）
著(编)者:林跃勤 周文　2014年7月出版 / 定价:79.00元

循环经济绿皮书
中国循环经济发展报告（2013~2014）
著(编)者:齐建国　2014年12月出版 / 估价:69.00元

中部竞争力蓝皮书
中国中部经济社会竞争力报告（2014）
著(编)者:教育部人文社会科学重点研究基地
南昌大学中国中部经济社会发展研究中心
2014年11月出版 / 估价:59.00元

中部蓝皮书
中国中部地区发展报告（2014）
著(编)者:朱有志　2014年10月出版 / 估价:59.00元

中国省域竞争力蓝皮书
“十二五”中期中国省域经济综合竞争力发展报告
著(编)者:李建平 李闽榕 高燕京　2014年3月出版 / 定价:198.0

中三角蓝皮书
长江中游城市群发展报告（2013~2014）
著(编)者:秦尊文　2014年11月出版 / 估价:69.00元

中小城市绿皮书
中国中小城市发展报告（2014）
著(编)者:中国城市经济学会中小城市经济发展委员会
《中国中小城市发展报告》编纂委员会
2014年10月出版 / 估价:98.00元

中原蓝皮书
中原经济区发展报告（2014）
著(编)者:李英杰　2014年6月出版 / 定价:88.00元

社会政法类

殡葬绿皮书
中国殡葬事业发展报告（2014）
著(编)者:朱勇 副主编 李伯森　2014年9月出版 / 估价:59.00元

城市创新蓝皮书
中国城市创新报告（2014）
著(编)者:周天勇 旷建伟　2014年8月出版 / 定价:69.00元

城市管理蓝皮书
中国城市管理报告2014
著(编)者:谭维克 刘林　2014年11月出版 / 估价:98.00元

城市生活质量蓝皮书
中国城市生活质量指数报告（2014）
著(编)者:张平　2014年11月出版 / 估价:59.00元

城市政府能力蓝皮书
中国城市政府公共服务能力评估报告（2014）
著(编)者:何艳玲　2014年11月出版 / 估价:59.00元

创新蓝皮书
创新型国家建设报告（2013~2014）
著(编)者:詹正茂　2014年5月出版 / 定价:69.00元

慈善蓝皮书
中国慈善发展报告（2014）
著(编)者:杨团　2014年5月出版 / 定价:79.00元

法治蓝皮书
中国法治发展报告No.12（2014）
著(编)者:李林 田禾　2014年2月出版 / 定价:98.00元

反腐倡廉蓝皮书
中国反腐倡廉建设报告No.3
著(编)者:李秋芳　2014年1月出版 / 定价:79.00元

非传统安全蓝皮书
中国非传统安全研究报告（2013~2014）
著(编)者:余潇枫 魏志江　2014年6月出版 / 定价:79.00元

妇女发展蓝皮书
福建省妇女发展报告（2014）
著(编)者:刘群英　2014年10月出版 / 估价:58.00元

妇女发展蓝皮书
中国妇女发展报告No.5
著(编)者:王金玲　2014年9月出版 / 定价:148.00元

妇女教育蓝皮书
中国妇女教育发展报告No.3
著(编)者:张李玺　2014年10月出版 / 估价:69.00元

公共服务满意度蓝皮书
中国城市公共服务评价报告（2014）
著(编)者:胡伟　2014年11月出版 / 估价:69.00元

公共服务蓝皮书
中国城市基本公共服务力评价（2014）
著(编)者:侯惠勤 辛向阳 易定宏
2014年10月出版 / 估价:55.00元

公民科学素质蓝皮书
中国公民科学素质报告（2013~2014）
著(编)者:李群　许佳军　2014年3月出版 / 定价:79.00元

公益蓝皮书
中国公益发展报告（2014）
著(编)者:朱健刚　2014年11月出版 / 估价:78.00元

管理蓝皮书
中国管理发展报告（2014）
著(编)者:张晓东　2014年9月出版 / 估价:79.00元

国际人才蓝皮书
中国国际移民报告（2014）
著(编)者:王辉耀　2014年1月出版 / 定价:79.00元

国际人才蓝皮书
中国海归创业发展报告（2014）No.2
著(编)者:王辉耀 路江涌　2014年10月出版 / 估价:69.00元

国际人才蓝皮书
中国留学发展报告（2014） No.3
著(编)者:王辉耀　2014年9月出版 / 估价:59.00元

国际人才蓝皮书
海外华侨华人专业人士报告（2014）
著(编)者:王辉耀　苗绿　2014年8月出版 / 定价:69.00元

国家安全蓝皮书
中国国家安全研究报告（2014）
著(编)者:刘慧　2014年5月出版 / 定价:98.00元

行政改革蓝皮书
中国行政体制改革报告（2013）No.3
著(编)者:魏礼群　2014年3月出版 / 定价:89.00元

华侨华人蓝皮书
华侨华人研究报告（2014）
著(编)者:丘进　2014年11月出版 / 估价:128.00元

环境竞争力绿皮书
中国省域环境竞争力发展报告（2014）
著(编)者:李建平 李闽榕 王金南
2014年12月出版 / 估价:148.00元

环境绿皮书
中国环境发展报告（2014）
著(编)者:刘鉴强　2014年5月出版 / 定价:79.00元

基金会蓝皮书
中国基金会发展报告（2013）
著(编)者:刘忠祥　2014年6月出版 / 定价:69.00元

基本公共服务蓝皮书
中国省级政府基本公共服务发展报告（2014）
著(编)者:孙德超　2014年3月出版 / 定价:69.00元

基金会透明度蓝皮书
中国基金会透明度发展研究报告（2014）
著(编)者:基金会中心网　清华大学廉政与治理研究中心
2014年9月出版 / 定价:78.00元

教师蓝皮书
中国中小学教师发展报告（2014）
著(编)者:曾晓东　2014年11月出版 / 估价:59.00元

教育蓝皮书
中国教育发展报告（2014）
著(编)者:杨东平　2014年5月出版 / 定价:79.00元

科普蓝皮书
中国科普基础设施发展报告（2014）
著(编)者:任福君　2014年6月出版 / 估价:79.00元

劳动保障蓝皮书
中国劳动保障发展报告（2014）
著(编)者:刘燕斌　2014年9月出版 / 估价:89.00元

老龄蓝皮书
中国老龄事业发展报告（2014）
著(编)者:吴玉韶　2014年9月出版 / 估价:59.00元

连片特困区蓝皮书
中国连片特困区发展报告（2014）
著(编)者:丁建军　冷志明　游俊　2014年9月出版 / 估价:79.00元

民间组织蓝皮书
中国民间组织报告（2014）
著(编)者:黄晓勇　2014年11月出版 / 估价:69.00元

民调蓝皮书
中国民生调查报告（2014）
著(编)者:谢耕耘　2014年5月出版 / 定价:128.00元

民族发展蓝皮书
中国民族区域自治发展报告（2014）
著(编)者:郝时远　2014年11月出版 / 估价:98.00元

女性生活蓝皮书
中国女性生活状况报告No.8（2014）
著(编)者:韩湘景　2014年4月出版 / 定价:79.00元

汽车社会蓝皮书
中国汽车社会发展报告（2014）
著(编)者:王俊秀　2014年9月出版 / 估价:59.00元

青年蓝皮书
中国青年发展报告（2014）No.2
著(编)者:廉思　2014年4月出版 / 定价:59.00元

全球环境竞争力绿皮书
全球环境竞争力发展报告（2014）
著(编)者:李建平　李闽榕　王金南　2014年11月出版 / 估价:69.00元

青少年蓝皮书
中国未成年人新媒体运用报告（2014）
著(编)者:李文革　沈杰　季为民　2014年11月出版 / 估价:69.00元

区域人才蓝皮书
中国区域人才竞争力报告No.2
著(编)者:桂昭明 王辉耀　2014年11月出版 / 估价:69.00元

人才蓝皮书
中国人才发展报告（2014）
著(编)者:黄晓勇　潘晨光　2014年8月出版 / 定价:85.00元

人权蓝皮书
中国人权事业发展报告No.4（2014）
著(编)者:李君如　2014年8月出版 / 定价:99.00元

世界人才蓝皮书
全球人才发展报告No.1
著(编)者:孙学玉　张冠梓　2014年11月出版 / 估价:69.00元

社会保障绿皮书
中国社会保障发展报告（2014）No.6
著(编)者:王延中　2014年6月出版 / 定价:79.00元

社会工作蓝皮书
中国社会工作发展报告（2013~2014）
著(编)者:王杰秀　邹文开　2014年11月出版 / 估价:59.00元

社会管理蓝皮书
中国社会管理创新报告No.3
著(编)者:连玉明　2014年11月出版 / 估价:79.00元

社会蓝皮书
2014年中国社会形势分析与预测
著(编)者:李培林　陈光金　张翼 2013年12月出版 / 定价:69.00元

社会体制蓝皮书
中国社会体制改革报告No.2（2014）
著(编)者:龚维斌　2014年4月出版 / 定价:79.00元

社会心态蓝皮书
2014年中国社会心态研究报告
著(编)者:王俊秀 杨宜音　2014年9月出版 / 估价:59.00元

生态城市绿皮书
中国生态城市建设发展报告（2014）
著(编)者:刘科举　孙伟平　胡文臻　2014年6月出版 / 定价:98.

生态文明绿皮书
中国省域生态文明建设评价报告（ECI 2014）
著(编)者:严耕　2014年9月出版 / 估价:98.00元

世界创新竞争力黄皮书
世界创新竞争力发展报告（2014）
著(编)者:李建平 李闽榕 赵新力　2014年11月出版 / 估价:128.

水与发展蓝皮书
中国水风险评估报告（2014）
著(编)者:苏杨　2014年11月出版 / 估价:69.00元

土地整治蓝皮书
中国土地整治发展报告No.1
著(编)者:国土资源部土地整治中心　2014年5月出版 / 定价:

危机管理蓝皮书
中国危机管理报告（2014）
著(编)者:文学国 范正青　2014年11月出版 / 估价:79.00元

形象危机应对蓝皮书
形象危机应对研究报告（2013~2014）
著(编)者:唐钧　2014年6月出版 / 定价:149.00元

行政改革蓝皮书
中国行政体制改革报告（2013）No.3
著(编)者:魏礼群　2014年3月出版 / 定价:89.00元

医疗卫生绿皮书
中国医疗卫生发展报告No.6（2013~2014）
著(编)者:申宝忠　韩玉珍　2014年4月出版 / 定价:75.00元

政治参与蓝皮书
中国政治参与报告（2014）
著(编)者:房宁　2014年7月出版 / 定价:105.00元

政治发展蓝皮书
中国政治发展报告（2014）
著(编)者:房宁 杨海蛟　2014年5月出版 / 定价:88.00元

宗教蓝皮书
中国宗教报告（2014）
著(编)者:金泽 邱永辉　2014年11月出版 / 估价:59.00元

社会组织蓝皮书
中国社会组织评估报告（2014）
著(编)者:徐家良　2014年9月出版 / 估价:69.00元

政府绩效评估蓝皮书
中国地方政府绩效评估报告（2014）
著(编)者:贠杰　2014年9月出版 / 估价:69.00元

行业报告类

保健蓝皮书
中国保健服务产业发展报告No.2
著(编)者:中国保健协会 中共中央党校
2014年11月出版 / 估价:198.00元

保健蓝皮书
中国保健食品产业发展报告No.2
著(编)者:中国保健协会
中国社会科学院食品药品产业发展与监管研究中心
2014年11月出版 / 估价:198.00元

保健蓝皮书
中国保健用品产业发展报告No.2
著(编)者:中国保健协会 2014年9月出版 / 估价:198.00元

保险蓝皮书
中国保险业竞争力报告（2014）
著(编)者:罗忠敏 2014年9月出版 / 估价:98.00元

餐饮产业蓝皮书
中国餐饮产业发展报告（2014）
著(编)者:邢影 2014年6月出版 / 定价:69.00元

测绘地理信息蓝皮书
中国地理信息产业发展报告（2014）
著(编)者:徐德明 2014年12月出版 / 估价:98.00元

茶业蓝皮书
中国茶产业发展报告 （2014）
著(编)者:杨江帆 李闽榕 2014年9月出版 / 估价:79.00元

产权市场蓝皮书
中国产权市场发展报告（2014）
著(编)者:曹和平 2014年9月出版 / 估价:69.00元

产业安全蓝皮书
中国烟草产业安全报告（2014）
著(编)者:李孟刚 杜秀亭 2014年1月出版 / 定价:69.00元

产业安全蓝皮书
中国出版与传媒安全报告（2014）
著(编)者:北京交通大学中国产业安全研究中心
2014年9月出版 / 估价:59.00元

产业安全蓝皮书
中国医疗产业安全报告（2013~2014）
著(编)者:李孟刚 高献书 2014年1月出版 / 定价:59.00元

产业安全蓝皮书
中国文化产业安全蓝皮书(2014)
著(编)者:北京印刷学院文化产业安全研究院
2014年4月出版 / 定价:69.00元

产业安全蓝皮书
中国出版传媒产业安全报告（2014）
著(编)者:北京印刷学院文化产业安全研究院
2014年4月出版/ 定价:89.00元

典当业蓝皮书
中国典当行业发展报告（2013~2014）
著(编)者:黄育华 王力 张红地
2014年10月出版 / 估价:69.00元

电子商务蓝皮书
中国城市电子商务影响力报告（2014）
著(编)者:荆林波 2014年11月出版 / 估价:69.00元

电子政务蓝皮书
中国电子政务发展报告（2014）
著(编)者:洪毅 王长胜 2014年9月出版 / 估价:59.00元

杜仲产业绿皮书
中国杜仲橡胶资源与产业发展报告（2014）
著(编)者:杜红岩 胡文臻 俞瑞
2014年9月出版 / 估价:99.00元

房地产蓝皮书
中国房地产发展报告No.11（2014）
著(编)者:魏后凯 李景国 2014年5月出版 / 定价:79.00元

服务外包蓝皮书
中国服务外包产业发展报告（2014）
著(编)者:王晓红 刘德军 2014年6月出版 / 定价:89.00元

高端消费蓝皮书
中国高端消费市场研究报告
著(编)者:依绍华 王雪峰 2014年9月出版 / 估价:69.00元

会展蓝皮书
中外会展业动态评估年度报告（2014）
著(编)者:张敏 2014年11月出版 / 估价:68.00元

互联网金融蓝皮书
中国互联网金融发展报告（2014）
著(编)者:芮晓武 刘烈宏 2014年8月出版 / 定价:79.00元

基金会绿皮书
中国基金会发展独立研究报告（2014）
著(编)者:基金会中心网 2014年8月出版 / 定价:88.00元

金融监管蓝皮书
中国金融监管报告（2014）
著(编)者:胡滨 2014年5月出版 / 定价:69.00元

金融蓝皮书
中国商业银行竞争力报告（2014）
著(编)者:王松奇 2014年11月出版 / 估价:79.00元

金融蓝皮书
中国金融发展报告（2014）
著(编)者:李扬 王国刚 2013年12月出版 / 定价:65.00元

金融信息服务蓝皮书
金融信息服务业发展报告（2014）
著(编)者:鲁广锦 2014年11月出版 / 估价:69.00元

抗衰老医学蓝皮书
抗衰老医学发展报告（2014）
著(编)者:罗伯特·高德曼 罗纳德·科莱兹
尼尔·布什 朱敏 金大鹏 郭弋
2014年11月出版 / 估价:69.00元

客车蓝皮书
中国客车产业发展报告（2014）
著(编)者:姚蔚 2014年12月出版 / 估价:69.00元

科学传播蓝皮书
中国科学传播报告（2013~2014）
著(编)者:詹正茂 2014年7月出版 / 定价:69.00元

流通蓝皮书
中国商业发展报告（2013~2014）
著(编)者:荆林波 2014年5月出版 / 定价:89.00元

临空经济蓝皮书
中国临空经济发展报告（2014）
著(编)者:连玉明 2014年9月出版 / 估价:69.00元

旅游安全蓝皮书
中国旅游安全报告（2014）
著(编)者:郑向敏 谢朝武 2014年5月出版 / 定价:98.00元

旅游绿皮书
2013~2014年中国旅游发展分析与预测
著(编)者:宋瑞 2014年9月出版 / 定价:79.00元

民营医院蓝皮书
中国民营医院发展报告（2014）
著(编)者:朱幼棣 2014年10月出版 / 估价:69.00元

闽商蓝皮书
闽商发展报告（2014）
著(编)者:李闽榕 王日根 2014年12月出版 / 估价:69.00元

能源蓝皮书
中国能源发展报告（2014）
著(编)者:崔民选 王军生 陈义和
2014年8月出版 / 定价:79.00元

农产品流通蓝皮书
中国农产品流通产业发展报告（2014）
著(编)者:贾敬敦 王炳南 张玉玺 张鹏毅 陈丽华
2014年9月出版 / 估价:89.00元

期货蓝皮书
中国期货市场发展报告（2014）
著(编)者:荆林波 2014年6月出版 / 估价:98.00元

企业蓝皮书
中国企业竞争力报告（2014）
著(编)者:金碚 2014年11月出版 / 估价:89.00元

汽车安全蓝皮书
中国汽车安全发展报告（2014）
著(编)者:中国汽车技术研究中心
2014年4月出版 / 估价:79.00元

汽车蓝皮书
中国汽车产业发展报告（2014）
著(编)者:国务院发展研究中心产业经济研究部
中国汽车工程学会 大众汽车集团（中国）
2014年7月出版 / 定价:128.00元

清洁能源蓝皮书
国际清洁能源发展报告（2014）
著(编)者:国际清洁能源论坛（澳门）
2014年9月出版 / 估价:89.00元

群众体育蓝皮书
中国群众体育发展报告（2014）
著(编)者:刘国永 杨桦 2014年8月出版 / 定价:69.00元

人力资源蓝皮书
中国人力资源发展报告（2014）
著(编)者:吴江 2014年9月出版 / 估价:69.00元

软件和信息服务业蓝皮书
中国软件和信息服务业发展报告（2014）
著(编)者:洪京一 工业和信息化部电子科学技术情报研究所
2014年11月出版 / 估价:98.00元

商会蓝皮书
中国商会发展报告 No.4（2014）
著(编)者:黄孟复 2014年9月出版 / 估价:59.00元

上市公司蓝皮书
中国上市公司非财务信息披露报告（2014）
著(编)者:钟宏武 张旺 张蒽 等
2014年12月出版 / 估价:59.00元

食品药品蓝皮书
食品药品安全与监管政策研究报告（2014）
著(编)者:唐民皓 2014年11月出版 / 估价:69.00元

世界旅游城市绿皮书
世界旅游城市发展报告（2013）（中英文双语）
著(编)者:周正宇 鲁勇 2014年6月出版 / 定价:88.00元

世界能源蓝皮书
世界能源发展报告（2014）
著(编)者:黄晓勇 2014年6月出版 / 定价:99.00元

私募市场蓝皮书
中国私募股权市场发展报告（2014）
著(编)者:曹和平 2014年9月出版 / 估价:69.00元

体育蓝皮书
中国体育产业发展报告（2014）
著(编)者:阮伟 钟秉枢 2014年7月出版 / 定价:69.00元

体育蓝皮书·公共体育服务
中国公共体育服务发展报告（2014）
著(编)者:戴健 2014年12月出版 / 估价:69.00元

投资蓝皮书
中国企业海外投资发展报告（2013~2014）
著(编)者:陈文晖 薛誉华 2014年9月出版 / 定价:69.00元

物联网蓝皮书
中国物联网发展报告（2014）
著(编)者:龚六堂 2014年9月出版 / 估价:59.00元

西部工业蓝皮书
中国西部工业发展报告（2014）
著(编)者:方行明 刘方健 姜凌等
2014年9月出版 / 估价:69.00元

西部金融蓝皮书
中国西部金融发展报告（2013~2014）
著(编)者:李忠民 2014年8月出版 / 定价:75.00元

新能源汽车蓝皮书
中国新能源汽车产业发展报告（2014）
著(编)者:中国汽车技术研究中心
日产（中国）投资有限公司
东风汽车有限公司
2014年8月出版 / 定价:69.00元

信托蓝皮书
中国信托投资报告（2014）
著(编)者:杨金龙 刘屹 2014年11月出版 / 估价:69.00元

信托市场蓝皮书
中国信托业市场报告（2013~2014）
著(编)者:李旸 2014年1月出版 / 定价:198.00元

信息化蓝皮书
中国信息化形势分析与预测（2014）
著(编)者:周宏仁 2014年8月出版 / 定价:98.00元

信用蓝皮书
中国信用发展报告（2014）
著(编)者:章政 田侃 2014年9月出版 / 估价:69.00元

休闲绿皮书
2014年中国休闲发展报告
著(编)者:刘德谦 唐兵 宋瑞
2014年11月出版 / 估价:59.00元

养老产业蓝皮书
中国养老产业发展报告（2013~2014年）
著(编)者:张车伟 2014年9月出版 / 估价:69.00元

移动互联网蓝皮书
中国移动互联网发展报告（2014）
著(编)者:官建文 2014年6月出版 / 定价:79.00元

医药蓝皮书
中国医药产业园战略发展报告（2013~2014）
著(编)者:裴长洪 房书亭 吴滌心
2014年3月出版 / 定价:89.00元

医药蓝皮书
中国药品市场报告（2014）
著(编)者:程锦锥 朱恒鹏 2014年12月出版 / 估价:79.00元

中国总部经济蓝皮书
中国总部经济发展报告（2013~2014）
著(编)者:赵弘 2014年5月出版 / 定价:79.00元

珠三角流通蓝皮书
珠三角商圈发展研究报告（2014）
著(编)者:王先庆 林至颖 2014年11月出版 / 定价:69.00元

住房绿皮书
中国住房发展报告（2013~2014）
著(编)者:倪鹏飞 2013年12月出版 / 定价:79.00元

资本市场蓝皮书
中国场外交易市场发展报告（2013~2014）
著(编)者:高峦 2014年8月出版 / 定价:79.00元

资产管理蓝皮书
中国资产管理行业发展报告（2014）
著(编)者:郑智 2014年7月出版 / 定价:79.00元

支付清算蓝皮书
中国支付清算发展报告（2014）
著(编)者:杨涛 2014年5月出版 / 定价:45.00元

中国上市公司蓝皮书
中国上市公司发展报告（2014）
著(编)者:许雄斌 张平 2014年9月出版 / 定价:98.00元

文化传媒类

传媒蓝皮书
中国传媒产业发展报告（2014）
著(编)者:崔保国 2014年4月出版 / 定价:98.00元

传媒竞争力蓝皮书
中国传媒国际竞争力研究报告（2014）
著(编)者:李本乾 2014年9月出版 / 估价:69.00元

创意城市蓝皮书
武汉市文化创意产业发展报告（2014）
著(编)者:张京成 黄永林 2014年10月出版 / 估价:69.00元

电视蓝皮书
中国电视产业发展报告（2014）
著(编)者:卢斌 2014年9月出版 / 估价:79.00元

电影蓝皮书
中国电影出版发展报告（2014）
著(编)者:卢斌 2014年9月出版 / 估价:79.00元

动漫蓝皮书
中国动漫产业发展报告（2014）
著(编)者:卢斌 郑玉明 牛兴侦 2014年7月出版 / 定价:79.00元

广电蓝皮书
中国广播电影电视发展报告（2014）
著(编)者: 杨明品　2014年7月出版 / 估价:98.00元

广告主蓝皮书
中国广告主营销传播趋势报告N0.8
著(编)者:中国传媒大学广告主研究所
中国广告主营销传播创新研究课题组
黄升民　杜国清　邵华冬等
2014年11月出版 / 估价:98.00元

国际传播蓝皮书
中国国际传播发展报告（2014）
著(编)者:胡正荣　李继东　姬德强
2014年7月出版 / 定价:89.00元

纪录片蓝皮书
中国纪录片发展报告（2014）
著(编)者:何苏六　2014年10月出版 / 估价:89.00元

两岸文化蓝皮书
两岸文化产业合作发展报告（2014）
著(编)者:胡惠林 李保宗　2014年7月出版 / 定价:79.00元

媒介与女性蓝皮书
中国媒介与女性发展报告（2014）
著(编)者:刘利群　2014年11月出版 / 估价:69.00元

全球传媒蓝皮书
全球传媒产业发展报告（2014）
著(编)者:胡正荣　2014年12月出版 / 估价:79.00元

视听新媒体蓝皮书
中国视听新媒体发展报告（2014）
著(编)者:庞井君　2014年11月出版 / 估价:148.00元

文化创新蓝皮书
中国文化创新报告（2014）No.5
著(编)者:于平　傅才武　2014年4月出版 / 定价:79.00元

文化科技蓝皮书
文化科技融合与创意城市发展报告（2014）
著(编)者:李凤亮　于平　2014年11月出版 / 估价:79.00元

文化蓝皮书
中国文化产业发展报告（2014）
著(编)者:张晓明　王家新　章建刚
2014年4月出版 / 定价:79.00元

文化蓝皮书
中国文化产业供需协调增长测评报（2014）
著(编)者:王亚楠　2014年2月出版 / 定价:79.00元

文化蓝皮书
中国城镇文化消费需求景气评价报告（2014）
著(编)者:王亚南　张晓明　祁述裕
2014年11月出版 / 估价:79.00元

文化蓝皮书
中国公共文化服务发展报告（2014）
著(编)者:于群　李国新　2014年10月出版 / 估价:98.00元

文化蓝皮书
中国文化消费需求景气评价报告（2014）
著(编)者:王亚南 张晓明 祁述裕 郝朴宁
2014年11月出版 / 估价:79.00元

文化蓝皮书
中国乡村文化消费需求景气评价报告（2014）
著(编)者:王亚南　2014年11月出版 / 估价:79.00元

文化蓝皮书
中国中心城市文化消费需求景气评价报告（2014）
著(编)者:王亚南　2014年11月出版 / 估价:79.00元

文化蓝皮书
中国少数民族文化发展报告（2014）
著(编)者:武翠英 张晓明 张学进
2014年11月出版 / 估价:69.00元

文化建设蓝皮书
中国文化发展报告（2013）
著(编)者:江畅　孙伟平　戴茂堂
2014年4月出版 / 定价:138.00元

文化品牌蓝皮书
中国文化品牌发展报告（2014）
著(编)者:欧阳友权　2014年4月出版 / 定价:79.00元

文化遗产蓝皮书
中国文化遗产事业发展报告（2014）
著(编)者:刘世锦　2014年9月出版 / 估价:79.00元

文学蓝皮书
中国文情报告（2013~2014）
著(编)者:白烨　2014年5月出版 / 定价:49.00元

新媒体蓝皮书
中国新媒体发展报告No.5（2014）
著(编)者:唐绪军　2014年6月出版 / 定价:79.00元

移动互联网蓝皮书
中国移动互联网发展报告（2014）
著(编)者:官建文　2014年6月出版 / 定价:79.00元

游戏蓝皮书
中国游戏产业发展报告（2014）
著(编)者:卢斌　2014年9月出版 / 估价:79.00元

舆情蓝皮书
中国社会舆情与危机管理报告（2014）
著(编)者:谢耘耕　2014年8月出版 / 定价:98.00元

粤港澳台文化蓝皮书
粤港澳台文化创意产业发展报告（2014）
著(编)者:丁未　2014年9月出版 / 估价:69.00元

地方发展类

安徽蓝皮书
安徽社会发展报告（2014）
著(编)者:程桦　2014年4月出版 / 定价:79.00元

安徽经济蓝皮书
皖江城市带承接产业转移示范区建设报告（2014）
著(编)者:丁海中　2014年4月出版 / 定价:69.00元

安徽社会建设蓝皮书
安徽社会建设分析报告（2014）
著(编)者:黄家海 王开玉 蔡宪　2014年9月出版 / 估价:69.00元

北京蓝皮书
北京公共服务发展报告（2013~2014）
著(编)者:施昌奎　2014年2月出版 / 定价:69.00元

北京蓝皮书
北京经济发展报告（2013~2014）
著(编)者:杨松　2014年4月出版 / 定价:79.00元

北京蓝皮书
北京社会发展报告（2013~2014）
著(编)者:缪青　2014年5月出版 / 定价:79.00元

北京蓝皮书
北京社会治理发展报告（2013~2014）
著(编)者:殷星辰　2014年4月出版 / 定价:79.00元

北京蓝皮书
中国社区发展报告（2013~2014）
著(编)者:于燕燕　2014年6月出版 / 定价:69.00元

北京蓝皮书
北京文化发展报告（2013~2014）
著(编)者:李建盛　2014年4月出版 / 定价:79.00元

北京旅游绿皮书
北京旅游发展报告（2014）
著(编)者:北京旅游学会　2014年7月出版 / 定价:88.00元

北京律师蓝皮书
北京律师发展报告No.2（2014）
著(编)者:王隽 周塞军　2014年9月出版 / 估价:79.00元

北京人才蓝皮书
北京人才发展报告（2014）
著(编)者:于淼　2014年10月出版 / 估价:89.00元

北京社会心态蓝皮书
北京社会心态分析报告（2013~2014）
著(编)者:北京社会心理研究所
2014年9月出版 / 估价:79.00元

城乡一体化蓝皮书
中国城乡一体化发展报告·北京卷（2014）
著(编)者:张宝秀 黄序　2014年11月出版 / 估价:79.00元

创意城市蓝皮书
北京文化创意产业发展报告（2014）
著(编)者:张京成 王国华　2014年10月出版 / 估价:69.00元

创意城市蓝皮书
重庆创意产业发展报告（2014）
著(编)者:程宇宁　2014年4月出版 / 定价:89.00元

创意城市蓝皮书
青岛文化创意产业发展报告（2013~2014）
著(编)者:马达 张丹妮　2014年6月出版 / 定价:79.00元

创意城市蓝皮书
无锡文化创意产业发展报告（2014）
著(编)者:庄若江 张鸣年　2014年11月出版 / 估价:75.00元

服务业蓝皮书
广东现代服务业发展报告（2014）
著(编)者:祁明 程晓　2014年11月出版 / 估价:69.00元

甘肃蓝皮书
甘肃舆情分析与预测（2014）
著(编)者:陈双梅 郝树声　2014年1月出版 / 定价:69.00元

甘肃蓝皮书
甘肃县域经济综合竞争力报告（2014）
著(编)者:刘进军　2014年1月出版 / 定价:69.00元

甘肃蓝皮书
甘肃县域社会发展评价报告（2014）
著(编)者:魏胜文　2014年9月出版 / 估价:69.00元

甘肃蓝皮书
甘肃经济发展分析与预测（2014）
著(编)者:朱智文 罗哲　2014年1月出版 / 定价:69.00元

甘肃蓝皮书
甘肃社会发展分析与预测（2014）
著(编)者:安文华 包晓霞　2014年1月出版 / 定价:69.00元

甘肃蓝皮书
甘肃文化发展分析与预测（2014）
著(编)者:王福生 周小华　2014年1月出版 / 定价:69.00元

广东蓝皮书
广东省电子商务发展报告（2014）
著(编)者:黄建明 祁明　2014年11月出版 / 估价:69.00元

广东蓝皮书
广东社会工作发展报告（2014）
著(编)者:罗观翠　2014年6月出版 / 定价:89.00元

广东外经贸蓝皮书
广东对外经济贸易发展研究报告（2014）
著(编)者:陈万灵　2014年6月出版 / 定价:79.00元

广西北部湾经济区蓝皮书
广西北部湾经济区开放开发报告（2014）
著(编)者:广西北部湾经济区规划建设管理委员会办公室
广西社会科学院 广西北部湾发展研究院
2014年11月出版 / 估价:69.00元

广州蓝皮书
2014年中国广州经济形势分析与预测
著(编)者:庾建设 沈奎 郭志勇 2014年6月出版 / 定价:79.00元

广州蓝皮书
2014年中国广州社会形势分析与预测
著(编)者:张强 陈怡霓 2014年5月出版 / 定价:69.00元

广州蓝皮书
广州城市国际化发展报告（2014）
著(编)者:朱名宏 2014年9月出版 / 估价:59.00元

广州蓝皮书
广州创新型城市发展报告（2014）
著(编)者:李江涛 2014年7月出版 / 定价:69.00元

广州蓝皮书
广州经济发展报告（2014）
著(编)者:李江涛 朱名宏 2014年5月出版 / 定价:69.00元

广州蓝皮书
广州农村发展报告（2014）
著(编)者:李江涛 汤锦华 2014年8月出版 / 定价:69.00元

广州蓝皮书
广州青年发展报告（2014）
著(编)者:魏国华 张强 2014年9月出版 / 估价:65.00元

广州蓝皮书
广州汽车产业发展报告（2014）
著(编)者:李江涛 2014年10月出版 / 估价:69.00元

广州蓝皮书
广州商贸业发展报告（2014）
著(编)者:李江涛 王旭东 荀振英
2014年6月出版 / 定价:69.00元

广州蓝皮书
广州文化创意产业发展报告（2014）
著(编)者:甘新 2014年8月出版 / 定价:79.00元

广州蓝皮书
中国广州城市建设发展报告（2014）
著(编)者:董皞 冼伟雄 李俊夫
2014年11月出版 / 估价:69.00元

广州蓝皮书
中国广州科技和信息化发展报告（2014）
著(编)者:邹采荣 马正勇 冯元 2014年7月出版 / 定价:79.00元

广州蓝皮书
中国广州文化创意产业发展报告（2014）
著(编)者:甘新 2014年10月出版 / 估价:59.00元

广州蓝皮书
中国广州文化发展报告（2014）
著(编)者:徐俊忠 陆志强 顾涧清
2014年6月出版 / 定价:69.00元

广州蓝皮书
中国广州城市建设与管理发展报告（2014）
著(编)者:董皞 冯伟雄 2014年7月出版 / 定价:69.00元

贵州蓝皮书
贵州法治发展报告（2014）
著(编)者:吴大华 2014年3月出版 / 定价:69.00元

贵州蓝皮书
贵州人才发展报告（2014）
著(编)者:于杰 吴大华 2014年3月出版 / 定价:69.00元

贵州蓝皮书
贵州社会发展报告（2014）
著(编)者:王兴骥 2014年3月出版 / 定价:69.00元

贵州蓝皮书
贵州农村扶贫开发报告（2014）
著(编)者:王朝新 宋明 2014年9月出版 / 估价:69.00元

贵州蓝皮书
贵州文化产业发展报告（2014）
著(编)者:李建国 2014年9月出版 / 估价:69.00元

海淀蓝皮书
海淀区文化和科技融合发展报告（2014）
著(编)者:陈名杰 孟景伟 2014年11月出版 / 估价:75.00元

海峡西岸蓝皮书
海峡西岸经济区发展报告（2014）
著(编)者:福建省人民政府发展研究中心
2014年9月出版 / 估价:85.00元

杭州蓝皮书
杭州妇女发展报告（2014）
著(编)者:魏颖 2014年6月出版 / 定价:75.00元

杭州都市圈蓝皮书
杭州都市圈发展报告（2014）
著(编)者:董祖德 沈翔 2014年5月出版 / 定价:89.00元

河北经济蓝皮书
河北省经济发展报告（2014）
著(编)者:马树强 金浩 张贵 2014年4月出版 / 定价:79.00元

河北蓝皮书
河北经济社会发展报告（2014）
著(编)者:周文夫 2014年1月出版 / 定价:69.00元

河南经济蓝皮书
2014年河南经济形势分析与预测
著(编)者:胡五岳 2014年3月出版 / 定价:69.00元

河南蓝皮书

2014年河南社会形势分析与预测
著(编)者:刘道兴 牛苏林 2014年1月出版 / 定价:69.00元

河南蓝皮书
河南城市发展报告（2014）
著(编)者:谷建全 王建国 2014年1月出版 / 定价:59.00元

河南蓝皮书
河南法治发展报告（2014）
著(编)者:丁同民 闫德民 2014年3月出版 / 定价:69.00元

河南蓝皮书
河南金融发展报告（2014）
著(编)者:喻新安 谷建全 2014年4月出版 / 定价:69.00元

河南蓝皮书
河南经济发展报告（2014）
著(编)者:喻新安 2013年12月出版 / 定价:69.00元

河南蓝皮书
河南文化发展报告（2014）
著(编)者:卫绍生 2014年1月出版 / 定价:69.00元

河南蓝皮书
河南工业发展报告（2014）
著(编)者:龚绍东 2014年1月出版 / 定价:69.00元

河南蓝皮书
河南商务发展报告（2014）
著(编)者:焦锦淼 穆荣国 2014年5月出版 / 定价:88.00元

黑龙江产业蓝皮书
黑龙江产业发展报告（2014）
著(编)者:于渤 2014年10月出版 / 估价:79.00元

黑龙江蓝皮书
黑龙江经济发展报告（2014）
著(编)者:张新颖 2014年1月出版 / 定价:69.00元

黑龙江蓝皮书
黑龙江社会发展报告（2014）
著(编)者:艾书琴 2014年1月出版 / 定价:69.00元

湖南城市蓝皮书
城市社会管理
著(编)者:罗海藩 2014年10月出版 / 估价:59.00元

湖南蓝皮书
2014年湖南产业发展报告
著(编)者:梁志峰 2014年4月出版 / 定价:128.00元

湖南蓝皮书
2014年湖南电子政务发展报告
著(编)者:梁志峰 2014年4月出版 / 定价:128.00元

湖南蓝皮书
2014年湖南法治发展报告
著(编)者:梁志峰 2014年9月出版 / 估价:79.00元

湖南蓝皮书
2014年湖南经济展望
著(编)者:梁志峰 2014年4月出版 / 定价:128.00元

湖南蓝皮书
2014年湖南两型社会发展报告
著(编)者:梁志峰 2014年4月出版 / 定价:128.00元

湖南蓝皮书
2014年湖南社会发展报告
著(编)者:梁志峰 2014年4月出版 / 定价:128.00元

湖南蓝皮书
2014年湖南县域经济社会发展报告
著(编)者:梁志峰 2014年4月出版 / 定价:128.00元

湖南县域绿皮书
湖南县域发展报告No.2
著(编)者:朱有志 袁准 周小毛 2014年11月出版 / 估价:69.00元

沪港蓝皮书
沪港发展报告（2014）
著(编)者:尤安山 2014年9月出版 / 估价:89.00元

吉林蓝皮书
2014年吉林经济社会形势分析与预测
著(编)者:马克 2014年1月出版 / 定价:79.00元

济源蓝皮书
济源经济社会发展报告（2014）
著(编)者:喻新安 2014年4月出版 / 定价:69.00元

江苏法治蓝皮书
江苏法治发展报告No.3（2014）
著(编)者:李力 龚廷泰 2014年11月出版 / 估价:88.00元

京津冀蓝皮书
京津冀发展报告（2014）
著(编)者:文魁 祝尔娟 2014年3月出版 / 定价:79.00元

经济特区蓝皮书
中国经济特区发展报告（2013）
著(编)者:陶一桃 2014年4月出版 / 定价:89.00元

辽宁蓝皮书
2014年辽宁经济社会形势分析与预测
著(编)者:曹晓峰 张晶 2014年1月出版 / 定价:79.00元

流通蓝皮书
湖南省商贸流通产业发展报告No.2
著(编)者:柳思维 2014年10月出版 / 估价:75.00元

内蒙古蓝皮书
内蒙古反腐倡廉建设报告No.1
著(编)者:张志华 无极 2013年12月出版 / 定价:69.00元

浦东新区蓝皮书
上海浦东经济发展报告（2014）
著(编)者:沈开艳 陆沪根 2014年1月出版 / 估价:59.00元

侨乡蓝皮书
中国侨乡发展报告（2014）
著(编)者:郑一省　　2014年9月出版 / 估价:69.00元

青海蓝皮书
2014年青海经济社会形势分析与预测
著(编)者:赵宗福　　2014年2月出版 / 定价:69.00元

人口与健康蓝皮书
深圳人口与健康发展报告（2014）
著(编)者:陆杰华　江捍平　　2014年10月出版 / 估价:98.00元

山东蓝皮书
山东经济形势分析与预测（2014）
著(编)者:张华　唐洲雁　　2014年6月出版 / 定价:89.00元

山东蓝皮书
山东社会形势分析与预测（2014）
著(编)者:张华　唐洲雁　　2014年6月出版 / 定价:89.00元

山东蓝皮书
山东文化发展报告（2014）
著(编)者:张华　唐洲雁　　2014年6月出版 / 定价:98.00元

山西蓝皮书
山西资源型经济转型发展报告（2014）
著(编)者:李志强　　2014年5月出版 / 定价:98.00元

陕西蓝皮书
陕西经济发展报告（2014）
著(编)者:任宗哲　石英　裴成荣　2014年2月出版 / 定价:69.00元

陕西蓝皮书
陕西社会发展报告（2014）
著(编)者:任宗哲　石英　牛昉　　2014年2月出版 / 定价:65.00元

陕西蓝皮书
陕西文化发展报告（2014）
著(编)者:任宗哲　石英　王长寿　　2014年3月出版 / 定价:59.00元

陕西蓝皮书
丝绸之路经济带发展报告（2014）
著(编)者:任宗哲　石英　白宽犁　　2014年8月出版 / 定价:79.00元

上海蓝皮书
上海传媒发展报告（2014）
著(编)者:强荧　焦雨虹　　2014年1月出版 / 定价:79.00元

上海蓝皮书
上海法治发展报告（2014）
著(编)者:叶青　　2014年4月出版 / 定价:69.00元

上海蓝皮书
上海经济发展报告（2014）
著(编)者:沈开艳　　2014年1月出版 / 定价:69.00元

上海蓝皮书
上海社会发展报告（2014）
著(编)者:卢汉龙　周海旺　　2014年1月出版 / 定价:69.00元

上海蓝皮书
上海文化发展报告（2014）
著(编)者:蒯大申　　2014年1月出版 / 定价:69.00元

上海蓝皮书
上海文学发展报告（2014）
著(编)者:陈圣来　　2014年1月出版 / 定价:69.00元

上海蓝皮书
上海资源环境发展报告（2014）
著(编)者:周冯琦　汤庆合　任文伟
2014年1月出版 / 定价:69.00元

上饶蓝皮书
上饶发展报告（2013~2014）
著(编)者:朱寅健　2014年3月出版 / 定价:128.00元

社会建设蓝皮书
2014年北京社会建设分析报告
著(编)者:宋贵伦　冯虹　　2014年7月出版 / 定价:79.00元

深圳蓝皮书
深圳经济发展报告（2014）
著(编)者:张骁儒　　2014年7月出版 / 定价:79.00元

深圳蓝皮书
深圳劳动关系发展报告（2014）
著(编)者:汤庭芬　　2014年6月出版 / 定价:75.00元

深圳蓝皮书
深圳社会发展报告（2014）
著(编)者:吴忠　余智晟　　2014年11月出版 / 估价:69.00元

深圳蓝皮书
深圳社会建设与发展报告（2014）
著(编)者:叶民辉　张骁儒　　2014年7月出版 / 定价:89.00元

四川蓝皮书
四川文化产业发展报告（2014）
著(编)者:侯水平　　2014年2月出版 / 定价:69.00元

四川蓝皮书
四川企业社会责任研究报告（2014）
著(编)者:侯水平　盛毅　　2014年4月出版 / 定价:79.00元

温州蓝皮书
2014年温州经济社会形势分析与预测
著(编)者:潘忠强　王春光　金浩　　2014年4月出版 / 定价:69.00元

温州蓝皮书
浙江温州金融综合改革试验区发展报告（2013~20
著(编)者:钱水土　王去非　李义超
2014年9月出版 / 估价:69.00元

扬州蓝皮书
扬州经济社会发展报告（2014）
著(编)者:张爱军　2014年9月出版 / 估价:78.00元

义乌蓝皮书
浙江义乌市国际贸易综合改革试验区发展报告（2013~2014）
著(编)者:马淑琴 刘文革 周松强
2014年9月出版 / 估价:69.00元

云南蓝皮书
中国面向西南开放重要桥头堡建设发展报告（2014）
著(编)者:刘绍怀　2014年12月出版 / 估价:69.00元

长株潭城市群蓝皮书
长株潭城市群发展报告（2014）
著(编)者:张萍　2014年10月出版 / 估价:69.00元

郑州蓝皮书
2014年郑州文化发展报告
著(编)者:王哲　2014年11月出版 / 估价:69.00元

国别与地区类

G20国家创新竞争力黄皮书
二十国集团（G20）国家创新竞争力发展报告（2014）
著(编)者:李建平 李闽榕 赵新力
2014年9月出版 / 估价:118.00元

阿拉伯黄皮书
阿拉伯发展报告（2013~2014）
著(编)者:马晓霖　2014年4月出版 / 定价:79.00元

澳门蓝皮书
澳门经济社会发展报告（2013~2014）
著(编)者:吴志良 郝雨凡　2014年4月出版 / 定价:79.00元

北部湾蓝皮书
泛北部湾合作发展报告（2014）
著(编)者:吕余生　2014年11月出版 / 估价:79.00元

大湄公河次区域蓝皮书
大湄公河次区域合作发展报告（2014）
著(编)者:刘稚　2014年11月出版 / 估价:79.00元

大洋洲蓝皮书
大洋洲发展报告（2013~2014）
著(编)者:喻常森　2014年8月出版 / 定价:89.00元

德国蓝皮书
德国发展报告（2014）
著(编)者:郑春荣 伍慧萍 等　2014年6月出版 / 定价:69.00元

东北亚黄皮书
东北亚地区政治与安全报告（2014）
著(编)者:黄凤志 刘雪莲　2014年11月出版 / 估价:69.00元

东盟黄皮书
东盟发展报告（2013）
著(编)者:崔晓麟　2014年5月出版 / 定价:75.00元

东南亚蓝皮书
东南亚地区发展报告（2013~2014）
著(编)者:王勤　2014年4月出版 / 定价:79.00元

俄罗斯黄皮书
俄罗斯发展报告（2014）
著(编)者:李永全　2014年7月出版 / 估价:79.00元

非洲黄皮书
非洲发展报告No.16（2013~2014）
著(编)者:张宏明　2014年7月出版 / 定价:79.00元

国际形势黄皮书
全球政治与安全报告（2014）
著(编)者:李慎明 张宇燕　2014年1月出版 / 定价:69.00元

韩国蓝皮书
韩国发展报告（2014）
著(编)者:牛林杰 刘宝全　2014年11月出版 / 估价:69.00元

加拿大蓝皮书
加拿大发展报告（2014）
著(编)者:仲伟合　2014年4月出版 / 定价:89.00元

柬埔寨蓝皮书
柬埔寨国情报告（2014）
著(编)者:毕世鸿　2014年11月出版 / 估价:79.00元

拉美黄皮书
拉丁美洲和加勒比发展报告（2013~2014）
著(编)者:吴白乙　2014年4月出版 / 定价:89.00元

老挝蓝皮书
老挝国情报告（2014）
著(编)者:卢光盛 方芸 吕星　2014年11月出版 / 估价:79.00元

美国蓝皮书
美国研究报告（2014）
著(编)者:黄平 郑秉文　2014年7月出版 / 定价:89.00元

缅甸蓝皮书
缅甸国情报告（2014）
著(编)者:李晨阳　2014年8月出版 / 定价:79.00元

欧洲蓝皮书
欧洲发展报告（2013~2014）
著(编)者:周弘　2014年6月出版 / 定价:89.00元

葡语国家蓝皮书
巴西发展与中巴关系报告2014（中英文）
著(编)者:张曙光 David T. Ritchie
2014年11月出版 / 估价:69.00元

日本经济蓝皮书
日本经济与中日经贸关系研究报告（2014）
著(编)者:王洛林 张季风　2014年5月出版 / 定价:79.00元

日本蓝皮书
日本发展报告（2014）
著(编)者:李薇　2014年3月出版 / 定价:69.00元

上海合作组织黄皮书
上海合作组织发展报告（2014）
著(编)者:李进峰 吴宏伟 李伟　2014年9月出版 / 定价:89.00元

世界创新竞争力黄皮书
世界创新竞争力发展报告（2014）
著(编)者:李建平　2014年9月出版 / 估价:148.00元

世界社会主义黄皮书
世界社会主义跟踪研究报告（2013~2014）
著(编)者:李慎明　2014年3月出版 / 定价:198.00元

泰国蓝皮书
泰国国情报告（2014）
著(编)者:邹春萌　2014年11月出版 / 估价:79.00元

土耳其蓝皮书
土耳其发展报告（2014）
著(编)者:郭长刚 刘义　2014年9月出版 / 定价:89.00元

亚太蓝皮书
亚太地区发展报告（2014）
著(编)者:李向阳　2014年1月出版 / 定价:59.00元

印度蓝皮书
印度国情报告（2012~2013）
著(编)者:吕昭义　2014年5月出版 / 定价:89.00元

印度洋地区蓝皮书
印度洋地区发展报告（2014）
著(编)者:汪戎　2014年3月出版 / 定价:79.00元

中东黄皮书
中东发展报告No.15（2014）
著(编)者:杨光　2014年10月出版 / 估价:59.00元

中欧关系蓝皮书
中欧关系研究报告（2014）
著(编)者:周弘　2013年12月出版 / 定价:98.00元

中亚黄皮书
中亚国家发展报告（2014）
著(编)者:孙力 吴宏伟　2014年9月出版 / 定价:89.00元

皮书大事记

☆ 2014年8月，第十五次全国皮书年会（2014）在贵阳召开，第五届优秀皮书奖颁发，本届开始皮书及报告将同时评选。

☆ 2013年6月，依据《中国社会科学院皮书资助规定（试行）》公布2013年拟资助的40种皮书名单。

☆ 2012年12月，《中国社会科学院皮书资助规定（试行）》由中国社会科学院科研局正式颁布实施。

☆ 2011年，部分重点皮书纳入院创新工程。

☆ 2011年8月，2011年皮书年会在安徽合肥举行，这是皮书年会首次由中国社会科学院主办。

☆ 2011年2月，“2011年全国皮书研讨会”在北京京西宾馆举行。王伟光院长（时任常务副院长）出席并讲话。本次会议标志着皮书及皮书研创出版从一个具体出版单位的出版产品和出版活动上升为由中国社会科学院牵头的国家哲学社会科学智库产品和创新活动。

☆ 2010年9月，“2010年中国经济社会形势报告会暨第十一次全国皮书工作研讨会”在福建福州举行，高全立副院长参加会议并做学术报告。

☆ 2010年9月，皮书学术委员会成立，由我院李扬副院长领衔，并由在各个学科领域有一定的学术影响力、了解皮书编创出版并持续关注皮书品牌的专家学者组成。皮书学术委员会的成立为进一步提高皮书这一品牌的学术质量、为学术界构建一个更大的学术出版与学术推广平台提供了专家支持。

☆ 2009年8月，“2009年中国经济社会形势分析与预测暨第十次皮书工作研讨会”在辽宁丹东举行。李扬副院长参加本次会议，本次会议颁发了首届优秀皮书奖，我院多部皮书获奖。

社会科学文献出版社
SOCIAL SCIENCES ACADEMIC PRESS (CHINA)

社会科学文献出版社成立于1985年，是直属于中国社会科学院的人文社会科学专业学术出版机构。

成立以来，特别是1998年实施第二次创业以来，依托于中国社会科学院丰厚的学术出版和专家学者两大资源，坚持“创社科经典，出传世文献”的出版理念和“权威、前沿、原创”的产品定位，社科文献立足内涵式发展道路，从战略层面推动学术出版的五大能力建设，逐步走上了学术产品的系列化、规模化、数字化、国际化、市场化经营道路。

先后策划出版了著名的图书品牌和学术品牌“皮书”系列、“列国志”、“社科文献精品译库”、“中国史话”、“全球化译丛”、“气候变化与人类发展译丛”“近世中国”等一大批既有学术影响又有市场价值的系列图书。形成了较强的学术出版能力和资源整合能力，年发稿3.5亿字，年出版新书1200余种，承印发行中国社科院院属期刊近70种。

2012年，《社会科学文献出版社学术著作出版规范》修订完成。同年10月，社会科学文献出版社参加了由新闻出版总署召开加强学术著作出版规范座谈会，并代表50多家出版社发起实施学术著作出版规范的倡议。2013年，社会科学文献出版社参与新闻出版总署学术著作规范国家标准的起草工作。

依托于雄厚的出版资源整合能力，社会科学文献出版社长期以来一直致力于从内容资源和数字平台两个方面实现传统出版的再造，并先后推出了皮书数据库、列国志数据库、中国田野调查数据库等一系列数字产品。

在国内原创著作、国外名家经典著作大量出版，数字出版突飞猛进的同时，社会科学文献出版社在学术出版国际化方面也取得了不俗的成绩。先后与荷兰博睿等十余家国际出版机构合作面向海外推出了《经济蓝皮书》《社会蓝皮书》等十余种皮书的英文版、俄文版、日文版等。

此外，社会科学文献出版社积极与中央和地方各类媒体合作，联合大型书店、学术书店、机场书店、网络书店、图书馆，逐步构建起了强大的学术图书的内容传播力和社会影响力，学术图书的媒体曝光率居全国之首，图书馆藏率居于全国出版机构前十位。

作为已经开启第三次创业梦想的人文社会科学学术出版机构，社会科学文献出版社结合社会需求、自身的条件以及行业发展，提出了新的创业目标：精心打造人文社会科学成果推广平台，发展成为一家集图书、期刊、声像电子和数字出版物为一体，面向海内外高端读者和客户，具备独特竞争力的人文社会科学内容资源供应商和海内外知名的专业学术出版机构。

“皮书”起源于十七、十八世纪的英国，主要指官方或社会组织正式发表的重要文件或报告，多以“白皮书”命名。在中国，“皮书”这一概念被社会广泛接受，并被成功运作、发展成为一种全新的出版形态，则源于中国社会科学院社会科学文献出版社。

皮书是对中国与世界发展状况和热点问题进行年度监测，以专业的角度、专家的视野和实证研究方法，针对某一领域或区域现状与发展态势展开分析和预测，具备权威性、前沿性、原创性、实证性、时效性等特点的连续性公开出版物，由一系列权威研究报告组成。皮书系列是社会科学文献出版社编辑出版的蓝皮书、绿皮书、黄皮书等的统称。

皮书系列的作者以中国社会科学院、著名高校、地方社会科学院的研究人员为主，多为国内一流研究机构的权威专家学者，他们的看法和观点代表了学界对中国与世界的现实和未来最高水平的解读与分析。

自 20 世纪 90 年代末推出以《经济蓝皮书》为开端的皮书系列以来，社会科学文献出版社至今已累计出版皮书千余部，内容涵盖经济、社会、政法、文化传媒、行业、地方发展、国际形势等领域。皮书系列已成为社会科学文献出版社的著名图书品牌和中国社会科学院的知名学术品牌。

皮书系列在数字出版和国际出版方面成就斐然。皮书数据库被评为“2008~2009 年度数字出版知名品牌”;《经济蓝皮书》《社会蓝皮书》等十几种皮书每年还由国外知名学术出版机构出版英文版、俄文版、韩文版和日文版，面向全球发行。

2011 年，皮书系列正式列入“十二五”国家重点出版规划项目；2012 年，部分重点皮书列入中国社会科学院承担的国家哲学社会科学创新工程项目；2014 年，35 种院外皮书使用“中国社会科学院创新工程学术出版项目”标识。

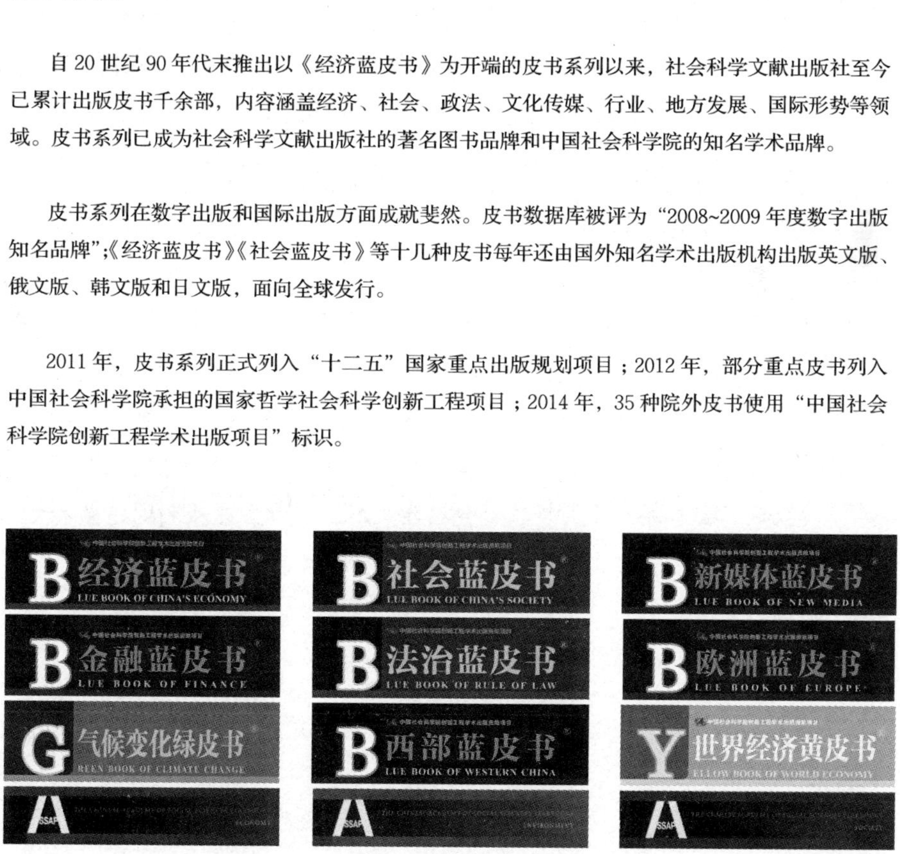

法律声明